文化和旅游
高质量发展理论与实践

李 军○著

西南财经大学出版社
Southwestern University of Finance & Economics Press
中国·成都

图书在版编目(CIP)数据

文化和旅游高质量发展理论与实践/李军著.

成都:西南财经大学出版社,2025.5. --ISBN 978-7-5504-6665-4

Ⅰ.G127.71;F592.771

中国国家版本馆 CIP 数据核字第 2025L8Z968 号

文化和旅游高质量发展理论与实践

WENHUA HE LÜYOU GAOZHILIANG FAZHAN LILUN YU SHIJIAN

李军 著

责任编辑:植 苗
责任校对:杨婧颖
封面设计:何东琳设计工作室
责任印制:朱曼丽

出版发行	西南财经大学出版社(四川省成都市光华村街55号)
网 址	http://cbs.swufe.edu.cn
电子邮件	bookcj@swufe.edu.cn
邮政编码	610074
电 话	028-87353785
照 排	四川胜翔数码印务设计有限公司
印 刷	成都金龙印务有限责任公司
成品尺寸	170 mm×240 mm
印 张	22
字 数	390 千字
版 次	2025 年 5 月第 1 版
印 次	2025 年 5 月第 1 次印刷
书 号	ISBN 978-7-5504-6665-4
定 价	88.00 元

前　言

文化是旅游的灵魂，旅游是文化的载体，两者密切相关。自 2018 年原文化部和原国家旅游局合并之后，文化和旅游的融合发展成为大势所趋。新时代新征程，我国社会主要矛盾已经转化为人民日益增长的美好生活需要和不平衡不充分的发展之间的矛盾。人们对美好生活的向往以及对文化和旅游品质消费的需求，迫切需要文化和旅游的高质量发展。习近平总书记指出，"文化产业和旅游产业密不可分，要坚持以文塑旅、以旅彰文，推动文化和旅游融合发展，让人们在领略自然之美中感悟文化之美、陶冶心灵之美"。党的二十大报告对繁荣发展文化事业和文化产业作出重要部署，进一步提出"推进文化和旅游深度融合发展"，为文化和旅游高质量发展指明了方向。我们要坚持以习近平新时代中国特色社会主义思想为指导，贯彻落实党的二十大精神，持续推进文化和旅游深度融合发展，促进旅游业高质量发展。

文化和旅游产业高质量发展是体现新发展理念（创新、协调、绿色、开放、共享）的发展，是我国经济发展到一定阶段的必然要求，也是推动人民共同富裕和社会全面进步的重要路径。当前，中国特色社会主义进入新时代，重大机遇与多重挑战并存是这个时代最为显著的特征。推动文化和旅游产业高质量发展，既要充分把握新时代发展特征，顺应发展之"势"，又要深刻认识高质量发展内涵，掌握发展之"道"，在充分结合"势"与"道"的基础上，寻找发展之"术"①。文化和旅游的深度融合，不仅有利于我们挖掘文化资源的内在价值、提升文化和旅游产品的供给品质，也能拉动内需、促进消费，推动区域经济协调发展，还可以在促进城市更新、城乡融合、乡村振兴、文化保护传承与传播等方面发挥积极作用。文化和旅游的高质量发展是推动文化赓续和社会进步的重要力量，体现了新时代物质文明和精神文明的协调发展，满足了人民日益增长的美好生活需要。

在中国式现代化进程中，新质生产力成为推动文化和旅游高质量发展的内在要求及重要着力点。相对于传统生产力而言，新质生产力是指大量运用大数据（big data，BD）、人工智能（artificial intelligence，AI）、互联网（internet，NET）、云计算（cloud computing，CC）等新技术与高素质劳动者、现代金融、数据信息等要素紧密结合而催生的新产业、新技术、新产品和新业态。新质生产力是以科技创新为主的生产力，是摆脱了传统增长路径、符合高质量发展要求的生产力，是数字时代更具融合性、更能体现新内涵的生产力。毫无疑问，以数据处理技术（data technology，DT）、人工智能等为代表的新质生产力正在改变文化和旅游的消费方式，游客的需求更加多元化、个性化，传统的文化和旅游模式发生了根本性变化。通过第五代移动通信技术（5th generation mobile communication technology，5G）、智慧导览、AI 内容生成，游客能够轻松做到定制旅游并向他人分享旅行经历，旅游消费的全过程变得更加便捷和透明。大数据的应用帮助旅游企业精确分析游客偏好，实现精准营销和个性化服务。智慧旅游平台的完善和智能化管理系统的引入，极大地提升了旅游目的地的服务质量与运营效率，进一步促进了文化和旅游的高质量发展。

---

① 赵凯强. 二十大学习青年说｜如何理解新时代文旅产业的高质量发展？［EB/OL］.（2022-11-21）［2024-10-15］. https://baijiahao.baidu.com/s？id＝1749888732328386490&wfr＝spider&for＝pc.

　　构建以国内大循环为主体、国内国际双循环相互促进的新发展格局是事关全局的系统性、深层次变革，是立足当前、着眼长远的战略谋划，这对于全面扩大内需、充分释放国内超大规模市场潜在效能具有深远的意义。党的二十大报告指出，我们要坚持以推动高质量发展为主题，把实施扩大内需战略同深化供给侧结构性改革有机结合起来，增强国内大循环内生动力和可靠性，提升国际循环质量和水平，加快建设现代化经济体系，着力提高全要素生产率，着力提升产业链供应链韧性和安全水平，着力推进城乡融合和区域协调发展，推动经济实现质的有效提升和量的合理增长。本书以文化和旅游高质量发展为主题，阐释了"加快构建新发展格局，着力推动文化和旅游高质量发展"的必要性，论述了四川现代化建设与文化和旅游高质量发展的关系，探讨了如何以新质生产力推进四川现代化文化和旅游产业体系建设，解析了提升文化和旅游产业链供应链韧性和安全水平的政策理论；注重理论与实践相结合，对四川省阿坝藏族羌族自治州九寨沟景区、四川省甘孜藏族自治州道孚县、四川省广安市武胜县的文化和旅游高质量发展实践进行了分析。

　　本书共七章，具体内容包括：第一章绪论，主要阐述了本书的研究背景及价值，对相关的学术史进行梳理及综述，并介绍了本书的研究框架及方法；第二章四川现代化建设背景下的文化和旅游高质量发展，主要从理论研究、现状分析、问题对策三个方面论述了四川现代化建设与文化和旅游高质量发展的关系；第三章以新质生产力推进四川现代化文化和旅游产业体系建设，主要从研究背景、发展现状、分析研判、对策建议四个方面探讨了如何以新质生产力推进四川现代化文化和旅游产业体系建设；第四章提升四川文化和旅游产业链供应链韧性和安全水平，主要从理论基础、实践路径、问题对策三个方面解析了提升四川现代化文化和旅游产业链供应链韧性和安全水平的政策理论；第五章至第七章注重理论与实践相结合，从不同的研究角度对四川省阿坝藏族羌族自治州九寨沟景区、四川省甘孜藏族自治州道孚县、四川省广安市武胜县的文化和旅游高质量发展实践进行了分析。本书主题突出、目标一致、内容丰富、逻辑清晰，兼顾了整体与局部、理论与实践的辩证关系，体现了一定的理论价值和现实意义。

李军

2025 年 1 月

目　录

第一章　绪论

文化和旅游高质量发展是坚持"以文塑旅、以旅彰文"，走独具特色的中国旅游发展之路的新目标新使命，是完整、准确、全面贯彻新发展理念以及加快建设文化强国、推动文化和旅游高质量发展的重大举措。习近平总书记强调，"文化产业和旅游产业密不可分，要坚持以文塑旅、以旅彰文，推动文化和旅游融合发展，让人们在领略自然之美中感悟文化美、陶冶心灵之美"；"让旅游成为人们感悟中华文化、增强文化自信的过程"；"把自然风光和人文风情转化为旅游业的持久魅力"；"让旅游业更好服务美好生活、促进经济发展、构筑精神家园、展示中国形象、增进文明互鉴"。要实现文化和旅游高质量发展，我们就要深入贯彻落实习近平总书记关于文化和旅游工作的重要论述，发挥文化和旅游的资源优势，激发文化和旅游高质量发展的新动能、新活力，推动文化和旅游产业成为新兴的战略性支柱产业以及具有显著时代特征的民生产业、幸福产业。

第一节　研究背景及价值

文化和旅游产业高质量发展是体现新发展理念（创新、协调、绿色、开放、共享）的发展，是我国经济发展到一定阶段的必然要求，也是推动人民共同富裕和社会全面进步的重要路径。文化和旅游高质量发展不仅能够促进地方经济增长，提高人民生活水平，增强人民群众的获得感和幸福感，还有助于弘扬中华优秀传统文化，增强民族凝聚力，促进城乡融合发展和区域协调发展。党的十八大以来，文化和旅游高质量发展迈出新步伐，这也是推动文化强国和旅游强国建设的必由之路。

一、研究背景

（一）文化和旅游高质量发展

党的十八大以来，以习近平同志为核心的党中央高度重视文化建设和旅游发展，陆续出台了《国务院关于促进旅游业改革发展的若干意见》《国民旅游休闲发展纲要（2022—2030 年）》《国内旅游提升计划（2023—2025 年）》等相关政策，促使旅游业以主动与新型工业化、信息化、城镇化和农业现代化相结合的更大格局，全面融入国家战略体系，并在推动"旅游+""大旅游""全域旅游""文旅融合"的过程中转型升级，打开了新局面。按照"五位一体"总体布局①和"四个全面"②发展要求，文化和旅游高质量发展不仅符合旅游业规律的发展要求，还是服务人民群众日益增长的美好生活需求的重要举措、促进经济社会协调发展的重要载体。文化的注入赋予旅游更多内涵，使旅游不再只是对自然风光的游览与观赏，而是成为促进文化深度体验与传播、增强文化认同与文化自信的重要途径。

党的十九大报告强调，要"推动形成全面开放新格局"，提高供给质量，推动文化与旅游深度融合，使旅游成为增强文化自信、弘扬中华优秀传统文化的重要手段。党的十九大报告还提出了"生态文明"与"绿色发展"战略，这为旅游业绿色低碳转型提供了动力，强调了旅游业在发展过程中应注重环境保护、实现人与自然的和谐共生。国务院办公厅于 2018 年印发的《国务院办公厅关于促进全域旅游发展的指导意见》就加快推动旅游业转型升级、提质增效，全面优化旅游发展环境，走全域旅游发展的新路子作出部署。该意见指出，要通过"旅游+"的模式，推动旅游与城镇化、工业化、农业、水利等产业的深度融合，促进旅游业现代化、集约化、品质化和国际化水平的提升，从而更好地满足人民群众不断增长的旅游需求；要全面贯彻党的十九大精神，以习近平新时代中国特色社会主义思想为指导，加快旅游供给侧结构性改革，着力推动旅游业从"门票经济"向"产业经济"转变，从"粗放低效"方式向"精细高效"方式转

---

① "五位一体"总体布局是指经济建设、政治建设、文化建设、社会建设和生态文明建设"五位一体"，全面推进。

② "四个全面"即全面建设社会主义现代化国家、全面深化改革、全面依法治国、全面从严治党。

变,从"企业单打独享"向"社会共建共享"转变,从"景区内部管理"向"全面依法治理"转变,从"单一景点景区建设"向"综合目的地服务"转变;要坚持"统筹协调、融合发展,因地制宜、绿色发展,改革创新、示范引导"的原则,将一定区域作为完整的旅游目的地,以旅游业为优势产业,统一规划布局、优化公共服务、推进产业融合、加强综合管理、实施系统营销,通过全域旅游、乡村旅游的发展来助力乡村振兴、促进城乡融合。

"十四五"时期,我国进一步明确了文化和旅游高质量发展的主题。文化和旅游部于2021年印发的《"十四五"文化和旅游发展规划》指出,要推动文化和旅游更广范围、更深层次、更高水平融合发展,形成"以文塑旅、以旅彰文"的发展格局,促进文化资源的市场化利用,提升文化影响力;要整合文化与旅游资源,形成品牌效应,并使文化内容在旅游产品中得到创新表达;要促进区域协调发展,推动东、中、西部地区的跨区域旅游合作,以实现文化和旅游产业的均衡发展;要突出创新的核心地位,把创新作为引领发展的第一动力,全面推进模式创新、业态创新、产品创新,大力发挥科技创新对文化和旅游发展的赋能作用,全面塑造文化和旅游发展的新优势,将科技创新成果转化成为文化和旅游高质量发展的重要推手。文化和旅游部办公厅、中央网信办秘书局、国家发展改革委等五部门于2024年联合印发的《智慧旅游创新发展行动计划》提出,要通过5G、大数据、物联网等技术推动旅游业的数字化转型,提升服务质量和管理水平,推动新业态的培育和旅游体验的沉浸式升级。

党的二十大报告指出,中国式现代化是人口规模巨大的现代化,是全体人民共同富裕的现代化,是物质文明和精神文明相协调的现代化,是人与自然和谐共生的现代化,是走和平发展道路的现代化。推进中国式现代化必须走高质量发展之路,文化和旅游高质量发展还需要坚持"以文塑旅、以旅彰文",推进文化和旅游深度融合发展。党的二十大报告擘画了我国文化和旅游高质量发展蓝图,进一步明确了文化和旅游产业在区域经济发展、城乡融合、乡村振兴、中华优秀传统文化传承、社会主义精神文明建设等领域的重要价值,以及聚焦文化和旅游高质量发展、健全并完善现代化文化和旅游产业体系、推进中国式现代化的实践方向。

习近平总书记指出,"旅游是不同国家、不同文化交流互鉴的重要渠道,是发展经济、增加就业的有效手段,也是提高人民生活水平的重要产业"。近年来，我国旅游业驶入高质量发展快车道，国内出游人次和游客总花费显著增长。根据文化和旅游部发布的国内旅游数据，2023 年，我国国内出游人次达 48.91 亿次，同比增长 93.3%；国内游客出游总花费达 4.91 万亿元，同比增长 140.3%。各地区各部门举办丰富的旅游惠民乐民活动，让旅游发展成果惠及不同年龄、不同地区的广大群众。文化业和旅游业作为五大幸福产业的前两位，就是要从物质层面和精神层面体现人民福祉，满足人民群众对美好生活的向往。满足人民群众日益增长的文化和旅游生活需要，成为衡量文化和旅游高质量发展的重要标准。

文化和旅游高质量发展是推动经济结构优化和产业升级的重要抓手。文化和旅游产业是现代服务业的重要组成部分，涉及土地、资本、人才、技术等多个要素领域，对经济平稳健康发展有着重要的综合带动作用。文化和旅游产业通过与三次产业融合发展，催生新业态、延伸产业链、创造新价值，着力优化经济结构，加快产业提质增效，推动高质量发展取得新成效。国家统计局相关数据显示，2022 年，全国文化及相关产业增加值为 53 782 亿元，占国内生产总值（GDP）的比重为 4.46%；全国旅游及相关产业增加值为 44 672 亿元，占国内生产总值的比重为 3.71%。2023 年以来，文化和旅游业呈现加快发展、提质增速的良好态势，成为经济社会发展的一大亮点。近年来，县域旅游热度持续攀升。《全国县域旅游发展研究报告 2024》显示，2023 年，全国 1 866 个县域旅游总收入平均值为 42.95 亿元，接待游客总人数平均值为 508.27 万人次，同比分别增加了 41.19%、35.18%。从供给端来看，县域旅游基础设施日益完备、相关配套设施逐步完善，越来越多的县城和小城镇通过打造独具特色的文旅 IP（intellectual property）①，给游客提供更独特的旅游体验。全国旅游市场的下沉，为县域经济高质量发展注入了新活力。

文化和旅游高质量发展是传承和弘扬中华优秀传统文化的重要载体。习近平总书记指出，"让旅游成为人们感悟中华文化、增强文化自信的过程"，"把自然风光和人文风情转化为旅游业的持久魅力"，促进中华优秀传统文化的传承发展，是文化和旅游高质量发展的重要使命。近年来，文化和旅游部不断推动旅游景区活化利用文化资源、丰富文化的创新展示和

---

① 文旅 IP 即文化创意产品，是知识产权的一种形式，意指在文化与旅游融合过程中，通过创意转化形成的具有独特文化内涵和旅游价值的品牌或产品。文旅 IP 是文化与旅游要素融合的产物，不仅代表了地方的文化特色，还通过旅游产品的形式展现出来，吸引游客并提升旅游体验。

当代表达,传统文化类景区由 2012 年的 2 064 个增加到 2023 年的 4 000 余个,年均增长达 8%。浙江良渚遗址、四川三星堆遗址等景区,成为中华文明溯源的重要参观点;长城、长征、大运河、黄河、长江等国家文化公园,成为中华优秀传统文化的重要标识和传承体现中华文明突出特性的文化长廊。旅游展示山河之美、文化之美,成为人们"感悟中华文化、增强文化自信"的重要方式。我们要坚持"以文塑旅、以旅彰文",推动文化和旅游在更广范围、更深层次、更高水平上融合发展。打造高质量的文化和旅游产品,可以更好地传播中华优秀传统文化,提升国家文化软实力和国际影响力,增强民族凝聚力和文化自信。

文化和旅游高质量发展是践行新发展理念的重要途径。在创新发展方面,我们要推动科技创新和产业创新的融合,培育和发展新质生产力,加快现代化文化和旅游产业体系建设,促进文化和旅游产业数字化转型,激发文化和旅游高质量发展的新动能。在协调发展方面,我们要充分发挥生态旅游、红色旅游资源优势,通过文化和旅游产业的整体布局、全面协调、对口支援以及东、西部地区合作,解决区域经济发展不平衡不充分的问题,扬优势、补短板、强弱项,促进区域协调发展。在绿色发展方面,我们要牢固树立并践行"绿水青山就是金山银山"理念,厚植高质量发展生态底色,加快文化和旅游绿色低碳转型,推动文化和旅游产业的"三生"(生态、生产、生活)融合、高质量发展。在开放发展方面,我们要坚持"以文塑旅、以旅彰文",结合世界自然和文化遗产、世界级景区建设,打造世界旅游目的地,推进文化和旅游领域高水平对外开放,加强中外文明交流互鉴。在共享发展方面,我们要坚持以人民为中心,提升文化和旅游的社区参与能力及水平,确保人民群众共享文化和旅游高质量发展成果,推动文化和旅游产业成为新兴的战略性支柱产业以及具有显著时代特征的民生产业、幸福产业。

(二)新发展格局

文化和旅游业是典型的综合性服务产业,涉及面广、带动性强、开放度高,具有"一业兴、百业旺"的乘数效应,是促进经济社会高质量发展的重要引擎,在新发展格局中扮演着重要角色。一方面,丰富优质文化和旅游供给,释放文化和旅游消费活力,有利于加快构建新发展格局。习近平总书记强调,"面对世界百年未有之大变局,面对国内外发展环境发生的深刻复杂变化,我们要走一条更高水平的自力更生之路,实施更高水平的改革开放，加快构建以国内大循环为主体、国内国际双循环相互促进的新发展格局"。由此可见，充分运用我国丰富的文化和旅游资源，推动文化和旅游高质量发展，就是要走一条更高水平的自力更生之路。流动是文化和旅游发展的原动力，是循环经济的基本前提，通过传统产业的提质升级和新兴产业、未来产业发展，我国文化和旅游产业在引导流量、拉动消费，促进以国内大循环为主体、国内国际双循环相互促进的新发展格局方面发挥了积极重要的作用。另一方面，新发展格局也为文化和旅游高质量发展带来了全新的发展机遇。面对百年未有之大变局，科技创新就是一个关键变量。科技创新尤其是数智科技创新为文化和旅游领域带来了翻天覆地的变化，一大批文化和旅游新业态、新场景、新产品的涌现，为拉动消费、促进循环经济发展提供了源源不断的动力。此外，在进一步畅通国际循环的基础上，将一部分文化和旅游出境消费转化为国内消费，扩大和强化国内消费市场规模及活力，利用重大活动和赛事的吸引力积极发展入境旅游，推进国际商务服务片区建设，不仅有利于文化和旅游高质量发展，也有利于促进国内外消费市场相互联动和共同繁荣。

我们要加快构建新发展格局，推动文化和旅游高质量发展。一方面，文化和旅游产业能够直接拉动内需、刺激消费，促进国内大循环，这是新发展格局的主体。国内文化和旅游市场的进一步发展及完善，有利于充分发挥文化和旅游产业带动性强的特点，有助于进一步拉动消费、增加就业、促进国内大循环、推动我国经济高质量发展。文化和旅游活动的消费属性，可以带动住宿、餐饮、交通、零售等多种相关产业，实现产业链、创新链、供应链、要素链和制度链的深度耦合、协同发展。在新发展格局引领下，文化和旅游产业融合的新模式不断涌现。这些新模式不仅包括传统的旅游观光、文化体验等，还涵盖了数字文旅、文创产品开发等新兴业态。这些新模式、新业态、新场景的出现，为文化和旅游产业高质量发展提供了新动能。另一方面，通过推广文化和旅游活动、举办国际旅游节等方式，中国向世界展示了独特的文化魅力以及高品质的文化和旅游服务，以此提升中国文化和旅游的影响力和话语权；通过文化和旅游深度融合、国内文化和旅游目的地建设，我国深挖特色文化和旅游资源，不断优化产业结构，促进文化和旅游产业提质升级增效，走自力更生的高质量发展之路，以此提升文化和旅游的软实力及竞争力。为了进一步构建国内国际双循环相互促进的新发展格局，我国还需要积极持续推动共建"一带一路"

高质量发展，打造丝绸之路国际旅游枢纽，升级自由贸易试验区，充分发挥独特区位优势，构建全方位、多层次、宽领域的文化和旅游产业对外开放模式，开创我国文化和旅游高质量发展的新局面。

（三）新一轮技术革命

新一轮技术革命尤其是数字技术的发展，正在为文化和旅游高质量发展注入新动力。《"十四五"文化和旅游发展规划》提出，要推进文化和旅游数字化、网络化、智能化发展，推动5G、人工智能、物联网、大数据、云计算、北斗卫星导航系统（Beidou navigation satellite system，BDS）等在文化和旅游领域的应用。2024年，文化和旅游部办公厅、中央网信办秘书局、国家发展改革委等五部门联合印发的《智慧旅游创新发展行动计划》明确指出，要促进数字经济和旅游业深度融合，加快推进以数字化、网络化、智能化为特征的智慧旅游创新发展。未来几年内，大数据、5G、物联网、云计算等新一代信息技术将为旅游业的转型升级提供新契机、新模式和新思维，推动文化和旅游产业的数字化转型及创新发展，促进文化和旅游产业的深度融合，提升并改变游客的旅游体验及消费模式。数字技术正在深刻改变传统的文化和旅游模式，促进文化和旅游产业的深度融合与转型升级。技术革命赋予了"旅游+"模式更广泛的创新空间，促进了旅游与农业、工业、教育、体育等多领域的融合。数字技术的商业化为文化和旅游产业注入了新活力：一方面，推动了网络直播和云演播等演出形式的普及，实现了演出内容的实时化和同步化，极大地提升了线上观演的清晰度和临场感；另一方面，通过数字化运营模式，与线下观众的观演习惯相结合，提供沉浸式的观看体验，推动了数字演艺行业的创新与升级。

在当今科技日新月异的背景下，文化和旅游高质量发展更加需要强化科技的支撑，全面提升文化和旅游的科技创新能力；要加快信息化建设，推动文化和旅游行业的数字化、网络化、智能化发展，加快5G、人工智能、物联网、大数据、云计算等前沿技术在文化和旅游领域的应用；要以系统化及更权威的数据为支撑，深入了解文化和旅游行业对人工智能大模型（以下简称"大模型"）①、人工智能、算力（computility）等先进技术的需求，评估市场导入的可能性和商业应用的前景，从而为文化和旅游领域的科技创新提供清晰的判断，做好整体的战略设计；要提高装备技术的

---

① "人工智能大模型"是近十年来兴起的新兴概念，意指由人工神经网络构建的一类具有大量参数的人工智能模型。

供给能力，提升新技术和新材料在文化和旅游装备制造中的应用水平，推动装备技术的升级；要加速科技创新成果在文化和旅游产业中的转化，将技术创新与文化和旅游产业发展紧密结合，从而提升文化和旅游行业的整体竞争力及发展质量。

（四）新时代西部大开发

我国西部地区地域辽阔，约占国土面积的七成，包括重庆市、四川省、云南省、贵州省、广西壮族自治区、西藏自治区、陕西省、甘肃省、宁夏回族自治区、青海省、新疆维吾尔自治区、内蒙古自治区 12 个省（自治区、直辖市）。2000 年，我国开始实施西部大开发战略，随着国家对西部地区发展的支持力度加大，西部地区经济社会发展取得了历史性成就。在这一背景下，西部地区凭借得天独厚的自然风光、独特的人文景观和深厚的民族文化底蕴，形成了独具特色的旅游产品和旅游品牌，旅游业逐渐成为当地经济发展的重要支柱和推动力量。

新时代西部大开发战略通过加强基础设施建设、发展特色优势产业和提升对外开放水平，为文化和旅游高质量发展提供了坚实的基础和广阔的前景，不仅促进了西部地区的经济社会可持续发展，还为全国的文化和旅游产业注入了新的活力和动力。2020 年，中共中央、国务院发布的《中共中央 国务院关于新时代推进西部大开发形成新格局的指导意见》对西部地区文化旅游发展提出明确要求，包括大力发展旅游休闲、健康养生等服务业，打造区域重要支柱产业，加强旅游交通基础设施建设，加快推进国家公园体系建设，扎实推进边境旅游试验区、跨境旅游合作区建设等措施。2024 年，习近平总书记在新时代推动西部大开发座谈会上强调，"要坚持把发展特色优势产业作为主攻方向，因地制宜发展新兴产业，加快西部地区产业转型升级"。具体到文化和旅游产业，就是要充分利用西部地区自然生态、民族民俗和边境风光等资源，加快西部地区文化和旅游产业转型升级。在提升对外开放水平方面，习近平总书记强调，"要坚持以大开放促进大开发，提高西部地区对内对外开放水平"；通过深化推进共建"一带一路"高质量发展走深走实，推动西部陆海新通道建设，促进东、中、西部地区合作与交流，提升国际竞争力和影响力。

在新时代西部大开发背景下，西部地区可以充分挖掘其独特的自然资源和文化资源，打造具有地方特色的文化和旅游产品，助力区域经济的高质量发展。文化和旅游产业的发展可以借助西部地区基本建设投资高增，促进交通、住宿、餐饮等要素配套设施的完善，进而推动传统文化和旅游产业转型升级。文化和旅游高质量发展与西部地区生态保护和绿色发展理念高度契合，通过文化和旅游绿色低碳转型，可以为西部地区经济增长和生态文明建设注入新的活力。西部地区文化和旅游高质量发展要树立"保护观"，即在构建高质量文化和旅游产品的过程中，优先考虑对自然资源和文化资源的有效保护，尽量减少对自然环境的干扰，尽力保持传统文化的活力和延续性。西部地区文化和旅游高质量发展要具备"市场观"，即以游客需求为导向，构建和完善旅游全要素体系，进一步细分市场，打造生态旅游、康养旅游、亲子旅游、研学旅游等具有竞争力的品牌。西部地区文化和旅游高质量发展要树立"空间观"。西部地区地域辽阔，非常适合自驾旅游，因而需要改善道路条件，提升信息覆盖，优化交通指示系统，并开发更多与自驾旅游相关的营地设施及产品。西部地区文化和旅游高质量发展要强调"创新观"，即面对西部旅游的同质化问题，亟须开发更多具有地方特色的个性化体验，如冰川徒步、游牧骑行、皮划艇、森林溜索、跳伞等户外活动，以及民俗文化、非物质文化遗产传统技艺等本土生活体验，增加旅游的创新性与吸引力。西部地区文化和旅游高质量发展要坚持"质量观"。由于西部地区生态环境较为脆弱，我们不应盲目追求高人气的观光旅游，而应注重"低密度+高质量"的旅游发展模式，推动西部地区生态环境持续保护以及文化和旅游高质量发展。

（五）巴蜀文化旅游走廊建设

2021 年 10 月 20 日，中共中央、国务院印发的《成渝地区双城经济圈建设规划纲要》明确提出，成渝地区要共建巴蜀文化旅游走廊，通过充分挖掘文化旅游资源，以文塑旅、以旅彰文，讲好巴蜀故事，打造"国际范""中国味""巴蜀韵"的世界级休闲旅游胜地。巴蜀文化旅游走廊着力建设以成都、重庆为极核，串联两地陆路、水系之间的城市与地区为核心区，以四川、重庆其他区域为辐射区的文化旅游带，促进成渝地区朝着更加开放、包容、普惠、平衡、共赢的方向演进，打造高质量发展的重要增长极。《中华人民共和国国民经济和社会发展第十四个五年规划和 2035 年远景目标纲要》将"打造巴蜀文化旅游走廊"列入 102 项重大工程项目，并明确提出，基于巴蜀地区丰富多元的文化资源和旅游资源，要将文化资源优势进一步转化为产业发展优势，通过加强深度交流合作，统筹巴蜀文化旅游走廊沿线区域经济社会发展，塑造成渝地区形象、展示巴蜀文化、彰显文化自信，进一步提升巴蜀文化旅游走廊的国际影响力。

巴蜀文化旅游走廊建设对于推进成渝地区双城经济圈建设以及促进西部地区文化和旅游繁荣发展具有重要战略意义。巴蜀文化旅游走廊建设从政策互通互惠、产业统一规划、产品统一研发、市场统一营销、交通统一建设等方面建立了长效合作机制，促进产品、线路、公共服务等方面的创新和突破，形成成渝地区交流合作的常态化；通过深化区域间资源、技术、人才、投资、信息协同，推动全方位深度合作，发挥文化和旅游优势带动西部地区发展，促进资源的优化配置，从而推动区域的协调发展和空间一体化。一方面，巴蜀文化旅游走廊建设突破了区域之间的行政制约，理顺管理体制，探索跨区域文化和旅游产业交流合作、产品联合创新的可行手段，建立区域文化和旅游产业发展新模式，带动文化和旅游产业集群发展；另一方面，巴蜀文化旅游走廊建设突破了区域之间的交通制约，以打造产品品牌、培育龙头企业、发展新型业态、促进产业提档升级，进一步推进文化和旅游高质量发展。此外，巴蜀文化旅游走廊建设还有助于文化和旅游与成渝地区会展、科技、文创、金融等行业的融合发展，打造一批特色旅游小镇、文化体验园、运动度假综合体等，实现文化旅游产业链上、下游企业的"泛文旅"产业整合，构建有价值、有效率的联盟体，建立产业链企业的协作共享机制。

二、研究价值

（一）满足人民美好生活需要是文化和旅游高质量发展的必然要求

党的十八大以来，以习近平同志为核心的党中央高度重视旅游工作，引领我国旅游业发展步入快车道，成功走出了一条独具特色的中国旅游发展之路。人民群众在文化和旅游高质量发展中的获得感和幸福感与日俱增，文化和旅游业日益成为新兴的战略性支柱产业和具有显著时代特征的民生产业、幸福产业。文化和旅游部发布的《中华人民共和国文化和旅游部 2019 年文化和旅游发展统计公报》显示，2019 年，我国国内旅游、出境旅游和入境旅游市场规模分别达到 60.06 亿人次、1.55 亿人次和 1.45 亿人次，成为全球最大的国内旅游市场和出境旅游市场。"十三五"期间，我国年人均出游超过 4 次，假日旅游成为新民俗，旅游成为人民美好生活的刚性需求。旅游已经成为人民日常生活不可或缺的组成部分，发展旅游业能够拉动经济增长、扩大就业、优化经济结构，是推动高质量发展的重要着力点。旅游是最终消费、综合消费，其关联性高、辐射面广、带动性强，具有"一业兴、百业旺"的特征。"十三五"期间，旅游及相关产业增加值占国内生产总值的比重保持增长态势，旅游业对国民经济的综合贡献超过10%。2023年，全国A级旅游景区直接就业超过1 000万人，旅游带动综合就业近8 000万人。随着旅游市场需求升级，旅游消费趋于多样化、个性化和品质化，现代旅游业进入了"品质需求引导供给创新，创新供给推动需求升级"的良性循环，旅游业与其他产业跨界融合、协同发展，新产品、新业态和新商业模式不断涌现。随着文化、艺术、科技、体育和旅游融合发展，以及人工智能、先进制造、数字化为代表的新质生产力的广泛应用，"体育+旅游""旅游+康养"融合发展呈现出向好趋势，红色旅游、研学旅游等新模式、新业态和新产品不断涌现，满足了人民日益增长的美好生活需要。

（二）加快传统产业转型升级是文化和旅游高质量发展的有效路径

新一轮科技革命和产业变革为推动文化和旅游产业从资源驱动向创新驱动转变提供了有利条件，广大游客多样化、个性化和品质化的需求导向，也在不断激发文化和旅游产业的创新活力、基础设施的完善及文化和旅游服务水平的提升。科技创新和产业创新加快了传统文化和旅游产业的提质升级，促使文化产业市场主体数量增加、产业规模扩大、经济与社会效益提升；旅游产业经济属性强、市场化程度高，旅游投资机构和市场主体规模众多、类型多样，包括以旅行社、在线旅行商和导游为代表的旅行服务商，以酒店和民宿为代表的旅游住宿商，以景区、度假区、休闲街区为代表的旅游休闲运营商，以及以地图导航、语言交互、移动支付等为代表的科技创新型企业。旅游企业竞争力的强弱直接决定了旅游业发展质量的高低，以及资本、技术和研发创意等要素后续投入水平的高低。广大游客的品质需求正在倒逼旅游供给侧创新和结构优化，依托山山水水的自然资源和历史文化遗产建景区、收门票的传统旅游发展模式，正在被科技研发、文化创意、场景创建驱动的现代旅游发展模式和新业态所取代。要加快建设旅游强国、推动旅游业高质量发展，就要培育更有竞争力、影响力和引领力的旅游市场主体，进一步完善旅游经济监测体系，持续提高产业集中度、加大产品研发投入力度、延伸产业链、增强产业先进性、提高产业国际化水平，形成"大集团主导、中小企业专业化经营、小微企业数字化创新"的产业新格局。

（三）提升公共服务水平是文化和旅游高质量发展的重要手段

习近平总书记强调，旅游业是新兴产业，方兴未艾，我们要像抓"厕所革命"一样，不断加强各类软、硬件建设，推动其大发展。旅游业大发展，提升公共服务水平成为当务之急。2024 年 6 月，文化和旅游部、国家发展改革委等九部门印发的《文化和旅游部 国家发展改革委 财政部 自然资源部 住房城乡建设部 交通运输部 农业农村部 应急管理部 国家消防救援局关于印发<关于推进旅游公共服务高质量发展的指导意见>的通知》强调，要推动实施旅游集散中心改造提升工程，依托机场、高铁站、大型客运码头、汽车客运站等交通枢纽，新建、改造一批旅游集散中心，完善旅游集散中心游客换乘、旅游客运专线、接驳接送、联程联运、客运专班、汽车租赁、票务代理、信息咨询、文化展示等功能；拓展跨区域旅游集散服务，促进旅游集散中心线上、线下业务融合发展；拓展高速公路服务区文化和旅游公共服务功能，形成一批特色主题服务区；推动有条件的国省干线公路在保障道路交通安全通畅的前提下，增设旅游驿站、观景台、自驾车旅居车营地、厕所等服务设施；鼓励有条件的地方推动公共图书馆、文化馆（站）、基层综合性文化服务中心和旅游服务中心一体化建设；推动将阅读、非物质文化遗产展示、艺术表演等文化服务融入旅游服务中心、旅游集散中心等旅游公共服务场所；推动在游客比例较高的文化设施中，增加旅游信息咨询、旅游地图、旅游指南等旅游公共服务内容；鼓励地方在保护的前提下，依法合理利用文物建筑，丰富其旅游公共服务功能，在文物保护单位和历史文化名城（街区、村镇）的保护范围及建设控制地带建设旅游公共服务设施应符合相关保护要求；推动实施公共文化服务进旅游场所工程；积极开展乡村文化旅游节庆活动；推动广场舞、村晚、艺术节庆、群众歌咏等文化体育活动，民间文化艺术、群星奖作品、文化讲座、美术展览、优秀剧目等优质文化资源进景区等旅游场所；在游客较为集中的旅游街区设置表演点位，积极开展街头艺术表演等文化活动；搭建各类民间文化艺术团体与旅游经营场所的沟通桥梁，进一步丰富旅游场所的文化内涵。

（四）建设文化强国、旅游强国是文化和旅游高质量发展的必由之路

2024 年 5 月 17 日，习近平总书记在全国旅游发展大会上对旅游工作作出重要指示，充分肯定了我国旅游业取得的突出成就。习近平总书记强调，我们要"着力完善现代旅游业体系，加快建设旅游强国"，"推动旅游

业高质量发展行稳致远"，"让旅游业更好服务美好生活、促进经济发展、构筑精神家园、展示中国形象、增进文明互鉴"。建设旅游强国，推动旅游业高质量发展行稳致远，必须牢牢把握目标任务，着力解决突出问题，坚持"守正创新、提质增效、融合发展"，统筹"政府与市场、供给与需求、保护与开发、国内与国际、发展与安全"的关系，系统谋划、科学布局、优化供给、深化改革。我们必须进一步明确建设世界旅游强国和推动旅游业高质量发展的指导思想、战略目标、重点任务及工作举措，在经济建设、政治建设、文化建设、社会建设、生态文明建设方面同步布局，大力推动旅游业与国民经济相关产业融合发展；完善旅游发展议事协调机制，加强旅游高端智库建设，构建国家旅游发展理论和前瞻性政策研究体系；培育新型国家旅游线路，形成点状辐射、带状串联、网状协同的旅游空间格局。地方政府要研究解决建设旅游强国、推动旅游业高质量发展所面临的具体问题，形成因地制宜、因领域制宜、与时俱进发展旅游业的新举措；重点推进文化底蕴深厚的世界级旅游景区和度假区、文化特色鲜明的国家级旅游休闲城市和街区建设，打造更多具有国际影响力的乡村旅游品牌、服务品牌，成立旅游集团，更好满足本地居民休闲需求、旅居者生活需求和旅游者度假需求，坚定不移地支持国有企业、民营企业和股份制旅游企业做大做强；引导并扶持新型旅游市场主体，帮助传统业态向市场化、现代化过渡，支持有条件的旅游企业"走出去"，推动旅游产业国际化布局；引导旅游企业强化科技应用和文化创造，加快培育和发展新质生产力，持续推进业态创新、模式创新和产品创新。旅游休闲街区要挖掘传统文化、彰显文化自信，并形成可视、可触、可感的生活环境与街区氛围，以时尚、健康和科技塑造未来街区。

（五）推动文化传播、文明互鉴是文化和旅游高质量发展的时代使命

文化和旅游业的发展与精神文明建设密切相关，发展旅游经济对弘扬中华优秀传统文化、增强中华民族的凝聚力具有十分重要的意义。从本质上讲，旅游就是人们认识世界、感悟人生的一种精神文化活动，其参与度高、覆盖面广、体验感强。旅游也是不同国家、不同文化交流互鉴的重要渠道，是传播文明、交流文化、增进友谊的桥梁。我们要充分发挥旅游在传播中华优秀传统文化、培育社会主义核心价值观方面的特殊优势，使旅游成为宣传灿烂文明和现代化建设成就的重要窗口，传播科学知识和先进文化的重要阵地，促进民心相通、展示中国形象的重要桥梁。我们要推进

国内旅游、入境旅游和出境旅游市场协调发展。近年来，我国出境旅游已经进入稳定发展期，因此确保我国公民在境外旅行的安全、便利、平等和品质，应是新时期出境旅游的政策取向。我们要进一步扩大免签入境国家名单，为入境旅游者提供更加友好的支付、语言和互联网环境；组建市场化导向、专业化运作的国家旅游推广机构，将旅游纳入"一带一路"合作框架、上海合作组织（The Shanghai cooperation organization，SCO）、金砖合作机制以及中国-东盟等多边议题；办好文化和旅游年、国际旅游交易会，进一步扩大边境旅游试验区、跨境旅游示范区名单范围；完善旅游统计制度，建立健全旅游业发展评价体系，常态化开展全国游客满意度调查；完善旅游执法协作机制，强化旅游安全救援部门联动，优化国际合作机制；完善旅游法律法规和产业政策，着眼旅游强国建设目标，加强国家旅游战略研究及"十五五"文化和旅游发展规划；提升旅游领域治理体系和治理能力现代化建设，加强党对旅游工作的统一领导，形成党政齐抓共管、文化和旅游部门主抓、有关部门积极配合、社会各界广泛参与、人民群众共建共享的旅游工作新格局。

第二节　学术史梳理及综述

本节基本文献来源于中国知识资源总库（Chinese National Knowledge Infrastructure，CNKI）、国家哲学社会科学文献中心学术期刊数据库、万方数据资源系统、科学引文索引（Science Citation IndexTM，SCI）、荷兰爱思唯尔（Elsevier）出版集团科学文献全文数据库（Elsevier ScienceDirect，SD）、约翰威立国际出版公司（Wiley Online Library）、数字化博硕士论文文摘数据库（ProQuest Dissertations & Theses，PQDT）等。笔者选择"高级检索"及"核心期刊"选项，输入"文化和旅游""融合""高质量发展"3个关键词后，共检索出论文1 877篇，去掉重复论文，实际汇总为1 583篇，并从中选取重点论文进行学术史梳理及文献综述。

一、文化和旅游融合发展研究

（一）文化和旅游的关系

文化是旅游的灵魂，旅游是文化的载体。旅游产业和文化产业同属于精神消费，两者具有天然的共生互融性。一方面，文化与旅游融合能够增加旅游产业的文化厚度，丰富旅游的文化内涵，进而推动旅游业的市场竞争力及可持续发展；另一方面，旅游产业具有文化传承与文化传播功能，在推进文化建设与文化产业发展的同时，还可以有效传播中华优秀传统文化、增强文化自信与民族认同、增进人民福祉，从而增强我国的文化软实力。

早在 20 世纪 80 年代国内外学者就开始关注文化和旅游的关系，旅游文化的资源开发、文化旅游的内涵与特征、遗产旅游的开发与发展以及文化对旅游发展的影响等成为学者们在这一阶段的旅游研究热点（梁明珠，2000；彭德成 等，2003；魏峰群，2004；戴旁海，2006；郭素婷，2008）。近年来，文化和旅游融合研究涌现出丰富的学术成果，旅游研究范围不断扩大，旅游研究深度也有很大的提升。但由于文化旅游研究相对成熟、文化与旅游边界逐渐模糊以及统计口径不一致等原因，学者们对文化与旅游融合所涌现出的新业态的把握以及开展的定量研究还存在一定困难，文化和旅游融合研究进度有所放缓（徐翠蓉 等，2020）。直至 2018 年年底，由于原文化部与原国家旅游局进行了职责整合，共同组建了文化和旅游部，国内学者才开始重新审视文化产业和旅游产业的互动关系。国内外学者针对文化和旅游的关系展开了系统性研究，具体体现在以下四个方面：

一是关于文化和旅游融合的理论研究。例如，王经绫（2020）以产业融合理论和供需理论为基础，构建了民族地区文化和旅游融合发展影响要素的系统结构；崔凤军和陈旭峰（2020）从功能、资源、市场、行政、人才五个维度探讨了文化和旅游融合的理论内涵；郭素婷（2008）基于产业集群理论将区域文化旅游产业系统分为核心层、要素供应层和服务层；张朝枝（2018）和宋瑞（2019）从文化和旅游融合的根源、目的出发，讨论了相应的理论机理，认为要从管理、发展、支撑、效果等不同层面来理解并推动文化和旅游融合发展的路径。

二是关于文化和旅游融合的互动关系研究。例如，蒋昕和傅才武（2020）探讨了公共文化服务促进乡村文化和旅游融合内生发展的动力机制；赵书虹和陈婷婷（2020）研究发现，资源要素整合、旅游需求升级、创新变革支撑和企业管理决策是民族地区文化产业与旅游产业的融合动力；张舸和魏琼（2013）分析了非物质文化遗产保护与旅游业开发的互动关系；罗梅和赵晓红（2010）研究了金融危机视角下云南文化产业与旅游产业的互动发展。

三是关于文化和旅游融合的体制机制研究。例如，Kouri（2012）分析了希腊政府推行的文化和旅游产业融合政策对国家社会经济产生的影响；Kim（2013）研究了韩国经济振兴政策对文化旅游产业水平的影响；邹统钎和金川（2013）探讨了我国遗产旅游资源管理体制可能存在的问题，并给予优化意见。

四是关于文化和旅游融合的对策路径研究。例如，王志岚和赵咪咪（2020）探讨了杭州市茶文化和旅游融合发展对策；翁文静和黄梦岚（2020）提出，文化和旅游融合发展的对策包括政策支持、打造"全福游、有全福"品牌、加强福建省文化和旅游传播能力建设、培养优秀文化和旅游人才等；李慧（2018）从资源开发、产业发展和文化保护三个方面提出苏州古城文化和旅游融合发展的路径；占耀宗和金颖若（2011）认为，文化和旅游产业互为补充、相互促进，两者的融合发展将产生巨大的现实意义，并由此提出文化和旅游融合发展的策略。

（二）文化和旅游融合发展的学术史研究

文化和旅游融合发展是我国文化体制改革以后的最新表述。从产业融合到旅游产业融合再到文化和旅游融合发展，其学术脉络并不复杂，其概念差异亦可辨析。产业融合所涉及的产业范围甚广，既包括计算机业、通信业、金融业、房地产业、工业、农业、商业等产业内部及产业之间的融合，也包括旅游业等服务业的融合。旅游产业融合特指与旅游产业相关的融合，包括旅游产业内部融合、旅游产业与其他产业之间的融合，如旅游业传统的食、住、行、游、购、娱六大产业要素的融合，以及旅游与交通、农业、工业及其他服务业的融合等。文化和旅游融合发展所指范围超出了产业的限定，除了文化产业与旅游产业的融合外，还包括文化事业与旅游事业的融合、文化事业与旅游产业的融合、文化产业与旅游事业的融合等。正如著名经济学家于光远的观点，"旅游是经济性很强的文化事业，又是文化性很强的经济事业"，由于文化与旅游、产业与事业之间密切关系、深层互动，文化和旅游融合发展的内涵才得以丰富。

产业融合的思想可追溯至美国学者 Rosenberg（1963）关于"技术融合"现象的研究。20世纪70年代末，传统产业描绘了"电脑和通信"融合的愿景，产业融合现象开始引起政界、学界和业界的广泛关注。至20世纪90年代末，产业融合现象被普遍认为是拉动经济发展的新的增长点。目前，学术界对产业融合的概念基于不同学科背景进行了界定。以 Rosenberg 为代表的技术扩散流派认为，技术融合推动了产业融合现象的产生和发展。产业融合的本质是一种新兴技术连接的结果（Gaines，1998；Lei，2000；Curran et al.，2011）。以 Creemstein 和 Khanna（1997）为代表的产业融合派认为，产业融合是一种经济现象，是企业为了适应产业增长而发生的产业边界的收缩或消失，两个或多个之前在彼此独立的产业中的企业成为直接竞争者就会导致产业融合。产业融合通常从资源融合、技术融合、功能融合、市场融合多个维度展开研究，并阐述其中的价值创造与价值分配的过程与机制（Lind，2004；Hacklin，2009；Benner et al.，2013）。

当前，国内学者针对旅游产业融合主要从两个方面展开讨论：一是围绕旅游产业与其他产业之间或旅游产业内不同行业之间相互渗透交叉进行机制讨论（张凌云，2011；张朝枝，2018；宋瑞，2019）；二是从旅游产业融合的必然性、旅游产业融合产品、旅游产业融合模式、旅游产业发展模式、旅游产业发展机制和旅游产业效应等方面展开讨论。比如，徐虹和范清（2008）认为，旅游产业融合是旅游业内各要素之间相互作用、相互影响后形成新产业的过程；何建民（2011）认为，旅游产业的融合发展是旅游产业内不同行业之间相互交叉渗透或者旅游产业与其他产业之间相互交叉渗透进而融合为一体，并逐步形成新产业，使旅游产业链或其他产业的产业链发生一定程度的改变以获得更大的协同效应的过程；储德平等（2017）认为，旅游产业融合是旅游产业在自身关联性、综合性和带动性的影响下，通过延伸产业链内化于三次产业中，实现旅游产业发展增值、旅游产业收益增加的动态融合过程。国外学者主要对遗产旅游、生态旅游、农业与乡村旅游、博物馆旅游、黑色旅游及体育旅游等典型旅游产业发展过程中的融合业态进行概念讨论。比如，Nilsson（2002）将农业旅游定义为将旅游与农业生产活动、农产品服务和农业体验活动融合在一起的，具有娱乐和教育功能，且能增加农业产出、提高农场额外收入等的旅游活动；Taleghani 和 Ghafary（2014）认为，体育旅游是旅游产业与体育产业融合后的结果，其实质是旅游产品的一种新形式。

文化和旅游融合的概念表述最早见于2009年原文化部和原国家旅游局共同印发的《文化部 国家旅游局关于促进文化与旅游结合发展的指导意见》。2018年年初，原文化部与原国家旅游局的职责进行了整合，文化和旅游融合的概念迅速成为社会各界关注的焦点。文化和旅游从"深度结合"到"全域融合"，充分体现了国家文化体制改革的成果，从学理上则表现出文化和旅游更密切的关系。李炎（2019）指出，文化和旅游融合是国家深化文化体制改革进程中"使市场在资源配置中起决定性作用和更好发挥政府作用"，发挥"看不见的手"和"看得见的手"两种力量，促进市场作用和政府作用的有机统一、相互补充，切实推动文化和旅游产业持续健康发展的重大举措。张朝枝（2018）认为，文化和旅游融合的根源是文化认同以及民族与国家的认同。宋瑞（2019）认为，从机理层面上看，文化和旅游融合发展突出了"旅游的文化性"、强化了"文化的旅游化"；从管理层面上看，文化和旅游融合发展体现了文化产业、文化事业与旅游产业的适度融合；从发展层面上看，文化和旅游融合发展包含了产业融合以及公共服务体系建设的内容。吴丽和梁浩等（2021）基于文化和旅游融合发展的时空视角指出，文化和旅游融合从发展的角度来看是一种过程，从结果的视角来看又是一种状态，因此人们对于文化和旅游融合发展的认识也应该是多维度的。

（三）文化和旅游融合发展的决策理论体系研究

文化和旅游融合发展成效评估为政府决策提供了依据，政府决策又是文化和旅游融合发展成效评估的重要内容。决策理论体系包含了决策制度、决策评估和决策话语体系的内容，文化和旅游融合发展的决策理论体系不仅体现了科学评估的重要性，也体现了决策话语体系的中国特色。所谓话语体系，即话语表达的总体框架和内在逻辑。1952年，语言学家哈里斯首次提出"话语分析"的概念。法国哲学家福柯认为，话语陈述主体必须依托话语体系而存在，其角色和属性由话语定义，由此提出"话语即权力"的著名论断，为国际关系中的霸权话语研究奠定了理论基础。文化和旅游融合发展的话语体系并不是强调霸权话语，而是主张独立自主的话语权。

政策对文化和旅游的影响是国外学者关注的焦点。比如，Schroeder等（2012）基于尼泊尔和不丹王国的旅游政策对徒步旅行地和文化遗址等公共场所影响的对比分析，指出文化规范可以解释旅游政策的差异及其对可持续发展的影响。Koocsela等（2019）基于泰国的清迈和普吉岛两个城市的相关案例，探讨如何根据旅游可持续发展政策制订城市旅游发展行动计划，并指出该计划对环境、社会治理、当地经济和城市历史文化的整体影响。Haigh等（2020）通过研究马来西亚砂拉越州（Negeri Sarawak）的文化和旅游政策及其实施方式和实施成果，指出旅游规划者发展多样化经济的政策困境，同时针对政策对象展开研究，认为当地社区出现了异域化与边缘化现象。近年来，国内学者对于文化和旅游融合发展的政策研究逐渐增多，不仅关注其存在的问题，而且关注其未来的走向。比如，付瑞红（2021）指出，国家文化公园在文化发展的大环境、文化旅游供求关系层面存在发展不均衡、文化资源挖掘不充分、产品同质化等多种问题，并从宏观层面提出产业集聚和整合的文化创意融合概念，从中观层面提出纵向资源整合的中介组织制度创新和网络化平台建设路径，从微观层面系统阐述了文化要素功能与市场融合理论，为创意社区的实施探索出一条新路径。陈建（2021）指出，乡村文化和旅游融合政策与乡村振兴战略在内在宗旨上具有一致性，在目标承接上也呈现出高度契合，但相对于乡村振兴战略的实践，乡村文化和旅游融合还存在一定的政策发展差距，主要表现为政策发展的迟滞化、粗放化和项目的同质化等。廖青虎和郑旭等（2021）以1981年以来我国城市文化和旅游融合的167项政策文本为样本，采用统计分析法和内容分析法，从政策文本数量和内部结构、发布主体的府际关系、政策执行的轨迹三个方面分析了政策的演化逻辑及其走向。研究指出，我国城市文化和旅游融合政策应遵循"规范性文件为主—部门主导—'产业+城市'"的演化逻辑，其未来走向表现为：立法工作将加快、政策路径更明确、政策边界不断拓展、体制机制改革成为政策重点。古予馨和张辰润（2022）采用内容分析法对四川省53份省级文化和旅游融合相关政策文本进行分析后发现，四川省文化和旅游融合政策演进可分为三个阶段，呈现出质量逐渐提高、融合意识逐渐深化的趋势，但其对需求类和供给类政策工具的使用长期不足。笔者通过文献梳理发现，学者们关于文化和旅游融合发展政策话语体系的研究还不够充分，还需要重新认识文化和旅游融合发展政策话语体系的重要性，它不仅体现了道路自信、理论自信、制度自信、文化自信，还能强化共商、共建、共享、共赢发展理念，在文化交流和文明互鉴中推动构建人类命运共同体。

（四）文化和旅游融合发展的国内外案例研究

案例研究法起源于20世纪初期西方人类学家对太平洋岛屿上的居民文化的田野调查。发展至今，案例研究法已成为一套规范的研究方法，被广泛应用于社会科学领域（汪婷，2014）。作为以文字为主的定性研究范式，案例研究要求研究者聚焦社会现象中"为什么"和"怎么样"的问题，主张通过长时间的实地观察与访谈来搜集三角证据，并应用分析性解释逻辑来建构新理论（唐权 等，2016）。案例研究既可以采用一个案例也可以同时采用多个案例。单案例纵向研究在获取长时间大跨度资料以及掌握案例对象复杂性方面具有独特优势（Weick，2007），研究者能够深入系统地理解案例发展的独特情景及其动态发展过程（罗仲伟 等，2014），适用于探索较少被研究到的领域。多案例研究包括两个分析阶段：一是案例内分析，即把每一个案例看成独立的整体进行全面的分析；二是交叉案例分析，即在案例内分析的基础上对所有的案例进行统一的抽象和归纳，进而得出更精辟的描述和更有力的解释。个案通常能说明某方面的问题，但用来搭建知识结构的框架是远远不够的，因此多案例研究法能使案例研究更全面、更具有说服力，也更能提高案例研究的有效性（孙海法 等，2004）。21 世纪以来，多数研究者将以案例研究为导向的文献计量、案例文献荟萃分析、实地观察与访谈、多案例研究、案例调查技术（如问卷调查）等纳入案例研究中，形成了质性—实证型案例研究步骤的混合案例研究法（唐权，2017）。混合案例研究法不仅是在案例研究法中混合使用质性资料与量化数据，更是将样本等定量的概念进行追踪，从而提升社会研究的信度和效度，是一种置于定性研究与定量研究之上的以案例为导向的混合案例研究法。

文化和旅游融合在实际发展中出现了很多具体的、差异化的旅游现象，案例研究方法作为一种主要的研究方法，已被学者们应用到如基础理论、融合业态模式、体制机制、融合机制及发展评估等方面的研究中（许鑫，2020）。在基础理论研究方面，张玲和邬永强（2013）以广州会展旅游产业集为例，基于复杂系统适应理论探讨了文化和旅游产业集群发展的动力机制；李洁（2014）在成都乡村旅游可持续发展研究的基础上指出，乡村旅游发展过程中还存在乡村文化内涵提炼不深、意境缺失，以及文化与乡村旅游发展消极互动的倾向性问题；王经绫（2020）基于 71 个民族县域文化和旅游融合发展的情况，从产业融合理论和供需理论视角下剖析了文化和旅游融合的影响要素；庄志民（2020）以上海为例，在复杂生态系统理论视角下，从文化和旅游融合的自然、社会、经济等系统整体协调方面提出了相应的发展建议。在业态模式研究方面，王兆峰（2012）以湖南湘西地区为例，剖析了文化产业与旅游产业的耦合发展结构关系以及文化和旅游的三种耦合发展模式，并为其发展提出了相关的对策；应许凌等

（2017）总结了乡村旅游和文化产业在融合过程中逐渐产生的三种融合模式，即延伸型融合模式、整合型融合模式和渗透型融合模式；杨仲元、徐建刚和林蔚（2016）对皖南地区进行跟踪，归纳出旅游地空间地理演化模式；陈怡宁和李刚（2019）以英国博物馆为例，分别从被构想的空间、被感知的空间和再现性空间的亲历空间等维度，探讨了英国博物馆的空间生产在文化与旅游融合发展中的经验与启示。在体制机制研究方面，桂拉旦和唐唯（2016）以及薛佳（2017）分别从精准扶贫政策及经济新常态角度对文化和旅游产业的融合发展进行了分析。在动力机制、路径的研究方面，Ballesteros 和 Ramirez（2007）以西班牙南部矿业遗产为例，证实了社会认同和符号社区在遗产旅游开发中的作用；王长在和柴娇（2018）通过实地考察等方法对南粤古驿道定向大赛与乡村文化旅游的融合情况进行了分析，提出了该地区文化和旅游融合发展的路径、动力与不足；王卫才（2018）在乡村旅游视域下，以传统乡村文化为切入点，阐述了中原地区乡村旅游的发展态势，提出了传统乡村文化重构与乡村旅游融合发展的路径与策略；黄炜等（2018）以张家界为例，从人才因素、技术因素、资源因素、社会因素和产业因素 5 个层面构建了旅游演艺产业内生发展测评的动力概念模型，并据此设计了评价指标体系；Shih、Hsu 和 Diao（2019）以中国台湾地区的莺歌陶瓷镇为例，追踪了从陶瓷生产街区到文化遗产旅游街区的天际线发展变化，为文化街区的旅游开发提供了思考；张红梅等（2021）厘清了文化和旅游融合视角下葡萄酒旅游产业发展研究的脉络和路径，以及产业融合的模式及动力机制，并为宁夏回族自治区贺兰山东麓葡萄酒旅游产业创新发展提供了策略建议。在绩效评估研究方面，José 和 Gemma（2015）分析了加泰罗尼亚几个世纪以来从食品饮料工业到旅游产品的演变过程，并归纳了其演化过程的重要属性和指标；郭凌和王志章（2016）以空间生产为理论指导，通过实地调研与文化分析法，对四川省成都市三圣乡红砂村乡村旅游开发使其文化原有空间所根植的社会环境发生的变迁进行了研究；赵微（2018）通过对甘肃省屋兰古镇项目地的现场勘查和对当地居民的调查访谈，分析了乡村文化和旅游融合发展战略的社会影响力，并提出了相应建议；Hidalgo-Giralt 等（2021）追踪了德里、布鲁塞尔和哥本哈根三个工业遗产地到旅游区域的转换，归纳了工业遗产地发展为遗产旅游区的评价体系。在产业具体问题方面，曾琪洁等（2012）以中国 2010 年上海世界博览会为例，从核心内容和衍生产品两个方面对其文化创意旅游需求及其差异性进行了分析；蔡礼彬和王湝（2023）以湘西土家族苗族自治州老司城遗址为例，指出文化和旅游融合发展的三个融合因素为文化和旅游供给、文化和旅游消费以及文化和旅游融合环境，三者之间相互作用，其中文化和旅游供给是基础动力，文化和旅游消费是直接动力，文化和旅游融合环境是重要保障。

二、文化和旅游高质量发展研究

（一）文化和旅游高质量发展的政策研究

文化和旅游政策对文化和旅游高质量发展起到了重要作用。国外多个国家出台了各项文化旅游政策，针对文化和旅游产业转型进行了升级。例如，欧盟成员国一方面通过"创意欧洲"计划提供资金，支持跨境文化项目，从而促进欧洲文化的创新；另一方面通过"地平线欧洲"计划，支持文化和旅游研究，从而推动数字化文化和旅游的可持续发展（Primorac，2017）。日本政府推出"观光立国"政策，注重对传统文化的保护和旅游推广，还积极开发了新型文化旅游产品，如"漫画之旅""美食之旅""温泉之旅"等，以此实现文化和旅游产业的创新（野口健格，2018）。加拿大政府通过多文化政策和国家公园管理系统支持文化和旅游产业发展，同时大力推动居民文化和旅游可持续发展（肖琼，2021）。

在我国，2017年，党的十九大报告明确提出，我国经济已由高速增长阶段转向高质量发展阶段。我国文化和旅游"十四五"相关规划也明确了文化和旅游融合高质量发展的目标、内容和路径，即"推动文化和旅游深度融合、创新发展""推进数字经济格局下的文化和旅游融合"，并以此建设一批国家文化产业和旅游产业融合发展示范区。习近平总书记强调，我们要深刻领会高质量发展要求，更好满足文化和旅游需求。关于文化和旅游高质量发展的政策，肖津（2024）研究发现，主要包括财政政策支持、技术创新政策支持、人才培养政策支持和基础设施建设政策支持等相关政策支撑。在新冠疫情背景下，部分地区还提出了文化和旅游融合专项政策、文化和旅游合作建设方案等相关政策举措（江金波 等，2021）。

在各项政策中，数字化文化和旅游政策是重点。为助力文化和旅游高质量发展，2020年，文化和旅游部研究制定了《文化和旅游部关于推动数字文化产业高质量发展的意见》，以数字化推动文化和旅游融合发展，实现更广范围、更深层次、更高水平融合；文化和旅游部、教育部、工业和信息化部等 10 部门联合发布了《文化和旅游部 发展改革委 教育部 工业和信息化部 公安部 财政部 交通运输部 农业农村部 商务部 市场监管总局关于深化"互联网+旅游"推动旅游业高质量发展的意见》，为坚定不移建设网络强国、数字中国，持续深化"互联网+旅游"，推动旅游业高质量发展，更好发挥旅游业在促进经济社会发展、满足人民美好生活需要等方面的重要作用，助力构建以国内大循环为主体、国内国际双循环相互促进的新发展格局提供了强大动力。2021 年，文化和旅游部印发了《"十四五"文化和旅游发展规划》，系统阐明了"十四五"文化和旅游发展的总体要求、发展目标、主要任务、重要举措等，既是对未来五年的文化和旅游发展谋篇布局，也是落实《中华人民共和国国民经济和社会发展第十四个五年规划和 2035 年远景目标纲要》和文化强国战略的具体体现。2022 年，国务院印发了《国务院关于印发"十四五"数字经济发展规划的通知》，明确了"十四五"时期推动数字经济健康发展的指导思想、基本原则、发展目标、重点任务和保障措施，为应对新形势、新挑战，把握数字化发展新机遇，拓展经济发展新空间，推动我国数字经济健康发展指明了方向。2023 年，文化和旅游部印发了《文化和旅游部关于推动在线旅游市场高质量发展的意见》，为进一步加强在线旅游市场管理，发挥在线旅游平台经营者整合旅游要素资源的积极作用，带动交通、住宿、餐饮、游览、娱乐等相关旅游经营者协同发展，大力发展数字经济，提升常态化监管水平，推动旅游业高质量发展提出了重要意见。夏杰长等（2020）提出，要通过推动形成数据要素市场，加快建设数字文化和旅游高质量发展的法律法规、管理条例、考核标准等政策体系，建立数字化文化和旅游产业的长效机制。张玉蓉和蔡雨坤（2022）指出，文化和旅游高质量发展相关政策应主要聚焦于数字经济背景下的文化和旅游深度融合，以数字化推动传统文化和旅游产业转型升级，支持在数字化、网络化、智能化方向下丰富数字文化和旅游产品供给，拓展文化和旅游产品内涵。刘英基等（2023）提出，应打造数字文化和旅游平台健全价值共创机制，深化差异化数字文化和旅游发展战略，拓展组织、技术与产品创新传导渠道，完善相关政策，促进数字经济赋能文化和旅游融合高质量发展。纵观中央与地方政府出台的文化和旅游政策，王克岭（2022）认为，文化和旅游产业政策设计较合理，体现了政府对文化和旅游政策顶层设计的重视，同时尚存较大的优化空间，主要问题为政策受体较窄、政策工具运用存在结构性失衡、政策激励存在不足、市场优化的内容体现不足等。崔凤军等（2020）研究发现，自新一轮党和国家机构改革后，文化和旅游部在职能融合、市场融合、服务融合、产业融合、交流融合等方面开展了积极的探索，出台了一系列政策文件。但不可否认，文化和旅游高质量发展的相关政策还需要不断改进和完善，以避免政策实施过程中出现的因理念差异、运行不畅、布局相异等问题产生的矛盾。

（二）文化和旅游高质量发展的学术史研究

高质量发展的内涵丰富。从系统平衡视角来看，高质量发展不仅限于经济层面的增长发展，还包括经济、政治、文化、社会、生态的全方位提升。高质量发展应能够满足人民日益增长的美好生活需要，同时为人民的自我实现和发展提供良好的社会环境和条件（赵剑波 等，2019）。高质量发展已经成为新时代我国经济社会发展的主题。在这一时代背景下，文化和旅游事业同产业一样，均面临着由发展速度向发展质量转变的迫切要求。文化和旅游高质量发展是贯彻和落实新发展理念的战略选择，也是实现文化和旅游事业与产业提质增效的内在需求。2019 年，中央经济工作会议将"着力推动高质量发展"作为六大重点工作之一，其中就明确提出要"推动旅游业高质量发展"。

从内涵分析，文化和旅游高质量发展有两个关键点：一是文化和旅游的融合；二是高质量发展。文化和旅游的关系有着"灵魂载体说""诗与远方说""塑旅彰文说"（厉新建 等，2020）。总的来说，文化和旅游相辅相成、相得益彰，我们要坚持"以文塑旅、以旅彰文"，破除制度等各种障碍，协调各方利益关系，将文化和旅游两者合力，全面推进文化和旅游深度融合，为文化和旅游高质量发展奠定基石。文化和旅游高质量发展需要在体制机制方面以相关行政管理部门为抓手，整合文化和旅游功能、协同文化和旅游体制机制，规划文化和旅游高质量发展项目；在资源、产业与技术层面，要以供给侧结构性改革为驱动力，高效率配置文化资源于旅游当中；利用"文旅中国元宇宙"[①]，以数字化技术为加持，构建数字化场景空间，开发沉浸式文化和旅游活动，实现多元化文化和旅游内容生产；深化文化和旅游价值链，延长文化和旅游产业链，增强文化内涵，增添文

---

① "文旅中国元宇宙"是由文化和旅游部产业发展司指导、中国文化传媒集团有限公司主办的项目，该项目是中国文化传媒集团为贯彻落实数字强国战略、推动文化和旅游产业数字化转型做出的重大举措。

化和旅游韵味，增强文化和旅游的体验感、互动性，创新、转型文化和旅游事业及产业，实现文化和旅游新业态高质量发展（周锦 等，2021，江凌，2023）。

从外部系统分析，文化和旅游高质量发展以文化为引领、以旅游为形态，同时包含了人口规模、共同富裕、城乡与区域协调发展、人与自然和谐共生等内容。刘一凡（2024）认为，从物质文明的视角出发，文化和旅游高质量发展可以促进产业发展、带动就业，提高当地经济社会水平，引导居民消费，优化文化和旅游产业结构，促进地方经济可持续发展，有效提升民众的经济水平和生活质量，增强当地居民的幸福感和获得感。文化和旅游高质量发展是有效实现全方面乡村振兴、区域协调发展的重要手段（李思琪 等，2022）。从精神文明的视角出发，文化和旅游高质量发展可以引导游客感悟特色文化，获得精神体验，积淀文化素养，愉悦身心，增强文化认同感，满足受众高品质的文化和旅游需求；同时，还可以弘扬中华优秀传统文化，提升文化感染力和精神感召力，有助于实现"人的自由全面发展"。从生态文明视角出发，党的十八大以来，生态文明建设日益成为关乎民族发展和中华民族伟大复兴的根本大计，文化和旅游高质量发展可以促进人与自然和谐共生。旅游地生态良好完善，成为文化和旅游功能实践及经济价值跃升的重要载体（唐承财 等，2023）。文化和旅游高质量发展在满足人民群众物质财富和精神自由的同时，还能满足其生态需求。

（三）文化和旅游高质量发展的问题及对策

文化和旅游产业在高质量发展过程中还存在着实力不足、深度融合较为欠缺、要素投入不足、体制机制制约发展等问题。首先，我国文化和旅游产业实力不足，还存在供需适配问题。我国人口众多，旅游规模庞大且需求类型多元，文化和旅游产品供给体系仍然存在着单一化、同质化的问题，无法常态化满足人民群众的文化和旅游消费多样化需求。在质量方面，各地的文化和旅游产品品质有待改善，科技赋能运用程度较浅，缺乏创新型产品，公共文化设施服务还有进一步提升的空间（刘一凡，2024）。我国文化和旅游产业的话语传播能力有待提高，需要更加具体和深入地讲好中国故事、展现中国形象。其次，夏杰长（2020）等学者认为，文化和旅游的融合程度还不够深、质量还需提高。我国文化和旅游融合的领域还较为单一、不够全面。文化是旅游的基本内涵和核心价值，加强文化和旅游的深度融合，有助于我国政府推进文化体制改革、加快文化产业发展、促进旅游产业转型升级、满足人民群众的消费需求。然而，许多旅游地没有精准地、有深度地挖掘与阐释当地文化，同质化较为严重，特色不够突出，创新性欠缺。再次，文化和旅游要素投入不足是制约文化和旅游高质量发展的重要因素。在基础设施上，我国文化和旅游基础设施建设相对缓慢，交通连接设施相对滞后，公共服务设施一体化水平不足，公共服务体系尚不健全，营商环境亟待优化。市场决定资源配置是市场经济的一般规律，市场经济本质上就是市场决定资源配置的经济。因此，我们要充分发挥市场在文化和旅游资源配置中的决定性作用。在文化和旅游市场中，各资本要素之间还存在着发展滞后、价格形成机制不健全等问题，从而导致诸多利益相关者产生利益连接障碍，影响了旅游发展利益分配。资金投入渠道不足，主要是因为政府投入力度不大、民营资本介入少、融资渠道较为单一（冯学钢，2023，沈均明，2022）。最后，侯兵（2020）研究发现，文化和旅游高质量发展体制机制仍然制约着文化和旅游深度融合发展。良好的体制机制可以为文化和旅游深度融合提供清晰的指导原则，激发市场活力，规范市场秩序，推动行业间协作，推动经济增长。当前，文化和旅游机构改革尚未充分，文化和旅游高质量发展渠道还不够畅通，各部门依旧存在各自为政的局面；城乡协同、区域协同发展机制还不够完善，要素共建共享机制还有待健全，部分地区仍存在地方保护、条块分割等问题，无法形成全国统一的文化和旅游大市场；文化和旅游深度融合发展还面临着项目同质化、开发过度化、服务低质化、人才短缺化等问题。因此，我们还需要健全政策引导与支持体制机制、优化资源配置与整合体制机制、强化文化和旅游创新融合体制机制、加强文化和旅游监管与评估体制机制。

针对文化和旅游高质量发展中的问题，各学者提出了相关对策。例如，在顶层设计上，文化和旅游高质量发展就是要坚持整体谋划布局，顺应文化和旅游高质量发展趋势，培育文化和旅游新业态及新型消费模式；注重媒体宣传传播，扩大文化和旅游产业的知名度，提高其影响力；健全人才引进与使用机制，打造文化和旅游发展人才队伍。在体制机制上，文化和旅游高质量发展就是要从目标、产业、载体、空间、管理五个维度把握发展逻辑，从文化和旅游融合主体活力激发、政策供给细化、融合型公共服务建设和世界级中外人才引进四个方面开展探索与创新；构建"技术—资金—人才—协同"创新机制，提出技术创新、资本创新、人才创新、协同创新的驱动路径；从"重保护"机制转换为"重效能"机制，突出保护、利用、传承、弘扬"四位一体"的平衡（Liu et al.，2023；严伟，2023）。在要素投入上，文化和旅游高质量发展就是要加强文化和旅游高质量发展必需的水、电、气等基础设施建设，打通"最后一公里"交通微循环，提高公共服务质量，提升文化和旅游产业的吸纳能力（郑自立，2022；Wang et al.，2024）。在技术创新上，文化和旅游高质量发展就是要乘元宇宙兴起的东风，将数字化技术融入文化和旅游高质量发展的各个方面，推进文化和旅游大数据平台一体化建设，增强文化的沉浸感和体验感，提升文化综合价值，创新"文化+旅游"产业链，发展智慧旅游（叶紫青等，2022；解学芳，2023）。

（四）文化和旅游高质量发展的案例研究

文化和旅游高质量发展在实际发展中出现了很多具体的、差异化的旅游现象，案例研究方法作为一种主要的研究方法，已被学者们应用到如产业发展、体制机制及发展评估等方面的研究中。在体制机制方面，Shi 和 ZY（2021）以我国长江三角洲地区为例，对文化和旅游高质量发展展开研究，认为在经济发展、技术创新、专业人才等方面创新文化和旅游体制机制，是文化和旅游高质量发展的重点；Gurita（2023）研究了罗马尼亚东北部地区的宗教旅游，发现通过改善基础设施、创造良好的营商环境、加强推广、保持宗教文化等措施，可以增强当地宗教文化及旅游的吸引力，更好地展示宗教旅游的重要性，发挥其对经济和社会的积极作用。在产业具体发展方面，文冬妮（2022）以我国广西壮族自治区北部湾城市为例，展现了城市群文化和旅游产业的发展，认为文化和旅游产业高质量发展需要强化政策支撑，创新开发文化和旅游产品，加强区域联动，建立文化和旅游区域综合体，优化消费环境，激发文化和旅游市场潜力，从而推动当地城市群文化和旅游产业高质量发展；郭强和王晓燕（2023）以我国海南省为例，研究了文化和旅游高质量发展的内涵与要求，认为海南文明与中华文明一脉相承，作为海上丝绸之路的战略节点，海南有着深厚的特色历史文化，当地政府要深入挖掘其文化资源，深度融合文化和旅游产业，打造海南特色文化和旅游产业品牌，增强受众的文化和旅游体验感，丰富海南文化和旅游的内涵，从而实现文化和旅游高质量发展；魏妮茜和项国鹏（2022）以我国浙江省绍兴市为例，对文化和旅游高质量发展的践行路径展开了研究，认为绍兴有着深厚的文化底蕴，蕴含了大禹文化、越剧文化、书法文化、黄酒文化等诸多文化瑰宝，当地政府要依托其独特的文化资源优势，大力推动水乡社戏、乌篷船制作技艺、"脚划船"风俗、花雕制作工艺、嵊州竹编、绍兴面塑等传统低碳民俗文化和旅游项目。此外，以数字化为引擎，加强"互联网＋文旅"融合，创新"IP＋文旅"体系，推进产业链纵向延伸和横向拓展，推动文化和旅游多方位、各领域、全链条深度融合，是国内文化和旅游高质量发展的成功案例。例如，杨明月和戴学锋（2024）以新疆维吾尔自治区为例，对文化和旅游高质量发展展开研究，认为当地政府要充分发挥民族区域优势，基于文化和旅游产业自身蕴含的开放机制、融合机制、交流机制及内生机制，铸牢中华民族共同体意识，推动民族地区文化重构。在绩效评估研究方面，唐睿和王艺源（2023）通过对2011—2019年的相关数据进行研究后发现，长三角数字经济水平的提高对文化和旅游产业高质量发展具有促进作用和空间扩散效应，二线及以上城市、都市圈城市数字经济对文化和旅游产业高质量发展具有积极的影响；由于"数字鸿沟"，三、四线城市及非都市圈城市数字经济的助推作用还有待提升；数字经济能够通过提升政府效率、扩大市场潜力、提升城市创新能力赋能文化和旅游产业高质量发展。

三、进一步发展、研究和探讨的空间

（一）文化和旅游深度融合高质量发展

2022年10月，党的二十大报告明确提出，要坚持"以文塑旅、以旅彰文"，推进文化和旅游深度融合发展。旅游具有文化属性，文化具有旅游功能，"以文塑旅、以旅彰文"是文化和旅游深度融合的基础。文化和旅游深度融合的目标是在遵循文化和旅游事业及产业规律的前提下，基于文化和旅游供给侧结构性改革的要求，提高文化和旅游产品品质，满足人民对美好精神文化生活的新期待，增强他们的获得感与幸福感，从而实现文化和旅游高质量发展。文化和旅游深度融合是全要素的融合，是开放、包容、多元的融合，是将当前元宇宙、大数据、互联网、特色文化、体育文化等要素有机融入。文化和旅游深度融合不是被动的融合，也不是"处处融合"，而是理性的融合。要实现文化和旅游产业的深度融合，就需要找到文化和旅游两者之间的最大公约数和最佳连接点并进行融合，使其产生"化学反应"。例如，创新理念和技术是融合发展的撬动点，因此我们可以通过应用数据挖掘技术、开发文化资源、提高文化资源互动性等推动

文化和旅游产业创新发展。当前，我国文化和旅游深度融合高质量发展还存在着领域较单一、程度较浅、被动融合的现状问题。因此，未来的研究还需要客观评估文化和旅游融合的既有基础及问题，正确认识文化和旅游的共同价值，增加文化和旅游融合的广度及深度，从而形成系统的文化和旅游融合发展分析框架、理论体系和话语体系，构建文化和旅游深度融合推进体系，实现文化和旅游高质量发展。

（二）产业链供应链与文化和旅游高质量发展

产业链供应链是现代经济的重要形态，对于现代化经济体系运行具有重要影响。习近平总书记在主持中共中央政治局第十一次集体学习时强调，我们要围绕发展新质生产力布局产业链，提升产业链供应链韧性和安全水平，保证产业体系自主可控、安全可靠。文化和旅游高质量发展的范畴就包含了文化和旅游产业链供应链，因此系统构建文化和旅游产业链供应链韧性和安全体系是文化和旅游高质量发展的基础。我们要以市场需求为导向，推动文化和旅游产业链供应链智慧化发展，以大数据、大模型、算力等新型生产工具加速升级文化和旅游产业链供应链；依托国内超大文化和旅游市场规模，加强国内循环的畅通性，推进"文旅+"协同发展，重点推动"农文旅""文教旅""文体旅""文商旅"等模式融合发展，以文化内涵的转化提升文化和旅游产业链各个环节的文化价值生产，推动文化和旅游产业形态从链式走向多链条复合式网状结构。这与文化和旅游高质量发展的方向是一致的。由上可见，推动文化和旅游产业链供应链数字化、智慧化发展，延长、深化文化和旅游产业链供应链，增强文化和旅游产业链供应链韧性和安全水平，是未来文化和旅游高质量发展研究体系的重要组成部分。

（三）中国式现代化与文化和旅游高质量发展

文化和旅游高质量发展是中国式现代化进程中的重要环节，是实现中国式现代化的重要手段。党的二十大报告指出，中国式现代化是人口规模巨大的现代化，是全体人民共同富裕的现代化，是物质文明和精神文明相协调的现代化，是人与自然和谐共生的现代化，是走和平发展道路的现代化。文化和旅游高质量发展有助于提升全民素质，满足人民群众高品质的精神生活。人口规模巨大是中国式现代化的一个重要特色，为文化和旅游产业奠定了坚实的市场基础，而人口素质的普遍提高，则是为文化和旅游产业高质量发展打下了更好的基础。文化和旅游高质量发展是区域协调、城乡统筹的发展，文化和旅游产业的协调布局能够为全体人民提供更多实现共同富裕、美好生活的机会。文化和旅游产业兼具文化属性和经济属性，文化和旅游产品兼具物质性和精神性、功能性和审美性。我们应立足各地特色文化，促进文化和旅游高质量发展，实现经济价值和文化价值的统一，为社会创造更多的精神财富与物质财富。生态是文化和旅游产业的魅力体现及重要载体，文化和旅游产业要尽可能做到污染小、能耗低，成为大有可为的绿色产业，这既是实现文化和旅游高质量发展的客观需要，也是促进人与自然和谐共生发展的重要手段。文化和旅游产业的发展既增强了人民群众的文化认同感及文化自信，又推动了人类文明的交流互鉴。文化和旅游高质量发展能够促进中外文化交流互鉴、增进相互理解，扩大中国外贸"朋友圈"，构建人类命运共同体，为我国的可持续和平发展道路做铺垫。文化和旅游高质量发展在赋能中国式现代化进程的同时，也能在中国式现代化进程中得到升级。未来的研究应聚焦于如何深化改革文化和旅游产业，如何深入推进文化和旅游高质量发展，如何坚定不移地推进中国式现代化，从而更好地为我国实现第二个百年奋斗目标而努力。

（四）新质生产力与文化和旅游高质量发展

新质生产力是以新技术深化应用为驱动，以新产业、新业态和新模式快速涌现为重要特征，进而构建起新型社会生产关系和社会制度体系的生产力。新质生产力的出现和发展壮大是推动人类文明进步的根本动力。新质生产力作为先进生产力的具体体现形式，是马克思主义生产力理论的中国创新和实践，是科技创新交叉融合突破所产生的根本性成果。当前，文化和旅游产业发展步入深度调整期，面临着文化和旅游发展创新动能不足以及文化和旅游产品服务同质化与单一化等问题，新质生产力成为文化和旅游产业迈向高质量发展的一剂"强效良药"。新质生产力通过科技创新挖掘既有的文化和旅游资源，优化相关资源配置，发掘创造多元化文化和旅游产品，增强体验感，从而满足人们在审美、认知上的高层次需求。我们要不断提高文化和旅游产业的生产效率和增长质量，以科技的全域嵌入促进文化和旅游要素优化及业态创新，有效催生出文化和旅游发展新模式新业态，并不断释放驱动文化和旅游高质量发展的新动能。新质生产力不仅是指在生产工具上创新，在生产关系上也需要创新。新质生产力要求相关部门要在文化和旅游制度上进行革新，建立健全各级文化和旅游发展体制，扫清制度障碍，营造文化和旅游高水平发展环境。未来的研究应关注新质生产力如何对文化和旅游产业进行颠覆创新、转型升级，如何培育文化和旅游高质量发展的新质劳动力，以及如何优化整合以劳动资料和劳动对象为代表的生产力要素，从而做到全面提高文化和旅游产业的全要素生产率，实现文化和旅游高质量发展。

第三节　研究框架及方法

党的二十大报告指出，我们要坚持以高质量发展为主题，把实施扩大内需战略同深化供给侧结构性改革有机结合起来，增强国内大循环的内生动力和可靠性，提高国际循环的质量和水平，加快建设现代化经济体系，着力提高全要素生产率，着力提升产业链供应链韧性和安全水平，着力推进城乡融合和区域协同发展，推动经济实现质的有效提升和量的合理增长。本书以文化和旅游高质量发展为主题，在第一章阐述了本书的研究背景及价值，对相关的学术史进行梳理及综述，指出本书的研究框架及方法，阐释了加快构建新发展格局、着力推动文化和旅游高质量发展的必要性；在第二章从理论研究、现状分析、问题对策三个方面论述了四川现代化建设与文化和旅游高质量发展的关系；在第三章从研究背景、发展现状、分析研判、对策建议四个方面探讨了如何以新质生产力推进四川现代化文化和旅游产业体系建设；在第四章从理论基础、实践路径、问题对策三个方面解析了提升文化和旅游产业链供应链韧性和安全水平的政策理论；在第五章至第七章注重理论与实践相结合的方式，从不同的研究角度对四川省阿坝藏族羌族自治州九寨沟景区、四川省甘孜藏族自治州道孚县、四川省广安市武胜县的文化和旅游高质量发展实践进行分析。全书主题突出、目标一致、内容丰富、逻辑清晰，兼顾了整体与局部、理论与实践的辩证关系，体现了一定的理论价值和现实意义。

一、研究框架

本书的研究框架见图 1-1。

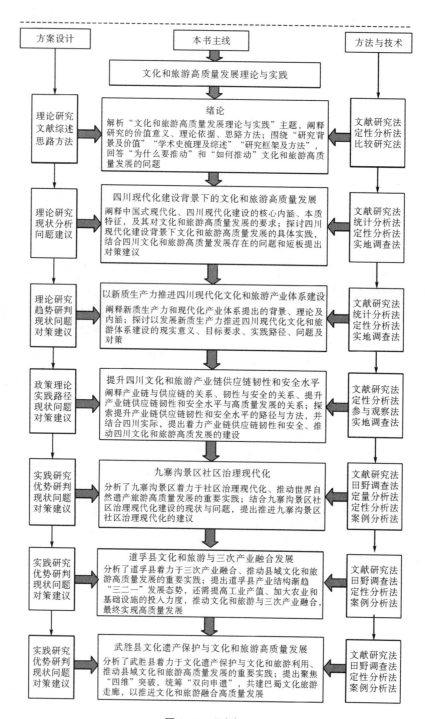

图 1-1　研究框架

（一）绪论

本章解析了"文化和旅游高质量发展理论与实践"的主题，阐释了研究的价值意义、理论依据、思路方法，回答了"为什么选择这个主题开展研究？""本书的研究价值在哪里？""本书涉及的理论有哪些？""各章节的逻辑关系是什么？""如何开展研究？"等问题。本章旨在为后面各章节的研究提供理论支撑。

（二）四川现代化建设背景下的文化和旅游高质量发展

本章阐释了中国式现代化、四川现代化建设的核心内涵，探讨了以中国式现代化为目标的高质量发展理论实践、以四川现代化建设背景下的文化和旅游高质量发展理论实践，分析了四川文化和旅游发展的现状、助力"四化同步、城乡融合、五区共兴"的文化和旅游工作现状、成渝地区双城经济圈巴蜀文化旅游走廊的建设现状；结合四川文化和旅游高质量发展存在的问题和短板，提出了要"提升文化和旅游产品供给品质从而推进文化和旅游高质量发展""激发社会参与的内生动力从而推进文化和旅游高质量发展""强调巴蜀文化与中华文化的协同传播从而增强文化自觉与文化自信""拓展文化和旅游新兴产业从而推进文化和旅游高质量发展""强化四川价值共享的文化和旅游高质量发展""加快数字赋能与科技创新的文化和旅游高质量发展""制订实施四川现代化建设总体布局下的文化和旅游高质量发展行动计划"等对策建议。

（三）以新质生产力推进四川现代化文化和旅游产业体系建设

本章围绕"新质生产力"和"现代化产业体系"两个核心概念，阐释了新质生产力和现代化产业体系提出的背景及理论内涵，以及以新质生产力推进四川现代化文化和旅游产业体系建设进而推动文化和旅游产业高质量发展的理论实践；探讨了发展新质生产力、加快建设四川现代化文化和旅游产业体系的现实意义、目标要求实践路径及问题，立足四川、面向全国、放眼世界，从四川现代化文化和旅游产业体系建设方面提出具体的政策建议，研判发展形势，分析优势潜力，剖析问题短板。

（四）提升四川文化和旅游产业链供应链韧性和安全水平

本章系统梳理了中央和地方有关产业链供应链的政策部署，阐释了"产业链"与"供应链"的关系、"韧性"与"安全"的关系、"提升产业链供应链韧性和安全水平"与"高质量发展"的关系，厘清提升四川文化和旅游产业链供应链韧性和安全水平的内在逻辑，探索提升产业链供应链韧性和安全水平的路径和方法；结合四川实际，提出着力提升产业链供应链韧性和安全水平以及推动四川文化和旅游高质量发展的对策建议。对于产业关联度高、要素多元的文化和旅游产业而言，产业链供应链具有系统性、复杂性等特点，因此要想提升文化和旅游产业链供应链韧性和安全水平，当地政府还需以自身确定性应对外部环境不确定性，全面提升巴蜀文化影响力、四川旅游吸引力、文化和旅游产业竞争力，以此推进四川文化和旅游高质量发展行稳致远。

（五）九寨沟景区社区治理现代化

本章以九寨沟景区为例，探讨了九寨沟景区着力于社区治理现代化、推动文化和旅游高质量发展的重要实践。本章通过田野调查、专家访谈、问卷调查、文献分析和案例分析等研究方法，阐释了九寨沟景区社区治理现代化的政策依据与理论内涵，分析了九寨沟景区社区现代化建设的现状与问题；结合当地社区治理实际，提出了推进九寨沟景区管理体制机制创新、破解沟内外社区发展不平衡难题、落实退耕还林还草生态补偿、拓展居民增收渠道、盘活沟内社区闲置房屋资源、协调沟内户籍与居住人口管理、科技赋能新质生产力、构建九寨沟景区社区治理现代化保障体系的对策建议。

（六）道孚县文化和旅游与三次产业融合发展

本章以道孚县为例，探讨了道孚县着力于文化和旅游与三次产业融合、推动县域旅游高质量发展的重要实践。本章着重分析了道孚县县域经济三大产业（生态旅游产业、现代农牧产业、清洁能源产业）的发展现状和问题，指出道孚县产业结构调整渐趋"三二一"发展态势，当地政府还需提高工业产值、增加农业和基础设施投入，深入推进产业融合，夯实产业发展基础，推动三次产业融合发展，最终实现文化和旅游产业高质量发展。同时，本章还结合道孚县产业发展实际，提出推进道孚县文化和旅游产业高质量发展建议，即从生态旅游产业、农牧产业、清洁能源产业入手，奋力推进产业融合发展，多维促进产业区域协调发展，提高对外开放合作水平，优化产业高质量发展的营商环境，促进科技创新引领发展，强化产业高质量发展保障。

（七）武胜县文化遗产保护与文化和旅游高质量发展

本章以武胜县为例，探讨了武胜县着力于文化遗产保护与旅游资源利用，推动县域文化和旅游高质量发展的重要实践。本章重在厘清武胜县厚重、独特而丰富的历史文化遗产资源根脉与文化精神，彰显武胜县在嘉陵江流域与大蜀道历史演进中独特而重要的地位；分析了武胜县文化遗产保护与文化和旅游发展中存在的地域文化根基认知度偏低、特殊文化资源价值挖掘不够、文化和旅游资源保护力度不大、特色旅游资源认知不够、资源有效整合乏力、品牌流量辨识度低、文化和旅游产品关联度低等问题。由此得出结论，即武胜县还需要延续水脉、地脉、文脉、业脉四大根脉，着力于"站位突破""创意突破""价值突破""产业突破"四维突破，统筹"双向申遗"，共建巴蜀文化旅游走廊，以推进当地文化和旅游融合高质量发展。

二、研究方法

（一）文献分析法、话语分析法

文献分析法是指通过网络、文献检索等方式查阅，对文化和旅游高质量发展研究进展进行系统性梳理，界定其概念，分析其理论内涵。话语分析法包括权威（官方）话语分析和大众话语分析，其中权威话语分析即针对政府文件、政府工作报告、文化和旅游发展规划、领导人讲话、媒体报道等资料进行分析，大众话语分析即针对微博等新媒体有关文化和旅游消费的网络评论分析。

（二）田野调查法

田野调查法主要是运用参与式观察、问卷调查、半结构式访谈、实地跟踪调查等方法获取一手资料。其中，参与式观察是指调查者以游客的身份参与到旅游地的日常社会生活中并进行隐蔽性观察，如调查者全程参与道孚县的安巴文化旅游节活动，就可以真实地去了解游客参与民俗节庆活动的感受；问卷调查是指调查者通过设计指定问卷并组织被调查者进行回答和填写的一种收集资料的方法，如调查者在九寨沟景区社区展开问卷调查，就能掌握游客参与旅游的方式、能力、收入、满意度等第一手资料；半结构式访谈是指调查者事先拟定一些题目和假设，但实际问题没有被具体化的半开放式访谈方法，如调查者在采访九寨沟景区社区工作人员时，就要告诉他们自己调研的主题和目的是什么，并做出引导性提问，通过被调查者的详细介绍，再去了解具体的信息及问题；实地跟踪调查是指调查者长时间留驻调研地或分阶段多次深入调研地跟踪某一个人、某一个家庭或某一事件的田野调查方式，如调查者在调查九寨沟景区"8.8"地震灾后重建工作时，就需要用到实地跟踪调查法，从而可以更好地了解 2017 年九寨沟景区地震发生不久、地震恢复重建、重新对外开放以及基本完成灾后重建及改造工作后的社区情况，获得不同时期的信息和数据以便开展后续的比较研究。

（三）案例分析法

案例分析法是指对有代表性的事物或现象深入地进行周密而仔细的研究，从而获得总体认识的一种科学分析方法。其具体步骤包括：选择案例分析对象，全面收集有关案例的资料，系统整理收集到的资料，对案例特征、属性、关系等进行逐项分析，对各项分析结果进行综合分析并得出结论。比如，调查者要想调研武胜县文化遗产保护与文化和旅游高质量发展情况，就需要全面收集武胜县文化遗产保护资料，重点对作为文化和旅游资源的文化遗产进行系统整理，通过对水脉、地脉、文脉、业脉的梳理，对武胜县文化遗产做具体的分类分析，再从整体上综合分析武胜县文化遗产保护及其作为文化和旅游资源的开发利用情况，最后总结经验并提出建议。在多案例研究中，调查者还可以将每一个案例作为独立的整体进行深入的动态分析与历史分析，再在彼此独立的案例内容分析的基础上，对所有案例进行归纳、总结，并得出抽象性、规律性的研究结论。比如，当调查者想要分析如何以新质生产力引领四川现代文化和旅游产业体系建设时，就要选取数字化平台建设案例、智慧景区案例、元宇宙应用项目案例等多个案例展开分析。多案例研究能够更好、更全面地反映新质生产力发展对四川现代化文化和旅游产业体系的影响，尤其是在多个案例同时指向同一结论的时候，案例的有效性将显著提高。

（四）社会统计分析方法

社会统计分析方法是指通过统计图和统计表对社会研究中的调查资料做全面、精确的分类和统计研究。比如，在研究九寨沟景区社区治理现代化时，调查者就可以结合社区问卷调查法，围绕九寨沟景区社区居民生计构成、居民收入状况、门票收入及分红情况、家庭贷款情况、增收模式选择等方面，结合统计图表展开社会统计分析。根据研究的需要，调查者还可以进一步通过社会科学统计软件包（statistical package for the social sciences，SPSS）、结构方程模型（structural equation modeling，SEM）等方法处理文化和旅游高质量发展问卷调查数据，分析经济效应、社会效应、生态效应的作用关系与复杂交互效应等。

（五）耦合协调度模型与地理探测器方法

耦合协调度模型是评价系统之间的复杂耦合关系与协调程度的重要方法，由耦合方法和协调方法组成。耦合方法可以解释系统相互作用的强度，但无法反映系统之间的协调发展水平。协调方法和耦合方法相结合，能够更好地衡量系统之间的耦合协调关系。调查者可以通过耦合协调度模型来实证测度文化和旅游产业高质量发展的耦合协调度与水平。比如，同样是关于四川三星堆遗址的沉浸式探索体验，四川广汉三星堆博物馆的文化和旅游耦合协调度与水平较高，成都东郊记忆引入市场主体开发的三星堆沉浸式探索展的文化和旅游耦合协调度与水平则相对较低。地理探测器方法主要用于探测地理要素的分层异质性及其空间分布的影响因素，既可以检验单变量的空间分异性，也可以通过检验两个变量空间分布的一致性，来探测两个变量之间可能的因果关系。调查者可以利用地理探测器方法实证分析文化和旅游产业发展区域不平衡的原因，解释文化和旅游发展差异的形成机制。比如，九寨沟内的九个寨子，因为空间分布的差异，文化和旅游的可利用价值是不一样的，调查者可以结合地理探测器方法进一步解释差异形成的原因及机制。

第二章 四川现代化建设背景下的
文化和旅游高质量发展

中共四川省委十二届二次全会提出，要以"四化同步、城乡融合、五区共兴"为总抓手，全面推进四川现代化建设的战略部署，并把文化自信自强作为持久精神力量，推动巴蜀文化大发展大繁荣。四川省委书记王晓晖在 2023 四川省文化和旅游发展大会上进一步强调，要着力推动文化和旅游融合高质量发展，不断开创文化强省、旅游强省建设新局面，更好助力新时代新征程四川现代化建设。在具体实施层面，一方面，四川省要着力推动文化和旅游深度融合发展，实施国家重大文化产业项目带动战略，深化天府旅游名县、天府旅游名牌创建，推动巴蜀文化旅游走廊建设，加快建设文化强省、旅游强省，打造名扬天下、享誉全球的世界重要旅游目的地；另一方面，四川省要加大文物和文化遗产的保护力度，加快建设三星堆国家文物保护利用示范区，保护和提升以三苏祠、李白故里、杜甫草堂等为代表的巴蜀文化遗产及价值。四川现代化建设总体部署对于四川文化强省、旅游强省建设具有重要的指导意义，也为文化和旅游高质量发展指明了方向。当地政府要认真贯彻中共四川省委十二届二次全会精神，科学研判四川文化和旅游发展的阶段性特征及趋势性变化，坚持问题导向，着力解决四川文化和旅游发展的实际问题，坚持文化和旅游深度融合发展，推动四川文化事业、文化和旅游产业高质量发展。

第一节 理论研究

中国式现代化是具有科学性、整体性、系统性的理论实践创新体系，具有鲜明的中国特色和时代特征。四川现代化建设是中国式现代化的生动缩影，以中国式现代化引领四川现代化建设，不断丰富和完善治蜀兴川总体工作布局，全面推动文化和旅游产业高质量发展，体现了四川现代化建设的内在要求。

一、中国式现代化

（一）中国式现代化的内涵和本质要求

党的二十大报告明确提出，中国共产党的中心任务就是团结带领全国各族人民全面建成社会主义现代化强国，实现第二个百年奋斗目标，以中国式现代化全面推进中华民族伟大复兴。中国式现代化是中国共产党领导的社会主义现代化，是人口规模巨大的现代化，是全体人民共同富裕的现代化，是物质文明和精神文明相协调的现代化，是人与自然和谐共生的现代化，是走和平发展道路的现代化。中国式现代化的科学内涵来源于中国共产党对中国国情和中国历史的深刻分析，来源于马克思主义的科学指导，来源于中国特色社会主义伟大实践的深刻总结。中国式现代化摒弃了西方以资本为中心的现代化、两极分化的现代化、物质主义膨胀的现代化、对外扩张掠夺的现代化老路，既有各国现代化的共同特征，更有基于自己国情的中国特色。

党的二十大报告指出，中国式现代化的本质要求就是坚持中国共产党领导，坚持中国特色社会主义，实现高质量发展，发展全过程人民民主，丰富人民精神世界，实现全体人民共同富裕，促进人与自然和谐共生，推动构建人类命运共同体，创造人类文明新形态。这与中国式现代化的重要特征具有内在统一性和高度关联性，并为推进中国式现代化提供了更加明确的实施路径。具体而言：

中国式现代化是中国共产党领导的社会主义现代化。中国式现代化是中国共产党领导全国各族人民在长期探索和实践中历经千辛万苦、付出巨大代价取得的重大成果。刘红凛（2023）认为，中国共产党始终坚持人民至上的价值理念和执政为民的责任担当，充分激发了亿万人民投身现代化的创造伟力①。坚持中国共产党领导，就要在推进中国式现代化进程中充分发挥党总揽全局、协调各方的领导核心作用，不断完善党领导现代化建设的体制机制，持之以恒推进全面从严治党，深入推进新时代党的建设新

---

① 刘红凛. 全面推进中国式现代化必须毫不动摇坚持党的领导［J］. 红旗文稿，2023，487（7）：27-30.

的伟大工程，以党的自我革命引领社会革命。

坚持中国特色社会主义，是中国式现代化同西方现代化的根本区别。中国特色社会主义制度是当代中国发展进步的根本制度保障，是具有鲜明中国特色、明显制度优势、提升自我完善能力的先进制度。坚持中国特色社会主义制度，是中国式现代化的固本之策。

高质量发展是全面建设社会主义现代化国家的首要任务。高质量发展就是从简单追求数量和增速的发展转向以质量和效益为首要目标的发展，其基本要求是生产要素投入少、资源配置效率高、资源环境成本低、经济社会效益好。要实现高质量发展，就要立足新发展阶段、贯彻新发展理念、构建新发展格局，着力解决人民日益增长的美好生活需要和不平衡不充分的发展之间的矛盾，统筹扩大内需和深化供给侧结构性改革，坚持把发展经济的着力点放在实体经济上，扎实推进新型工业化，加快建设制造强国、质量强国、航天强国、交通强国、网络强国、数字中国，深入实施科教兴国战略、人才强国战略、创新驱动发展战略，开辟发展新领域新赛道，塑造发展新动能新优势。

全过程人民民主是社会主义民主政治的本质属性，是新时代中国共产党领导人民推进社会主义政治建设取得的重大理论和实践创新成果，是全链条、全方位、全覆盖的民主。全过程人民民主必须坚持中国共产党领导、坚持人民主体地位、坚持全面依法治国、坚持中国道路，要充分发挥人民代表大会制度在发展全过程人民民主中的重要制度载体作用。

中国式现代化是物质文明和精神文明相协调的现代化。人民精神世界是否丰富是衡量一个社会发展水平高低的重要标准，是否充分满足人民的精神需要是衡量一个社会是否能够促进人的全面发展的文化尺度。中国式现代化既需要建设坚实的物质基础，又需要丰富人民的精神世界。

共同富裕是社会主义的本质要求，是中国式现代化的重要特征。共同富裕为走好中国式现代化道路提供了目标指引和战略支撑。共同富裕坚持以人民为中心的价值理念，彰显了中国式现代化的本质。

人与自然和谐共生是实现中国式现代化的内在要求和理论基础。习近平生态文明思想把人与自然和谐共生关系的内涵阐释为坚持以人民为中心的发展思想，在尊重自然规律、顺应自然规律的基础上，把"绿水青山就是金山银山"的生态观念转化为绿色生产方式和绿色生活方式，践行生态生产力发展观，实现发展与生态环境保护之间的辩证统一。

推动构建人类命运共同体是中国式现代化的本质要求。人类命运共同体的理论体系是以推动建设"五个世界"为总目标，以打造全球伙伴关系为新起点，以全人类共同价值为价值追求，以构建新型国际关系为根本路径，以高质量共建"一带一路"为实践平台，以主权平等、沟通协商、法治正义、开放包容等为基本原则，以全球发展倡议、全球安全倡议和全球文明倡议为重要依托的科学理论体系。推动构建人类命运共同体，需要建立以合作共赢为核心的新型国际关系，始终做世界和平的建设者、全球发展的贡献者、国际秩序的维护者、公共产品的提供者，推动全球治理体系朝着更加公正合理的方向发展，为维护世界和平、促进可持续发展做出积极贡献。

"人类文明新形态"是习近平总书记在庆祝中国共产党成立一百周年大会上提出的新概念。人类文明经历了从低级到高级、从简单到复杂、从落后到进步的演进过程，社会形态的更替实际上也是文明形态的更替。创造人类文明新形态，就是要推动物质文明、政治文明、精神文明、社会文明、生态文明协调发展，朝着建成富强民主文明和谐美丽的社会主义现代化强国的目标奋勇前进，促进不同文明包容共存、交流互鉴，为推动人类文明发展进步做出贡献。

（二）中国式现代化的政策演进历程

习近平总书记在党的十九届五中全会上明确指出，中国共产党建立近百年来，团结带领中国人民所进行的一切奋斗，就是为了把我国建设成为现代化强国，实现中华民族伟大复兴。中国式现代化，其自身的发展逻辑与中华民族伟大复兴是紧密联系在一起的。早在1954年，第一届全国人民代表大会就明确提出了实现工业、农业、交通运输业和国防的四个现代化任务。1964年的《政府工作报告》提出分两步实现"四个现代化"的战略部署，即从第三个五年计划开始，第一步用15年时间建立一个独立的比较完整的工业体系和国民经济体系，第二步用15年时间在20世纪末实现工业、农业、国防和科学技术"四个现代化"的目标。进入改革开放新时期，党的十三大报告进一步提出把我国建设成为富强、民主、文明的社会主义现代化国家。

中国特色社会主义进入新时代，党的十九大提出了新的"两步走"战略，确定从2020年到2035年，在全面建成小康社会的基础上，再奋斗15年，基本实现社会主义现代化；从2035年到21世纪中叶，在基本实现现代化的基础上，再奋斗 15 年，把中国建设成为富强民主文明和谐美丽的社会主义现代化强国。党的二十大重申了全面建成社会主义现代化强国的新"两步走"战略安排。

（三）中国式现代化的政策解读

中国共产党要在推进中国式现代化建设过程中总结历史及现实经验，遵循客观发展规律，必须牢牢把握五个重大原则：一是坚持和加强党的全面领导；二是坚持中国特色社会主义道路；三是坚持以人民为中心的发展思想；四是坚持深化改革开放；五是坚持发扬斗争精神。因此，我们要把握中国式现代化的核心要义，还要看清中国式现代化包含的三大属性：第一，发展的协调性，即中国式现代化要求物质文明和精神文明同步发展，强调物质文明、政治文明、精神文明、社会文明、生态文明五大文明协调发展；第二，人与自然关系的和谐性，即中国式现代化要求坚守人与自然和谐共生，走生产发展、生活富裕、生态良好的文明发展道路；第三，人类文明的兼容性，即中国式现代化坚守本国繁荣和世界繁荣的一致性、发展自身和造福世界的统一性，强调的是同世界各国互利共赢，携手推动构建人类命运共同体。中国式现代化始终坚持人类命运共同体理念，不仅着眼于实现中华民族伟大复兴，更放眼于为世界人民谋幸福、谋发展。

总体而言，推进中国式现代化，必须始终把坚持党的全面领导作为政治保障，把坚持以人民为中心作为出发点和落脚点，把贯彻新发展理念作为根本要求，把构建新发展格局作为战略导向，把坚持系统观念作为思想方法，把实现中华民族伟大复兴作为基本目标。

二、四川现代化建设

（一）四川现代化建设的实践本质和总体布局

四川现代化建设是中国式现代化进程的生动缩影，经历了与全国一样的长期奋斗过程。党的二十大召开之后，中共四川省委十二届二次全会对四川现代化建设作出全面部署。中共四川省委十二届二次全会提出，要坚定以习近平新时代中国特色社会主义思想和习近平总书记对四川工作系列重要指示精神为指导，深入学习贯彻党的二十大精神，以中国式现代化引领四川现代化建设，以成渝地区双城经济圈建设为总牵引，以"四化同步、城乡融合、五区共兴"为总抓手，坚持"讲政治、抓发展、惠民生、保安全"工作总思路，推动治蜀兴川再上新台阶，加快推进城乡融合发展，促进省内先发地区同欠发达地区协同共兴，以此统揽四川现代化建设全局①。

具体而言，"四化同步"就是要实现新型工业化、信息化、城镇化、农业现代化在时间上同步演进、空间上一体布局、功能上耦合叠加。其中，实现新型工业化的重点是要在优势产业高端化上做文章、在传统产业新型化上下苦功、在新兴产业规模化上求突破；实现信息化的重点是要推动基础设施信息化升级、企业行业信息化改造、经济社会信息化转型；实现城镇化的重点是要促进中心城市提升品质强集聚、周边城镇注重协同强配套、中小城镇突出特色强功能；实现农业现代化的重点是要全方位夯实粮食安全根基，念好"优、绿、特、强、新、实"六字经，提升农业综合效益。"城乡融合"就是要统筹推动新型城镇化和乡村振兴，加快形成以城带乡、以工促农、城乡共同繁荣的新局面。"五区共兴"就是要根据四川省不同区域发展水平和产业特点制定差异化政策，高水平推动区域协调发展，促进成都平原经济区、川南经济区、川东北经济区、攀西经济区、川西北生态示范区"五区共兴"。

（二）四川现代化建设的政策连续性和创新性

四川现代化建设是中国式现代化的四川实践，四川现代化从三线建设时期初步奠定发展基础，到改革开放实现生产力大解放大发展，到借力西部大开发大踏步追赶全国发展脚步，再到新时代胜利打赢脱贫攻坚战、与全国同步全面建成小康社会，为开启全面建设社会主义现代化四川新征程打下了坚实的基础。当前阶段，四川现代化建设呈现一系列特征，工业化处于由中期向中后期转型推进期，城镇化处于加快推进期，农业现代化处于提质增效期，信息化处于动能释放期，城乡发展处于深度融合期，区域发展处于协同优化期。

四川现代化创新性在于坚持把发展经济的着力点放在实体经济上，突出工业主导作用，强化三次产业联动，加快建设具有四川特色的现代化产业体系。具体来讲：一是巩固优势产业领先地位；二是推动战略性新兴产业融合集群发展；三是强化三次产业联动发展；四是厚植现代化产业体系建设的坚实基础。

---

① 王晓晖. 牢记和践行"三个务必"在新的征程上奋力谱写四川发展新篇章 [J]. 党建研究，2023（1）：16-18.

（三）四川现代化建设的政策解读与理论研究

党的二十大召开之后，中共四川省委十二届二次全会对四川现代化建设作出全面部署，四川新阶段的现代化建设也逐步展开。四川省委书记王晓晖（2023）指出，新阶段四川现代化要以成渝地区双城经济圈建设为总牵引，以"四化同步、城乡融合、五区共兴"为总抓手①。其中，"四化同步"是四川现代化建设的根本要求，"五区共兴"和"城乡融合"呼应了中国式现代化"促进共同富裕"的要求②。李新（2023）认为，四川现代化建设必须保持政治方向和根本原则坚定，做到守正创新和彰显特色并重，发挥服务大局和助推发展作用，秉承植根人民和服务人民理念③。

四川现代化建设是对过去现代化建设的总结和创新发展。王晓晖（2023）指出，我们要"不断从党的创新理论中获取精神养分和奋进力量"④，提出扩大有效需求，建设具有四川特色的现代化产业体系，大力发展现代服务业⑤。"四化同步"重在解决发展路径和内驱动力问题，"城乡融合"重在重构城乡关系、塑造良好发展生态，"五区共兴"重在全域协同联动、在缩小地区差距中同步实现现代化，三者相互促进、互为依托，共同构成推进四川现代化建设的"四梁八柱"。

三、以中国式现代化为目标的高质量发展理论实践

（一）高质量发展的内涵

2017 年，党的十九大首次提到"高质量发展"，表明我国经济已由高速增长阶段转向高质量发展阶段。从宏观层面理解，高质量发展是指经济增长稳定，区域城乡发展均衡，以创新为动力，实现绿色发展，让经济发展成果更多更公平惠及全体人民。从产业层面理解，高质量发展是指产业布局优化、结构合理，不断实现转型升级，并显著提升产业发展效益。从

---

① 王晓晖. 牢记和践行"三个务必"在新的征程上奋力谱写四川发展新篇章 [J]. 党建研究，2023（1）：16-18.

② 王成栋，王眉灵，文露敏. 四化同步 城乡融合 五区共兴 [N]. 四川日报，2022-11-30（4）.

③ 李新. 为奋力谱写中国式现代化四川篇章提供强大思想理论支撑 [N]. 四川日报，2023-04-03（10）.

④ 张立东. 不断从党的创新理论中获取精神养分和奋进力量 奋力写好中国式现代化的四川篇章 [N]. 四川日报，2023-04-11（1）.

⑤ 王丁，周相吉，陈健. 扩大有效需求 加快构建现代化产业体系：访四川省委书记王晓晖 [J]. 中国产经，2023，309（5）：22-25.

企业经营层面理解，高质量发展包括一流竞争力、质量的可靠性与持续创新、品牌的影响力，以及先进的质量管理理念与方法等。总体而言，速度与质量是辩证统一的，没有一定的发展速度就很难谈到发展质量，高质量发展就是同时注重发展的"量"和"质"。

（二）党的二十大报告对高质量发展的科学系统阐释

为贯彻新发展理念、推动高质量发展，全面建成社会主义现代化强国，实现第二个百年奋斗目标和中华民族伟大复兴，2022 年 10 月 16 日，党的二十大胜利召开，提出要加快构建新发展格局，着力推动高质量发展，并把高质量发展作为全面建设社会主义现代化国家的首要任务。会议指出，要坚持以推动高质量发展为主题，把实施扩大内需战略同深化供给侧结构性改革有机结合起来，增强国内大循环内生动力和可靠性，提升国际循环质量和水平，加快建设现代化经济体系，着力提高全要素生产率，着力提升产业链供应链韧性和安全水平，着力推进城乡融合和区域协调发展，推动经济实现质的有效提升和量的合理增长。会议明确了高质量发展是全面建设社会主义现代化国家的首要任务，进一步凸显了发展质量的全局和长远意义，高质量发展被摆在了更加突出的位置。

（三）以中国式现代化为目标的高质量发展研究综述

习近平总书记在党的二十大报告中强调，"高质量发展是全面建设社会主义现代化国家的首要任务。发展是党执政兴国的第一要务。没有坚实的物质技术基础，就不可能全面建成社会主义现代化强国"。我国经济发展已由高速增长阶段转向高质量发展阶段，社会主要矛盾已经转化为人民日益增长的美好生活需要和不平衡不充分的发展之间的矛盾，因此经济社会发展必须以推动高质量发展为主题。推动高质量发展是遵循经济发展规律、保持经济持续健康发展的必然要求，是适应我国社会主要矛盾变化、解决发展不平衡不充分问题的必然要求，是有效防范化解各种重大风险挑战、以中国式现代化全面推进中华民族伟大复兴的必然要求。

新发展理念引领高质量发展。习近平总书记在参加十四届全国人大一次会议江苏代表团审议时强调，必须完整、准确、全面贯彻新发展理念，始终以创新、协调、绿色、开放、共享的内在统一来把握发展、衡量发展、推动发展。顾严（2023）认为，新发展理念系统回答了关于发展的目的、动力、方式、路径等一系列理论问题和实践问题，阐明了中国共产党关于发展的政治立场、价值导向、发展模式、发展道路等重大政治问题①。

全面建设社会主义现代化国家以高质量发展为首要任务。经济高质量发展为全面建设社会主义现代化国家提供了更为坚实的物质基础，高质量发展是促进共同富裕的现实需要。刘伟等（2022）认为，要实现共同富裕，就需要全国人民共同奋斗，持续推动高质量发展，既要把"蛋糕"做大做好，通过合理的制度安排正确处理增长和分配的关系，又要把"蛋糕"切好分好，切实推动人的全面发展②。

1. 以文化自信推进高质量发展

党的二十大报告指出，全面建设社会主义现代化国家，必须坚持中国特色社会主义文化发展道路，增强文化自信，围绕"举旗帜、聚民心、育新人、兴文化、展形象"建设社会主义文化强国，发展面向现代化、面向世界以及面向未来的、民族的、科学的、大众的社会主义文化，激发全民族文化创新创造活力，增强实现中华民族伟大复兴的精神力量。这为我国发展文化事业提供了重要战略指引和根本遵循。

2. 以人民为中心的高质量发展

以人民为中心的发展思想，就是要将增进民生福祉作为发展的根本目的，在发展中切实保障和改善民生，加强和创新社会治理，实现幼有所育、学有所教、劳有所得、病有所医、老有所养、住有所居、弱有所扶。以人民为中心的高质量发展，就是要"增进民生福祉，提高人民生活品质"。

3. 生态优先的高质量发展

习近平生态文明思想是习近平新时代中国特色社会主义思想的重要组成部分，是对马克思主义生态文明理论的继承和发展，是对中华民族优秀传统生态文化的创造性转化和创新性发展，是新时代坚持绿色发展、统筹生态文明建设与高质量发展、促进经济社会全面绿色转型的根本遵循。习近平生态文明思想，坚持为人民谋幸福、为民族谋复兴、为世界谋大同，以更加开放的姿态，全方位推进高水平对外开放，推进共建"一带一路"绿色发展，为人类社会共同应对全球生态问题、广泛开展生态文明领域国际合作、务实共建清洁美丽世界、推动共建人与自然生命共同体提供

---

① 顾严. 牢牢把握高质量发展这个首要任务 [J]. 红旗文稿，2023（6）：36-39.
② 刘伟，刘守英. 以高质量发展推进中国式现代化 [J]. 红旗文稿，2022，480（24）：9-13，1.

了中国智慧和中国方案。

四、四川现代化建设视域下文化和旅游高质量发展的理论实践

（一）文化和旅游高质量发展的政策解读

"十四五"时期我国进入新发展阶段，全国文化和旅游行业发展呈现"文旅融合、高品质生活、高质量发展"的新态势，文化和旅游市场需求与供给两侧都发生了重大变化，文化和旅游产业进入了品质发展新时期。习近平总书记在参加十四届全国人大一次会议江苏代表团审议时强调了高质量发展的重要性，进一步提出要深刻领会高质量发展要求，更好满足文化和旅游需求。2020 年 11 月，为助力文化和旅游高质量发展，以数字化推动文化和旅游融合发展，实现更广范围、更深层次、更高水平融合，文化和旅游部印发了《文化和旅游部关于推动数字文化产业高质量发展的意见》。2021 年 4 月，为推动文化、旅游与金融合作不断深化，持续拓宽合作领域、提升合作层次，进一步完善文化和旅游产业投融资体系，更好发挥开发性金融优势，加大开发性金融对文化和旅游产业高质量发展的支持力度，推进社会主义文化强国建设，文化和旅游部同国家开发银行联合印发了《文化和旅游部 国家开发银行关于进一步加大开发性金融支持文化产业和旅游产业高质量发展的意见》。2022 年 7 月，为促进文化和旅游行业发展，切实改善对文化和旅游企业的金融服务，进一步拓宽文化和旅游企业的融资渠道，中国人民银行同文化和旅游部联合印发了《中国人民银行 文化和旅游部关于金融支持文化和旅游行业恢复发展的通知》。2023 年 3 月，为进一步加强在线旅游市场管理，发挥在线旅游平台经营者整合旅游要素资源的积极作用，带动交通、住宿、餐饮、游览、娱乐等相关旅游经营者协同发展，大力发展数字经济，提升常态化监管水平，保障旅游者合法权益，支持在线旅游平台经营者引领发展，文化和旅游部印发了《文化和旅游部关于推动在线旅游市场高质量发展的意见》。

（二）《四川省"十四五"文化和旅游发展规划》中的高质量发展主题

《四川省"十四五"文化和旅游发展规划》（以下简称《规划》）是现阶段四川省文化事业、文化和旅游产业高质量发展的指导性文件。文化和旅游领域作为国民经济和社会发展的重要组成部分，必须把高质量发展的要求融入文化和旅游发展各领域、各环节、全过程。四川的文化和旅游资源大省优势依然凸显，为"十四五"文化和旅游的高质量发展奠定了基

础。《规划》指出，要以供给侧结构性改革为主线，推进文化事业、文化和旅游产业的繁荣发展；要从优化文化和旅游发展布局、文化事业、文化和旅游产业体系、文化和旅游市场体系、科技支撑、宣传推广和对外开放、文物保护展示利用方面入手，推进文化和旅游的高质量发展。到 2025 年年底，四川省要基本建成文化和旅游强省，使世界重要旅游目的地建设取得突破，让旅游产业主要指标稳居全国前列，促使入境旅游实现稳步增长。从《规划》中我们可以看到文化和旅游发展的关键领域和重点环节，这也体现了坚定不移贯彻新发展理念、推动高质量发展的主题和要求。

（三）2023 四川省文化和旅游发展大会着力推动文化和旅游融合高质量发展

四川省委书记王晓晖在 2023 四川省文化和旅游发展大会上强调，要着力推动文化和旅游融合高质量发展，不断开创文化强省、旅游强省建设新局面，更好助力新时代新征程四川现代化建设。从宏观上讲，发展文化和旅游产业、建设文化强省旅游强省，在四川现代化建设全局中具有重要的地位和作用。因此，当地政府要站位全省发展大局，锚定治蜀兴川目标任务，从更大格局、更宽视野、更深层次谋划推动文化和旅游产业升级发展，实现四川省文化影响力、旅游吸引力、文化和旅游供给力、文化和旅游产业竞争力显著提升。具体而言，要推动四川文化和旅游高质量发展，就要持续激活四川文化和旅游经济，积极抢抓黄金假期，精心办好系列文化和旅游活动，适时推出一批优惠促销政策，重点抓好入境经济、夜间经济、赛会经济，不断提升四川文化和旅游经济综合竞争力。

五、新形势研判

（一）以文化和旅游高质量发展推进中国式现代化的"五个判断"

1. 对于人口规模巨大的现代化，文化和旅游融合与赋能社会发展是基本动力

文化和旅游的人口红利将继续存在，但人们的消费心理和行为方式也在发生变化，文化和旅游融合与赋能社会发展成为实现人口规模巨大的现代化的基本动力。人口规模巨大也意味着人均消费水平较低，如何将文化和旅游的巨大流量转化为文化和旅游融合与赋能社会发展的动力，是文化和旅游高质量发展的重要课题。

2. 对于全体人民共同富裕的现代化，产业发展与社会参与是重要抓手

共同富裕是中国式现代化的伟大目标，文化和旅游产业发展与社会参与是四川现代化建设的重要抓手。文化和旅游高质量发展的最终目的是让全体人民共享发展成果，发展为了人民、发展依靠人民、发展成果由人民共享。如何通过生态旅游、乡村旅游、红色旅游、民族文化旅游带动偏远山区、民族地区、革命老区的振兴发展，是文化和旅游高质量发展的时代命题。

3. 对于物质文明与精神文明相协调的现代化，文化和旅游融合与增强文化自信是协同路径

物质富足、精神富有是四川现代化建设的根本要求，也是文化和旅游高质量发展的基本追求。物质文明与精神文明相协调的现代化表现为文化和旅游融合与增强文化自信的协同路径，其基本进路是通过文化和旅游融合满足人民物质与精神生活的需要，进而实现物质文明和精神文明相协调的现代化目标。

4. 对于人与自然和谐共生的现代化，文化和旅游融合与高质量发展是重要范式

生态文明是人类文明的新形态，人与自然和谐共生的现代化反映了生态优先、绿色发展的生态文明理念，文化和旅游融合与高质量发展则是体现人与自然和谐共生的现代化的重要范式。如何在文化和旅游资源保护与利用中践行生态优先、绿色发展理念，建构资源节约型、环境友好型社会，成为文化和旅游高质量发展的生态文明话语表达。

5. 对于走和平发展道路的现代化，文化和旅游融合与讲好中国故事是一面旗帜

出入境旅游是世界和平发展的产物，文化和旅游融合与讲好中国故事就是走和平发展道路的现代化的一面旗帜。"以文塑旅、以旅彰文"是文化和旅游融合高质量发展的基本路径，"讲好中国故事，传播中国声音"则是以旅彰文、传播走和平发展道路的现代化的重要内容，也是文化和旅游高质量发展的内在要求。

（二）四川现代化建设总体布局下文化和旅游高质量发展的"六个趋势"

1. 文化和旅游成为产业赋能的推进器

新型工业化要求科技含量高、经济效益好、资源消耗低、环境污染少，同样契合文化和旅游高质量发展。旅游业被称为"朝阳产业""无烟工业"，就是因为经济效益好、环境污染少。文化和旅游产业作为四川的

支柱产业，不仅带动三次产业融合发展，而且成为产业赋能高质量发展的重要推手。文化和旅游产业也存在对社会效益、产业升级支撑不够的问题。如何通过文化和旅游产业赋能乡村振兴、革命老区振兴、民族地区振兴、西部大开发，防止老少边地区人口返贫，成为四川文化和旅游高质量发展的重要趋势。

2. 信息化催生文化和旅游新场景、新消费、新生活方式

信息化为文化和旅游的高质量发展提供了极具想象力的前景。继互联网之后，大数据、云计算、人工智能、5G 等数字技术不断向文化和旅游领域渗透融合，从根本上重塑了文化和旅游的行业边界和运行模式，也对文化和旅游管理服务、文化和旅游体验、文化和旅游传播等带来了机遇和挑战。以信息化为先导的文化和旅游科技创新，以及以数字化驱动文化和旅游高质量发展，成为大势所趋。

3. 国家公园城市休闲旅游加快四川城镇化进程

成都公园城市示范区建设尽显"休闲之都"的美誉，也体现了四川城镇化发展的成果。宜宾、自贡、乐山、泸州、都江堰、阆中、昭化等中国历史文化名城名镇文化和旅游经济炙手可热，也仍然存在城乡发展不平衡的问题。如何通过文化和旅游先行先试，深化文化体制改革，形成城镇化实践具有前瞻性、原创性的经验成果，成为四川文化和旅游高质量发展的未来趋势。

4. 休闲农业与乡村旅游书写乡村振兴的时代篇章

四川作为农业大省，是全国 13 个粮食主产省之一，也是西部唯一的粮食主产省，四川现代化建设要打造新时代更高水平的"天府粮仓"，还需要"天府文化"和"天府旅游"来提高品牌附加值，推动生产供应链、精深加工链、品牌价值链的"三链同构"。实施乡村休闲旅游精品工程，是 2023 年全面推进乡村振兴的重要举措。如何带动社会参与并让乡村社区居民真正受益，成为四川文化和旅游高质量发展必须直面的问题。

5. 文化和旅游要素流动促进城乡融合发展

四川现代化建设总体布局要求畅通城乡要素流动渠道，推动资本、技术、人才等双向流动。"农业+文化+旅游"融合发展，激活了城乡要素自由流动机制，夯实了城乡融合的产业基础。文化和旅游要素的城乡流动以人的流动为基础，以人的服务为内容，体现了新经济时代跨界、融合与共享的特点；以资本为外生动力，以技术为内生动力，体现了信息化时代从

资本要素驱动向技术创新驱动的转变。当然，资本和技术（人才）下乡仍然是城乡融合发展难题，四川文化和旅游高质量发展还需要资本要素与技术创新双轮驱动、双向发力，带动城乡融合发展。

6. 文化和旅游成为区域协调发展的重要推手

四川现代化建设总体布局强调"五区共兴"，就需要加深文化和旅游经济活动与本地经济体系互动的密切程度，并不断深化旅游经济的带动作用和外部性功能。根据文化和旅游发展对经济不平衡的减缓作用在不同区域之间的异质性差异，四川省还需要因地制宜制定产业发展政策，通过引导企业之间良性竞争和跨区域交流合作，减少旅游漏损，提高旅游附加值和乘数效应，实现区域经济协调发展。

第二节　现状分析

四川文化和旅游资源优势明显，共有文化资源 305.7 万余处、旅游资源 24.5 万余处，数量和质量目前居全国第一。"十四五"以来，四川文化和旅游发展稳中有进、繁荣向好，文化事业建设成果斐然，文化产业持续健康发展，旅游强省地位进一步夯实，文化和旅游环境持续优化，为"十五五"文化和旅游高质量发展奠定了坚实的基础。

一、四川文化和旅游发展的整体现状分析

（一）文化事业发展现状

1. 公共文化服务体系全面构建

2020—2022 年，四川初步建成以省级为龙头、市级为骨干、县级为枢纽、乡镇（街道）为支点、村（社区）为网点，覆盖城乡的五级公共文化设施网络。其中，四川初步建成公共图书馆 209 个、文化馆 207 个、美术馆 62 个、文化站 4 575 个、博物馆 238 个；文化系统内共有文物保护管理机构 177 个，全国重点文物保护单位 230 处，省级文物保护单位 969 处，市、县级文物保护单位 6 565 处，国家级非物质文化遗产名录 139 项，省级非物质文化遗产名录 522 项；建成乡镇（街道）综合性文化服务中心 4 089个、村（社区）综合性文化服务中心 3.39 万个；创建国家级文化生态保护区 1 个、国家现代公共文化服务体系示范区（项目）9 个；建设省级

现代公共文化服务体系示范县 7 个。

2. 文化惠民工程深入实施

截至 2022 年年末，四川共建成国家级文化产业示范园区 1 个、国家级文化产业示范基地 15 个、省级文化产业示范园区 5 个、省级文化产业试验园区 5 个、省级文化产业示范基地 55 个；全省文化系统内共有艺术表演团体 50 个、艺术表演场馆 45 个，"百千万"等群众文化活动品牌影响广泛；全省博物馆、纪念馆免费开放工作进入常态化，全年接待观众达 3 842 万人次；共有广播电台 1 座、电视台 1 座、广播电视台 165 座、中短波发射台和转播台 36 座；全省广播综合覆盖率达 97.2%、电视综合覆盖率达 98.3%、有线电视用户达 1 094 万户；全年出版地方报纸达 132 种，出版量达 15.28 亿份；全年出版期刊达 352 种，出版量达 5 393 万册；全年出版图书达 11 817 种，出版量达 25 311 万册；全年出版音像制品达 80 种，电子出版物有 140 种；年末纳入统计的档案馆有 244 个，其中国家综合档案馆有 204 个；国家综合档案馆全年向社会开放各类档案达 619.37 万卷。

3. 艺术产品创作收获颇丰

截至 2022 年年末，四川全年新创修改提升剧目达 23 台，其中川剧《草鞋县令》在第十三届中国艺术节上荣获了中国文化艺术政府最高奖——第十七届文华大奖；37 件美术书法摄影作品入选第十三届中国艺术节全国优秀美术书法摄影作品展，数量是四川入选历届中国艺术节展览之最；交响乐《新世纪灯塔》入选"时代交响"中国交响音乐作品创作扶持计划重点扶持作品，2 个作品入选全国舞台艺术优秀节目创作扶持计划，全年入选国家级展演及重要活动、获国家级奖项共 105 项；1 个美术展览入选全国美术馆馆藏精品展出季活动目录，2 个美术项目荣获全国美术馆优秀项目，5 个川剧分别入选全国地方戏精粹展演和首届黄河流域戏曲演出季；连续两批次设立戏曲名家工作室 17 个，培养编剧、编导、作曲等特殊人才 93 名，培养青年戏曲人才 20 人；1 人入选全国戏曲表演领军人才，5 人入选中国戏曲像音像工程，1 人入选全国舞台艺术优秀节目创作扶持计划；争取国家艺术基金立项 27 项，金额达 1 237 万元，排名全国第五；四川艺术基金资助项目 85 个，实现申报和资助全省全覆盖；6 个剧目获重大文艺项目扶持资金 2 230 万元，16 个作品获精品奖励 1 157 万元。

（二）文化产业发展现状

1. 产业规模持续扩大

2022 年，四川文化服务业营业收入首次超过文化制造业，成为占比最大的产业类型。四川共建成国家文化消费试点城市 5 个、国家级动漫游戏基地 1 个、国家级文化产业示范基地 15 个、省级文化产业示范园区 11 个、省级文化产业试验园区 5 个、省级文化产业示范基地 59 个，音乐产业产值居全国第三。四川规模以上文化企业有 2 615 家。其中，文化服务业有 1 701家，规模以上文化企业资产总规模达 8 209 亿元。从产业结构来看，文化服务业为四川排名跃升做出了重要贡献。在该指数体系"新业态融合指标"一项，四川排名全国第六。

2. 整体效益明显好转

中国人民大学文化产业研究院发布的"2022 中国省市文化产业发展指数"显示，四川综合指数排名居全国第八，是西部地区唯一进入全国前十的省份。截至 2023 年年底，四川规模以上文化企业利润总额达 152.5 亿元，同比增长 19.2%，扭转 2022 年利润下滑态势；规模以上文化企业负债达 4 755亿元，资产负债率为 57.9%，比 2022 年年末下降 1 个百分点；应交增值税 30 亿元，同比增长 7.7%，比营业收入增速低 2.3 个百分点，企业税负持续下降。2023 年第一季度，四川文化产业呈现快速回升的良好态势，主要经济指标增速高于全国和西部省份平均水平。其中，企业营业收入快速回升，四川规模以上文化企业达 2 615 家，同比增长 9.5%；实现营业收入 1 156.1 亿元，同比增长 10%，增速比上年同期高 7.4 个百分点，比全国平均水平高 6 个百分点，比西部省份平均水平高 5 个百分点。

3. 文化新业态比重增加

四川大力推动文化和科技深度融合，文化新业态正成为推动全省文化产业发展的强劲动力。2022 年，四川全年打造服务品牌 876 个，较 2021 年增长近一倍。其中，面向未成年人的服务品牌有 464 个，同比增长 65.71%。2022 年一季度，四川文化新业态特征较为明显的 16 个行业小类规模以上文化企业有 234 家，实现营业收入为 357.7 亿元，比上年同期大幅增长 41.4%，对全省规模以上文化企业营业收入增长贡献率为 99.4%。《2022 年四川省重点项目名单》显示，在 58 项现代服务业项目中，文化和旅游产业项目多达 27 项，占比接近 50%。

4. 消费市场回暖复苏

文化娱乐休闲需求集中释放，文化和旅游经济呈现"总体回暖、强势复苏"的可喜局面。一是文博场馆人气大增。据四川省文化和旅游厅统计，2023 年春节假期期间，全省图书馆、文化馆、博物馆共接待群众达397.34 万人次。其中，全省博物馆接待游客达 241.96 万人次，同比增长29.54%。二是文化和旅游活动丰富多彩。2023 年春节假期期间，全省开展文化和旅游活动有 2 000 余场（次），"群芳竞秀·'戏'迎新春"优秀文艺作品云端展演达 161 台（个）；各地推出的冰雪、温泉、阳光等"冬游四川消费季"产品深受游客青睐；灯会、庙会、灯光秀等成为最受欢迎文化产品。三是优惠政策促进消费。在 2023 年春节假期期间，全省 144 家4A 级及以上旅游景区实施景区门票减免等优惠政策；全省联动开展"安逸四川新体验"活动，线上、线下发放抢购券、消费券、抵扣券等"财政+市场"组合"大礼包"，累计达到 7 400 万元。

（三）旅游业发展现状

1. 疫情后回暖迅速，旅游规模持续扩大

相关统计数据显示，在 2020 年新冠疫情集中爆发以前，四川旅游业发展形势持续向好，无论是旅游收入还是旅游接待量都呈现稳定的逐年增长态势。截至 2019 年年底，四川旅游总收入达 11 594.3 亿元，接待国内游客 7.5 亿人次、入境游客 414.8 万人次，相较 2016 年分别增长了 19.04%、34.32%。四川省 2016—2020 年旅游收入变化情况见图 2-1。

图 2-1　四川省 2016—2020 年旅游收入变化情况

　　而在 2020 年的疫情冲击下，旅游业遭遇重创，旅游规模呈断崖式下跌，其中入境游客接待量更是同比下降了约 94%，其后三年间旅游业一度陷入停滞。四川省 2016—2020 年旅游接待量变化情况见表 2-1。

表 2-1　四川省 2016—2020 年旅游接待量变化情况

年份	国内游客/亿人次	同比增长/%	入境游客/万人次	同比增长/%
2016	6.3	7.7	308.8	13
2017	6.7	6.2	336.2	9.9
2018	7.0	4.9	369.8	10.0
2019	7.0	7.0	414.8	12.4
2020	4.5	−39.9	24.6	−94.1

　　直至 2022 年 12 月 7 日，四川省旅游业才得以迅速回暖、快步入春，各项指标都迎来了爆发式增长。中国旅游研究院专项监测数据显示，2023 年春节假期期间，四川全省共接待游客 5 387.59 万人次，旅游收入达到 242.16 亿元，同比分别增长 24.73%、10.43%，分别恢复到了 2019 年同期的 89.73% 和 84.75%，旅游接待量更是位居全国第一。据第三方大数据综合测算，"五一"假期期间，四川全省共接待游客 4 018.34 万人次，旅游收入达到 201.23 亿元，同比分别增长 104.6%、46.6%，同时较 2019 年同期分别增长了 27.3% 和 22.2%，游客接待量位居全国第四，其中成都的游客接待量位居副省级及以下城市第一。四川省 2023 年春节及"五一"假期旅游收入与接待量见表 2-2。

表 2-2　四川省 2023 年春节及"五一"假期旅游收入与接待量

假期	旅游收入/亿元	同比增长/%	旅游接待量/万人次	同比增长/%
春节	242.16	10.43	5 387.59	24.73
五一	201.23	46.6	4 018.34	104.6

　　2. 资源体系不断完善，旅游结构逐步优化

　　"十三五"规划以来，在四川省委、省政府的坚强领导下，在各级党委政府重视支持和社会各界共同努力下，四川省文化和旅游发展稳中有进、繁荣向好，文化事业建设成果斐然，文化产业持续健康发展，旅游大

省地位进一步夯实，资源体系不断完善，旅游结构逐步优化。四川省文化和旅游厅官方数据显示，2019年以来，全省共普查出六大类文化资源305.74万处，旅游资源24.57万处（包含新发现新认定旅游资源6.51万处；评定五级旅游资源1 864处，四级旅游资源5 250处）。截至2023年年底，四川省共有A级旅游景区895家，其中5A级景区有16家，4A与3A级景区分别有338家、456家。除此之外，2023年登记在册的旅行社共有1 641家、旅游饭店共有550家，其中旅游饭店包括了星级饭店357家与绿色饭店193家。四川省旅游基础服务设施的完善，为资源更好利用奠定了坚实基础。四川省2023年旅游景区与旅游饭店总数见表2-3。

表2-3　四川省2023年旅游景区与旅游饭店总数

	类别	数量/家	总数/家		类别	数量/家	总数/家
旅游景区	5A	16	895	旅游饭店	五星级	32	550
	4A	338			四星级	109	
	3A	456			三星级	140	
	2A	83			二星级	76	
	1A	2			绿色饭店	193	

2023年"五一"小长假期间，四川省峨眉山景区、乐山大佛景区分别接待游客17.43万人次、18.76万人次，同比增长233.9%、280.1%。至此，各地游客络绎不绝，文化和旅游行业再现久违的火爆场面！"五一"小长假期间四川部分景区旅游接待情况见图2-2。

四川省以各种文化和旅游资源为依托，在传统的大众观光旅游的基础上，致力于在乡村旅游、生态旅游、遗产旅游、工业旅游、城市旅游、红色旅游、康养旅游、研学旅游、休闲度假旅游等多个领域继续深耕，以创新驱动文化和旅游产业高质量发展，从而推动文化和旅游产业深度融合，使旅游结构向着多元化与纵深化不断迈进。

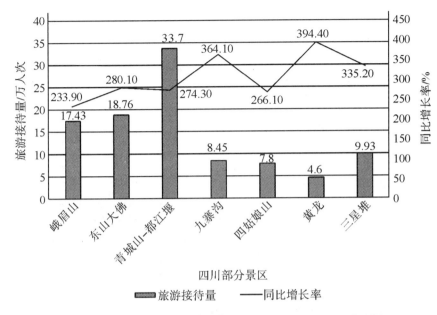

图 2-2 "五一"小长假期间四川部分景区旅游接待情况

3. 品牌塑造不断增强，文化影响力和旅游吸引力持续提升

近年来，四川通过塑造品牌形象、举办特色活动、扩大项目投资、优化市场服务等系列举措，不断提升全川文化影响力和旅游吸引力。首先，四川各地以天府旅游名县和全域旅游示范区创建为抓手，已经形成了蓬勃向上的发展态势。截至 2020 年 12 月底，四川成功创建国家全域旅游示范区 8 家，与江苏、山东等 4 个省份并列全国第一；四川省级全域旅游示范区达到 71 家。其次，四川大力发展度假旅游景区。截至 2023 年 1 月底，省内有 4 家度假区成功入选国家级旅游度假区。最后，四川积极培育生态旅游景区。截至 2022 年 4 月底，四川成功创建了 6 家国家级生态旅游示范区、74 家省级生态旅游示范区；截至 2023 年 12 月底，全省共命名天府旅游名县达 40 个。四川旅游区域评选情况见表 2-4。

表 2-4 四川旅游区域评选情况

国家全域旅游示范区	
第一批（3 家）	成都市都江堰市、乐山市峨眉山市、广元市青川县
第二批（5 家）	德阳市绵竹市、成都市崇州市、成都市锦江区、乐山市市中区、阿坝藏族羌族自治州九寨沟县

表2-4(续)

国家级旅游度假区	
2015 年（1 家）	邛海旅游度假区
2019 年（1 家）	成都天府青城康养休闲旅游度假区
2020 年（1 家）	峨眉山市峨秀湖旅游度假区
2023 年（1 家）	宜宾蜀南竹海旅游度假区
国家级生态旅游示范区	
2013 年（2 家）	西昌市邛海国家生态旅游示范区、巴中市南江光雾山国家生态旅游示范区
2014 年（2 家）	广元市唐家河生态旅游区、甘孜州海螺沟景区
2015 年（2 家）	阿坝藏族羌族自治州毕棚沟景区、雅安市神木垒生态旅游区

（四）文化和旅游融合发展现状

1. 文博旅游方兴未艾，研学旅游乘风而起

2021 年，金面具、青铜尊、象牙等珍贵的考古发现使三星堆遗址成功吸引了世界目光，以博物馆、古遗址等为代表的四川文博旅游再次迎来一波热潮。与此同时，教育与旅游相结合的研学旅游也因其更深层的知识获得性、文化体验性等得到迅速发展。截至 2022 年年底，四川全省博物馆总数已达 413 家，文化馆有 206 家，其间丰富的馆藏珍品、多样的文化主题活动吸引了众多游客。同时，四川已建立起上百个以各种自然、文化旅游资源为基础的研学营地、基地，标志着四川研学旅行迈入新的发展阶段。据统计，截至 2022 年年底，四川已有国家级研学营地 2 个、国家级研学基地 19 个、省级研学营地 12 个、省级研学基地 114 个（见表2-5）。四川省各市/州博物馆分布情况见图 2-3。

表 2-5　四川省研学营地、基地总量

类别	研学营地/个	研学基地/个
国家级	2	19
省级	12	114

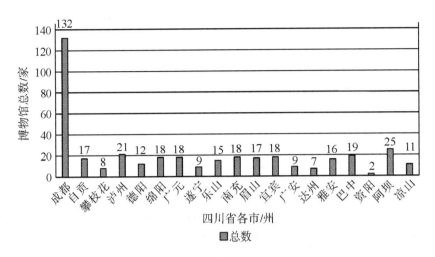

图 2-3 四川省各市/州博物馆分布情况

2. "文旅+演艺"成为旅游新热点,演出市场迎来新机遇

作为文化和旅游融合的特色产品与创新形式,"文旅+演艺"创造性再现地域文化,丰富旅游体验,成为独具特色的融合新业态,这不仅为城市带来了文化活力,还推动了旅游业的繁荣。一方面,四川"文旅+演艺"趋势火热,红色剧目和传统艺术"出圈",衍生出诸多文化和旅游消费新场景,激发四川文化和旅游消费新浪潮,成为推进全省经济发展的强劲动力。另一方面,四川除了《赤水河畔》《巴山红》《英雄》等红色剧目以及《藏谜》《九寨千古情》《道解都江堰》等传统演艺剧目外,还有不断"扩圈"、遍地生花的音乐节、演唱会也在逐渐成为拉动地方文化和旅游产业的新引擎。中国演出行业协会发布的《2023 中国"演出+旅游"消费趋势报告》显示,2023 年四川演出市场收入、场次已迈入全国前五,大型演出场均观众 50% 以上来自外地,带动周边的酒店预订量同比暴增 20 倍。中国演出行业协会联合腾讯位置服务发布的《春天里的新文旅——后疫情时代文旅发展大数据报告》显示,四川在 2023 年春季演出市场中的综合热度位居全国前列,与 2022 年同期相比,观演人次涨幅以 409% 排名全国第二。"文旅+演艺"作为四川文化和旅游融合的典型新业态,步履不停,与景区、住宿业等创新融合,催生出千姿百态的新体验。近年来,四川凭借其得天独厚的资源优势,不断丰富文化和旅游产品及服务供给,深度挖掘文化和旅游消费潜力,积极组织推动演艺创新,助力旅游升温,力求让演艺成为文化和旅游融合发展背景下新的产业增长点,为四川大力发展文

化和旅游产业添砖加彩。我国2023年春季演出综合热度排名前十的城市观演人次涨幅情况见图2-4。

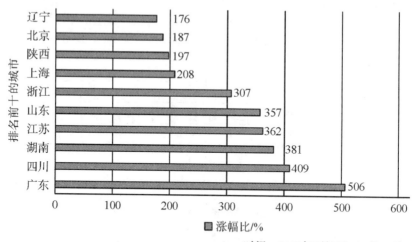

时间：2023年2月4日—4月28日

图2-4　我国2023年春季演出综合热度排名前十的城市观演人次涨幅情况

3. 文旅夜游体系成果初显，特色街区充分引流

夜间经济作为文化和旅游融合发展的新赛道，对于扩大内需、拉动消费、展示地方特色文化等具有重要作用。四川文旅夜游体系也在稳步推进中取得了初步成果，以地方特色文化、经典IP打造、主题场景营造等为核心，集休闲、购物、美食、娱乐等各种功能于一体的特色文化和旅游街区逐渐成为展示城市魅力、点亮城市名片的重要窗口。截至2023年年底，四川共拥有13个国家级夜间文化和旅游消费集聚区。2023年春节假期期间，四川夜间文化和旅游消费多次登上各大出行平台热搜，夜游锦江、自贡灯会、篝火狂欢节、光影节等各色夜游活动成为城市新名片。相关数据显示，2024年春节假期期间，四川成都全市A级旅游景区共接待游客1 103.8万人次，较2023年同比增长13.4%，其中在庙会、灯会、光影秀等夜游活动的加持下，实现门票收入1.4亿元，较2023年同比增长63.1%。

4. 传统文化和旅游深度融合，新业态蓬勃发展

四川悠久而丰富的人文资源使得以民族文化旅游、工业文化旅游、古城古镇旅游、文化主题公园游和体育旅游等为代表的各类文化和旅游融合新业态得到迅速发展。在民族旅游方面，作为藏族、羌族、彝族等多民族

聚居地，四川拥有海螺沟、九寨沟等多处旅游胜地；在工业旅游方面，四川共有 15 个工业遗产获得国家认定，获评数量居全国省区第一；在古城古镇方面，以民国风情为代表的安仁古镇于 2022 年成为省内第 16 个国家 5A 级景区，其他如以客家文化为代表的洛带古镇、以抗战文化为代表的李庄古镇等都得到了一定的发展与认可；在文化主题公园方面，四川不仅拥有多个现代主题文化乐园，目前业已建成以革命文化为核心，包含休闲步道、红色研学基地等各色功能区的长征文化主题公园；在体育旅游方面，四姑娘山风景名胜区、西岭雪山景区获评国家级体育旅游示范基地，宝山旅游景区、巴山大峡谷、船石湖运动休闲度假区、观音湖运动休闲旅游度假区等获评省级体育旅游示范基地。

5. 文化和旅游市场发展迅速，服务质量和管理水平进一步提高

近年来，四川省文化和旅游市场发展迅速，服务质量和管理水平进一步提高。一是加快推进文化和旅游立法工作。四川省推动出台了《四川省旅游条例（修订）》；加快推进《四川省公共图书馆条例（修订）》《川剧保护传承条例》（川渝协同立法）的立法进程；持续推动《四川省古籍保护利用条例》《四川省石窟寺保护条例》《四川省文化馆条例》等立法调研。二是优化文化和旅游发展营商环境取得新进展。2022 年 8 月，四川文化和旅游厅正式实施《县域智慧旅游城市建设指南》《智慧旅游饭店建设指南》两部省级地方标准，从而开启了四川省县域智慧旅游城市与智慧旅游饭店基于标准化引领建设与运营的新时代。其中，《县域智慧旅游城市建设指南》融合当前数字经济发展和县域智慧旅游发展通用规范，并结合四川省实际，为县域智慧旅游城市建设的术语和定义、基础设施、旅游场所与服务设施、公共服务、宣传营销、旅游监管、安全预警等多个方面提供参考标准；《智慧旅游饭店建设指南》遵循国家相关标准要求，充分体现四川省旅游饭店行业的基础情况和资源特点，主要包括基础建设、智慧旅游饭店应用系统、智慧旅游饭店大数据中心（智慧大脑）等五个方面。三是加强群众文化和旅游消费道德建设。四川省通过加强群众文化和旅游消费道德建设，丰富文化活动供给，以市民群众可知可感的文化生活服务着力提升公共文化服务效能，不断满足人民群众对美好生活的向往。四川省持续开展景区"对内注重提品质、对外注重美誉度"管理服务质量提升行动，着力提升文化和旅游系统的治理能力及水平，各项基础性、保障性工作不断加强；创新搭建"文旅政策一点通"平台，"放管服"改革

纵深推进，"一网通办"月度考核稳居省直部门前列；切实满足游客的需求，提高游客舒适度，提升游客满意度。

二、文化和旅游工作助力"四化同步""城乡融合""五区共兴"的发展现状分析

（一）文化和旅游产业促进"四化同步"的发展现状

深化文化和旅游产业融合，是四川省推动新型工业化、信息化、城镇化和农业现代化在时间上同步演进、空间上一体布局、功能上耦合叠加的重要路径。其主要表现在四个方面：一是推进文化和旅游产业与工业融合发展。四川省通过支持老工业城市和资源型城市发展工业遗产旅游，加快城市转型发展。截至2021年年底，四川共有15个工业遗产获得国家认定，获评数量居全国省区第一。2022年11月，四川省五粮液旅游景区和泸州老窖景区成功入选国家工业旅游示范基地。二是推进文化和旅游产业与信息化融合发展。2020年，"智游天府"四川文化和旅游公共服务平台正式上线，为公众提供文化类、旅游类和公共服务类三大类共16项服务。截至2021年年底，全省15家5A景区已全面实现预约预订、视频监控、门禁数据接入；282家4A景区预约预订接入率达100%，视频监控接入率达98.26%。三是文化和旅游产业助推城镇化发展。四川省通过充分发挥天府旅游品牌的示范引领作用，统筹整合政策资源，加快推进项目建设，着力推动文化和旅游产业转型升级、提质增效，助推城镇化发展。截至2023年年底，全省共命名天府旅游名镇20个、名村60个。四是深化文化和旅游产业与农业融合发展。四川省通过大力发展观光农业、定制农业、会展农业、休闲农业，着力开发研学科普、田园养生、农耕体验、民宿康养等农业旅游新业态，有效满足人们多元化、个性化、品质化需求。截至2022年年底，四川3地（德阳绵竹市、绵阳江油市和乐山市市中区）成功入选为全国休闲农业重点县，10个农村产业融合发展示范园获得国家认定，数量位居全国前列。

（二）文化和旅游产业促进"城乡融合"的发展现状

文化和旅游产业发展助推城乡融合发展。一是文化和旅游产业的发展促进了乡村人民群众基础生活设施的优化与改进。四川省在推进乡村旅游高质量发展的同时，支持美丽宜居乡村建设，深入实施农村人居环境整治提升行动，开展农村垃圾治理、污水处理、畜禽粪污资源化利用、"厕所

革命"、村庄清洁"五大行动",让乡村环境更加美丽宜居。二是文化和旅游产业的发展满足了乡村人民群众享有丰富、高品位文化生活的需求。近年来,四川省在健全城乡一体化网络、优化文化服务供给、创新管理运行机制等方面都取得了初步成效。截至 2023 年年底,四川省城乡现代公共文化服务体系如期建成"三馆一站"(图书馆、文化馆、博物馆、文化站)并全部对外免费开放,全省基本实现电视户户通、广播村村响,乡村文化振兴行动全面推进。三是文化和旅游产业的发展为乡村留住文化根脉提供了新路径,并且在一定程度上提高了乡村居民的收入水平。近年来,四川省打造了一批具有天府特色、彰显巴风蜀韵的乡村文化和旅游新地标、新名片。截至 2022 年年底,四川省新创全国乡村旅游重点镇 3 个,新增省级乡村旅游重点镇 10 个、重点村 100 个。通过 2022 四川省文化和旅游发展大会命名的第二批天府旅游名镇有 10 个、名村有 30 个、名宿有 10 家、名导有 10 名、名品有 9 个。四是文化和旅游产业的发展为缩小城乡人才鸿沟开辟了新路径。2022 年,四川省通过创建运行"四川文化旅游志愿服务信息平台"建立了全省乡镇文化志愿者骨干队伍,每个乡镇确定 2~3 个文化志愿者骨干,解决基层文化人才短缺问题,鼓励各地开展独具特色的文化志愿服务活动。

(三)文化和旅游经济带动"五区共兴"的发展现状

文化和旅游经济带动"五区共兴"重在通过文化和旅游发展实现全域协同联动、在缩小地区差距中同步实现现代化,主要表现在三个方面:一是打造文化和旅游核心城市,发挥带动作用。四川省通过将成都市打造成为文化和旅游经济核心城市,将南充、泸州、绵阳、乐山、宜宾等城市打造成为文化和旅游经济的区域中心城市,进一步完善全省文化和旅游发展空间布局,实现了以优势地域辐射后发地区、形成竞相发展的生动局面。二是借助成都平原、川南、川东北经济区成熟的景区景点及相对健全的配套设施,强化对文化和旅游经济欠发达地区的辐射作用。川南地区借助宜宾、泸州、内江和自贡等地的成熟景区,加快了宜宾、泸州为区域中心城市的川南城市群建设。三是借助五大片区的各自特色,实现文化和旅游资源的优势互补。环成都文化和旅游经济带深入挖掘古蜀文化、天府文化的丰富内涵,加强了环峨眉山、环龙门山、环龙泉山、岷江、沱江、大渡河、大峡谷等资源协同开发、整体推广;川南文化和旅游经济带着力传承长江文化、红色文化、名酒文化、民俗文化,推动酒、竹、灯、盐等特色产业发展，构筑了四川南向国际旅游经济走廊；川东北文化和旅游经济带积极发展蜀道文化、三国文化、巴蜀文化、丝绸文化，进一步推动川陕苏区和伟人故里红色游、大巴山生态康养游、嘉陵江山水人文游；攀西经济区着力突出彝族文化、"三线"文化特色，进一步推进安宁河谷、安宁河流域和金沙江沿岸"文旅+农业"融合发展，建设阳光生态经济走廊，打造国际阳光康养旅游目的地；川西北文化和旅游经济带推动长征文化、雪山冰川文化、高山峡谷文化、高原生态文化、藏羌民族文化融合发展，系统谋划川藏铁路、川藏公路、川甘公路沿线旅游发展，打造具有国际知名度和影响力的国际生态文化旅游目的地。

三、成渝地区双城经济圈巴蜀文化旅游走廊建设的现状分析

（一）巴蜀文化和旅游区域协同发展现状

巴蜀文化旅游走廊共建协同发展格局初步形成，共建一体化旅游交通网络初具规模，共享文化和旅游服务便利初见成效，共塑巴蜀文化旅游走廊品牌形象初聚合力，为川渝两地打造全国文化和旅游协同发展样板奠定了坚实基础。一是共建协同发展机制。近年来，川渝两地坚持区域协调、合作共建的基本原则，着眼于"一盘棋"整体谋划，已经建立起巴蜀文化旅游走廊建设专项工作组、联合办公、协调会议和信息报送四项区域合作机制；建立"巴蜀文化旅游推广联盟"，示范带动建立11个川渝文化和旅游相关行业联盟，并组织专家开展巴蜀文化和旅游重大课题与政策研究，编制形成《巴蜀文化旅游走廊建设规划》。二是共建一体化旅游交通网络。近年来，重庆、成都国际航空双枢纽建设有序推进，铁路网渐趋完备，高速公路网基本完善，长江黄金水道运输能力逐年提高，基本建成多层次、多样化、网络化的区域综合交通体系。2023年1至4月，成渝地区双城经济圈现代基础设施项目已开工74个，累计完成投资5 067.6亿元。三是共推公共服务便利共享。截至2022年年底，川渝两地协同实施两批次43项便捷生活行动举措，共推出311项"川渝通办"事项，累计办件已超过1 000万件；川渝公积金互认互贷、人员人事档案"跨省通办""川渝通办"等民生实事不断落地。四是共塑巴蜀文化旅游走廊品牌形象。截至2022年年底，川渝两地协同打造"成渝地·巴蜀情"区域文化和旅游品牌，推动重点文物保护项目200余个，联合举办展览展示活动50多个，实施川陕苏区红军文化公园、五华山康养休闲旅游度假区等8个重大项目，

累计完成投资 41.68 亿元。川渝两地以服务成渝地区双城经济圈战略为总牵引，聚焦重大政策、重大改革、重大项目、重大平台，协同推进巴蜀文化旅游走廊建设成势见效。

（二）巴蜀文化保护传承现状

传承巴蜀文化是建设成渝地区双城经济圈和巴蜀文化旅游走廊的历史使命，是四川建设新时代文化强省、旅游强省的责任担当。一是编纂巴蜀全书，振兴巴蜀文化。截至 2022 年 3 月底，巴蜀全书工程出版阶段性成果有 220 余种，其中有 20 多项成果获得国家及省部级奖励和资助。二是立足川渝田野考古，推进古蜀文明保护传承工程。2021 年，国家文物局明确表示将"川渝地区巴蜀文明进程研究"作为"考古中国"的重大项目，以三星堆、竹瓦街、小田溪、城坝等遗址为重点，深入研究川渝地区文明演进及其融入中华民族多元一体总体格局的历史进程，其中三星堆遗址考古发掘工作还成功入选"2021 年度全国考古新发现"。发源于四川、重庆的巴蜀文明见证了中华文明多元一体格局的演进，丰富的考古成果延伸了古代川渝的历史轴线，让其古代面貌更加明晰。三是推动巴蜀文化创新发展，彰显巴蜀文化独特魅力。近年来，川渝两地积极探索非遗保护工作联动机制，共同成立了非遗保护联盟，打造了一批非遗活动品牌，推出了一批非遗特色旅游线路；携手创新文化和旅游产品供给与品牌联合营销，举办了"川渝非遗绣活大赛""巴蜀扎染设计大赛""川渝曲艺展演大会"等系列活动。

（三）重大工程及项目推进情况

2020 年，成渝地区共同推动双城经济圈建设合作项目 15 个、文物保护利用联动项目 11 个、文化和旅游公共服务协作项目 13 个。2021 年，成渝地区签订了各层级文化和旅游战略合作协议 63 份，成立文化和旅游合作联盟 11 个，开展文化和旅游公共服务协作项目 13 个，举办首届巴蜀合唱节、文化和旅游产品推介等活动 118 个，推出精品旅游线路 70 余条。2022 年，成渝地区签订合作协议 64 份，成立合作联盟 12 个，完成重点文化和旅游任务 119 项，举办展览展示活动 53 个，展演精品剧目 20 余部，发布精品线路 70 余条，在文化遗产保护传承、艺术创作演出、公共文化服务、文化和旅游产品供给、景区惠民活动等方面取得了明显成效。对标《巴蜀文化旅游走廊建设规划》，2020—2022 年，川渝两地共同推动重点任务 107 项、重点文物保护项目 200 余个。随着四川省文化和旅游经济的迅速回暖，各地重大项目得到有力的推进，截至 2023 年 5 月底，四川启动或完成的文化和旅游重大项目有 20 多个，为文化和旅游高质量发展奠定了良好基础。

（四）巴蜀特色文化和旅游消费目的地建设现状

川渝合作打造巴蜀特色文化和旅游消费目的地取得了显著进展，主要在成渝联动文化和旅游促销活动、特色文化和旅游品牌打造、文化和旅游节会活动等方面得以充分表现。为了进一步优化巴蜀文化和旅游市场环境，提振文化和旅游消费，川渝两地加强合作，强化战略协作和工作协同，纵深推进"放管服"改革，在文化和旅游市场培育、文化遗产保护、文化和旅游品牌推广、精品旅游环线打造等方面互联互通，持续开展"减证便民"行动。近年来，为持续促进两地文化和旅游消费，川渝两地文化和旅游行政部门联合发布了宣传片《安逸四川·大美重庆》，推出"巴蜀文化旅游走廊"十大主题游，打造跨区域精品旅游产品，并组织两地 284 家景区开展了"川渝一家亲—景区惠民游"活动。在推动巴蜀文化旅游走廊建设背景下，川渝两地文化和旅游行政部门鼓励两地文化和旅游企业发展异地业务，并实现了从事经营性互联网文化活动审批、演出经纪机构从事营业性演出活动审批、涉外营业性艺术品展览活动审批、一般艺术品进出口经营活动审批 4 个文化和旅游审批事项川渝通办，以及旅行社业务经营许可证、电子导游证、娱乐经营许可证、艺术品经营单位备案证明、营业性演出许可证、图书馆借阅证 6 类文化和旅游电子证照跨区域互认。2022 年，四川省政府出台的《聚焦高质量发展推动经济运行整体好转的若干政策措施》明确提出，要发挥川渝两省（市）文化和旅游等资源优势，联合开展"百万职工游巴蜀"促消费活动，这既满足了两地职工的出游需求，又有力拉动了文化和旅游消费，扩大了内需。2020—2022 年成渝联动文化和旅游促销活动情况见表 2-6；2023 年上半年巴蜀特色文化和旅游品牌打造情况见表 2-7。

表 2-6 2020—2022 年成渝联动文化和旅游促销活动情况

年份	事项	涉及地区	项目签约、推进等情况
2020	举办"成渝地·巴蜀情"成渝地区文化和旅游公共服务及产品采购大会暨成都市第三届文化和旅游公共服务超市活动	四川、重庆、北京、上海、广东、湖南等省（自治区、直辖市）	317 家参展商携带 890 个项目齐聚成都，签约意向项目达 3 700 个，签约意向金额达 3 856.83 万元
2021	举办第七届中国（四川）国际旅游投资大会、全国文化和旅游消费工作现场交流会（西南片区）、首届文化产业和旅游产业供需对接会、"远亲不如近邻"成渝双城互动消费等系列活动、四川省金融服务与文旅企业恳谈对接会暨川南渝西融资对接会，建立川南渝西文化和旅游投融资服务平台	重庆、四川两地	发布体育旅游精品项目 30 个；充分发挥重庆对外文化贸易综合服务平台作用，精准提供对外文化贸易一站式解决方案指导服务，促进川渝 60 余家文化企业、艺术团体、协会及个人艺术家开展对外贸易；以巴蜀文化旅游走廊为载体，积极融入成渝地区双城经济圈建设，加强川南渝西 7 个市区交流合作、互利共赢
2022	重庆四川党政联席会议第五次会议上启动共建巴蜀文化旅游走廊重大活动	重庆、四川两地	完成重点文化和旅游任务 119 项，在文化遗产保护传承、艺术创作演出、公共文化服务、文化和旅游产品供给、景区惠民活动等方面取得明显成效
2022	对标《巴蜀文化旅游走廊建设规划》，川渝两地文化和旅游部门与企业共同促进文化和旅游消费推广	重庆、四川两地	2020—2022 年，共签订文化和旅游方面战略合作协议 63 份，成立巴蜀文化旅游推广联盟等合作联盟 11 个，推动重点任务 107 项，推动重点文物保护项目 200 余个，联合举办展览展示活动 50 多个

数据来源：根据四川省文化和旅游厅官网数据整理。

表 2-7 2023 年上半年巴蜀特色文化和旅游品牌打造情况

月份	主要事项	打造情况
4	以"游大美蜀道 品广元好茶"为主题的广元市文化旅游和茶产业推介会	两条精品线路："蜀道三国寻踪之旅"（昭化古城-牛头山-松宁桥）、"花开昭化踏春之旅"（药博园-栖凤峡旅游区-平乐旅游区-柏林古镇）

表2-7（续）

月份	主要事项	打造情况
5	"5·19中国旅游日"南充市分会场活动	五条精品线路："千年古城阆中游""将帅故里红色游""山水风光览胜游""亲子行读研学游""潮流江岸时尚游"
5	"巴山绿肺 硒旺万源"万源市文旅资源推介会暨文旅行业协会座谈会	筛选了八台山景区、万源红军公园景区、龙潭河景区、乡村旅游点等文化和旅游资源产品进行集中推介，并推出了"生态观光度假游""乡村休闲避暑游"和"文化体验研学游"三条特色清凉路线

数据来源：根据四川省文化和旅游厅官网数据整理。

第三节　问题对策

推动文化和旅游高质量发展要坚持问题导向，即在文化和旅游工作中要善于发现真问题，分析导致问题的原因，以解决问题为指引，集中力量攻坚克难，提出有价值的对策建议。高质量的对策建议有赖于扎实的理论基础，深入开展对策研究往往能够激发理论创新，为文化和旅游高质量发展提供有力支撑。

一、存在问题

（一）文化和旅游发展不平衡不充分，文化和旅游融合发展不够深化

四川文化和旅游资源分布空间差异较大，文化和旅游自身发展也不平衡不充分。从文化和旅游发展的整体和局部来看，明显存在"西强东弱、南强北弱"和"山强水弱、景强城弱、夏强冬弱、日强夜弱"等现象。从文化和旅游融合程度和效度来看，仍然存在"重旅轻文""被动融合""貌合神离"等现象。这些现象背后的主观问题和客观问题，成为四川省文化和旅游高质量发展必须直面的挑战。

（二）高品质文化和旅游产品供给不足，高端业态发展不足

四川文化和旅游产品丰富，可选择性大，但高品质文化和旅游产品供给不足，无法满足人们日益增长的高品质文化和旅游消费需求，文化和旅游市场"人气高、消费低"成为普遍现象。此外，文化和旅游产业新业态发展迅速，其中引入新技术、新模式的文化和旅游产业比较多，而自主创

新的文化和旅游高端业态却发展不足，四川特色文化和旅游品牌的竞争力还有待提升。

（三）文化和旅游产业对社会效益及产业升级支撑不足，社会参与和激励不充分

文化和旅游产业是四川的支柱产业，对社会经济发展起到引擎作用，但文化和旅游产业对社会效益和产业升级的支撑不足，与文化强省、旅游强省的现实基础及目标定位还不够匹配。虽然当地政府针对文化和旅游回暖升级出台了相关政策，但文化和旅游社区参与的层次和效益还不太高，文化和旅游行业隐性失业问题还没有得到有效解决，对于从事文化和旅游的中小型民营企业的激励力度还不够大，还需要进一步激发文化和旅游市场活力。

（四）四川故事与中国故事的协同传播力度不大，增强文化认同与文化自信不显著

"以文塑旅、以旅彰文"是文化和旅游融合的基本原则，也是讲好四川故事、讲好中国故事的重要手段。从实际来看，四川省还没有完全形成讲好四川故事与中国故事的协同传播机制，四川故事与中国故事的协同传播力度不大。四川故事与中国故事的协同传播，可以增强四川故事的责任感、使命感，进而增强四川人的文化认同与文化自信，同时也可以增强中国故事的生动感、真实感。当地政府还需要努力将包括四川文化在内的中华优秀传统文化的精神标识提炼出来、展示出来，把优秀传统文化中具有当代价值、世界意义的文化精髓提炼出来、展示出来，以优质的内容吸引人、打动人、影响人。中国需要更好地了解世界，世界也需要更好地了解中国。我们要讲好四川的故事，传递好四川的声音，全面提升四川对外知名度和美誉度，让世界通过了解四川更好地了解中国，为提高国家文化软实力和中华文化影响力做出四川贡献。

（五）文化和旅游发展区域协同不足，跨区域价值共享机制不健全

四川五大经济区（成都平原经济区、川南经济区、川东北经济区、攀西经济区和川西北生态经济区）都有自己的特色文化和旅游资源，且都能依托特色文化和旅游资源走差异化发展道路，但文化和旅游发展区域协同不足，跨区域价值共享机制还不健全，区域文化和旅游发展不平衡、不充分的矛盾仍较为突出。

（六）文化和旅游产业数字化技术转化不够，面临科技创新不足问题

大多数文化和旅游企业都能够运用数字化技术提高工作效率和服务水

平，但数字化赋能文化和旅游产业发展的动力和能效并不强，归根结底还是数字化技术转化不够，也反映了文化和旅游产业科技创新不足的问题。比如，虚拟现实技术（virtual reality，VR）与增强现实技术（augmented reality，AR）在文化和旅游产业中的应用还比较低端，短平快的体验降低了文化和旅游产品的品质，缺乏科技创新带来的深度沉浸式体验。

（七）文化和旅游深度融合不够，文化体制机制改革有待进一步深入

文化和旅游深度融合不够，主要体现在三个方面：一是文化资源的挖掘与利用不足。部分地区在文化和旅游融合过程中对于自身的文化和旅游资源缺乏深入的了解和挖掘，导致文化和旅游资源未能得到充分的利用和展示。二是文化和旅游产品的同质化现象严重。由于缺乏创新和特色，部分地区的文化和旅游产品往往过于相似，缺乏吸引力和竞争力。三是文化体制机制改革还不够深入。深化文化体制机制改革是一次全局性的重大改革，也是一次全面性的整体改革，它涉及文明文化、文艺文博、文产文创、文旅文娱等诸多领域。部分地区还应着力解决完善意识形态工作责任制、优化文化服务和文化产品供给机制、健全网络综合治理体系等问题，进一步增强改革的系统性、整体性、协同性。

二、对策建议

（一）提升文化和旅游产品供给品质，推进文化和旅游高质量发展

四川省文化和旅游供给侧结构性改革，将提升文化和旅游产品供给品质作为消费升级的重点领域，随着近年来文化和旅游消费回暖升级的加快，如何提升文化和旅游产品供给品质，满足人民日益增长的美好生活需要，成为关注的焦点。首先，我们要提升文化和旅游产品供给的生态品质。人与自然和谐共生是中国式现代化的主要特征，文化和旅游高质量发展需要提升文化和旅游产品供给的生态品质。尤其是生态旅游、乡村旅游、自然风景区旅游、自然遗产旅游、国家公园旅游等文化和旅游形态，我们要通过环境营造来提升文化和旅游产品供给的体验品质，为游客提供高品质的生态产品。其次，我们要提升文化和旅游产品供给的文化品质。"以文塑旅、以旅彰文"是文化和旅游融合的重要原则和方法路径，四川省文化和旅游融合要彰显文化和旅游产品的巴蜀气派、巴蜀风格，提升文化和旅游产品供给的文化品质。比如，在大熊猫繁殖基地的文化和旅游产品供给中，除了要有常见的熊猫玩具、熊猫装饰帽等生活用品外，还要有

高品质文化和旅游产品供给，如音乐剧熊猫、智能机器熊猫等。再次，我们要提升文化和旅游产品供给的经济价值。整体而言，四川省文化和旅游产品供给的价格并不高，如古镇旅游的文化和旅游产品供给千篇一律、价格低廉，"几十元玩转古镇"的文化和旅游消费理念对地方经济的贡献十分有限，这不是消费的问题，而是文化和旅游产品供给的问题。提升文化和旅游产品供给的经济价值，需要文化和旅游在产业链上做文章，需要在生产、供应和消费的闭环中把好质量关，培育自主创新的文化和旅游产品，提升文化和旅游产品供给的附加值。最后，我们要提升文化和旅游产品供给的标准。只有高标准才有高品质，我们要以文化和旅游企业为主体、文化和旅游产品为核心、文化和旅游市场为手段，构建文化和旅游高质量发展的标准体系。只有进一步完善评价指标体系，客观评估文化和旅游产品供给及服务水平，我们才能有的放矢、精准发力，提升文化和旅游产品供给品质，提升消费者满意度，让四川省文化和旅游高质量发展落到实处。

（二）激发文化和旅游社会参与的内生动力，推进文化和旅游高质量发展

以人民为中心是四川现代化建设的重要原则。四川省文化和旅游高质量发展也要坚持以人民为中心，充分发挥人民在文化和旅游高质量发展中的主体性作用，让人民共享文化和旅游高质量发展的成果。具体而言，一是要强化文化和旅游产业的社会参与，包括企业、社会组织及社区居民的参与。在四川省文化和旅游发展实践中，社区参与程度仍然不高，社区居民与文化和旅游企业之间的矛盾依然存在，特别是农村社区参与乡村旅游的能力和动力还有待提升。我们可以通过政策与市场双轮驱动，协调社会参与的效率与公平，提升社会参与的内生动力。二是激发中小型文化和旅游企业的活力，尤其是专精特新中小型文化和旅游企业。尽管四川省已经出台了一系列相关政策帮扶中小型文化和旅游企业，但是结果的反馈和效益的体现并不理想，部分企业仍然受到资本、技术和人才的掣肘。激励不是一次性补贴，更不是"撒胡椒面"，而是重点培育和提升中小型文化和旅游企业的市场竞争力，让它们在专精特新文化和旅游产业领域做出一定的成绩和贡献，走高质量发展的道路。三是协同社区可持续生计。这是一个很现实的问题，文化和旅游发展带动当地社区就业情况如何？对于当地居民收入水平的影响是否显著？是否使当地居民因生活品质的提升而产生

获得感、幸福感？文化和旅游产业发展只有让广大人民群众真正受益，才能得到人民群众的拥护和支持，才能激发社会参与的内生动力，从而更好地推进文化和旅游高质量发展。

（三）强调巴蜀文化与中华文化的协同传播，增强文化自觉与文化自信

以旅游促进文化传播、增强文化自觉与文化自信，是文化和旅游融合发展的重要内容。四川省文化和旅游深度融合与高质量发展，不仅要突出巴蜀文化的地方特质，还要强调中华优秀传统文化的民族基因与国家代表性，推动巴蜀文化与中华优秀传统文化的协同传播。一是强调巴蜀文明的中华文明基因。三星堆祭祀仓考古发现证明了巴蜀文明是中华文明的重要组成部分，巴蜀文化对中华文化的连续性、统一性、包容性、创新性及和平性的形成，做出了全方位、多层次的贡献。在文化和旅游传播中我们要明确两者的辩证统一关系，如世界文化遗产青城山-都江堰，它既是巴蜀文化的重要符号也是中华文明的重要见证，我们可以从巴蜀文化的角度传播都江堰，展现都江堰水利工程的精妙之处，从中华文化的角度传播都江堰，展现都江堰水利工程的伟大之处，只有这样，都江堰作为世界文化遗产的普遍价值才能得以彰显。二是突出巴蜀文化旅游走廊的国家顶层设计。巴蜀文化旅游走廊是"十四五"规划国家重大工程，已被纳入国家顶层设计。巴蜀文化是巴蜀文化旅游走廊的根脉，巴蜀文化旅游走廊的国家代表性则是将巴蜀文脉与中华文脉相连，赋予巴蜀文化强大的生命力和影响力，这是巴蜀文化自觉、文化自信的力量源泉。站在国家顶层设计层面，这也是中华民族伟大复兴的力量源泉。三是坚持四川故事和中国故事的协同传播。四川省委书记王晓晖（2023）指出，讲好四川故事，传播四川声音，就是要通过四川在改革发展稳定等方面的成绩反映党和国家事业取得的历史性成就、发生的历史性变革，切实营造强信心、暖人心、聚民心的浓厚氛围。讲好四川故事和讲好中国故事统一于中国式现代化、四川现代化建设进程中，只有坚持四川故事和中国故事的协同传播，才能发出文化和旅游高质量发展的时代最强音。

（四）拓展文化和旅游新兴产业，推进文化和旅游高质量发展

2019—2021年，四川省在全国首创并率先开展文化资源和旅游资源"双普查"，普查出非物质文化遗产、文物等六大类文化资源305.7万余处，地文景观、水域景观、生物景观、历史遗迹等八大类旅游资源24.5万处，这些文化和旅游资源为拓展四川省文化和旅游新兴产业奠定了坚实的基

础。为解决四川省文化和旅游产业"山强水弱、景强城弱、夏强冬弱、日强夜弱"等问题，当地政府可以从五个方面发力，拓展文化和旅游新兴产业，推进文化和旅游高质量发展：一是发展体育旅游、冰雪旅游。当地政府可以以举办世界大学生运动会为契机，全面推进体育和旅游深度融合，打造高品质赛事场景、持续丰富赛事供给、实施体育旅游精品项目，把体育旅游培育成新的经济增长点；充分利用大九寨、大贡嘎、大香格里拉的雪山资源，大力发展冰雪旅游，积极推进冰雪旅游与民俗节庆、非遗活动、体育运动的深度融合，不断丰富冰雪旅游业态，创新冰雪旅游产品。二是发展山地旅游、水利旅游。当地政府可以依托四川丰富的山地旅游资源，强化与世界山地旅游联盟合作，开展体验性山地户外运动项目，建立基于共享的社区山地旅游参与体系；依托与自然环境融为一体的水利工程发展水利旅游，丰富水上娱乐项目，提升水上休闲产业品质，将"大灌区"品牌做成全国水利旅游的标杆；依托四川名山大川资源和西南特有的气候条件发展康养旅游，打造高品质康养旅游目的地。三是发展研学旅游、工业遗产旅游。当地政府要加快教育和旅游的深度融合，加强研学人才的培养，强化研学内容体系与课件研发，开拓研学旅游的精品线路，打造一批主题鲜明、课程精良、运营规范的研学旅游示范基地；加强工业遗产的保护与利用，开发具有工业流程体验、历史人文与科普教育、特色产品推广等功能的工业遗产旅游，打造以三线建设、国防教育为主题的工业遗产旅游精品项目。四是加快景城融合发展。以新兴产业带动景城融合，成为历史文化名城高质量发展的重要路径。如乐山打造"景在城中、城在景中"的城市名片，规划从景区向城区过渡的"缓冲区"，配套"六要素"新兴产业，加快景城融合发展。五是推动文旅夜游创新发展。近年来，文旅夜游越来越受到人们的青睐，它延长了文化和旅游消费时间，提升了文化和旅游经济效益，解决了文化和旅游"日强夜弱"的问题。通过新产业新技术新场景的赋能，文旅夜游为游客提供了多元化和沉浸式旅游体验。如成都的夜游锦江项目，以"锦江故事卷轴"为主线，打造"夜市""夜时""夜展""夜秀"等六大主题场景，利用高科技声光电技术，完美呈现了休闲成都的生活美学，不仅吸引了大量游客观光，也丰富了当地市民的夜生活。

（五）强化价值共享，推进文化和旅游高质量发展

共享是新发展理念的重要内容，是实现全体人民共同富裕的本质要

求。四川现代化建设总体布局下文化和旅游高质量发展，必然使文化和旅游价值共享超越了单一的经济共享，体现了经济、政治、文化、社会、生态文明等价值共享的综合性、时代性、战略性特征。一是要健全文化和旅游价值共享的体制机制。当地政府要加强共同品牌的建设和推广，提高旅游产业规模效应，共享文化和旅游高质量发展的成果；围绕"四化同步、城乡融合、五区同兴"的战略部署，加快区域文化和旅游合作共赢，促进全域旅游健康发展；深化文化体制机制改革，形成理念共享、文化共享、社会共享、经济共享、政治共享和环境共享的文化和旅游共享机制，进而推进文化和旅游高质量发展。二是要提升文化共享的自觉自信。当地政府要推进线上、线下文化活动和文创产品的开发和销售，打造具有四川特色的文化产品；推进优秀传统文化的传承和发展，彰显巴蜀文化的魅力；通过文化共享，提高四川省文化和旅游的影响力和号召力，增强建设文化强省、旅游强省的自觉与自信。三是要促进社会共享文化和旅游发展成果。文化和旅游高质量发展的最终目的是满足人民日益增长的美好生活需要，这就必然要求全社会共享文化和旅游发展的成果。此外，促进社会共享还需要建立多元化的管理、服务与营销机制，增强文化和旅游产品及服务的社会适应性与人性化。四是要确保经济共享的公平公正。当地政府要优化文化和旅游资源配置与产业结构，提升文化和旅游产业链供应链韧性和安全水平，夯实文化和旅游经济共享的基础；不断优化文化和旅游市场环境，增加高品质文化和旅游产品供给，健全文化和旅游市场质量认证体系和安全信用体系，确保文化和旅游经济共享的公平公正。五是要坚持环境共享的高质量发展。当地政府要坚持生态优先绿色发展，完善环保制度和环境监管措施，加强对文化和旅游产业的排污及垃圾处理等环保问题的监管；强化四川旅游景区的环境保护和节能减排，提升四川省旅游环境质量，确保旅游资源可持续利用和发展。

（六）加快数字赋能与科技创新，推进文化和旅游高质量发展

数字经济已经成为高质量发展的新引擎，四川省还需加快数字赋能与科技创新，更加高效地连接供给和需求，培育和扩大新消费市场，推动当地文化和旅游产业转型升级。具体而言，一是要逐步实现文化事业数字化。四川省还需积极搭建文化数据服务平台，打造立体统一的数据存储和使用服务体系，为文化和旅游相关政府部门、企业、研究机构、消费者提供个性化的数据服务端口；促进文化机构数字化转型升级，完成文化资源

本身各项特质数字化储存，建立文化资源分类检索体系，并延伸数据库对外传输端口，为外界提供易提取的数字服务，让社会公众共享数字化的红利。二是要大力推进文化产业数字化。四川省还需重点建设文化产业数字化基础设施，培育文化产业数字化应用产品供给和需求，以更加多样化的文化和旅游数字化呈现方式，形成从供给到需求的数字产业链条；建设精品推广平台，建立精品 IP 的筛选以及推广机制，最大限度地提高优秀作品的影响力。三是要不断提升文化和旅游数字化水平。四川省还应加快"安逸四川""智游天府"数字化平台的内联外通，建设旅游数字化创新培训和产业孵化点，不断总结经验以优化和提升四川文化和旅游数字化水平；积极引导文化和旅游企业对数据的运用以及产品转化，在数据为政务监管决策、场所门票业务等基础性功能服务的同时，还要引导相关企业延展出面向消费者的个性化数据产品服务，赋能文化和旅游融合发展。四是要加强人工智能在文化和旅游产业产品体系的研究与应用。人工智能已经逐渐渗透到各行各业，对文化和旅游出行、服务和产品体验都产生了重要影响。智能定制旅游效率高、零成本，满足了人们个性化旅游需求。聊天机器人不仅能够完成订票、改签、翻译服务，还能向游客实时推送景点、餐厅、交通指南，让旅行全程无忧。VR/AR 技术融入沉浸式旅游产品体验，受到游客欢迎。人工智能作为现代旅游无法拒绝的一道核心技术，成为文化和旅游高质量发展的核心驱动力。

（七）制订并实施四川现代化建设总体布局下的文化和旅游高质量发展行动计划

四川省应围绕自身现代化建设总体布局，尽快制订文化和旅游高质量发展行动计划，进一步明确指导思想、目标、任务、方法及保障，有效推进各项工作的开展。一是实施重大工程带动战略。四川省要加快长江、长征、黄河国家文化公园建设，可以将"大灌区"纳入长江国家文化公园建设体系，打造长江国家文化公园文化和旅游高质量发展的龙头；加强"雪山草地，长征丰碑"的品牌推广，打造长征国家文化公园文化和旅游高质量发展的里程碑；将川西北生态示范区打造成为长江、黄河、长征国家文化公园优势叠加的国家代表性生态文化旅游目的地。二是实施巴蜀文化遗产保护传承与创新发展行动计划。四川省需要提升杜甫草堂、三苏祠、李白故里等巴蜀文化遗产的文化和旅游品质，加快三星堆博物馆新馆、江口沉银博物馆、罗家坝博物馆建设；以巴蜀文明史、中国文明史为逻辑主线，以不同朝代巴蜀文化遗产、非物质文化遗产为载体，以大蜀道、西南丝绸之路、茶马古道、川盐古道等为纽带，讲好四川故事、中国故事，增强文化自觉、文化自信。三是实施巴蜀文化旅游走廊高质量发展行动计划。四川省应重点推进巴蜀文化旅游走廊建设，可以打造成渝携手、七区联动的国际文化和旅游博览会品牌，带动成渝地区双城经济圈"中部崛起"；推进藏羌彝文化产业走廊高质量发展，推进文化和旅游深度融合的川藏文化和旅游发展，将川藏公路（318线和317线）建设成为连接民族地区文化和旅游高质量发展与文化和旅游消费的关键纽带。四是实施聚焦高质量发展提振文化和旅游消费行动计划。四川省可以实施川渝联动提振文化和旅游消费行动以及入境旅游市场提振行动，扩大川渝联动范围，与中、西部地区协作省份深度合作，加强文化和旅游交流互惠，进一步提振文化和旅游消费；通过世界大学生运动会、中国西部国际博览会等国际盛会，传播巴蜀文化和旅游品牌，开展精品文化和旅游项目营销推介活动，进而提振文化和旅游消费。五是实施科技创新赋能文化和旅游高质量发展行动计划。四川省需要进一步完善"政产学研用"科技创新体系，加快科技创新成果转化，增加科技成果的有效供给；支持多方联动，打开壁垒，鼓励四川大学、电子科技大学、西南交通大学、四川理工大学等高校科技创新成果在康养旅游、智慧旅游、旅游精品线路、自然遗产旅游等领域的试验、应用和推广，以科技创新赋能文化和旅游高质量发展。六是实施文化和旅游深度融合高质量发展行动计划。四川省要进一步深化文化体制机制改革，破解条块分割的管理难题，推动文化和旅游深度融合发展；强化四川文化和旅游发展委员会职能，整合相关部门资源，协调工业遗产旅游、休闲农业旅游、国家文化公园旅游、研学旅游、康养旅游等文化和旅游产业多规合一、深度融合发展。

第三章 以新质生产力推进四川现代化文化和旅游产业体系建设

新质生产力由技术革命性突破、生产要素创新性配置、产业深度转型升级而催生，以劳动者、劳动资料、劳动对象及其优化组合的跃升为基本内涵，以全要素生产率大幅提升为核心标志，成为建设现代化产业体系的核心组成部分。2023 年 7 月以来，习近平总书记在四川、黑龙江、浙江、广西等地考察调研时强调，要整合科技创新资源，引领发展战略性新兴产业和未来产业，加快形成新质生产力。中共四川省委十二届六次全会鲜明提出，要完善"农商文旅体康"融合发展机制，构建高品质文化供给体系，加快巴蜀文化旅游走廊建设。以新质生产力推进现代化文化和旅游产业体系建设，是新时代新征程文化和旅游现代化发展的需要，也是满足人民群众幸福美好生活的需要，对于四川省以新质生产力为重要着力点扎实推进高质量发展、推动文化强省和旅游强省建设再上新台阶具有重要的价值意义。以新质生产力推进现代化文化和旅游产业体系建设，就是要坚持创新驱动，加快数字赋能文化和旅游发展，丰富文化和旅游产品供给，精准对接游客需求，激发文化和旅游消费潜能，推动文化和旅游高质量发展。这不仅可以为海内外朋友来川深化文化和旅游合作提供广阔舞台，也将对四川现代化文化和旅游产业体系建设产生深远的影响。

第一节 研究背景

一、中央精神和省委部署

（一）以科技创新引领现代化产业体系建设

2023 年 12 月 11 日至 12 日，中央经济工作会议将"以科技创新引领现代化产业体系建设"作为 2024 年经济工作的首要任务，"新质生产力"和"现代化产业体系"作为中央经济工作会议精神的核心要义，为地方经济工作实践指明了方向。习近平总书记在会议上强调，深化供给侧结构性改革的核心是以科技创新推动产业创新，特别是以颠覆性技术和前沿技术催生新产业、新模式、新动能，发展新质生产力。在高质量发展的主题下，供给侧结构性改革的重点是解放和发展生产力，必然要求淘汰落后产能，提高有效技术供给，提升全要素生产率。发展新质生产力，就是要将科技创新的成果应用到具体产业中，促进科技与产业协同创新，为产业高质量发展提供新技术、新模式、新动能。2023 年中央经济工作会议第一次从中央决策层面将新质生产力与现代化产业体系联系在一起，强调了新质生产力的引领作用，明确了现代化产业体系建设的方向，体现了重要的理论实践价值。

（二）大力推进现代化产业体系建设，加快发展新质生产力

2024 年两会期间，"现代化产业体系"和"新质生产力"再次成为关键词和热词。3 月 5 日，李强总理代表国务院在十四届全国人大二次会议上作《政府工作报告》时提出，要大力推进现代化产业体系建设，加快发展新质生产力，充分发挥创新主导作用，以科技创新推动产业创新，加快推进新型工业化，提高全要素生产率，不断塑造发展新动能新优势，促进社会生产力实现新的跃升；同时指出，"大力推进现代化产业体系建设，加快发展新质生产力"的主要任务，是推动产业链供应链优化升级，积极培育新兴产业和未来产业，深入推进数字经济创新发展。该报告将推进现代化产业体系建设和发展新质生产力紧密联系在一起，作为 2024 年十大工作之首，从具体层面作了总体部署，具有重要的实践指导意义。

（三）健全因地制宜发展新质生产力体制机制

2024 年 7 月 18 日，党的二十届三中全会通过的《中共中央关于进一步全面深化改革 推进中国式现代化的决定》提出，要健全因地制宜发展新质生产力体制机制。该决定不仅明确了因地制宜发展新质生产力的本质要求和显著特征，即"推动技术革命性突破、生产要素创新性配置、产业深度转型升级，推动劳动者、劳动资料、劳动对象优化组合和更新跃升，催生新产业、新模式、新动能，发展以高技术、高效能、高质量为特征的生产力"，还进一步明确了健全因地制宜发展新质生产力体制机制的主要内容和主要任务，其中主要内容包括"加强新领域新赛道制度供给""建立

未来产业投入增长机制""完善战略性产业发展政策和治理体系"等，主要任务包括"以国家标准提升引领传统产业优化升级""促进各类先进生产力向发展新质生产力聚集""更好发挥政府投资基金作用"等。党的二十届三中全会精神既为发展新质生产力提供了保障，也为推进现代化产业体系建设提供了保障。

（四）深入推进新型工业化加快建设现代化产业体系

2023 年 6 月 19 日，中共四川省委十二届三次全会审议通过的《中共四川省委关于深入推进新型工业化加强建设现代化产业体系的决定》指出，必须把推进新型工业化摆在全局工作的突出位置，加快建设服务国家全局、体现四川特色的现代化产业体系，为全面建设社会主义现代化四川奠定坚实基础。该决定要求"发挥新型工业化主导作用，推进产业智能化、绿色化、融合发展"，着力"扬优势、锻长板，促创新、增动能，建集群、强主体"，建设现代化的工业、农业、服务业和基础设施，构建以实体经济为支撑的现代化产业体系。其重点举措包括"推动三次产业高质量融合发展""把市场主体作为现代化产业体系建设的中坚力量""纵深推进创新驱动引领产业发展"等。中共四川省委十二届三次全会对四川现代化产业体系建设作了全面部署，其中有关产业智能化、绿色化、融合发展的要求和促创新、增动能的目标，与发展新质生产力的要求与目标完全一致，体现了政策的衔接性与前瞻性。

（五）以新质生产力为重要着力点推进四川高质量发展

2024 年 5 月 13 日，中共四川省委十二届五次全会通过的《中共四川省委关于以发展新质生产力为重要着力点扎实推进高质量发展的决定》提出，要以创新为主导加快发展新质生产力，并谋划实施一批重大科技专项，着力突破一批关键核心技术，包括人工智能、航空航天、先进设备、生物制造、清洁能源、先进材料；同时提出，要"推动产业深度转型升级"，坚定不移推进工业兴省制造强省，以科技创新推动产业创新，加快创新链产业链深度融合，统筹推进传统产业升级、新兴产业壮大、未来产业培育，加快构建富有四川特色及优势的现代化产业体系。中共四川省委十二届五次全会对四川省发展新质生产力作了重大项目部署，并关联现代化产业体系建设提出强化特色优势产业科技赋能、深入推进制造业智能化改造数字化转型、培育壮大新兴产业和未来产业、促进现代服务业同先进制造业深度融合的重要举措，对于贯彻执行中央精神、推动四川发展新质生产力和建设现代化产业体系具有重要的指导价值和实践价值。

（六）加快推进现代化文化和旅游产业体系建设

2021 年 1 月，在全国文化和旅游厅局长会议上，构建和完善现代旅游业体系被确定为"十四五"时期我国文化和旅游发展的战略任务之一。2021 年 4 月，文化和旅游部印发的《"十四五"文化和旅游发展规划》提出了健全现代文化产业体系、完善现代旅游业体系、完善现代文化和旅游市场体系等目标。2021 年 12 月，国务院印发的《"十四五"旅游业发展规划》提出"到 2025 年，旅游业发展水平不断提升，现代旅游业体系更加健全，旅游有效供给、优质供给、弹性供给更为丰富，大众旅游消费需求得到更好满足"的目标。2022 年 8 月，国务院印发的《"十四五"文化发展规划》提出，要健全现代文化产业体系，并通过强化主体、创新业态、推动融合发展等，加强现代义化产业体系建设。2024 年 2 月，习近平总书记在天津考察调研时强调，要健全现代文化产业体系、市场体系和公共文化服务体系，打造具有鲜明特色和深刻内涵的文化品牌，进一步彰显天津的现代化新风貌。2024 年 5 月，习近平总书记在全国旅游发展大会上对旅游工作作出重要指示，强调要着力完善现代旅游业体系，加快建设旅游强国，推动旅游业高质量发展行稳致远。由此可以看出，现代化文化和旅游产业体系建设一直是文化和旅游工作的重中之重，充分发挥新质生产力的引领作用，加快推进现代化文化和旅游产业体系建设，成为文化和旅游高质量发展的当务之急。

二、理论内涵和实践要求

（一）理论内涵

1. 新质生产力

准确把握新质生产力的科学内涵，还需要从马克思主义生产力理论出发，结合中国解放生产力、发展生产力的理论实践来探讨。

（1）新质生产力是马克思主义生产力理论的创新发展。马克思提出了生产力的构成要素即劳动者、劳动资料和劳动对象，并进一步指出，"社会的物质生产力发展到一定阶段，便同它们一直在其中运动的现存关系或财产关系发生矛盾"。因此，解放和发展生产力贯穿整个社会主义革命、建设和改革的伟大实践（赵玉洁，2024）。毛泽东同志将生产力与政党实践联系起来，指出"中国一切政党的政策及其实践在中国人民中所表现的作用的好坏、大小，归根到底，看它对于中国人民的生产力发展是否有帮助及其帮助之大小，看它是束缚生产力的，还是解放生产力的"。邓小平同志进一步明确了"社会主义的根本任务是解放和发展生产力"，并创造性提出"科学技术是第一生产力"。江泽民同志提出了"中国共产党始终代表中国先进生产力的发展要求"，揭示了"先进生产力"的内涵。胡锦涛同志指出"科技创新是提高社会生产力和综合国力的战略支撑"，强调了科技创新对于生产力发展的重要意义。习近平总书记提出，"加快发展新质生产力"是社会主义生产力发展到一定阶段的必然结果，为我们在新征程进一步解放和发展生产力、推动高质量发展提供了根本遵循。

（2）新质生产力有着丰富的理论内涵。新质生产力的本质是先进生产力，是以技术和数据为主导要素、以颠覆性技术和前沿技术为主导技术、以战略性新兴产业和未来产业为主导产业、以全要素生产率大幅提升为发展标志、以体现新发展理念为发展路径、以塑造新动能新优势为发展功能、以满足人民日益增长的美好生活需要为发展目的的先进生产力[①]。新质生产力首创性地剖析了科学技术生产力与传统生产力的不同属性，即由科技创新催生而来的新质生产力是一种新的质态生产力，是一种符合事物发展规律的"先进"生产力[②]。新质生产力的独特性在于它的要素基础是科学技术、形成方式是创新驱动、发展导向是绿色低碳，这三个维度集中体现了新质生产力的核心内涵[③]。所谓新质生产力，就是新在"新动能""新要素""新质态"三个方面，表现为科技的创新、全要素生产率的提升以及生产力的整体跃升[④]。新质生产力的核心标志是全要素生产率大幅提升，体现的是新发展理念和高质量发展的要求[⑤]。总之，新质生产力是习近平新时代中国特色社会主义思想的理论创新，也在中国特色社会主义实践中不断丰富和完善。

（3）文化产业新质生产力的基本内涵。文化产业新质生产力是新质生

[①] 胡磊. 新质生产力的先进性、动力体系与发展路向 [J]. 思想理论战线，2024（3）：115-123.

[②] 郭伦德. 新质生产力德思想渊源和理论发展 [J]. 中央社会主义学院学报，2024（3）：30-40.

[③] 陈龙. 新质生产力的出场逻辑、核心内涵与实现路径 [J]. 人文杂志，2024（5）：11-20.

[④] 李雪章，黄子一. 新质生产力的理论内涵、发展动因与现实意义 [J]. 社会主义论坛，2024（6）：4-5.

[⑤] 全国政协经济委员会新质生产力研究课题组. 新质生产力的理论贡献、内涵特征和发展路径 [N]. 人民日报，2024-7-17（9）.

产力所代表的高质量发展逻辑在新时代文化生产、消费、交换等领域内具体延展的结果呈现。文化生产力三要素在先进科学技术的赋能下、新质生产关系的推动下、人对象化能力的提升下呈现出了新质态，构成了文化产业新质生产力。具体来说，文化劳动者从单一、专职的脑力劳动群体演化为集专职、兼职、产销合一、智能机器等形式于一体的混合文化劳动主体，社会文化创新创造活力充分涌现；文化劳动工具从自动化向智能化转变，文化生产效率大大提升；生产力的进步往往以劳动工具的技术性突破为标志，在新质生产力时代，以生成式 AI 为代表的人工智能技术在文化生产中的主体作用愈发突出，渗透到文化生产全程，极大地赋能了人的文化生产能力；文化劳动对象由有形延展至无形领域，拓宽了文化生产的边界。在新质生产力时代，数字技术与现代化信息网络全面运用于经济活动之中，引起原有物质资料生产体系的彻底性变革，数据成为核心生产要素，形成了一个全新的价值创造范式①。文化产业新质生产力是以"创新性、高效能、高质量"为显著特征的新质生产力与文化生产力理论的结合，是对文化生产力理论的深化和实践②。文化产业新质生产力这场前所未有的深刻变革，也必然要遵循科技赋能、深化文化体制机制改革和建设新型劳动者队伍的规律，与新时代新征程发展新质生产力同频共振。

（4）旅游产业新质生产力的基本内涵。旅游产业新质生产力是新质生产力在旅游业的植入和培育，旨在增强旅游产业向更高水平发展的能力和潜力。旅游产业新质生产力具有旅游创新性、效率性、永续性、创造性等多重含义③。要想认识旅游产业新质生产力，就必须兼顾供给和需求两侧，要抓住旅游业供给侧结构性改革，同时赋能需求侧改革，打通联结旅游供给与消费的堵点，补齐短板，探索旅游产业新质生产力的实现形式与路径，形成"需求牵引供给、供给创造需求"的更高水平旅游业发展动态平衡，提升旅游经济体系整体效能④。旅游业创新的重心是"应用创新"，而非"技术进步"。旅游业的新质生产力发展不仅是将技术问题转变为经济

① 速继明，华诺. 进一步解放和发展文化新质生产力［N］. 文汇报，2024-03-23（11）.

② 周建新，骆梦柯. 文化领域新质生产力的发展路径［EB/OL］.（2024-06-03）［2024-08-19］. https://theory.southcn.com/node_4274ee5d35/198236f09d.shtml.

③ 余正勇. 旅游业新质生产力：概念内涵、价值意蕴及培育路径［J］. 燕山大学学报（哲学社会科学版），2024（4）：61-68，96.

④ 杨勇. 旅游新质生产力：供需特质、创新取向与新旧之辨［J］. 旅游导刊，2024，8（3）：48-57.

问题，还要进一步上升为文化问题①。文化和旅游产业发展新质生产力并不是否定传统生产力，而是在改造提升传统产业的基础上，探索文化和旅游生产力要素优化组合、科技创新成果在文化和旅游产业的应用转化以及文化和旅游消费行为方式转变过程中的有效路径。

2. 现代化产业体系

中国现代化产业体系是当代领先且面向未来的、基于新技术和新比较优势基础的、可持续的具有长期国际竞争力的新兴产业体系，具体表现为新业态、新模式、新动力、新关联、开放、先进等特征②。

（1）现代文化产业体系。从政策层面来讲，现代文化产业体系是符合国家文化产业发展趋势以及构建社会主义文化强国发展要求的产业体系③。从本质上讲，现代文化产业体系主要以技术含量高、文化竞争力强、创新元素丰富的文化产业群为核心，以高新技术、高端人才、高级生产要素之间的动态平衡为支撑，以人民美好生活的实现为最终目标。文化产业体系的"现代性"主要体现在文化产业环境的科技化以及生产要素分配的智能化。相比于传统文化产业，现代文化产业更注重高科技的支撑、市场化的竞争以及创新型的产业模式，更强调市场在资源配置中的决定性作用。新时代下的现代文化产业体系不仅要在生产层面上满足生产精准化、配置高效化、高度分工化的发展要求，还要在传播层面上注重文化产品与文化需求之间的匹配。增强文化产业的技术含量，平衡文化市场的供求关系，是现代文化产业体系构建的重要导向。现代文化产业体系建设应立足科技化、国际化、市场化与人本化原则，集聚与整合现代智能技术与现代新型要素，实现现代文化产业标准体系、结构体系、要素体系、组织体系、制度体系和价值体系的高频联动与深度融合④。现代文化产业体系的内涵主要呈现出五个特征⑤：一是更具现代性与高效性；二是更具创新能力；三是更加公平、开放、智能、有序；四是更具科学规范性和预见性；五是更

①　马波. 发展新质生产力：旅游业的逻辑分析框架 [J]. 旅游导刊，2024，8（3）：1-11.

②　芮明杰. 构建现代产业体系的战略思想、目标与路径 [J]. 中国工业经济，2018（9）：24-40.

③　魏鹏举. 文化产业高质量发展的守正创新之道 [J]. 人民论坛，2021（11）：104-106.

④　解学芳. 智能技术与制度协同下的现代文化产业体系构建 [J]. 人民论坛，2022（5）：114-119.

⑤　范玉刚. 健全文化产业体系研究的问题导向、多维价值与时代关切 [J]. 学习与探索，2020（10）：120-130.

具文化获得感和文化幸福感。

（2）现代旅游产业体系。现代旅游产业体系具有相对性和动态性的特点。一方面，在不同国家及地区，现代旅游产业体系会因所处时代背景、经济结构、政策环境、资源禀赋、产业基础等的不同而有所不同；另一方面，伴随科学技术的不断迭代、产业分工的不断深化以及产业要素、产业结构、产业组织和产业功能等的不断优化，现代旅游产业体系也呈现动态演进状态。在新发展理念指导下，只有以优化产业结构为基础、以创新为动力、以旅游治理现代化为保障、以提升旅游产业链韧性和安全为方向、以提升旅游产业效率为目标的旅游业体系，才具有完整性、先进性、安全性和融合性，才能更好地适应我国旅游业现阶段及未来一段时间的发展趋势[①]。现代旅游产业体系建设包含了旅游产业体系内容的现代化、旅游产业结构的优化、旅游增长要素的现代化与协同化、旅游产业链跨界化与国际化布局[②]。构建现代旅游产业体系的关键环节，就是推动面向市场的产业创新、聚力打造多形态的产业聚集区、推进多层次的产业融合、深化多维度的产业开放[③]。现代旅游产业体系具有产业链条完整性、产业要素协同性和产业发展安全性三个基本特征。旅游业产业链的完整性表现为在旅游全过程中，提供旅游产品的上、中、下游不同行业构成一个较为完整的链状结构，能够为消费者提供满足需求的旅游产品和服务。构建现代旅游产业体系是一项复杂的工程，不仅需要旅游各行业不断进行技术创新和成果转化，而且要持续加强劳动力培养，协调要素市场流动机制，促进要素之间的协同创新。现代旅游产业体系需要防范从出行到游览、从入住到饮食、从产品生产到消费服务等全链条各环节安全风险，做好旅游经营者安全生产、旅游消费者信息和权益保护、旅游主管部门安全监督管理、旅游突发事件应对等，实现旅游产业发展行稳致远。

（二）实践要求

1. 发展新质生产力的要求

发展新质生产力主要有以下五方面要求：

一是要坚持从实际出发，先立后破、因地制宜、分类指导。四川省要

---

① 宋瑞，杨晓琰. 数字经济促进现代旅游业体系建设：内在逻辑与对策建议 [J]. 价格理论与实践，2024（5）：26-31.

② 李柏文. 新时代旅游产业体系的特征与建设 [J]. 旅游学刊，2018（10）：7-8.

③ 胡建伟. 构建现代旅游产业体系：背景、认知和路径 [N]. 中国旅游报，2021-3-24（3）.

根据本地的资源禀赋、产业基础、科研条件等，有选择地推动新产业、新模式、新动能发展，用新技术改造提升传统产业，积极促进产业高端化、智能化、绿色化；将新质生产力培养好、发展好，再破除旧质生产力，尤其是文化和旅游产业，其本质上属于劳动密集型产业，培育新质生产力是一个系统工程，也有一个过程，不能以偏概全、搞"一刀切"，废旧立新一定要遵循文化和旅游产业的发展规律。四川发展文化和旅游新质生产力不是跟风模仿，而是要立足于四川省情、市情、县情，因地制宜、分类指导，以适用的新质生产力，推动文化和旅游工作行稳致远。

二是要处理好共性和个性的关系。我国幅员辽阔，各地的资源禀赋、产业基础、科研条件等各不相同，四川省必须坚持从实际出发，因地制宜、分类指导，坚持"一把钥匙开一把锁"，有所为而有所不为，有选择地推动新产业、新模式、新动能发展；要保持定力，科学理性推动工作，找准着力点和主攻方向，既要防止一哄而上、泡沫化的"大呼隆"，也要防止重复建设、只搞一种模式的"抄作业"；按规律办事，打好"特色牌"，走稳"务实路"，推动新质生产力发展闯出一片新天地。

三是要处理好新兴产业和传统产业的关系。发展新质生产力不是忽视、放弃传统产业，而是要坚持先立后破，做好统筹推进的文章，让新兴产业与传统产业相互促进、相得益彰，形成推动高质量发展的合力。四川省要以科技创新为引领，一手抓培育，壮大新兴产业、超前布局建设未来产业，一手抓传统产业升级，积极促进产业高端化、智能化、绿色化转型。只有这样，才能让产业发展脱胎换骨、强筋壮骨，为完善现代化产业体系提供坚实、有力的支撑。

四是要处理好生产力和生产关系之间的关系。习近平总书记在中共中央政治局第十一次集体学习时指出，"生产关系必须与生产力发展要求相适应。发展新质生产力，必须进一步全面深化改革，形成与之相适应的新型生产关系"。这深刻揭示了新质生产力发展的内在逻辑，指明了新时代全面深化改革的重要使命。四川省要深化科技体制、教育体制、人才体制等改革，打通束缚新质生产力发展的堵点卡点，加快构建有利于新质生产力发展的体制机制，让各类先进优质生产要素向发展新质生产力顺畅流动；要扩大高水平对外开放，持续建设市场化、法治化、国际化一流营商环境，塑造更高水平开放型经济新优势，为发展新质生产力营造良好的国际环境；向改革要动力，向开放要活力，促使发展新质生产力的前景越来越广阔。

五是要处理好短期利益和长期利益的关系。发展新质生产力是一项长期的系统工程，需要统筹考虑生产要素协调发展、资源环境刚性约束、生产关系适应程度等方面，并纳入经济社会发展的总体目标，做到短期任务和长远规划相贯通。四川省要胸怀久久为功的战略定力，坚持"四个面向"和产业高端化、智能化、绿色化导向，加大基础研究投入力度，特别是对短期内不能马上转化为生产力的前瞻性课题，也要持续开展预研布局，支持新质生产力从"萌芽"长成"参天大树"，引领未来产业先发优势。

2. 构建现代产业体系的要求

构建现代产业体系主要有以下六点要求：

一是完整性。所谓完整性，就是要保持并增强产业体系完备和配套能力强的优势。产业体系较为完整是我国一大优势，由此产生了独特的范围经济效应。面对突如其来的新冠疫情，我国能够在较短时间内大幅提升各类抗疫物资的生产能力，有效满足疫情防控的需要，产业门类齐全是一个至关重要的因素。目前，我国在一些技术含量高的细分行业还有缺项，还需要在巩固传统优势领域的同时，加快补齐这些短板，不断提高产业体系的完整性。

二是先进性。所谓先进性，就是要高效集聚全球创新要素、自主拓展产业新赛道。回顾世界工业化历程，每个时代都有一种或几种重大科技成果广泛渗透到各个产业。掌握这些重大科技成果和战略性支柱产业主导权的国家，往往就是一个时代综合国力领先的国家。建设现代化产业体系，必须坚持科技是第一生产力、人才是第一资源、创新是第一动力，让创新深深扎根于产业发展的土壤中，着力构建一批新的增长引擎，不断塑造发展新动能新优势。

三是安全性。所谓安全性，就是要实现重要产业链自主可控、确保国民经济循环畅通。我国建设现代化产业体系面临的国际环境错综复杂，世纪疫情影响深远，逆全球化思潮抬头，单边主义、保护主义明显上升，特别是有的国家"筑墙设垒""脱钩断链"，大搞单边制裁、极限施压，极力阻碍我国科技和产业发展。建设现代化产业体系，必须增强忧患意识，坚持底线思维，不断提升产业链供应链韧性和安全水平，为应对各种风险挑战提供战略支撑。

四是特色性。构建现代化产业体系，不能脱离自身实际一哄而上，而是要因地制宜，从自身实际出发选择差异化的发展路径。"错位"是为了找准位置，立足资源禀赋和产业基础，扬长避短，突出特色。四川省要善于错位发展，关键要在发展全局中找准自身定位，利用比较优势发展适合本地的产业，着力开辟发展新领域新赛道，塑造发展新动能新优势。只有做好"特"字文章，不断强化自身优势，四川省才能最终实现全面均衡发展。

五是开放性。在全球产业链加速重构背景下，加大产业开放合作力度能够更好利用国内外两个市场、两种资源，实现资源共享和优势互补，推动产业升级和创新发展，进一步发挥我国超大规模市场优势，吸引更多国外资本和技术参与共建我国现代化产业体系。

六是可持续性。所谓可持续性，就是要遵循绿色低碳的发展方向，站在人与自然和谐共生的高度谋划发展，构建科技含量高、资源消耗低、环境污染少的产业结构。建设现代化产业体系，就需要立足新发展阶段，把实施扩大内需战略同深化供给侧结构性改革有机结合起来、绿色生产与绿色消费有效贯通起来，以高质量供给引领和创造新需求，协同推进降碳、减污、扩绿、增长，处理好实现"碳达峰"（peak carbon dioxide emissions）[1]、"碳中和"（carbon neutrality）[2] 与经济稳增长、产业结构优化、能源安全等的关系。

3. 以新质生产力引领四川现代产业体系建设的要求

以新质生产力引领四川现代产业体系建设的要求主要有以下五点：

其一，必须强化服务国家全局的使命担当，扛起经济大省挑大梁的重任，努力打造国家战略腹地核心承载区。四川省要紧扣国家所需、立足四川所能，统筹推进高质量发展和高水平安全，抓好重点环节锻长板、补短板工作，努力在提高科技创新策源能力、构筑向西开放战略高地、保障国家重要初级产品供给、构筑参与国际竞争新基地、筑牢国家生态安全屏障等方面实现新突破，开创引领西部乃至全国高质量发展新格局。

---

① 碳达峰就是指在某一个时点，二氧化碳的排放不再增长达到峰值，之后逐步回落。碳达峰是二氧化碳排放量由增转降的历史拐点，标志着碳排放与经济发展实现脱钩，达峰目标包括达峰年份和峰值。

② 碳中和即节能减排术语，一般是指国家、企业、产品、活动或个人在一定时间内直接或间接产生的二氧化碳或温室气体排放总量，通过植树造林、节能减排等形式，以抵消自身产生的二氧化碳或温室气体排放量，实现正负抵消，达到相对"零排放"。

其二，必须坚持系统观念，着力锻长板、补短板，全面提升发展平衡性、协调性和可持续性。发展不平衡不充分依然是四川最大的省情实际，产业体系不优、市场机制不活、协调发展不足、开放程度不深等问题仍然存在。四川省在加快发展新质生产力、塑造新动能新优势的同时，必须处理好其与推动高质量发展之间的关系。

其三，必须发挥改革开放关键一招作用，破除制约高质量发展的体制机制障碍，不断增强发展动力活力。四川省必须发挥改革开放关键一招作用，紧扣推进现代化产业体系的新需求，坚持目标导向和问题导向相结合，奔着问题去、盯着问题改，坚决破除妨碍推进现代化产业体系的思想观念和体制机制弊端，继续深化各领域各方面体制机制改革，着力破解深层次体制机制障碍和结构性矛盾。

其四，必须坚持以人民为中心的发展思想，在高质量发展中促进共同富裕，正确处理效率和公平的关系。四川省要构建初次分配、再分配、三次分配协调配套的基础性制度安排，加大税收、社保、转移支付等调节力度并提高精准性，扩大中等收入群体比重，增加低收入群体收入，合理调节高收入，取缔非法收入，形成"中间大、两头小"的橄榄型分配结构，促进社会公平正义，促进人的全面发展，使全体人民朝着共同富裕目标扎实迈进。

其五，必须牢牢守住安全底线，有效防范化解各类风险挑战，实现高质量发展和高水平安全动态平衡、相得益彰。统筹发展和安全是对我们党推进社会主义现代化建设经验的深刻总结，具有深刻历史逻辑、理论逻辑和重大现实意义。四川省要想做好未来一段时期的经济工作，就要坚持底线思维，全力战胜前进道路上的各种困难及挑战，不断夯实我国经济发展的根基、增强发展的安全性稳定性，更好地实现高质量发展和高水平安全的良性互动。

第二节　发展现状

一、文化产业

（一）文化新业态发展势头强劲

当前，四川省基于5G、人工智能、大数据等技术的动漫游戏、视频直播、数字内容等新兴文化业态发展较好,"科技+文化""文化+旅游""文化+农业""文化+工业"等新型文化融合业态蓬勃发展,文化产业集群发展趋势明显。截至 2021 年年底,全省共有国家级文化产业示范(试验)园区 1 个,国家级文化和科技融合示范基地 2 个,国家文化消费试点城市 5 个,国家级动漫游戏基地 1 个。2023 年上半年,文化新业态特征较为明显的 16 个行业小类实现营业收入 837.3 亿元,同比增长 57.6%,高于全省规模以上文化企业平均增速 39.7 个百分点,对全省规模以上文化企业营收增长贡献率达 81.2%。2023 年,四川省文化和旅游厅评选出"5G+科技"革新演艺多维沉浸式体验项目等 7 个音乐数字化项目,大力支持实施川剧传承保护记录及传播工程、《好戏连台》川剧宣传展示全媒体平台等项目;省广电局创新推动成立四川省超高清视频产业联盟,建成智慧广电示范区 25 个,完善"时代光影拍在四川"一站式影视拍摄服务体系,吸引全国视听资源向四川集聚。

(二)产业融合推动文化产业繁荣发展

四川省统筹推进文化资源创新利用和文化产业投资规划,文化科技融合、文化金融融合以及新业态 16 个小类融合方面排名位居全国前列。2022 年 6 月,四川省文物局与深圳市腾讯计算机系统有限公司(以下简称"腾讯")合作,以四川广汉三星堆遗址为重点,有力推动了四川省文化遗产的数字化保护与传承,也带动了遗产旅游快速发展。2024 年暑假,三星堆接待游客有 130 余万人次,平均游客量达到 2.25 万人次/天,创历史新高。文化和旅游融合进一步推动文化产业繁荣发展,纪录片《又见三星堆》等作品获第十六届精神文明建设"五个一工程"奖,音乐剧《苏东坡》、舞剧《大熊猫》等作品不仅收获了票房,也带动眉山三苏祠、成都熊猫基地的旅游热。为推进文化和科技深度融合,全面提升文化科技创新能力,2021 年 10 月,四川省科学技术厅、省委宣传部启动了第一批示范基地认定工作,经综合评议,决定认定 1 家聚集类基地、2 家单体类基地为第一批四川省文化和科技融合示范基地。2023 年,文化和旅游部在全国建设 12 个科技创新中心,依托四川川大智胜系统集成有限公司、力方数字科技集团有限公司参与共建的"视觉融合场景体验",入选文化和旅游部科技创新中心。首批文化和旅游部科技创新中心(四川)名单见表 3-1;第一批认定四川省文化和科技融合示范基地名单见表 3-2。

表 3-1　首批文化和旅游部科技创新中心（四川）名单

序号	中心名称	依托、共建单位
1	视觉融合场景体验文化和旅游部技术创新中心	四川川大智胜系统集成有限公司
2	视觉融合场景体验文化和旅游部技术创新中心	力方数字科技集团有限公司

表 3-2　第一批认定四川省文化和科技融合示范基地名单

序号	基地名称	类型
1	自贡高新区四川省文化和科技融合示范基地	集聚类
2	力方数字科技集团有限公司四川省文化和科技融合示范基地	单体类
3	四川金熊猫新媒体有限公司四川省文化和科技融合示范基地	单体类

（三）游戏产业实力雄厚，前景广阔

2002 年以来，知名游戏厂商开始在四川建立厂牌，为四川游戏研发奠定了基础。如今，四川省内积淀了多家实力雄厚的知名游戏大厂，其中游戏研发公司有 2 927 家，占比为 70.4%，成为国内重要的游戏研发基地。在研发收入方面，四川省 2020 年的游戏研发收入为 91.56 亿元。5G 等通信技术的快速升级和发展，帮助四川移动游戏产业摆脱多因素造成的区域性劣势，游戏研发进一步发展，逐渐变为移动游戏产业的核心部分。2022 年，成都游戏产业及相关行业收入达 600 亿元，占全国游戏产业收入的 1/8。截至 2023 年 7 月底，成都游戏企业超过 7 000 家，企业年度注册增速超过 30%；游戏研发企业占 71.39%，成都游戏产业规模位居全国第四，游戏研发企业占比全国第一，游戏企业增速全国第二。四川游戏电竞公司情况见图 3-1。

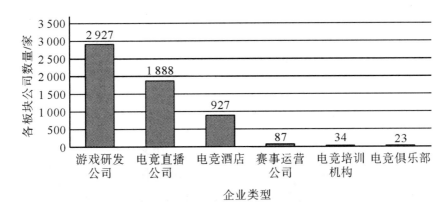

图 3-1　四川游戏电竞公司情况

（四）动漫产业全国领先，蓬勃发展

四川省动漫产业已经具有一定的市场规模，近年来的产值增长速度也较为可观。作为中国动漫发展较为活跃的城市之一，四川省成都市以"二次元之都""动漫之都"享誉全国。成都每年举办的动漫展超 200 场，塑造了 FUN 成都游戏动漫节、CGK 动漫游戏嘉年华等动漫展会品牌，吸引了腾讯等多个头部企业入驻，打造了多个知名动漫节和动漫展会品牌活动，培育了成都艾尔平方文化传播有限公司、成都魔法文化传播有限公司、墨境天合成都数字图像科技有限公司等众多优秀动漫公司，基本构建了动漫产业链上、中、下游企业协同发展新格局，加速全产业链发展人员约 5 万人，产值超过 300 亿元。

（五）文化机构数字化转型升级

四川省文化和旅游厅推动图书馆、文化馆等系统一体化建设，上线非遗数字博物馆，观众可浏览展品、720 度全景看展等；省文物局组织 7 家文博单位，实施文物知识图谱、文物数字传播等 7 项数字化保护利用项目，涉及馆藏文物超过 2.28 万件（套）；省文联加快推进四川文艺数字艺术馆、文艺资源数据库建设。在成都举行的 2023 世界文物古迹保护与利用博览会上，相关部门提出，要"加强数字化保护利用，实施数字四川石窟行动"。以三维激光扫描、融合建模、虚拟展示、三维仿真与时空 AI 等为代表的数字技术可真实记录石窟寺现状信息，通过数字化复原、虚拟化展示，可凸显虚拟和现实融合的沉浸感，赋予文物新生命。因此，数字化转型有效地推动了四川省文化事业和文化产业的共同繁荣。

二、旅游产业

（一）智慧景区建设成效显著

近年来，四川省坚持科技创新引领，推动云旅游、云演艺、云直播、云展览等智能化发展，带动智慧景区、数智化旅游平台建设再上新台阶。例如，乐山市立足全域发展理念，搭建数据共享交换平台，通过整合全域1 200多路实时视频监控，构建全域消费画像、游客画像，开展舆情监测，实现了智慧文化和旅游各个业务管理系统之间数据的共享交换。九寨沟景区通过线上预约、电子检票等功能，实现了从"接待1万人次游客排长队"到"接待2万人次游客不排队"的升级。"一部手机游九寨"更是将吃、住、行、游、购、娱等全方位智能服务浓缩在一个系统中，让广大游客随时随地玩转九寨。广元市剑阁县积极抢抓"旅游+互联网+金融"发展机遇，打造了"智游剑门"全域旅游智慧平台。该平台主要有三个方面的技术应用：一是通过大数据中心挖掘数据价值，提升治理能力，实现"一屏看"；二是通过综合管理平台实现景区内各系统之间的高度协同，满足景区应急指挥调度，实现"一图管"；通过综合服务平台，以智能移动终端为载体，以电子地图、小程序等为媒介，为游客提供产品推荐、在线预订、电子票房、智慧导览、智慧讲解、在线咨询等功能，实现"一机游"。据统计，"智游剑门"上线以来，已实现游客引流转化订单4万余单，仅通过电商系统引流产生的门票收益已累计达200余万元，形成了景区带动、景乡联动、景区与乡村"双向奔赴"的良好局面。

（二）数字旅游服务平台创新突破

四川省"智游天府"文化和旅游公共服务平台于2020年9月25日上线，自运行以来为四川省文化和旅游数字化创新发展提供了良好助力。截至2023年年底，"智游天府"平台公众端用户注册数已近100万人次。通过文化和旅游大数据中心建设，"智游天府"平台已汇集四川全省文化和旅游数据4 865.3万条，接入文化和旅游服务企事业单位23 352家，联通公共厕所、停车场等公共服务类场所近1.2万个，汇聚六大类文化资源数据271.02万条，八大旅游类资源数据24.55万条，与四川省交通运输厅、省市场监督局、省信用中心及部分市州共享交换数据超过67.3万条，有效地打破了数据信息孤岛。"智游天府"平台已完成对日常办公协同等七大类服务38个业务系统的整合，接入了四川省144家4A级及以上正常营业的封闭式景区门票数据、43 家重点图书馆及 33 家重点博物馆预约预订数据，以及 325 家 4A 级及以上旅游景区 2 800 多路视频监控；依托四川省文化和旅游系统假日填报统计分析、A 级旅游景区运行监测预警联动处理等功能，实现了对全省重点景区日常接待情况、投诉求助等信息的实时跟进与监管。此外，"智游天府"文化和旅游公共服务平台与"数字赋能"四川文化和旅游志愿服务平台还先后入选文化和旅游部数字化创新实践优秀案例。文化和旅游部数字化创新实践优秀案例见表 3-3。

表 3-3 文化和旅游部数字化创新实践优秀案例

年份	案例名称	申报单位
2022	"智游天府"文化和旅游公共服务平台	四川省文化和旅游信息中心
2023	"数字赋能"四川文化和旅游志愿服务平台	四川省文化馆

（三）数字赋能新业态新场景

新质生产力通过数字技术的广泛应用，重新定义了生产与服务方式。通过 5G、AI、VR 等技术的融合，游客能够在虚拟环境中进行沉浸式互动，打破了时间和空间的限制。例如，成都"夜游锦江"项目通过光影技术与视听互动，将传统的水上游览与现代科技相结合，沿途展示成都的文化和历史。该项目使用了精心设计的灯光秀，结合河道两岸的建筑和自然景观，通过激光投影、LED 照明和音效系统，为游客提供了一场动态的视觉盛宴。自 2019 年运营以来，成都"夜游锦江"项目已吸引游客达 3 000 万人次。四川积极利用新技术打造新场景，着力创造人文价值鲜明、商业功能融合的美学体验空间，成都"夜游锦江"、巴中"梦境光雾山"入选文化和旅游部沉浸式文化和旅游新业态示范项目。此外，乐山"夜游三江"、南充"夜游嘉陵江"、自贡"夜游釜溪"等项目也取得了不错的效果。文化和旅游部沉浸式文化和旅游新业态示范案例见表 3-4。

表 3-4 文化和旅游部沉浸式文化和旅游新业态示范案例

序号	案例名称	申报单位
1	"夜游锦江"	成都市锦江区文化体育和旅游局
2	"梦境光雾山"	巴中市文化广播电视体育和旅游局

三、文化和旅游融合方面

（一）文化和旅游公共服务平台的融合

四川省在建成"四川公共文化云"服务平台，推动城乡公共文化服务更加普惠均衡的同时，推动"文旅行业云"构建，引导文化和旅游行业主体"上云用数赋智"。四川省通过建设文化和旅游云数据中心，统一了纵向和横向的数据接入标准规范，建立了文化和旅游大数据中心。截至 2022 年年底，该中心已汇集了全省 4 865.3 万条文化和旅游数据。这些数据的整合为全省文化和旅游产业提供了强大的数据支撑，使得各类文化和旅游资源能够更加高效地管理和利用。"文旅行业云"平台采用了"大中台、小前台"的方式构建智慧景区云服务架构体系，为文化和旅游行业提供信息化软件运营服务（software as a service，SaaS）。该平台通过"一云、两中心和多终端"的模式，初步实现了"人在游、数在转、云在算"的文化和旅游新业态、新模式。此外，乐山市已经建成了西南地区首朵"文旅行业云"，整合了全域 56 家景区（点）、43 所文图美博场馆、7 823 家餐饮酒店、359 家旅行社的全量数据，日均分析处理信息超过 10 万条。

（二）文化和旅游深度融合的元宇宙体验

四川大力培育数字经济，在大数据、人工智能、工业互联网等方面具备了一定的实力，元宇宙产业呈现规模稳步增长、创新融合驱动加快、场景应用持续拓展的良好发展态势。成都青白江的元宇宙数字文化和旅游产业园占地面积约 347 亩（1 亩 = 666.67 平方米，下同），总投资人民币达50 亿元；以科技赋能文化和旅游，沉浸式、场景化展现天府文化、新丝路文化、三星堆文化等独特文化资源，融合区块链、5G、VR、AR、人工智能、物联网、大数据等前沿数字技术，打造元宇宙数字化空间，建设元宇宙主题乐园、沉浸式精品酒店、沉浸式街区等线下场景。都江堰文化和旅游元宇宙平台深度挖掘都江堰文化 IP，结合都江堰自身的文化和旅游资源，利用元宇宙技术工具，构建都江堰世界遗产山水元宇宙文化和旅游数字乐园，打造大型沉浸式数字交互演艺、扩展现实（extended reality，XR）技术剧本杀及游戏等元宇宙应用场景，同时围绕都江堰世界文化遗产、世界自然遗产以及世界灌溉工程遗产形成都江堰元宇宙 IP 矩阵，打造都江堰元宇宙线上产业平台和线下产业园区。2023 年上半年，成都发布 2023元宇宙发展"施工图"，指出将重点打造"元文旅""元工业""元消费"

"元蓉城"的"四元"场景，并重点建设 35 个元宇宙场景项目，投资额共计逾 21 亿元。预计到 2025 年年底，全省元宇宙相关产业规模达到 2 500 亿元，能够建成一批元宇宙领域国内一流的重点实验室、工程（技术）研究中心等创新载体，在工业、文化和旅游、教育、城市发展等领域打造 200 个元宇宙典型应用场景。

（三）数字化文化和旅游融合创新

四川文化和旅游行业向深度数字化加速迈进，大数据、人工智能、云计算、5G 等新一代信息技术应用为文化和旅游产业融合创新发展赋予新动能，不断推进文化和旅游事业高质量发展。《四川省数字文旅发展三年行动计划（2023—2025 年）》提出，要大力推动文化和旅游经济的数字化与智慧化转型升级，利用大数据、人工智能、云计算和 5G 等技术手段，加速文化和旅游行业的深度数字化进程。四川要大力支持文化和旅游产业业态创新、产品创新、模式创新，持续推动四川文化和旅游整合要素、拓展业态、提升供需水平，推进全省文化和旅游产业全方位、深层次、多维度转型升级。2022 年，四川省数字经济核心产业实现增加值 4 324.1 亿元，占全省地区生产总值的 7.6%。四川省运用新技术发展云旅游、云演艺、云直播、云展览等新业态，培育网络消费、定制消费、体验消费、智能消费等新模式。三星堆相关移动直播端内外累计观看达 1 000 万人次，相关视频播放量累计超 4 000 万次，相关话题总阅读量突破 2 亿次。2022 年四川省文化和旅游数字化创新实践案例见表 3-5。

表 3-5　2022 年四川省文化和旅游数字化创新实践案例

项目名称	创新点	简介
南充市南部县八尔湖镇数字乡村建设项目	场景创新：以数字孪生系统描绘未来乡村蓝图	将全镇方圆 30 千米内的环境场景进行 1∶1 真实还原，在数字孪生系统上呈现，推动实现了乡村治理体系和治理能力现代化
广元市剑门关"智游剑门"全域旅游智慧平台数字化创新实践项目	旅游创新：以智慧平台提升游览体验	通过科技提升旅游服务，优化游客体验，打造了全域旅游智慧服务平台——"智游剑门"。该平台主要有"一屏看""一图管""一机游"三个方面的技术应用

表3-5(续)

项目名称	创新点	简介
成都市金沙遗址博物馆"考古时空门"数字体验项目	考古创新:以三维采集复活文物遗址	以金沙遗址及遗迹馆展馆整体外观建筑的高精度三维数据采集、高清卫星影像数据、考古发掘原始资料和最新考古研究成果为制作基础,向公众解读金沙遗址
广元三星堆博物馆《古蜀幻地》MR(混合现实)导览项目	互动创新:以虚拟技术实现场景综合交互	利用MR技术,实现了三星堆综合馆与虚拟故事场景的相互融合,结合全息三维视频、空间定位等手段,营造出一个丰富多元的实时互动场景
雅安市"互联网+长征"数字化传播与展示项目	媒介创新:以大数据丰富红色研学活动	借助互联网和数字化展示技术,以互联网的手段降低公众参与长征文物保护门槛
都江堰市沉浸式文化和旅游元宇宙数字平台	文娱创新:以虚实共生增进文化魅力	打造国内领先的大型沉浸式虚实共生的数字场景文化和旅游体验平台,数字孪生场景涵盖青城山-都江堰景区、南桥及周边场景
第二十八届自贡恐龙灯会5G+AR"元宇宙云观灯"项目	视觉创新:以网络优势凸显南国灯城	充分运用5G的网络优势,结合天翼云计算、4K、VR、AR、内容分发网络(content delivery network, CDN)等技术加速超高清直播、慢直播,为观众带来全新的"元宇宙"体验
四川省图书馆古籍文献细颗粒度建设和标签标引	溯源创新:以智能手段强化资源信息整合	利用大数据、智能计算等技术,对川剧唱本、中医古籍等资源进行了细颗粒度建设和标签标引,推动了古籍保护和利用工作
成都市天府绿道智慧锦城绿道项目	模式创新:以3D建模促进城市规划	通过APP、小程序和公众号把绿道中的"吃、住、行、游、购、娱"场景连接起来,为游客提供更优质的智能化服务
自贡方特恐龙王国	前沿创新:以文化交融打造综合探险	综合运用AR、VR、球幕、巨幕等前沿科技,打造了一系列演绎恐龙故事、探险恐龙世界、科普恐龙知识、重现古蜀文明的沉浸式互动主题项目

第三节　分析研判

一、发展趋势研判

（一）促进文化产业生产方式变革和产业链重组

新质生产力是由技术革命性突破、生产要素创新性配置、产业深度转型升级而催生的生产力质态，具有高科技、高效能、高质量等特征，是符合新发展理念的生产力形态。在文化产业中融入新质生产力的动能优势，不仅可以提升文化产业要素、创新文化产业业态、夯实文化产业链条、优化文化产业布局，而且会赋予新时代文化建设更深沉、更持久的生命力。一方面，文化产业的发展始终与技术进步相辅相成，特别是大数据、云计算、物联网等支撑技术不断突破，网络设施快速演进升级，推动人工智能进入文化产业领域并迎来革命性的进步，跨越了技术商业化的临界点；另一方面，随着一个由 AI 技术群驱动的"智能+"时代的到来，人工智能源头性地引领各行业、各领域在数字化基础上进一步向智能化跨越，并且渗透到文化创意领域，促进文化产业生产方式变革和产业链重组，提升了文化产业链的现代化水平和文化产业创新链的效能。

（二）引发旅游产业全方位、深层次、系统性变革

在培育和发展新质生产力的过程中，新型科技如数字技术、算力算法和人工智能等正在改变旅游开发、管理、市场营销的方式，也正在改变旅游者旅游出行、体验和消费的方式，引发旅游产业系统性变革。旅游业作为一个高度信息依赖的行业，正通过科技创新实现全面变革。这种创新的网络模式突破了传统地理、时间和空间的约束，实现了虚拟与现实资源的灵活配置和创新要素优化，显著提升了创新效率。数字化技术使得旅游信息的获取和分发变得更加迅速和广泛，大幅提高了消费者获取旅游产品和服务的效率，科技的进步还使得旅游管理变得更加高效和精细。人工智能和机器学习的应用，如智能客服和实时语言翻译系统，极大地改善了国际游客的旅游体验。在市场营销方面，社交媒体和网络广告已经成为旅游推广的重要渠道。

（三）形成文化和旅游融合的叠加效应、聚合效应、倍增效应

发展新质生产力打破了产业边界，促进了文化和旅游产业与三次产业

深度融合，推动了文化和旅游产业与其他产业在更广范围、更深层次、更高水平上实现融合发展，最大限度地释放了文化和旅游产业的效能。随着新质生产力的不断推进，文化和旅游产业不再是单一的旅游或文化活动提供者，而是成为综合体验的创造者。这种变革主要表现在文化和旅游产业与科技、教育、农业、零售等其他产业的交叉融合上。例如，文化和旅游产业与农业的融合，不仅帮助了当地农产品的销售，也丰富了旅游的内涵，使游客能够深入体验到从田间到餐桌的全过程，提高了旅游的吸引力和满意度。此类模式的推广，进一步带动了农村经济的发展和乡村振兴。随着技术的进一步发展和市场需求的不断变化，文化和旅游产业还将继续探索与更多产业的合作机会，以融合创新的姿态，迎接挑战，拓展发展空间。

（四）新质生产力加快四川文化和旅游产业体系建设

新质生产力是代表新技术、创造新价值、适应新产业、重塑新动能的高水平现代化生产力，具有高科技、高效能、高质量等特征。四川以新质生产力为重要着力点扎实推进高质量发展，加快了现代化文化和旅游产业体系建设。通过发展新质生产力，贯通文化和旅游资源开发、产品研发、线上营销、线下服务等环节，四川形成了多元化的产业链和生态系统。新质生产力的引入不仅为四川的文化和旅游产业带来了新的增长点，也为传统文化和旅游业态注入了新的活力。例如，成都金沙遗址博物馆通过多种技术丰富参观导览服务，开发智慧金沙导览系统以及"再现金沙"VR眼镜、"创意金沙"AR等沉浸式体验项目，深挖遗址和展品背后的故事，为游客开启高品质的文化和旅游之旅。新质生产力不仅增强了文化和旅游产业的创新能力和市场活力，也促进了经济结构的优化升级，为地方经济的持续发展注入了新的动力。

二、优势潜力分析

（一）文化产业新质生产力优势

一方面，新质生产力推动传统文化产业的数字化转型和智能化升级。在中国（深圳）国际文化产业博览交易会上，四川展馆展示了数字蜀道、东坡文创等文化项目的数字化成果，体现了文化与数字技术的深度融合。另一方面，文化产业新质生产力推动科技创新和经济社会发展深度融合。四川在文化创作生产、分发流通、运营消费各领域广泛应用人工智能、大数据、云计算等新兴技术，提升了文化产业的劳动工具和生产效率。四川大力发展新兴文化业态，逐步成为驱动产业发展的新增长点，并以数字文博、数字文旅、数字出版等在内的多个文化产业新业态，展示了四川文化产业高质量发展的新成果。

（二）旅游业新质生产力优势

旅游业新质生产力提升了旅游产业融合化、网络化、智能化水平，提高了旅游业的生产效率和增长质量。四川依托丰富的旅游资源，利用5G、大数据、人工智能等先进技术，打造智慧旅游平台及数字化文化和旅游项目，成果显著。这不仅增强了文化和旅游产业的运营效率及市场竞争力，也促进了文化和旅游消费提质升级。具体而言，四川通过新质生产力引领，探索文化和旅游新模式新业态，不断释放文化和旅游经济活力；通过新质生产力赋能，促进了要素优化配置和文化和旅游产业数字化转型升级；通过新质生产力成果转化，创新现代旅游企业管理模式，完善现代旅游业治理体系，形成立体化标准化旅游服务体系。

（三）新质生产力赋能文化和旅游融合发展优势

新质生产力改变了人们的生活方式，也为四川文化和旅游深度融合带来了新机遇。"文化和旅游与科技融合"是新质生产力赋能文化和旅游融合发展的关键。随着新一轮技术革命和产业变革的加速演进，四川大力推动文化和旅游与科技融合发展，加快文化和旅游数字化转型，有效地促进了文化和旅游深度融合高质量发展。通过新质生产力赋能，四川大力实施文化遗产保护利用工程、文艺精品创作展演工程、历史名人文化传承创新工程、全域旅游创建工程、文化和旅游特色小镇培育工程、文化和旅游精品线路推广工程、节会活动品牌培塑工程、文化和旅游交流合作工程，有力地推动了文化和旅游融合发展。通过"文旅+"融合发展模式，四川加快了"文旅+科技""文旅+康养""文旅+工业""文旅+农业""文旅+研学""文旅+新能源"的融合创新，有效地推动了"农商文旅体康"融合与创新发展。

（四）新质生产力赋能现代文化和旅游产业体系的优势

以新质生产力引领现代文化和旅游产业体系建设的本质，就是以创意和科技贯通文化和旅游资源端、创意研发端、生产营销端，构建具有影响力和生命力的文化和旅游产品及服务，形成多元化的产业链和生态系统。一方面，新质生产力为构建现代文化和旅游产业体系提供动能。新质生产力通过技术创新提高生产效率、重塑生产组织结构，形成了多元化的产业链和生态系统，在现代化文化和旅游产业体系建设中发挥了重要引领作用。另一方面，现代化文化和旅游产业体系为新质生产力提供了载体。现代化产业体系通过产业升级、结构优化，聚集了新质生产力的新型生产要素，为新质生产力发展提供了有力保障。

三、问题短板剖析

（一）文化和旅游新质生产力的发展困境

四川历史文化积淀深厚，传统文化和旅游产业的比重相对较大，发展新质生产力存在资本、技术和人才的问题。一是文化和旅游新质生产力发展投资问题。文化和旅游新质生产力发展投资的问题包括"谁来投资""资金从哪儿来"等，不能完全依赖政府平台公司投资，要想正确引导民营企业培育和发展新质生产力，相关部门就必须解决投资回报的问题。二是新质生产力发展成果转化困难。文化和旅游产业因地制宜、自主发展新质生产力的体制机制还不完善，更多是新质生产力发展成果在文化和旅游产业中的转化应用，因此四川文化和旅游产业普遍存在先进技术引进和应用不足的问题。三是文化和旅游人才供给无法满足新质生产力人才需求。四川高校大多注重文化和旅游管理型人才培养，职业院校虽然强化了技能型与服务型人才培养，但仍然无法满足新质生产力发展的需求，5G、大数据、人工智能等方面的高精尖人才在文化和旅游行业仍然十分紧缺且流失严重。

（二）数字文化和旅游产业发展的困难及误区

四川数字文化和旅游产业起步较早，也暴露了一些问题。一是数字文化和旅游企业竞争力有待增强。数字文化和旅游头部企业海外市场受到复杂多变的国际形势影响明显，"卡脖子"的关键技术难题依然存在。中小型数字文化和旅游企业先天不足，普遍存在"小、散、乱、弱"的问题，即企业规模小、各自为战、无序竞争、整体信息化水平及能力较弱。二是数字平台企业虚拟化陷阱。数字经济发展催生了不少平台企业，平台企业覆盖了吃、住、行、游、购、娱等要素环节。现阶段四川文化和旅游产业仍然属于劳动密集型产业，平台企业垄断客源获取暴利，在一定程度上违背了正常的利益分配规律，不利于产业生态链的形成与可持续发展。三是信息化平台管理运维的脱节。文化和旅游信息化平台一般由事业单位管理，不能从事市场经营活动，无法满足游客"一站式"服务需求。信息化平台运维工作一般通过购买社会服务交由专业公司负责，维护运营缺乏有效激励与监督机制，信息化平台更新缓慢且缺少动态数据。四是数字文化和旅游的泡沫化。有的景区盲目上线"元宇宙景区"，推出各种 VR、AR技术的沉浸式文化和旅游体验项目，但没有考虑本身文化和旅游资源是否能够支撑其发展，也没有沉下心来做内容，导致元宇宙项目后续发展乏力。

（三）现代化文化和旅游产业体系建设的问题

四川现代化文化和旅游产业体系还存在实体经济投资不足、要素错配、传统产业改造不够等问题。一是实体经济投资不足。随着土地、劳动力成本上升，资源、环境约束趋紧，文化和旅游实体经济投资锐减，虚拟现实的文化和旅游项目发展迅猛，四川还需夯实产业基础，提升文化和旅游产业的链韧性与安全水平，建构以实体经济为基础的现代文化和旅游产业体系。二是要素错配问题。四川现代化文化和旅游产业体系还存在产业规模偏小、自主创新能力不强、产业链脆弱低端、生产要素配置不优、产品供需错配、市场消费动力不足等问题。三是传统产业改造不够。在作为新兴产业与未来产业的现代化文化和旅游产业体系尚不完善的情况下，将文化和旅游传统产业作为"低端产业"淘汰出局，不仅不利于稳增长、稳就业，还会影响四川文化和旅游产业的竞争优势。四是协同发展机制僵化。四川文化和旅游产业开放层次偏低，文化和旅游深度融合不够，全球化资源配置能力不强，文化和旅游产业缺乏核心竞争力，还需进一步建构开放的、协同发展的现代化文化和旅游产业体系。

第四节 对策建议

一、深化改革，健全因地制宜发展新质生产力体制机制

四川应该以全面深化改革为动力，以健全体制机制为依托，加快形成与新质生产力相适应的现代文化和旅游产业体系。一是构建文化和旅游科技创新体制机制。四川要进一步完善"政产学研用"的文化和旅游技术创新体系，形成文化和旅游重点实验室建设机制和动态管理机制；完善文化和旅游智库体系，形成文化和旅游科技型龙头企业培育机制；完善"数智

文旅""低空文旅"等文化和旅游与科技融合创新的体制机制，加快文化和旅游科技创新成果转化，打造体现全国影响力、四川特色性的文化和旅游科技创新品牌体系。二是构建文化和旅游技术要素市场化配置体制机制。四川要进一步发挥市场机制的独特优势，让市场在技术要素配置中发挥决定性作用，有利于文化和旅游新质生产力的形成与发展；发挥政府宏观调控作用，引导先进技术要素向更具发展潜力的文化和旅游新质生产力领域聚集，为文化和旅游高质量发展赋能，如将中低速磁悬浮技术、自动导向轨道交通系统、第二代齿轮转向架技术应用于川西北山地轨道交通，推动川西北生态旅游高质量发展。三是健全支持现代文化和旅游产业体系建设的体制机制。四川要进一步加强规划与政策供给，构建智慧旅游体系，引育优质市场主体，发挥旅游平台和新媒体等引流作用，优化基层公共文化服务体系；创建有利于县域旅游高质量发展的制度环境，完善主动承接旅游市场"下沉"的政策体系，形成由上而下分工协作、统筹推进的工作机制和由下而上聚人气、促消费的长效机制，进一步构建区县现代文化和旅游产业体系。

二、优势叠加，构建现代化文化和旅游产业体系

四川要充分发挥文化和旅游产业的优势，推进文化和旅游深度融合发展，开创文化强省、旅游强省建设新局面。一是构建文化强省的现代文化产业体系。四川要不断健全结构合理、门类齐全、科技含量高、富有创意、竞争力强的现代文化产业体系；建立具有本地特色的文化产业体系，推动"1+4+N"音乐产业体系建设，推进"彩灯+""+彩灯"的彩灯产业体系建设；打造以"动漫影视、游戏、电竞、数字音乐、数字装备"为核心的"5+N"数字文化产品体系；完善统一开放、竞争有序的文化市场体系，鼓励发展以蜀锦蜀绣为代表的对外贸易，激发文化市场经营主体和消费群体的活力。二是构建旅游强省的现代旅游产业体系。四川要健全现代旅游产业体系，丰富旅游有效供给、优质供给、弹性供给，满足大众旅游消费需求；健全现代旅游服务体系，构建以人民为中心、价值共创共享的旅游服务体系；丰富和完善本地旅游度假产品体系，打造旅游名县、名镇、名村、名宿、名导、名品和美食等"天府旅游名牌"；拓展大众旅游消费体系，打造旅游消费新业态、新场景、新产品，破解"人气高、消费低"的难题，推动旅游消费提质升级。三是构建深度融合的现代文化和旅

游产业体系。四川要推动文化和旅游与民生、教育、康养、生态建设及其他领域进行全方位融合与协同创新；围绕长江国家文化公园、黄河国家文化公园、长征国家文化公园、巴蜀文化旅游走廊、藏羌彝文化产业走廊，以及古蜀文明、巴文化、三国蜀汉文化、天府农耕文化四大品牌建设，创建国家（省）级文化产业和旅游产业融合发展示范区，打造集文化创意、旅游休闲等于一体的文化和旅游综合体，构建文化和旅游与三次产业深度融合的现代产业体系。

三、更新迭代，夯实文化和旅游新质生产力发展的基础

四川要盘活存量，促进传统文化和旅游产业提质升级，扩大增量，培育壮大新兴文化和旅游产业。一是推进城市文化和旅游智能化发展。四川要加快城市文化和旅游存量资源更新迭代，完善城市文化和旅游的"智慧大脑"，优化安逸四川、智游天府平台，打造智游天府"数字人"，以虚实互动的形式讲好四川故事，推介本地最具特色的美食、美宿、美景；发挥新质生产力的城市集聚效应，推动城市文化和旅游智能化发展。二是推进乡村文化和旅游绿色化发展。四川要激发创意思维，盘活乡村存量文化和旅游资源，如都江堰将农家废弃猪圈打造为网红咖啡馆，罗江白马关将荒坡打造为滑草、卡丁车越野俱乐部等；引资引流，推动资产重组、产业升级、技术改造，创新乡村存量旅游资产的应用场景，投资无人机智能旅拍项目、低空滑翔伞项目、"追风逐光"新能源旅游项目等，完善多元化高品质产品体系。三是推动文化和旅游景区高端化发展。四川应进一步评估景区资产、优化资产结构、提升存量资产利用效率，把握景区发展从单一观光向综合体验转向、从传统景区向目的地转向、从景观建设向场景建设转向的趋势，着力打造文化和旅游综合体，打造"小而精"的新场景，提升景区二次消费。

四、融合创新，推动文化和旅游产业数字化转型

科技创新成为推动文化和旅游经济发展的核心动力。一是提升数字文化和旅游体验品质。四川要打造沉浸式旅游景点、数字化文博场馆、智慧化文创街区等新场景，发展元宇宙文旅、情景式演艺、沉浸式夜游等新业态，通过虚拟现实（VR）、增强现实（AR）、混合现实（MR）等技术，拓展游客对现实世界的感知与交互，提升游客旅游体验品质，满足游客多

元化的旅游体验需求。二是提升数字化管理水平。四川要进一步通过人脸识别电子门票系统、智能客流调控与安全监控等手段，实施景区智慧化管理，提升景区运营效率；利用大模型预测分析、逻辑推理等，提供辅助决策、产业监测、市场监管、安全预警、应急处理等支持；完善本地文化和旅游公共服务体系，运用智能化协同办公系统（COOS）提升管理效率与服务水平。三是强化数字化营销。四川要结合大数据分析和人工智能推荐算法，精准把握游客需求、开展智慧营销；借助社交媒体与短视频平台推动四川文化和旅游产业发展；通过大数据分析、人工智能内容生成（AIGC）、互联网用户生成内容（UGC）等技术手段，分析游客行为，自动化生成旅游攻略，鼓励游客在社交媒体上分享旅游体验，提升四川文化和旅游的吸引力、知名度。

五、要素保障，支撑文化和旅游产业高质量发展

新质生产力以全要素生产率大幅提升为核心标志，离不开政策、技术、数据、资金、人才等要素保障。一是强化政策保障。四川要推动传统文化和旅游产业数字化转型，实施文化和旅游企业梯度培育计划，打通政产研学用之间的堵点，建立和完善科技创新成果在文化和旅游行业应用转化机制，为四川文化和旅游高质量发展创造条件。二是强化技术保障。四川要推动人工智能、元宇宙、大模型、大数据等技术在文化和旅游产业中的应用，满足文化和旅游新业态、新场景、新产品的需求，突破文化和旅游产业边界，转变文化和旅游消费方式，为四川文化和旅游高质量发展提供有力保障。三是强化数据保障。四川要有效利用数据要素重塑文化和旅游产品供需结构，提高智慧旅游服务质量和管理效率，加快旅游消费体验升级。四是强化资金保障。四川要推进政府和社会资本合作，发挥国有资本投资、运营公司的功能作用，为四川文化和旅游高质量发展提供资本与金融支持。五是强化人才保障。四川要制定文化和旅游"高精尖缺"人才目录和认定标准，建立文化和旅游高层次人才景区免票制度，并落实相关人才政策，提升文化和旅游人才的认同感、归属感。

第四章　提升四川文化和旅游产业链供应链韧性和安全水平

党的二十大报告指出，要以高质量发展为主题，还需"加快建设现代化经济体系，着力提高全要素生产率，着力提升产业链供应链韧性和安全水平"，这也为四川文化和旅游高质量发展指明了方向。在新冠疫情冲击下，四川文化和旅游产业一度被按下了暂停键，尤其深刻体现在吃、住、行、游、购、娱各个要素层面，归根结底还是文化和旅游产业链供应链韧性和安全问题，因此我们还需结合四川文化和旅游发展实践具体问题具体分析。文化和旅游韧性与安全是后疫情时代的重要命题，学习党的二十大精神，强化文化和旅游产业链供应链韧性和安全研究，对于突破当下四川文化和旅游产业的困境以及推动文化和旅游产业高质量发展具有重要的价值与意义。

第一节　理论基础

党的二十大报告把提升产业链供应链韧性和安全水平作为全面推动高质量发展、加快建设现代化经济体系、维护国家产业安全的重要推手。产业链供应链研究有着丰富的理论基础，我们需要运用联系发展、对立统一的辩证唯物主义方法来把握产业链供应链的关系，通过理论联系实践，因地制宜地布局产业链供应链，进一步提升产业链供应链韧性和安全水平，走高质量发展之路。

一、提升产业链供应链韧性和安全水平的理论逻辑

（一）"产业链"与"供应链"的关系

"产业链"（industrial chain）是一个经济学概念，现代经济学之父亚当·斯密（Adam Smith）在《国富论》一书中提出，工业生产是一系列迂回生产的链条。产业链的概念在西方国家逐渐被演变为"生产系统""商品链""生产链""价值链""增值链"等概念。国内学者李心芹和李仕明（2004）认为，产业链是在一定的地理区域内，以某一个产业中具有竞争力或竞争潜力的企业为链核，与相关产业的企业以产品技术、资本等为纽带，结成的一种具有价值增值功能的战略关系链。刘贵富（2007）认为，产业链是同一产业或不同产业的企业，以产品为对象，以投入产出为纽带，以价值增值为导向，以满足用户为目标，依据特定的逻辑联系和时空布局形成的上、下关联，动态的链式中间组织。游振华和李艳君（2011）认为，产业链是指一定的空间范围内，不同企业或产业部门为追求自身长远利益最大化而与其他企业或产业部门围绕不同中间产品的生产和交换进行横向或纵向合作、联盟而形成的动态网络组织。产业链包含了价值链、企业链、供需链和空间链的内涵，彼此形成了相互链接、动态平衡的组织关系。文化和旅游产业链是由文化和旅游企业以产品技术、资本为纽带形成的具有增值功能的战略关系链。文化和旅游要素产业化形成了产业链的上、中、下游关系，通过资本驱动、产品技术创新等，带动文化和旅游产业链提质升级。

"供应链"（supply chain）是一个管理学概念。Stevens（1989）认为，供应链是通过前向的物流和反向的信息流将原材料供应商、生产商、销售商和顾客联系在一起的一个系统。马士华等（2006）认为，供应链是围绕核心企业，通过对信息流、物流和资金流的控制，从采购原材料开始，到制成中间产品以及最终产品，最后由销售网络把产品送到消费者手中的将供应商、制造商、分销商、零售商以及最终用户连成一个整体的功能网链结构。供应链的基本构成单元是企业，通过核心企业、供应商、顾客和银行之间的合作，完成了生产、分配、流通、消费的过程。文化和旅游供应链由文化和旅游投资方、运营企业、旅行社、游客组成，通过文化和旅游景区或场馆运营管理，向游客提供文化和旅游产品及服务，并通过信息流、客流和资金流影响文化和旅游要素配置。

产业链与供应链有着对立统一的关系。一方面，产业链包含了供应链，是整体与部分的关系。产业链和供应链的核心主体都是企业，有着一体化发展的基础与前提，反映了生产经营过程中不同要素的关联关系。另一方面，产业链和供应链又有着明显的区别。首先，"产业链"是宏观经济学概念，受到国家宏观政策的影响和制约，而"供应链"是微观管理学概念，受到企业发展战略和产业链长度、宽度的影响和制约。其次，产业链侧重于产业联系、企业布局和分工协作，以整个产业链效益最大化为主要目标，而供应链侧重于企业之间的资源转换、传递，以降低企业生产成本、提高供应效率为主要目标。最后，产业链以价值增值为导向，反映了企业从上游到中游再到下游不断增值的过程，而供应链则是以整合资源、降低成本、提高流通效率、提升产品或服务质量为导向，反映了企业的竞争优势。总之，产业链供应链的对立统一关系体现了产业经济的张力。从政策决策层面来看，统筹产业链供应链有利于整合经济效应、社会效应、文化效应等，推动国民社会经济协调、可持续发展。从政策实施层面来看，统筹产业链供应链有利于运用宏观调控与微观调控手段对产业经济关系进行调节和干预，指导产业部门或企业通过具体的举措提升产业链供应链韧性和安全水平，进而推动文化和旅游高质量发展。

（二）"韧性"与"安全"的关系

关于"韧性"，韧性（resilence）源于拉丁文"resillo"一词，代表"回弹"的意思，用来表示系统对于扰动的应对能力以及从故障状态恢复到惯常状态的速度与程度。"韧性"起源于材料学领域，2010 年由 Mcaslan 提出，用于解释材料的柔韧性和伸缩性。1973 年，加拿大生态学家 Holling 首次将"韧性"一词引入生态学领域，阐释了生态系统的韧性和稳定性（kapenter et al.，2001；walker et al.，2002），进一步阐释了社会-生态系统保全、再更新或再组织所需的元素能力。韧性理念进一步发展成为社会-生态韧性（social-ecological resilience），融入了社会、管理、经济等学科的内容，将韧性研究从自然领域引入社会领域，更加强调系统的适应能力、学习能力和创新能力，广泛应用于社区韧性等涉及社会因素的韧性研究中。在经济学、管理学领域，众多学者把韧性与危机、风险和安全联系在一起，韧性的内涵不仅包括抵御外部冲击的能力、自我调整的能力、恢复能力、重构能力和更新能力，也包括系统恢复和更新的结果，即达到一种新的平衡或者安全。关于"安全"，将安全放置于产业链的讨论语境中，即包括产业链链条本身所处的环境安全、链条本身的运行安全、链条的构成要素与环节安全、链条与其他链条的融合安全、链条的创新安全等诸多方面。因此，产业链作为国家重要的经济发展形态，其安全就成为经济、社会发展必须高度重视的对象。韧性与安全的关系相辅相成，强调了安全的整体观、大局观，也体现了健康稳定和可持续发展的辩证统一。

产业链供应链在各种运行环境下，在自身内部运转中，会受到频繁和不可预测的中断的威胁，因此产业链供应链韧性和安全是近年来国内外关注的焦点，相关理论研究丰富，而且不断拓展。Rice 和 Canniato 于 2003 年最早提出"供应链韧性"（supply chain resilience）的概念。Christopher 和 Peck 于 2004 年进一步将供应链韧性定义为：供应链受到干扰后能够恢复到原状态或者更加理想状态的能力。其后，部分国外学者认为，提升供应链韧性应加强供应链风险管理、增强供应链敏捷性和响应能力、加强供应链网络协作、创新信息技术等（Scholten et al.，2015；Cheng，2015；JH et al.，2017；KL，2018）。国内学者盛昭瀚等（2022）认为，对于供应链韧性的认知，适宜意会和将其放入具体供应链管理场景中，这样，供应链韧性除了保留着最基本的原生态"断"与"不断"内涵外，还有着各种生动管理意义的稳健性、健壮性和可靠性等意蕴，只要发挥想象力，恰当选择话语体系和逻辑起点就能够捕捉到供应链韧性的不同样式及其蕴含的科学价值。总的来看，产业链供应链韧性和安全存在必然的因果关系，产业链供应链"不断"，而且韧性增强了，产业链供应链安全就体现出来了；反之，产业链供应链"断链"了，也就不存在"安全"之说了。值得一提的是，产业链供应链安全总是以国家安全、经济安全为基础的，国家动乱、经济危机会直接影响产业链供应链安全。产业链供应链安全也会影响具体产业或企业的安全，如粮食安全保障、生产安全管理等。

（三）"提升产业链供应链韧性和安全水平"与"高质量发展"的关系

提升产业链供应链韧性和安全水平是习近平新时代中国特色社会主义思想的重要组成部分，习近平总书记指出，产业链供应链在关键时刻不能掉链子，这是大国经济必须具备的重要特征，强调要把增强产业链供应链韧性和竞争力放在更加重要的位置，打好产业基础高级化、产业链现代化攻坚战。习近平总书记的讲话，为提升产业链供应链韧性和安全水平的理论研究及实践探索指明了方向。黄福华（2022）主张强化"产业生态圈"建设，以优势产业链提升供应链韧性和安全水平；发挥龙头企业主导作用，加强产业链供应链相互支撑；推进供应链创新发展，支撑产业"补链、延链、固链、强链"。张其仔（2023）提出，要掌握战略主动，把产业链供应链发展放在自身的力量基点上；大力提升科技创新能力，强化应用场景建设，使创新链与产业链融通发展、加快落地见效；坚持维护产业链供应链的公共产品属性；坚持底线思维，强化关键产业链供应链抵抗极端风险的能力建设。苗圩（2023）建议，要进一步加强关键核心技术攻关，着力破解"卡脖子"难题；发挥龙头企业的带动作用，促进中小企业专精特新发展；深化改革开放，持续增强发展动力与活力，以此提升产业链供应链韧性和安全水平。相关研究和理论阐释为贯彻党的二十大精神、指导产业部门及企业推进产业链供应链韧性和安全实践提供了重要参考。

高质量发展是一种新的发展理念，是以质量和效益为价值取向的发展（田秋生，2018）。从高速度到高质量发展是由量变到质变的转型过程，这一转变使得经济运行更有效率、产业结构更加合理、企业提供的产品与服务品质更高，最终实现经济发展的可持续、生态环境更加绿色、社会分配更加公平。高质量发展归根结底是民生导向，就是要满足人民日益增长的美好生活需要的发展（赵剑波 等，2019）。金碚（2018）认为，高质量发展的本质特征是系统性地创造发展优势，走符合实际和具有特色的道路，以各种有效和可持续方式满足人民不断增长的多方面需要。冯俏彬（2018）指出高质量发展的五大特征即第三产业对于经济增长的贡献显著增加，创新对于经济增长的贡献显著增加，消费对于经济增长的贡献显著增加，结构优化，包容性、普惠式增长。对于文化和旅游高质量发展而言，提高文化和旅游要素生产率、提升文化和旅游产品与服务品质、拉动消费经济提质升级、满足人民不断增长的美好生活需要的发展就是高质量发展。具体而言，文化和旅游高质量发展的核心要义是供给的有效性和发展的公平性，其推进方向包括：创新赋能、文化赋魂、开放赋力、绿色形态和协调高效（胡静 等，2022）。文化和旅游高质量发展就是从以往的供需错位、粗制滥造、同质模仿、产能低效发展转向供需匹配、绿色发展、文化和旅游融合、产业高效发展，以更好地满足多元、创新、体验的旅游需求（于法稳 等，2020）。

那么，"提升产业链供应链韧性和安全水平"与"高质量发展"有着怎样的逻辑关系呢？从政策理论实践的角度来看，提升产业链供应链韧性和安全水平是手段，高质量发展是目标，两者统一于国民社会经济发展的进程中，因此提升产业链供应链韧性和安全水平的具体手段（如科技创新、改革开放、供给侧结构性改革、提质增效等）与推动高质量发展的方向（如创新赋能、开放赋力、供需匹配、协调高效等）是完全一致的。从理论内涵和本质特征来看，高质量发展的内涵包括提升产业链供应链韧性和安全水平的内容，提升产业链供应链韧性和安全水平成为评估高质量发展的重要条件，因此文化和旅游高质量发展的本质特征（如第三产业、创新、消费、结构优化、包容性、普惠式增长等）与提升产业链供应链韧性和安全水平的本质特征（如服务品质、新业态新产品、消费水平、要素配置、需求导向等）也是大同小异、环环相扣的。总的来说，"提升产业链供应链韧性和安全水平"与"高质量发展"系统关联、同频共振，体现了党的二十大精神的理论严谨性与科学性，反映了习近平新时代中国特色社会主义思想的创新性、前瞻性，奠定了复杂国际环境下中国式现代化建设与高质量发展的基础。

二、产业链供应链的理论研究与创新实践

（一）产业链供应链理论研究

国内的理论研究在借鉴国外研究成果的基础上，从理论探索中进一步拓展，并结合我国产业链发展实际情况聚焦于产业链各个环节，尤其是在经受疫情冲击过后经济亟须恢复的背景下产业链的薄弱与不足，因此产业链各要素韧性和安全水平的提升就成为学者们的重点研究领域。

学者们着力于剖析产业链供应链在风险冲击下的抵抗能力和恢复能力，提出在经受冲击与重压之后，应采取积极有效的措施及时对产业链供应链进行修复；从相关联的产业链出发，全面推进对产业链供应链的修补、延伸、稳固、强化，厘清产业链发展的产业基础，产业间分工合作，产业链可持续、绿色发展能力等，以期提升产业链供应链韧性和安全水平，深化供给侧结构性改革，逐步形成以国内大循环为主体、国内国际双循环相互促进的新发展格局。

（二）提升文化和旅游产业链供应链韧性和安全水平的理论研究

产业链供应链是现代经济的重要形态，其韧性和安全水平反映了一国经济抵抗风险能力的大小，对现代化经济体系运行具有重要影响。有学者从产业链供应链韧性和安全的时空变化、影响因子及动态过程、指标与评价体系构建等方面展开量化研究，也有学者以实际区域的文化和旅游产业

为研究对象，探索文化和旅游产业链供应链韧性和安全研究的科学方法及范式。在部分理论研究背景下，对于产业关联度高、要素多元的文化和旅游产业而言，产业链供应链韧性和安全的影响因素具有系统性、复杂性的特点，体现在吃、住、行、游、购、娱各个要素层面，需要从宏观、中观与微观层面整体把握。从宏观层面来看，文化和旅游产业链供应链韧性和安全水平的提升有赖于国家政府层面的积极引导与保障。从中观层面来看，产业链供应链韧性和安全的战略导向对于环境、文化和技术的路径依赖愈发明显，而且文化和旅游产业链供应链韧性和安全被纳入高质量发展的范畴，系统构建韧性与安全体系成为文化和旅游高质量发展的基础，而技术引领、需求导向和政策保障则成为提升产业链供应链韧性和安全水平、推动文化和旅游产业高质量发展的有效路径。从微观层面来看，提升文化和旅游产业链供应链韧性和安全水平，就是要加快构建现代化产业体系，提升产业体系韧性，推动文化和旅游产业融合发展，扩大高水平对外开放，持续优化营商环境，探索构筑以我为主的安全稳定、畅通高效、合作共赢的产业链供应链格局。

（三）提升四川文化和旅游产业链供应链韧性和安全水平的创新实践

四川省是我国重要的文化发源地和旅游重地，在新冠疫情的冲击下，文化和旅游行业的市场结构、产业形态、驱动方式都发生了显著改变。开展文化和旅游产业链供应链韧性和安全研究，有利于我们把握新形势下四川省文化和旅游发展的"变"与"不变"，坚定信心、稳住阵脚，以自身确定性应对外部环境不确定性，全面提升巴蜀文化影响力、四川旅游吸引力、文化和旅游产业竞争力。部分学者以四川省文化和旅游产业链供应链韧性和安全为研究对象，分析并探讨了四川文化和旅游产业发展现状以及全面提升产业链供应链韧性和安全水平的具体路径。例如，Zhang 和 Seyler（2017）、刘大均和何俗仿（2022）分别研究了地质灾害对世界遗产地青城山-都江堰的影响，基于自然环境保护与旅游发展的双重需求探讨了世界遗产的可持续发展；分析了地震灾害对九寨沟景区旅游业的影响，把提升产业链供应链韧性和安全水平作为九寨沟景区旅游可持续发展的重要手段。程励（2019）、赵晨月（2021）、Jian（2021），Jiang 和 Qin（2022）分别探讨了新冠疫情对四川文化和旅游产业的影响，包括游客心理承载力影响、风险感知与旅游动机影响、旅游目的地情感依恋的影响等，并结合四川文化和旅游发展实际给出了相应的对策建议。四川文化和旅游资源丰富多元，也存在自然灾害频发、生态环境脆弱等特点，在现有资源禀赋的基础上提升文化和旅游产业链供应链韧性和安全水平，成为四川文化和旅游高质量发展的重要途径。

三、普遍、唯物、辩证法的方法论

（一）联系的整体的观点

产业链作为一个完整的经济体系，其自身的整体功能是产业链整合性、完备性的直接体现。作为一个经济整体，同一经济领域的相关联产业链就产生了联系。这个联系是以产业链间整体形态存在的，产业链的综合交融发展构成了产业链间的联系与互动。这些联系与互动成就了经济形态下产业链集群的形成，既可以最大限度地发挥产业链的整体性功能，又可以增强产业链的竞争力。相关产业链整体性的联系，既包括同质增强也包括异质相吸，竞争与对抗关系也成为产业链的关注点。

产业链是由各个大的环节和小的要素构成的，大环节、小要素都与整个产业链链条构成了联系，成为整体与部分的联系。构成环节集中体现在产业链上、中、下游的联系，构成要素的联系则更加细化，任何产业链中构成要素一方面作为环节的构成，两者之间形成了稳定的整体与部分联系，另一方面作为整个链条的构成，与整体链条又形成了整体与部分的联系。

因此，坚持联系的整体的观点，从整体性角度切入，我们可以看到相关联产业链间的联系，以及产业链集群中整体与部分的联系。从要素构成角度切入，我们可以看到构成环节、构成要素、产业链间的整体与部分的联系。文化和旅游产业链作为整体性产业链会与其他相关联的产业链发生联系，如农业产业链、交通产业链、金融产业链等，它们之间的联系使得同质增强，互相交融合作构成新的整体性的产业链集群。构成文化和旅游产业链的上、中、下游企业则成为产业链的大环节，环节由要素构成，链条也由要素构成，整体与部分的联系成为文化和旅游产业链的主要形态。而提升产业链韧性和安全水平就是基于这样联系的整体的观点，牵一发而动全身，整体性产业链需要加强与其他产业链的优势互补，产业链自身则需要从各个环节与构成要素入手，"补链、稳链、强链、拓链"。

（二）矛盾论

产业链是企业通过分工和交易构成的相互关联的体系，供应链是产业链上各企业之间及企业内部的供应关系。为什么要提升产业链供应链韧性和安全水平？是因为矛盾（包括外部矛盾和内部矛盾）的普遍存在。产业链供应链作为一种经济形态，既会受到自身内部运行机制影响，也会受到外部环境的制约。产业链供应链的内部矛盾主要包括关键核心技术自主创新能力不足、核心资源控制能力不足、低成本劳动力要素禀赋的比较优势下降等。产业链供应链自身的运行就属于内部矛盾，解决内部矛盾需要聚焦于产业链供应链自身的查漏补缺。因此，不断提升构成环节和构成要素的品质，提升自主创新能力，提升抗风险能力，提升综合竞争能力，加强核心资源控制能力，提升韧性和安全水平，优化产业结构，就成为产业链供应链自身首要面对的问题。内部矛盾可以说是产业链供应链在经济发展中的自我增强、自我稳固和自我提升，是主动性的创新实践。产业链供应链的外部矛盾主要包括地缘政治风险、全球经济不确定性等。外部环境的压力也迫使我们高度重视产业链供应链韧性和安全。外部环境的刺激，给产业链供应链韧性和安全带来了极大的压力。面对外部环境的影响，我们只有牢牢抓住了产业链供应链韧性和安全，才是抓住了主要矛盾。我们需要不断加强国际合作与交流，共同应对全球产业链供应链的挑战，促进全球经济的稳定和发展。

矛盾是对立统一的，事物总是在否定之否定的过程中向更高级的方向发展，所以我们要把提升产业链供应链韧性和安全水平作为高质量发展的重要手段。用唯物辩证法解读党的二十大精神，突出了马克思主义思想的指导地位，体现了新时代中国特色社会主义的理论自信。

（三）事物发展总是在曲折中前进

产业链供应链从理论到经济形态，研究与实践的推进过程就是一个曲折中前进的发展过程。作为经济形态，产业链供应链的发展既要解决内部存在的不足，拓展自身发展空间，提升创新能力，增强竞争力，又要抵抗外部的巨大压力与强烈冲击，提升自身的适应能力。因此，提升产业链韧性和安全水平就成为解决产业链发展内外部问题的核心议题。文化和旅游产业链供应链作为产业链供应链中的关键一环，同样面临这样的发展境遇。我们只有在曲折中不断探索，从自身出发，提升内部适应能力，着眼于外部环境，增强应对能力、抗压能力，在曲折中前进，才能符合事物发展的基本规律。

四、产业链供应链韧性和安全的理论研究述评

产业链供应链韧性和安全理论研究发轫于自然科学，其后被各研究领域广泛应用，尤其在社会经济发展领域得到了高度重视。国外产业链供应链韧性和安全理论研究起步较早，尤其是关于供应链韧性的理论研究成果众多，既有宏观、中观、微观的研究，也注重质性研究与量化研究的结合。基于国外理论研究基础，结合我国自身实际，具体问题具体分析，产业链供应链理论在我国经济发展中逐步发挥了重要作用。虽然国内的产业链供应链韧性和安全理论研究起步相对较晚，但从一开始就与国家相关政策紧密结合，注重研究成果的应用和转化，对于我国供给侧结构性改革以及以国内大循环为主体、国内国际双循环相互促进的新发展格局都起到了有效的理论支持。

产业链供应链理论的应用突出地体现在文化和旅游产业这一综合性经济产业形态上。文化和旅游产业链供应链韧性和安全属于社会、文化、经济综合发展范畴，因此既呈现出复杂性，也呈现出高度综合性与创新性。整个文化和旅游产业链供应链的韧性和安全水平的提升，需要各个环节、各个产业链组成要素的综合支撑，以四川实践为焦点的探讨成为产业链供应链理论的实践典型。四川文化和旅游资源丰富多元，也存在自然灾害频发、生态环境脆弱等特点，在现有资源禀赋的基础上提升文化和旅游产业链供应链韧性和安全水平，成为四川文化和旅游高质量发展的重要途径。文化和旅游产业链供应链韧性和安全属于高质量发展的重要内容，立足于四川文化和旅游产业链供应链面对的实际问题，需要进一步整合优势资源，大力推进文化和旅游深度融合，积极提高全要素效率，加强推动协作创新，从而促进四川文化和旅游高质量发展，促进四川生态、社会、经济协调可持续发展。

第二节　实践路径

四川是文化大省、旅游大省，文化和旅游深度融合带动产业链供应链融合与提质升级。企业是产业链和供应链的交叉点，以龙头企业主导提升产业链供应链和安全水平，体现了高质量发展的品牌效应和聚合效应。文

化和旅游要素贯穿于产业链供应链之中，提升全要素效率成为提升产业链供应链韧性和安全水平的重要手段。创新既是文化和旅游产业高质量发展的内生动力，也是提升产业链供应链韧性和安全水平的重要驱动力。文化和旅游经济的高质量发展，归根结底就是要拉动消费，满足人民日益增长的美好生活需要，因而促进消费回暖升级成为提升产业链供应链韧性和安全水平的价值与意义所在。

一、以文化和旅游深度融合提升产业链供应链韧性和安全水平

（一）以文化和旅游融合带动产业链供应链融合

文化和旅游融合的核心是壮大文化和旅游产业，拓展延伸产业链供应链，带动更多就业，让国民生计得到提升、国民经济的贡献度得以彰显。文化和旅游融合所涉及的多利益群体特征，必然使文化和旅游产业链供应链具有社会性、流动性、交互依赖性和综合性的显著特征。2022 年 11 月 10 日，四川省文化和旅游发展大会在阆中市成功举办，同期举行了第八届中国（四川）国际旅游投资大会、四川文化和旅游主题展、全省文化和旅游招商项目发布会、嘉陵江文化旅游联盟成立大会等。作为一个文化和旅游资源大省，四川省积极探索文化和旅游融合的新途径，塑品牌、富业态、强集群，逐步改变单一产业、单一企业的经营局面，走向融合发展、共享繁荣的新舞台，带动产业链供应链的深度融合，以此提升产业链供应链韧性和安全水平以及核心竞争力。

（二）以文化和旅游融合带动产业链供应链提质升级

当下世界经济不稳定因素很多，但中国扩大开放的步伐没有停顿，走向开放、走向合作的大方向没有改变，文化和旅游融合发展已成大势所趋。通过文化和旅游融合带动产业链供应链提质升级，是文化和旅游高质量发展的必然要求。四川省文化和旅游厅搭建平台，利用优势创新产品，挖掘亮点、寻找路径，整合资源、共谋发展。文化和旅游两方面市场主体都具有深远的创新潜力，四川省通过跨区域、跨行业、跨领域资源交流互补，推动文化和旅游市场深度融合，以创新作为驱动力促进产业链供应链提升品质；孵化文化和旅游融合样板，以文化"爆款"催生旅游"爆点"，将"人、文、景、产、链"各项优势集中整合，形成更强更稳的文化和旅游新业态。

（三）以文化和旅游融合健全提升产业链供应链韧性和安全水平制度

习近平总书记强调，维护全球产业链供应链韧性和稳定是推动世界经

济发展的重要保障，符合世界各国人民的共同利益。因此，健全提升产业链供应链韧性和安全水平制度，不仅是保障国内产业链供应链安全稳定的需要，还是共同构筑安全稳定、畅通高效、开放包容、互利共赢的全球产业链供应链体系所必需。这有利于中国与世界各国一道，深刻把握新一轮科技革命和产业变革机遇，共同应对各种风险挑战，从而促进全球经济循环畅通、世界经济繁荣增长，为增进人类福祉做贡献。《中共中央关于进一步全面深化改革 推进中国式现代化的决定》明确提出，要健全提升产业链供应链韧性和安全水平制度，即需要健全重点产业链供应链发展体制机制，建立产业链供应链安全风险评估和应对机制；完善产业在国内梯度转移的协作机制，建设国家战略腹地和关键产业备份，加快完善国家储备体系，完善战略性矿产资源探产供销统筹和衔接体系。该决定提出的健全提升产业链供应链韧性和安全水平的各项制度，符合产业链供应链韧性和安全水平提升的基本规律，这既是加快建成现代化产业体系、加快构建新发展格局、推动高质量发展的必然要求，也符合新一轮产业发展大势和新发展阶段的要求，其推进与实施必将使我国的产业链供应链韧性和安全水平迈上新台阶。

文化和旅游融合发展也是一个优胜劣汰的过程，不能适应发展需要、不符合市场需求的那部分文化和旅游业态及产品被淘汰，对于在文化和旅游融合中保存下来的文化和旅游业态及产品的韧性与安全将有很大的提升，势必对提升文化和旅游产业链供应链韧性和安全水平产生深远的影响。四川省处处有文化、满眼皆山水，将悠久的历史人文资源和丰富的自然山水风光融合，满足更多后疫情时代下文化和旅游消费的新场景、新模式、新业态需求，是促进文化和旅游产业恢复振兴、持续高质量发展的必行之路。要想健全提升产业链供应链韧性和安全水平制度，四川省必须健全强化产业链供应链发展体制机制，提高重点产业链供应链的创新能力和控制能力。以成都市为例，为深入贯彻《文化和旅游部 国家发展改革委 重庆市人民政府 四川省人民政府关于印发〈巴蜀文化旅游走廊建设规划〉的通知》《中共四川省委 四川省人民政府关于大力发展文旅经济加快建设文化强省旅游强省的意见》以及四川省文化和旅游发展大会关于打造世界重要旅游目的地的决策部署精神，高水平建设巴蜀文化旅游走廊极核城市，高质量打造四川省文化和旅游经济发展核心区，彰显世界文化名城新魅力，成都市于 2023 年出台了《高质量打造全省文旅经济发展核心区推动世界文化名城建设行动方案》。该方案指出，要从加强组织领导、优化营商环境、创新政策体系、强化人才保障四个方面着手保障四川文化和旅游发展，促使文化和旅游产业双方面的产业链供应链韧性和安全在文化和旅游融合的大背景下获得大幅提升。由此可见，四川省也在不断优化产业结构、创新政策体系，以文化和旅游深度融合，健全提升产业链供应链韧性和安全水平制度。

二、以文化和旅游龙头企业主导，提升产业链供应链韧性和安全水平

（一）发挥龙头企业优势，打造文化和旅游品牌产业链

四川省要重视龙头企业在产业链中的带头作用，借鉴发展经验，借用强势资源，引领弱资源、小资源搭车升级。在品牌建设方面，龙头企业可以利用其在市场上的知名度，通过品牌塑造与营销活动吸引更多消费者，同时加强产业链供应链上、下游企业之间的合作与联络，推动整体产业发展。在技术创新方面，龙头企业可以利用其在产品研发方面的成果和经验，为文化和旅游产业链供应链提供更加前沿、强力的技术支持，打造更具竞争力的产品和服务品牌。在金融投资方面，龙头企业具有更强大的资本实力和运营能力，可以提高全产业的运营效率和经济效益。在品质管理方面，龙头企业可以凭借其经验积累的优势，带动行业服务质量升级，树立更具信任感的品牌形象，提升全行业的口碑。在渠道营销方面，龙头企业可以通过其丰富的营销渠道和销售网络，让产业链供应链中的各环节更好地配合与合作，优化产业链供应链的连接能力、配合能力，提高整体效率，从而获得更高的收益。如四川省九寨沟旅游集团有限责任公司主导文化和旅游品牌打造，不仅提升了九寨沟县域文化和旅游产业链供应链韧性和安全水平，而且对九环线①上的松潘、江油、平武、红原、茂县等县域文化和旅游产业链供应链韧性和安全水平的提升发挥了重要作用。

（二）集聚精品企业，打造文化和旅游产业园区供应链

国家鼓励文化和旅游产业融合示范区建设，吸引精品企业的进驻和集聚，进而提升产业链供应链韧性和安全水平。如彭州集聚精品民宿企业打造龙门山倘江河谷生态旅游度假区，提升了龙门山-倘江河谷旅游环线产业链供应链韧性和安全水平，带动了彭州文化和旅游高质量发展。文化和

---

① 九环线（成都到九寨沟环线的简称）是四川一条重要的旅游干线，贯穿四川的部分精品旅游景区，是乘汽车从成都到九寨沟旅游的必经线路。

旅游产业融合不仅要依托现有山水脉络等独特风光，也要重视人文旅游资源，因此文化和旅游产业融合发展亟须从多产品、多业态等多角度入手。将各个方面的精品企业集聚，发挥各自专业优势，可以更好地提升整体产品质量和品牌优势。如川渝共同打造的大足石刻文创园区，围绕雕刻主题，集合设计、制作、营销、金融等各方面资源，改善川渝石雕企业数量多、规模小、资金链薄弱的困境，将川渝两地石雕企业集中到文创园区抱团发展，有效推动产业整体升级，多面多线共同发展。通过集聚精品企业，搭建供应链服务平台，丰富品牌营销方式，打造一批具有差异化特色、良好发展前景的文化和旅游产业园区，加速推动文化和旅游产业高质量发展。

（三）依托文化和旅游联盟，整合提升产业链供应链

文化和旅游产业融合带动文化和旅游事业及职能的融合，文化和旅游职能的融合对于文化和旅游产业链供应链韧性和安全也会产生积极影响。四川省文化和旅游领域陆续成立多个文化和旅游联盟，如天府旅游名县联盟、天府旅游名镇联盟、"大九寨"、嘉陵江文化旅游联盟等，目的是让各类旅游品牌持续拥有热度，使文化和旅游各行业紧密联系、优势互补、抱团发展。以泸州市纳溪区举办的天府旅游名县文旅发展联盟茶旅产业融合发展推介会为例，当地政企联动，充分拓展本地文化特色的产业链供应链，以茶为轴连接多个旅游资源，推出深度融合的文化和旅游产品；通过文化和旅游联盟将分散的景点、单一的茶园整合互联，提升了各方面的产业链供应链综合能力及行业韧性。

三、提升文化和旅游全要素效率，提升产业链供应链韧性和安全水平

（一）优化要素配置，带动产业链供应链变革

传统的文化和旅游产业单向发展的主要缺陷之一就是不能合理分配生产要素，包括金融、资本、人才、景点、管理模式、销售网络等，仅靠主打产品本身的吸引力不足以维持行业长期稳定向好发展。随着高铁、5G、人工智能等现代技术的发展，一些文化和旅游传统要素的变化正在影响产业链供应链变革，如高铁出游逐步取代旅游大巴出游的方式，互联网和大数据给旅行社带来巨大的冲击，一场要素驱动的产业链供应链变革悄然而至。文化和旅游高质量发展的关键是能站在更高视角统筹链条全局，优化各项要素配置，带动产业链供应链提质升级，实现整体效率和效益的提

升。如四川省乐山市犍为县的嘉阳国家矿山公园，其景区内的最优质要素就是嘉阳小火车，被誉为窄轨小火车的活化石，沿嘉阳小火车的站点配置吃、住、游、购、娱的要素往往事半功倍。随着时代的发展，一些独立的要素如精品民宿等在产业链供应链的节点中的重要地位还在不断提高，文化旅游由粗放式、组团化要素配置向集约式、独立化要素配置转变的趋势已经越来越明显。

（二）促进要素流动，激发产业链供应链活力

文化和旅游要素的交织组合，形成了相互依存的文化和旅游产业，构成了紧密结合的文化和旅游产业链供应链。文化和旅游的社会再生产过程包括生产、分配、交换和消费四个环节，其中生产起到决定性作用，生产要素流动带动资本、人才、技术、产品的流动，激发了文化和旅游产业链供应链的活力。如乡村旅游的发展促进了城乡要素流动，一部分城市资本、人才进入乡村，提升了乡村旅游产业及产品的品质，乡村旅游产业提供的生态产品进入城市，满足了城市居民生态产品的消费需求。一些特色生态农业旅游产品不仅拥有固定的城市客群，其深加工产品甚至远销海外，形成了成熟的产业链供应链。文化和旅游要素的合理流动能将成熟项目的经验、方案等带入较落后项目，改善薄弱环节；能使优势项目获得更多展示机会，强化示范效应。在要素流动的过程中，文化和旅游产业可以碰撞出更多火花，激发更多的创新灵感，从而为整体注入活力，提升全链条品质。如洪雅县七里坪旅游度假区引进了格里昂酒店管理学院、绿地、洲际等项目，加快峨眉半山太阳季康养旅游要素流动，进而带动区域全产业链供应链的提质升级；通过康养产业示范区、生态工业示范区、绿色有机农产品示范区建设，成功打造国际康养度假旅游目的地，推动区域经济高质量发展。

（三）提升全要素生产率，进一步提升产业链供应链韧性

生产率是指投入与产出之比，衡量单位投入的产出水平。全要素生产率又称多要素生产率，文化和旅游的全要素生产率表现为吃、住、行、游、购、娱六要素投入—产出比，不仅受到资本的影响，而且受到管理与服务水平的影响。如发展智慧旅游既需要基础设施的资本投入，也需要管理与服务水平的提升，景区导览的 APP 并不是要取代导游的职能，作为第三产业服务行业，提升文化和旅游的全要素生产率需要配套设施的更新完善，更需要管理服务能力和效率的提升。相比于传统旅游，智慧旅游通过

信息化技术和设备将管理服务的前台转向了信息管理服务的后台，反映了文化和旅游要素驱动（资本驱动）向需求驱动的转变。文化和旅游的全要素是以产业的形式分布在产业链供应链的上、中、下游，因而提升全要素生产率也进一步提升了产业链供应链韧性。当然，提升全要素生产率是一个市场调节的动态过程，往往通过关键要素生产率的提升带动全要素生产率的提升，进而带动产业链供应链韧性和安全水平的提升。如四川省阿坝藏族羌族自治州的滑雪旅游新业态，就是围绕滑雪旅游体验带动特色餐饮、冰雪营地、主题文创产品等全要素生产率的提升，进而带动运动休闲产业链供应链韧性和安全水平的提升。

四、以文化和旅游创新驱动提升产业链供应链韧性和安全水平

四川省要发挥文化和旅游产业的创新创意优势，把文化和旅游资源转化为文化和旅游创意以及文化和旅游产业，盘活用好各类文化和旅游资源，深入挖掘地域文化和旅游特色，推出高质量文艺创作节目和精品线路，把更多文化内涵、文化元素注入景区景点，使文化成为景区的灵魂。四川省要通过打造文化和旅游新业态、新产品、新消费，提升文化和旅游产业链供应链韧性和安全水平。

（一）打造文化和旅游新业态，带动产业链供应链创新

文化和旅游融合带动了文化和旅游新业态的发展，进而带动了产业链供应链创新，其基本路径可以归纳为：第一，建立文化和旅游支撑平台及产业园区。四川省可以建设文化创意园、特色小镇等文化和旅游支撑平台，为相关企业提供场地、资金、人才等支持政策，加快孵化文化和旅游新业态，推动文化和旅游产业链的升级。第二，推动文化和旅游与科技的融合。四川省可以借助"互联网+"、人工智能、大数据等科技手段，提高文化和旅游服务品质，优化文化和旅游体验，创造更多的文化和旅游新业态。第三，加强文化和旅游与艺术的合作。四川省可以将文化和旅游产业同音乐、舞蹈、戏剧、美术等多种艺术融会贯通，开发出更多的文化创意产品，提高文化和旅游产品的质量和吸引力，促进产业链供应链的创新发展。第四，加强品牌建设和市场营销。四川省必须打造具有影响力的文化和旅游品牌，通过有针对性的市场营销手段，开拓国内外市场，提高产品竞争力，打造品牌效应。第五，加强政策支持和资金扶持。四川省要想打造文化和旅游新业态，带动产业链供应链创新，就需要政府出台相应的文

化和旅游产业政策，提供优惠税收、融资等支持政策，引导企业加速发展，加大文化和旅游产业的资金投入力度。总之，文化和旅游产业是一个庞大而复杂的系统，打造文化和旅游新业态需要全方位的策略与措施。只有形成合力，才能够实现文化和旅游产业链供应链的创新发展。

（二）营造文化和旅游新场景，赋能产业链供应链信息化、现代化

营造文化和旅游新场景是文化和旅游产业发展的一个重要环节，可以通过四个方面实现对产业链供应链的赋能。首先，结合数字技术，打造智慧文化和旅游场景。通过数字化、智能化技术，四川省可以打造智慧文化和旅游场景，如 AR 导览、智慧路线、无人机航拍等，更好地引导游客了解并感知文化和旅游资源，优化游客体验，提升行业竞争力，推动产业链供应链信息化、现代化。其次，推广文化和旅游新产品、新业态。四川省通过整合不同形式的文化和旅游新产品、新业态，如主题 IP、文创产品、景区体验、文艺演出等，可以形成更加多元、丰富的文化和旅游消费场景，推动产业链供应链的信息化、现代化发展。再次，推动现代化文化和旅游业态发展。通过开发文化和旅游资源、规划景区建设、提升文化和旅游服务水平以及文化和旅游产品质量等，四川省可以实现产业链供应链的信息化、现代化升级，推动文化和旅游新场景发展，增强文化和旅游可持续发展能力。最后，加强文化和旅游产业链供应链的协同发展。文化和旅游产业的发展需要一个良好的产业链供应链体系支撑，因此协同发展是必不可少的。通过建立共享资源、共同管理等模式，四川省可以进一步促使产业链供应链紧密配合，优化资源配置和经营模式，让文化和旅游产业加快推进产业链供应链信息化、现代化进程。总之，文化和旅游新场景的营造需要政府、企业和社会各方面的共同努力，构建现代化市场体系，优化营商环境，加强人才培训等方面的工作，在康养旅游、体验旅游、研学旅游等大趋势下，积极开创创新而又低碳、绿色的新生态，打造全球领先的文化和旅游产业，创造更好的发展前景。

（三）推出文化和旅游新产品，提升产业链供应链市场竞争力

推出文化和旅游新产品是提高产业链供应链市场竞争力的重要手段。四川省应该通过将文化、旅游、科技、文艺、生活美学等多方面资源和产品结合，不断完善产业链供应链以适应新的市场需求。首先，引入新技术，打造互动式文化和旅游产品。四川省要结合文化和旅游场景，引入新技术如 AR、VR、MR 等，打造互动性强、体验感好的新产品，以提高文

化和旅游消费体验，吸引更多的消费者，增加产品附加价值，为产业链供应链提供现代化增长新动能。其次，提升文化 IP 的市场价值。文化 IP 是文化和旅游新产品的重要组成部分，四川省要在 IP 的基础上拓展文化和旅游产品，将文化 IP 与旅游使用场景、创意周边衍生品结合，实现中长期收益，提升文化和旅游综合品牌的品质及市场价值，让消费者爱不释手。再次，强调文化和旅游产品的多元化与互补性。除了景区门票、导游服务、特色产品购买等传统文化和旅游产品需要不断创新之外，多元化景区的文化和旅游产品创意更为重要，如美食制作课程、烹饪体验及美妆创意工作坊、美食文化之旅等，增强消费市场的多样性及互补性，为产业链供应链市场竞争力提供有力保障。最后，加强旅游业与其他行业的合作。通过与其他行业的合作，四川省可以进一步丰富文化和旅游产品线，实现跨领域、多元化的精品文化和旅游产品开发，如体育运动、时尚美妆、音乐演出、旅行用品等，提升产业链供应链市场竞争力。总之，推出文化和旅游新产品有利于提升产业链供应链市场竞争力，提升消费者的旅游体验和品牌形象，为产业链供应链创新发展提供更大的空间、更多的机遇。各相关方应密切关注市场需求变化、加强文化和旅游产品的创新与研发，不断推出符合消费者需求的新产品，提升产业链供应链市场竞争力。

五、以文化和旅游消费回暖升级促进产业链供应链提质升级

（一）围绕消费目标、结合消费需求，优化产业链供应链

在文化和旅游产业链供应链中，围绕消费目标、结合消费需求是优化产业链供应链的关键。首先，满足消费者个性化需求。消费者个性化需求的增长需要文化和旅游产业在保证其基本需求被满足的情况下，不断增加高附加值、高情感度、高满意度的细分产品。例如，个性化的手工艺品、自由行路线规划、特色参与式演出等，均需要提供个性化体验来满足消费者需要。其次，突出文化、艺术特色。四川省要合理利用文化、艺术资本解决产业链供应链亟须解决的附加值低、趣味性不强、重复性大的难题，使产品更加有魅力，扩大产品差异化及其覆盖面，改善并增强产业链供应链凝聚力和可持续性发展能力。再次，以数据分析为支撑，实现精准推销。通过数据分析，四川省可以进一步了解消费者的需求、喜好、风格等，实现精准推销，以增强产品的市场竞争力，同时提高产业链供应链效率，加强商业模式创新，有效提高销售额。最后，加大文化和旅游宣传力

度。四川省需要加大文化和旅游宣传力度，以明确的定位、精准的营销策略将"文旅"新概念传递给消费者，激发消费者的购买欲，提高产业链供应链的可持续性发展能力与市场竞争力。总之，产业链供应链的优化核心是围绕消费目标、结合消费需求，促进产品的升级改造，提高附加值，增强竞争力，以丰富的个性化、文化化①产品为载体，规模化、专业化的供应链为平台，实现文化和旅游产业链供应链更加优质、健康、丰富发展，为消费者的需求提供无限创新空间。

（二）重点打造体现消费品质的产业链供应链

重点打造体现消费品质的产业链供应链是文化和旅游产业链供应链的优化方向之一，它需要通过提高服务及产品质量，制定精细化运营流程，改善产业链供应链品质，以满足消费者越来越高的品质要求。首先，优化服务流程。四川省需要制定更加完善、细致、高效的文化和旅游服务流程，提升服务品质；制定人性化服务流程标准，包括行前咨询、服务场所、旅游指引等多方面的服务支撑平台，打造全方位、细致入微、服务质优的服务体验，从而为消费者提供更加符合个性化需求的服务。其次，改善产品品质。四川省可以采用先进技术提高产品的质量和精度，提高产品的附加价值和市场竞争力；保证文化和旅游产品拥有质量可靠、安全可靠、便捷耐用等多方面的品质要素，向行业顶尖水平不断升级，为消费者提供更为精细的服务和产品体验。再次，加强产业链供应链管理。四川省需要依托现代技术资源，优化产业链供应链布局，提高产业链供应链管理的效率及质量。对于线上供应商，相关部门要严格审核、规范管理，提高履约能力；对于线下店商，相关部门要加强监管能力，督促店商提升产品与服务质量，提高文化和旅游服务品质及购物体验。最后，推动文化和旅游产业可持续发展。四川省需要加大对环保及公益事业的支持力度，坚持绿色生产和低碳环保的理念，提高服务和产品的环境保护质量。与此同时，四川省还需进一步支持文化和旅游产业的可持续发展，加大对公益事业的投入力度，加快文化和旅游资源的开发与建设，助力整个产业链的升级。总之，四川省想要打造体现消费品质的文化和旅游产业链供应链，就需要提供更加优质的服务和产品，加强产业链供应链管理，进一步推动文化和旅游产业可持续发展，实现行业品质转型；还要加强对消费需求的分

---

① 所谓文化化，就是让企业文化落地，文化发挥其应有的效能与作用。

析，满足消费者越来越高的体验需求及品质，创造全新的、绿色可持续发展的文化和旅游产业格局，打造高品质的文化和旅游产品。

（三）培育消费热点，助推产业链供应链提质增效

培育消费热点是推动产业链供应链提质增效的重要方向，通过挖掘消费热点，聚焦产业链供应链的关键环节，能够提高经济效益，优化资源配置，增强企业竞争力、拉动产业链增长、创新发展。首先，把握文化和旅游市场规律，培育消费热点。四川省要结合当地旅游景点的特色和历史文化，开发与市场需求相符合的文化和旅游产品，如体验式的文化活动、主题游、欢乐购物等，为消费者提供具有价值和创意的产品，提高产品销售率。其次，加强消费者服务，提升消费者满意度。四川省要优化文化和旅游服务流程、人性化服务模式，让消费者享受个性化、高品质的服务；通过引进先进的配套服务设施，创造富有创意的旅游体验及场景，提高游客出游的愉悦感和满足感，拉动消费者的消费，增强市场竞争力。再次，多元化营销推广，传播消费口碑。四川省要采取多元化的营销推广策略，如加入丰富有趣的线上活动、合作大型公益文艺活动等，通过社交媒体、移动应用等各种渠道策划运营，深入挖掘文化和旅游产品的特点和亮点，进一步提升文化和旅游产品的知名度及品牌价值，提高销售目标的达成率。最后，提升消费品质，打造消费品牌。四川省要通过持续的品质提升和文化创新，提高文化和旅游产品的档次、品质及特色，增加产品附加值；通过创新开发新型业态，采用绿色生态设计理念，增加文化和旅游服务的可持续化，并不断打造优质文化品牌形象，提升市场竞争力，乘势而为，推动产业链供应链高速发展。

第三节　问题对策

产业链供应链韧性和安全不仅要有坚实的产业基础、深度的产业分工和高效的协同体系，还要有较好的产业安全性和自主性、应对危机的控制能力、可持续发展的能力等。对于产业关联度高、要素多元的文化和旅游而言，产业链供应链韧性与安全的影响因素具有系统性、复杂性的特点，体现在吃、住、行、游、购、娱各个要素层面，需要从宏观、中观、微观层面整体把握。

一、存在问题

（一）文化和旅游产业链供应链区域发展不平衡

我国文化和旅游产业链供应链区域发展不平衡的问题一直存在，并且在多个方面表现出显著差异。从整体来看，东部地区在文化和旅游产业的发展方面远远领先于西部地区，形成了明显的"东强西弱"格局。这种不平衡体现在多种具体的指标上，包括文化和旅游从业人员的接待能力、文化和旅游产品的丰富度、文化和旅游服务的质量水平等。同时，这种不平衡还反映在更为基础的条件和结构性因素上，如基础设施完善程度、经济发展水平、政策实施力度以及资金支持强度等。东、西部地区的发展差距不仅加剧了区域经济的不均衡，也在一定程度上影响了国家整体文化和旅游经济战略的有效落实。具体到四川地区，这种不平衡问题尤为明显。虽然四川拥有丰富的自然资源和人文资源，但这些资源的分布较为分散，缺乏系统的整合和开发，这较大地限制了文化和旅游产业的整体发展效率。相比之下，成都都市圈和川南城市群依托良好的经济基础和优越的地理位置，已经建立起较为完善的文化和旅游产业体系，其产业链供应链韧性较强，抗风险能力较强，供应链的安全水平也相对较高。无论是在产品类型的多样性还是在服务质量的提升方面，这些地区都具有显著优势。成都作为四川的经济中心，不仅吸引了大量的文化和旅游投资，还通过其文化魅力和基础设施的建设，形成了相对成熟的旅游接待能力以及全链条的文化和旅游产业支持。然而，与成都都市圈和川南城市群的相对成熟和繁荣相比，川西北和川东北的文化和旅游资源富集区却面临许多发展瓶颈。首先，这些区域的基础设施相对落后，尤其是在交通、通信和游客接待设施等方面缺乏必要的配套服务，导致这些地方难以承载大规模的游客流动。游客到访的可达性和便利性受到严重制约，阻碍了文化和旅游产业的发展以及对文化和旅游资源的有效利用。其次，产业链供应链韧性和安全性也面临挑战，受限于基础条件薄弱和经济发展不足，这些地区的文化和旅游产业缺乏一体化的供应链管理，无法有效整合上、下游资源，导致整个链条在面对市场波动和外部冲击时表现出脆弱性。最后，川西北与川东北地区的文化和旅游资源开发大多局限于表层开发，缺乏对文化内涵的深入挖掘和有针对性的产品创新，因此很难形成有竞争力的"拳头产品"，从而导致市场吸引力不足。

（二）文化和旅游产业链供应链上、下游对接合作困难

文化和旅游产业链供应链上、下游对接合作困难的原因包括资源整合不足、制度壁垒、资金分配不均、技术复杂性增加等多方面因素。资源整合不足是制约上、下游合作的主要原因之一。文化和旅游产业链涉及的环节非常多样，包括景区、酒店、旅行社、交通运输、文化演艺等多个方面。这些资源分布在不同企业和部门之间，缺乏有效的协调机制，导致难以形成合力。例如，景区和酒店各自为政，缺乏统一的标准和信息共享平台，产业链供应链后端游客服务差强人意，导致时间上连续的旅游活动在空间上被分隔，无法实现资源的有效对接和游客信息的实时共享。这种分散管理的模式导致整体效率低下，使游客体验缺乏连贯性，影响文化和旅游产业的整体吸引力。制度壁垒是上、下游企业难以形成紧密合作的又一重要原因。在文化和旅游产业中，各环节企业通常受到不同监管部门的管理，导致行业内存在不同的政策规定及标准，形成了阻碍资源自由流动的制度壁垒。例如，地方政府往往对本地区的文化和旅游资源设立保护性政策，以确保本地经济效益，这虽然有助于保护地方利益，但在区域合作和资源共享上形成了阻碍，尤其在跨区域合作上缺乏统一的法规与政策支持。尽管政府机构通过政策导向推动资本向文化和旅游产业链供应链流动，但实际操作中，非公有资本在文化和旅游产业领域仍面临市场准入壁垒。此外，涉及土地、环保、安全等多方面的审批流程也较为烦琐，使得企业在联动开发项目时面临行政上的障碍，延长了项目落地的时间周期，增加了合作的难度。资金分配不均也是影响上、下游合作的重要因素之一。文化和旅游产业链供应链中各环节的资本实力差距较大，上游企业如开发景区、基础设施建设等往往需要大量的前期投入，而下游环节如餐饮、酒店等则需要较高的运营成本。然而，由于产业链供应链不同环节对资金的需求类型和投资回报周期不同，资本在上、下游企业之间分配不均，部分环节难以获得足够的资金支持以推动项目的对接与合作。特别是在欠发达地区，文化和旅游基础设施薄弱，企业普遍面临融资难、融资贵的问题，这进一步加剧了上、下游之间的合作难度。技术复杂性的增加也使文化和旅游产业链供应链的上、下游合作面临新的挑战。随着数字化技术和智能化技术在文化和旅游领域的应用逐渐普及，如在线旅游平台、智慧景区、虚拟现实体验等，这些新技术对企业的技术能力提出了更高的要求。然而，许多传统文化和旅游企业尤其是中小型企业还缺乏足够的资金

和技术支持去进行数字化升级，导致上、下游企业之间的信息对接不畅，难以形成技术共享和协同效应。例如，部分景区和酒店未能实现数字化运营和智能化管理，无法通过数据分析精准匹配游客需求，在线旅游服务平台（online travel agency，OTA）也难以有效整合这些资源，从而导致游客的消费体验割裂。

（三）文化和旅游产业链供应链无法适应新技术革命的需求

数字化、人工智能等新技术革命推动文化和旅游新业态、新模式、新产品的不断涌现，传统的文化和旅游产业链供应链已经不能适应新质生产力发展的要求。在文化和旅游产业的关键节点，核心技术的应用和转化困难，瓶颈效应依然明显，导致文化和旅游产业链供应链现代化进程缓慢。当前，数字化转型、人工智能、区块链等新技术正在迅速改变各行各业的运作方式，文化和旅游产业链供应链也不例外。然而，文化和旅游产业链供应链在适应这些新技术的需求方面还面临着多方面的挑战，这些挑战主要集中在技术应用普及程度不足、企业数字化能力差距、人才短缺等方面。一是文化和旅游企业在新技术应用方面的普及程度不足，使得产业链供应链现代化进程滞后。虽然大型文化和旅游集团已经在广泛应用大数据和人工智能技术来提高业务效率、改善客户体验，但绝大多数中小型文化和旅游企业尤其是地方性的旅游景区、民宿经营者、传统旅行社等，仍在使用传统的运营方式。由于缺乏资金与技术支持，这些企业无法有效地利用数字化工具来提升运营效率，如在线预订系统、智能客服、精准营销等现代化手段，这不仅降低了整个产业链供应链的效率，也制约了各环节之间的协作水平。新技术在产业链供应链中的应用往往涉及基础设施的升级，而这一部分的投入对于中小企业来说是一个巨大的负担。二是企业数字化能力的差距使得上、下游难以形成有效对接。文化和旅游产业链供应链包含从旅游产品的设计到游客的体验多个环节，不同环节对技术的依赖程度也各不相同。在新技术的影响下，文化和旅游产品的设计者需要依靠大数据分析来洞察游客需求，而旅行社则需要在线平台和数字支付系统来实现流畅的服务流程。这种差距在企业之间造成了"数字鸿沟"，使得产业链供应链的上、下游之间难以进行顺畅的信息交换和资源整合。例如，部分小型旅行社和景区无法通过实时数据了解游客的消费行为，导致产业链供应链后端服务无法及时调整和优化。这种缺乏统一数字化能力的现状使得整体产业链供应链的效益和响应能力大打折扣。三是新技术革命带来的复杂性和人才的短缺。数字化和智能化的发展需要高技术含量的人才，而文化和旅游行业中的大多数企业尤其是偏远地区的小微企业，依然面临技术人才紧缺的问题。文化和旅游行业整体的从业人员以服务人员为主，技术人员相对较少，使得这些企业在面对新技术应用和转型时还缺乏足够的专业支持。此外，即使企业愿意投入资金进行新技术改造，但由于技术复杂性较高、缺少专业人员进行操作和管理，技术应用的落地往往出现问题。许多文化和旅游企业在实施智能客服、虚拟现实导览等技术时，由于缺乏对技术的深度理解，常常只停留在形式上，未能实现实质性提升。

二、对策建议

（一）"补链"——修复文化和旅游断链，夯实高质量发展基础

"补链"聚焦于修复产业链供应链在经受冲击之后出现的断裂，注重提升文化和旅游产业链供应链的抗压能力及修复能力，以确保文化和旅游产业在未来面对危机时具备足够的韧性。首先，修复断链，要厘清现状，拨开旅游人数暴增的表象，摸排在国际国内局势剧变冲击下文化和旅游产业链供应链的真实境况。四川省要进一步增强文化和旅游产业链供应链韧性和安全的自适性、主动性，提升文化和旅游产业链供应链在抗风险中动态的自我保护能力。其次，修复断链，要全面审视四川省文化和旅游产业链供应链存在的薄弱环节，瞄准关键点修复补充，重点攻克，以确保产业链上、下游的完整性和有效衔接。四川省要集中解决文化和旅游产业链供应链发展的前瞻性问题，依托自身的文化和旅游产业基础，提升产业链供应链抵抗能力、恢复能力以及升级能力。最后，修复断链，要扶持中小型企业，尤其是文化和旅游各个环节中为"补链、固链、强链、拓链"不同环节发挥关键作用充满活力的中小型企业。它们应该得到相关政策和资金的扶持，继续在"补链、固链、强链、拓链"的韧性与安全建设中发挥作用。

（二）"固链"——巩固文化和旅游产业链，形成高质量发展格局

"固链"聚焦于全面稳固四川省文化和旅游产业链供应链核心与主体，结合四川省文化和旅游资源及产业特点，形成四川省"一干多支"的文化和旅游高质量发展格局。首先，四川省要巩固文化和旅游品牌知名度，加大引流引资力度，培育高品质的产业链供应链；强化资源整合能力，提高自主创新能力，带动产业链供应链上龙头企业在市场开拓、生产加工、科

技创新、资金融通、销售服务等方面的合作共赢，从而促进流程融合、服务共享、信息共通和数据融合创新，促进提升产业链供应链韧性和安全水平。其次，四川省要巩固文化和旅游产业结构调整的成果，包括吃、住、行、游、购、娱传统六要素的配套建设以及商、养、学、奇、情、闲的文化和旅游融合新业态的配套设施建设；深入文化和旅游资源，形成文化和旅游产品创新，通过优化文化和旅游产业链供应链整体布局，逐步形成文化和旅游高质量发展格局。再次，四川省要巩固文化和旅游市场份额，提升文化和旅游产业链供应链中"人"这一核心要素的综合素质；以人为本，调动当地村民的积极性，大力支持并参与文化和旅游产业发展；通过加强培训和管理，帮助员工掌握现代化、信息化技术，从而更好地理解和满足现代游客对文化和旅游的新需求和新期待；通过人员素质的提升推动管理服务的提升，进一步推进文化和旅游高质量发展。最后，四川省要巩固文化和旅游产业链供应链，根据文化和旅游供需关系，增加高品质供给品；坚持绿色可持续发展，进一步深入开发绿色生态高附加值产品；大力发展生态旅游、康养旅游、研学旅游，以高品质的生态供应链、健康供应链、文化供应链，促进文化和旅游产业链供应链的提质升级，助推文化和旅游产业高质量发展。

（三）"强链"——提升文化和旅游全要素效率，增强高质量发展动力

四川省要进一步梳理文化和旅游产业链供应链深层次的需求，从全要素出发，重点突破兼顾齐头并进，为文化和旅游高质量发展提供更为强劲的动力。首先，四川省要深挖资源要素潜力，统筹规划并合理利用各类资源，需要政府更加强有力的引导与支持，改变目前不少地方存在的粗放式、同质化的开发利用模式；彻底摸清资源要素，充分挖掘资源潜力，全面配合文化和旅游高质量发展行动计划；充分对接其上位规划，树立多规合一的理念，将产业规划、空间规划、时间规划等进行科学统筹，加强对产业空间布局、重要产业发展要素、重大产业链投资项目的全局规划，提高实施效率，将文化和旅游高质量发展落到实处。其次，四川省要进一步提升核心要素的竞争力，不断丰富文化和旅游产品的改进路径；开发文化和旅游新业态，培育新兴产业集群；研发新产品，深层次挖掘旅游的文化内涵，塑造富有自身特色的文化和旅游 IP，增强产品市场竞争力；构建新场景，融合特色资源综合发展；加强产业融合与协作，开启文化和旅游新生活方式；实现"旅游+"向"+旅游"的转变，打造高质量发展新样板，

激活高质量发展新动能。四川省的文化和旅游服务要逐步实现现代化，融合文化创意、教育医疗、休闲娱乐、体育健康，创新并丰富文化和旅游形式，提升服务水平。最后，四川省要进一步以要素配置独立化带动产业链的变革，以创新驱动赋能文化和旅游产业链供应链提质升级；通过强化科技资金等要素投入，积极融入互联网时代，构建信息链，实现数字化、智慧化，融合云端技术，与时俱进推动数字化转型，构建现代化文化和旅游产业体系。

（四）"拓链"——拓展文化和旅游消费链，释放文化和旅游消费能量

四川省要进一步通过"拓链"丰富文化和旅游产品及服务，提升产业链供应链附加值，以更大的市场格局拓展延伸、拉长拉宽文化和旅游产业链供应链。首先，四川省要进一步由供给侧推动向需求侧驱动转变，促进文化和旅游消费回暖升级，不断拓展文化和旅游消费链。文化和旅游产业链供应链主体包括上游提供产品服务规划开发的企业，以及下游联结消费者宣传营销产品与服务的企业两部分。上游企业需要进一步拓展与其他相关产业的联系，结合市场需求，实现文化和旅游产品服务开发的综合化、现代化。下游企业的宣传与营销渠道会更加多元和立体，因此需要逐步改变现有较为单一的态势，以推动文化和旅游整体服务水平的提升，满足日益多元化的市场需求。其次，四川省要进一步培育文化和旅游消费热点，扩大消费群体的辐射范围；积极融入"一干多支，五区协同"发展格局，合理文化和旅游定位在都市圈发展战略中发挥的作用，注重城乡一体化协调发展；打造文化和旅游精品线路，培育文化和旅游消费热点，扩大精品线路在文化和旅游消费市场的影响力。最后，四川省要进一步倡导新消费理念，推动文化和旅游消费提质扩容，不断满足消费者多元化、个性化、人性化、定制化需求；形成以新媒体产业为引领，以游憩商务区、夜间经济体验和综合设计创意产业集群为核心，涵盖文化和旅游、影视制作、策划创意、休闲体验、文创产品、购物消费等在内的产业集群链，助力文化和旅游产业扩大市场半径，开辟文化和旅游消费新通道。

（五）"塑链"——推动文化和旅游创新发展，塑造新增长点

"塑链"旨在通过创新驱动，全面推动文化和旅游产业链供应链转型升级，引入新质生产力，开拓新的增长点，为文化和旅游的高质量发展注入新的活力和动力。创新是产业升级和竞争力提升的关键，"塑链"主要从创新要素的引入、新兴技术的应用、跨领域的合作等方面，促进文化和

旅游产业的持续创新及发展。一是引入创新要素，培育新动能。四川省要推动文化和旅游产业链供应链引入新要素，如文化创意、数字艺术以及虚拟现实（VR）和增强现实（AR）等新技术，融合现代科技与传统文化，创造出具有强大吸引力的旅游体验；鼓励企业与科研机构、高校合作，推动产学研一体化的创新体系建设，促进技术成果转化，培育文化和旅游产业的新动能。二是鼓励跨领域合作，激发创新潜力。四川省要推动文化和旅游产业与其他产业领域的跨界合作，推动文化和旅游要素与经济社会各领域更广范围、更深程度、更高层次的融合创新，推动业态裂变，实现结构优化，提升产业发展内涵的生命力，如"文化+科技""文化+金融""旅游+康养""旅游+农业"等模式；通过跨领域合作，形成"创新链"，在文化和旅游产品设计、市场营销和服务体验等方面推出创新举措。三是打造创新型文化和旅游IP，提升品牌影响力。四川省要通过创新打造具有独特文化内涵的文化和旅游IP，增强品牌的吸引力和市场竞争力；挖掘本地文化资源，结合现代创意设计，打造具有地方特色、文化独特性的旅游品牌形象，形成高辨识度的旅游符号；鼓励地方政府和企业联合推出创新型文化和旅游节庆活动，借助新媒体平台推广，进一步扩大品牌的影响力和知名度。四是推动管理和服务创新，提升游客体验。四川省要在管理与服务环节引入新的理念和技术手段，以创新提升游客的整体体验；借助大数据和智能化技术，打造智能化景区管理系统，实现在线预订、智能导览、个性化推荐等功能，提供更高效、更便捷的旅游服务。景区通过创新管理手段，不仅可以提升景区运营效率，还能更好地满足游客的个性化需求。五是加强政策支持和创新生态建设。"塑链"的实施离不开政策的支持和良好的创新生态，当地政府应出台扶持创新的政策，如创新补贴、研发费用抵扣等，鼓励企业在文化和旅游产品开发与服务流程中进行创新。同时，四川省需要构建良好的创新生态，聚集创意人才和创新企业，形成一个促进文化和旅游创新发展的优质环境，推动整个文化和旅游产业链供应链的持续创新。

综合来看，"补链"为基础，确保产业链的完整性和安全性，修复薄弱环节，使文化和旅游产业具备稳定的基础结构；"固链"强化已有的优势资源和结构，确保文化和旅游在高质量发展中实现稳定和持续的经济增长；"强链"通过提高各要素的效率和竞争力，为产业链供应链注入新的发展动力，使产业各环节协同提升，增强全链条的整体实力；"拓链"旨在通过延伸和扩展产业链供应链，拓展新的市场空间，释放文化和旅游消费潜能，满足日益多样化和多层次的市场需求；"塑链"通过创新驱动，激发新的市场需求和增长点，使文化和旅游产业链供应链具有强大的生命力和持续的竞争优势。"五链协同"从修复、巩固、强化、拓展到创新，形成了一个系统性的路径，为文化和旅游产业链供应链的全方位提升和高质量发展提供了完整的解决方案。通过"五链协同"，文化和旅游产业能够更好地应对外部挑战，促进资源的优化配置，激发内生动力和创新潜力，最终实现安全、可持续、高质量的发展目标。

第五章　九寨沟景区社区治理现代化

　　社区治理现代化是构建九寨沟景区文化和旅游现代化产业体系的基石，也是中国式现代化背景下九寨沟建设世界级景区以及实现世界自然遗产文化和旅游高质量发展的必然要求。在九寨沟管理局的领导下，景区社区围绕保景富民的目标做出了不懈努力。本章通过田野调查、专家访谈、问卷调查、文献分析和案例分析等研究方法，阐释了九寨沟景区社区治理现代化的政策依据与理论内涵，分析了九寨沟景区社区现代化建设的现状与问题。九寨沟景区社区治理现代化建设的主要矛盾是人民日益增长的美好生活需要和不平衡不充分的发展之间的矛盾，矛盾的主要方面是世界自然遗产保护与遗产地社区发展不平衡的问题，具体表现为沟内外发展不平衡、沟内居民生计问题、产业提质升级问题等。本章结合九寨沟景区社区治理现代化建设中存在的问题，提出推进景区管理体制机制创新、破解沟内外社区发展不平衡难题、落实退耕还林还草生态补偿、拓展居民增收渠道、盘活沟内社区闲置房屋资源、协调沟内户籍与居住人口管理、科技赋能新质生产力、构建九寨沟景区社区治理现代化保障体系的对策建议，以期为九寨沟景区社区治理现代化建设、世界级旅游景区建设以及推进九寨沟世界自然遗产旅游高质量发展提供有益参考。

第一节　理论基础

　　中国式现代化进程由中国共产党领导，强调高质量发展与全体人民共同富裕。在此背景下，本节具体探讨了九寨沟景区及其所在民族地区的现代化建设，涵盖理论基础、政策背景和具体路径。以新发展理念为指导，依托数字化建设和业态升级，九寨沟景区致力于实现高质量发展、生态文明建设和全域旅游的深入推进。同时，本节还关注了现代化建设中的民族地区社区建设与共同富裕的路径实践，为九寨沟景区及其所在民族地区治理现代化建设提供了理论指导和实践路径的参考。

一、九寨沟景区的社区治理现代化建设

（一）中国式现代化

党的二十大报告明确提出，中国共产党的中心任务就是团结带领全国各族人民全面建成社会主义现代化强国，实现第二个百年奋斗目标，以中国式现代化全面推进中华民族伟大复兴。中国式现代化是中国共产党领导的社会主义现代化，是人口规模巨大的现代化，是全体人民共同富裕的现代化，是物质文明和精神文明相协调的现代化，是人与自然和谐共生的现代化，是走和平发展道路的现代化。中国式现代化的科学内涵来源于中国共产党对中国国情和历史的深刻分析，来源于马克思主义的科学指导，来源于中国特色社会主义伟大实践的深刻总结。中国式现代化摒弃了西方以资本为中心的现代化、两极分化的现代化、物质主义膨胀的现代化、对外扩张掠夺的现代化老路，既有各国现代化的共同特征，更有基于自己国情的中国特色，展现了社会主义现代化的本质属性和根本追求。

习近平总书记在党的二十大报告中指出，中国式现代化的本质要求，就是坚持中国共产党领导，坚持中国特色社会主义，实现高质量发展，发展全过程人民民主，丰富人民精神世界，实现全体人民共同富裕，促进人与自然和谐共生，推动构建人类命运共同体，创造人类文明新形态。具体而言：

中国式现代化是中国共产党领导的社会主义现代化。中国式现代化是党领导全国各族人民在长期探索和实践中历经千辛万苦、付出巨大代价取得的重大成果。刘红凛（2023）认为，中国共产党始终坚持人民立场、人民至上的政治立场和价值遵循，充分激发了亿万人民投身现代化的创造伟力①。

坚持中国特色社会主义，是中国式现代化同西方现代化的根本区别。中国特色社会主义制度是当代中国发展进步的根本制度保障，是具有鲜明中国特色、明显制度优势、强大自我完善能力的先进制度。坚持中国特色社会主义制度，是中国式现代化的固本之策。

---

① 刘红凛. 全面推进中国式现代化必须毫不动摇坚持党的领导 [J]. 红旗文稿，2023（7）：27-30.

中国式现代化是物质文明和精神文明相协调的现代化。人民精神世界是否丰富是衡量一个社会发展水平高低的重要标准，是否充分满足人民的精神需要是衡量一个社会是否能够促进人的全面发展的文化尺度。中国式现代化既需要建设坚实的物质基础，又需要丰富人民的精神世界。

共同富裕是社会主义的本质要求，是中国式现代化的重要特征。共同富裕为走好中国式现代化道路提供了目标指引和战略支撑，共同富裕坚持了以人民为中心的价值理念，彰显了中国式现代化的本质。

人与自然和谐共生是实现中国式现代化的内在要求和理论基础。习近平生态文明思想把人与自然和谐共生关系的内涵阐释为坚持以人民为中心的发展思想，在尊重自然规律、顺应自然规律的基础上，把"绿水青山就是金山银山"的生态观念转化为绿色生产方式和生活方式，践行生态生产力发展观，实现发展与生态环境保护之间的辩证统一。

推动构建人类命运共同体是中国式现代化的本质要求。人类命运共同体的理论体系是以推动建设"五个世界"为总目标，以打造全球伙伴关系为新起点，以构建新型国际关系为根本路径，以全人类共同价值为价值追求，以主权平等、沟通协商、法治正义、开放包容等为基本原则，以高质量共建"一带一路"为实践平台，以全球发展倡议和全球安全倡议为重要依托的科学理论体系。

中国式现代化承载着创造人类文明新形态的庄严责任。中国式现代化就其本质来说是社会主义的现代化，它以马克思主义为指导，是对资本主义现代化的超越。

（二）景区现代化

1. 景区设施现代化

现代化景区要具备能够满足游客在景区内进行各种现代生活活动的能力，如采用先进的物联网感知技术、云计算技术、大数据技术、信息集成技术等，开发智能导览系统，提供酒店、餐饮、交通等服务，实现软硬件的跨界整合和互联互通。

2. 景区服务现代化

现代化景区所提供的服务要科学规范、符合现代行业标准，并且服务过程中要使用现代化工具、设施，能够提供当前旅游市场上流行的最新服务。例如，稻城亚丁等部分景区推出了定制化游览线路、餐饮服务、住宿方案等服务，满足了不同游客的旅行需求，也有部分景区通过建立线上平台，提供在线预订、导览、购物等服务，方便游客在游览前后进行相关操作。

3. 景区管理现代化

现代化景区在管理过程中能够运用计算机网络、摄像头等现代化设备，同时结合社会心理学、人力资源学等新理论，进行有效务实的管理。通过引入人工智能、大数据分析等技术，景区可以利用智能系统实现景区内人流量的监测和调度，提高游客的游览体验。与此同时，现代化景区正从观光旅游向观光、休闲、度假、养生的复合型旅游转变，管理模式呈现综合多元的特点。同时，现代化景区也需要一支专家学者型的顾问团队，高素质的领导阶层，公开合理的干部任用制度，在日常运作及决策中能够运用经济学、统计学等科学方法。

4. 景区产品现代化

现代化景区能够紧跟当前市场对旅游产品的需求动态，努力调整以适应市场需求，具有强大而活跃的产品创新能力，能够研发出具有首创性的产品。景区的现代化旅游产品生产方式正从"卖资源"转向"研产品"，"参与感""沉浸感""数字化"也正逐渐成为体验经济下现代化旅游产品的代名词，也是吸引并留住游客的三大法宝。

5. 推广营销现代化

现代化景区能够有效利用网络、广电、公共关系等各种营销方式进行旅游产品的推广活动，同时具有便捷畅通的销售与预订渠道。目前，体验营销、数字化营销、合作营销、故事营销与品牌建设、事件与节庆营销等现代化营销方式正得到越来越多的景区青睐，如通过提供独具特色的主题活动、文化表演、互动式展示等，让游客在游览中深度参与并产生难忘回忆；利用多个现代化社交媒体平台进行内容营销，吸引潜在游客关注与分享，构建景区独特的品牌形象与故事线；通过挖掘历史人文内涵、保护生态环境等方式讲述景区的独特故事，打造 IP 形象，开发文创产品，延伸景区品牌价值链条；定期举办各类节庆活动、音乐会、艺术展览等，创造新闻热点与话题，提高景区知名度。

6. 安全体系和能力现代化

现代化景区有成熟严格的安全防卫制度、专业称职的保安队伍，拥有自动化的防火防盗设备，应结合景区实际情况，制定安全标准，不断加强安全过程管理；做好设施设备运行状况的监测与分析，做到精细化管理，加强景区应急保障管理；做好提醒标语和警示牌设置工作，制定突发事件专项应急预案，提高各部门以及工作人员的应急处置能力；提升广大游客安全意识，根据不同游客群体的特点，采取差异化安全宣传教育，利用官方网站、微信公众号、微博等平台进行不同形式的宣传，提高安全教育和引导的针对性及有效性。

7. 社区治理现代化

社区治理现代化的关键在于集聚多元共治合力，构建系统性治理工程。这要求在党的集中统一领导之下，同时协同政府、社会、个体等多元主体，实现共同行动与资源共享。具体而言，当地政府需要发挥基层党组织的政治与组织优势，强化基层政府在治理中的主导职责，提升依法指导治理的能力和水平；注重发挥基层自治组织的基础作用，加强其规范化建设，提升社区协商与服务能力，激发居民参与治理的内在动力；完善社会力量参与治理的激励政策，发展各类社会组织，创新联动机制，统筹发挥社会力量的协同作用。

（三）九寨沟景区现代化视角下的社区治理现代化

1. 九寨沟景区的社区治理现代化方向

一是坚持物质文明和精神文明相协调的社区现代化。中国式现代化是物质文明和精神文明相协调的现代化。物质富足、精神富有是社会主义现代化的根本要求。物质贫困不符合中国特色社会主义现代化实际，精神贫乏也不符合中国特色社会主义现代化实际。在新发展阶段，人民群众对美好生活的需要是多层次的，一方面应考虑社区居民衣食住行等物质层面的富裕，另一方面要不断强化人民福祉，满足社区居民对民主、法治、公平、正义、安全、环境的需求，以此同步提升居民的幸福感、安全感和获得感。

二是以新发展理念指导社区现代化实践。九寨沟景区在中国共产党的领导下，坚持以共建共享、绿色文明、和谐有序的新发展理念为指引，全面推进社区现代化建设；立足于景区与社区高质量融合发展，加强组织、制度和资源保障，优化社区服务功能，提升社区居民参与能力、社区服务供给能力、社区文化引领能力、社区依法办事能力、社区矛盾预防化解能力和社区信息化应用能力；着力建设乡村振兴示范社区，通过改善人居环境和加强基础设施建设，提高社区居民生活水平，提升社区整体风貌，打造宜居宜业的和美社区。

三是以数字化建设助力社区治理现代化。九寨沟景区的社区治理现代化建设以培育和发展社区新质生产力为核心，强调社区治理与信息应用融合发展，促进"传统治理"向"智能治理"转型升级。一方面，九寨沟景区通过加大对数字经济的支持力度，引入先进的科技手段（如腾讯云技术）和技术人才，促使"互联网+景区社区治理"深度融合。例如，通过数字化手段进行实时监测和保护，加强自然遗产大数据分析，提高对社区的预警和应对自然灾害的能力等。另一方面，九寨沟景区关注技术嵌入和治理能力的匹配度，并非通过高新技术滥用和简单项目复制搭建与社区实际不相称的治理平台，而是根据社区实际进行数字平台建设。

四是基于可持续发展的多元生计现代化。九寨沟景区致力于提升旅游服务水平、完善基础设施和优化市场环境，增强居民参与社区经济发展的能力和动力，注重社区多元生计发展，提高居民的创收能力和生活水平，使九寨沟旅游业发展真正惠及社区每一位成员；进一步完善和推广"县局司"联席会议机制，统筹文旅、交通、市场监管等20多个部门的工作，将社区生计纳入政府专项治理范畴，在确保旅游可持续发展的同时，改变社区居民高度依赖景区的传统生计方式，提供多样化的就业机会和创业支持，促进社区经济的多元化、可持续发展。

2. 九寨沟景区的社区治理现代化内容

一是实现社区服务与管理现代化。九寨沟景区的社区服务与管理现代化体现在数智化、人性化和品质化三个方面。其中，数智化体现在科技创新成果在社区服务与管理上的转化应用，如推动5G、大数据、人工智能等新兴技术落地九寨沟景区，以及提升社区旅游服务与治理水平等。人性化体现在以人民为中心的现代化，让人民群众（包括游客和居民）共享现代化发展成果，满足人民日益增长的旅游品质的需求和美好生活的需要。品质化不仅体现在九寨沟景区独一无二的旅游资源品质，而且体现在高品质的旅游服务与管理以及社区治理水平上。作为软实力现代化的一种，社区服务与管理现代化更加彰显九寨沟景区的社区现代化优势。

二是丰富社区现代化旅游产品。九寨沟景区最具有吸引力的是世界自然遗产的生态旅游产品，具有完整性、原真性、不可再生性的特点，因此要想丰富社区现代化旅游产品，只能从旅游服务产品和文化创意产品上做文章，如沉浸式自然遗产博物馆体验产品、具有区别性特征的九寨沟文创产品等。九寨沟景区支持视觉科技在自然观光旅游产品中的应用，支持传统手工艺与时尚艺术品的结合，支持社区营造与旅游消费品的融合；不断创新社区文化和旅游产品，丰富现代化旅游产品供给，用九寨沟景区旅游品牌带动社区旅游产品品牌发展；让新业态新产品释放文化和旅游消费活力，让传统旅游产品走进现代生活，让广义的旅游产品和狭义的旅游产品交相辉映，塑造有容乃大的九寨沟景区旅游"超级 IP"。

三是开展社区现代化旅游营销活动。九寨沟景区充分利用数字化平台和智慧景区建设，开展社区旅游互联网营销活动和场景体验营销活动；组建常态化互联网营销团队，培育九寨沟景区旅游网红达人，通过新媒体更好地制造话题、引导舆论，让更多的人更全面地了解景区；通过 5G 定制网、8K 视频拍摄、3D 视频技术等，向游客展示最美自然风光和原生态社区文化，激发游客深度旅游动机；通过大模型、算力、人工智能生成、XR 技术等，打造社区沉浸式旅游体验项目，开展场景体验营销活动，塑造数智化旅游口碑。此外，九寨沟景区还进一步细分市场，开展精准营销活动，让旅游文化传播、旅游成果推广、旅游国际交流合作等更加务实高效，充分体现世界级景区的"民族范"和"国际范"。

四是完善现代化社区基础设施。九寨沟景区进一步完善数字旅游、智慧景区配套设施，包括以 5G、卫星互联网等为代表的新式网络基础设施，以云计算、大数据中心、物联网等为代表的信息服务基础设施，以超级计算机等为代表的算力支撑基础设施，以及用于满足社区治理、公共服务信息化应用的新型基础设施等。九寨沟景区通过 5G、卫星互联网等基础设施与网络终端的无缝对接，让数字化、智慧化导览更加便捷；通过云计算、大数据中心等基础设施分析游客量和环境承载力，引导游客分流，减轻环境压力；通过社区治理、公共服务信息化新型基础设施与居民生产生活的关联，实现景区社区治理现代化和公共服务均等化；通过数字化、智能化技术在自然灾害监测、调节和治理方面的应用，打造安全和谐社区，提升社区韧性与安全水平。

3. 九寨沟景区的社区治理现代化路径

一是推动可持续"保景富民"。九寨沟景区进一步提升社区治理能力，增强自身的吸引力和竞争力，推动可持续"保景富民"，保证村民利益共享，最终实现将九寨沟景区建设成为"世界重要旅游目的地"及"世界级旅游景区"的目的。具体而言，在物质文明层面，九寨沟景区加快建设自然遗产产业链供应链，充分链接社区参与和价值共享，实现社区居民共同富裕。在精神文明层面，九寨沟景区积极推动社区文化建设，充分阐释九寨沟自然遗产价值，实现民族社区和谐发展，提升社区居民的文化自信与精神风貌；在景区建设中形成良好的主客互动关系，助力中华优秀传统文化的弘扬与传播。在生态文明层面，九寨沟景区着力保护自然遗产生态系统的完整性，为实现我国"碳达峰""碳中和"目标添砖加瓦。

二是提升现代化景区的社区服务水平。为了提升游客体验，九寨沟景区不仅推出了多种数字化游玩方式，减少游客的排队时间，提高信息获取的速度和准确性，还通过与腾讯云的合作，实现了游客与景区之间的信息实时对称，提供了更便捷和个性化的服务。同时，景区还积极鼓励社区参与管理和服务，增加本地就业机会，从而进一步提升社区服务水平。

三是提升景区社区信息化水平。九寨沟景区通过数字化手段，建立了"数字九寨"一期工程，实现了环境保护数字化、运营管理智能化和游客服务人性化。九寨沟管理局主要利用综合集成地理信息技术（"3S"技术）、信息技术（IT）等，对自然资源、游客流量和基础设施进行全面管理，从而提高了管理效率和安全性。九寨沟景区通过建立科学的管理机制和数字化管理平台，也有助于提高管理效率，实现社区的可持续发展。

四是提升社区的韧性与安全水平。九寨沟景区始终坚持"保护第一"的原则，强化了现代化安全保障，建立了完善的生态环境监测系统和智能预警系统，以确保生态环境的可持续性；通过实时监测自然遗产，能够及时发现并应对潜在的自然灾害和其他威胁，从而提升社区的韧性与安全水平；建立了完善的安全防卫系统，包括灾害预警、游客安全管理和紧急救援机制，全方位保障景区和社区的安全，进一步增强社区的韧性和应对能力。

二、遗产旅游地的社区治理现代化建设

（一）社区治理

治理被视为政府与其他利益相关者合作的过程，包括实践技术研究和理论框架研究，涵盖秩序规则、主体行动机制、决策模式和参与平台等内容①。从本质上看，治理被理解为"个人和机构、公共和私人管理其共同

---

① BEKELE，KJOSAVIK. Decentralised local governance and poverty reduction in post-1991 Ethiopia: a political economy study [J]. Politics and governance, 2016, 4 (4): 1-15.

事务的多种方式的总和"①。治理是一个广泛的概念，包括全球治理、国家治理、地方治理等不同层级和形式。其中，社区治理是重要的形式之一。我国鼓励自上而下的公民参与，公民与基层行政组织互动，力图通过公民自愿组织的原则，通过公民的参与和监督，使公共行政的服务和效率达到最佳状态。社区治理是在接近居民生活的多层次复合的社区内进行的，依托于政府组织、民营组织、社会组织、居民自治组织以及个人等各种网络体系，应对社区内的公共问题，共同完成和实现社区社会事务管理和公共服务的过程②。胡钦森（Hutchison）从全球治理、国家治理及地方治理的宏观视角出发，认为社区治理是"治理的灵魂工作"，是在地方与全球区域之间建立支持和联系③。然而，社区治理在整个治理理论中所得到的关注仍然较少，与遗产旅游地社区治理的相关研究更是少见。

事实上，旅游目的地的社区参与已被证实为实现旅游目的地的可持续发展至关重要的一环④⑤。Bramwell⑥认为，目的地社区的参与是通过参与旅游规划和治理来实现可持续性的关键。Murphy⑦基于社区的旅游方法支持了这一观点。已有研究证明，当地社区参与旅游业治理有两种主要的好处：一是可以帮助解决旅游业发展产生的复杂问题；二是社区参与治理也有利于更公平地分配利益，以实现长期可持续的发展目标⑧。对于九寨沟景区这样的世界自然遗产地而言，实现可持续发展是其重要发展目标之一，这也更加凸显了社区的参与式治理在可持续旅游目的地发展中的重要性⑨⑩。

①　ROXAS, RIVERA, GUTIERREZ. Mapping stakeholders' roles in governing sustainable tourism destinations [J]. Journal of hospitality and tourism management, 2020, 45：387-398.

②　夏建中. 治理理论的特点与社区治理研究 [J]. 黑龙江社会科学, 2010 (2)：125-130, 4.

③　MIKE RICHARDSON. Community governance：resource KIT [D]. Christchurch：Christchurch City Council, 1999 (12)：1.

④　NICHOLAS, THAPA. Residents' perspectives of a world heritage site：the pitons management area [J]. Annals of tourism research, 2009, 36 (3)：390-412.

⑤　RASOOLIMANESH, JAAFAR. Sustainable tourism development and residents' perceptions in World Heritage Site destinations [J]. Asia pacific journal of tourism research, 2017, 22 (1)：34-48.

⑥　BRAMWELL. Participative planning and governance for sustainable tourism [J]. Tourism recreation research, 2010, 35 (3)：239-249.

⑦　MURPHY. Tourism：a community approach (RLE Tourism) [M]. New York：Routledge, 2013.

⑧　LEMOS, AGRAWAL. Environmental governance [J]. Environ resour, 2016, 31：297-325.

⑨　GUTIERREZ. Participation in tourism cases on community-based tourism (CBT) in the Philippines [J]. Ritsumeikan journal of asia pacific studies, 2022, 37 (1)：23-36.

⑩　GARROD. Local participation in the planning and management of ecotourism：a revised model approach [J]. Journal of ecotourism, 2003, 2 (1)：33-53.

（二）遗产旅游地的社区治理

遗产旅游地的社区治理涉及多个层面，包括社区居民的广泛参与、合作组织的建立、区域旅游产业的可持续发展等。社区治理的核心在于建立和维护一个合理、有效的管理体系，以确保社区居民能够积极参与旅游发展，并从中获益。社区治理依赖于社区网络组织的结构体系。旅游发展带来了就业需求，促使旅游合作组织的建立。通过社区治理，居民能够更有序地参与旅游开发，转变传统的无序经营方式。这种参与不仅能提升社区居民的经济收入，还能通过合作社等形式，实现资源共享、互惠互利。在旅游开发过程中，社区治理能够平衡经济发展与环境保护之间的关系。

而自然遗产旅游地的社区治理面临更为复杂的挑战，因为这些地区通常具有独特的生态系统和丰富的生物多样性。社区治理在这些地区的核心任务是保护自然资源的完整性，同时实现社区经济的可持续发展。社区应通过制定严格的环境保护政策，控制旅游开发的规模和方式。在自然遗产旅游地，社区治理应更多地强调多元化的参与方式，包括政府、非政府组织、社区组织等多方合作，通过建立旅游合作社、文化旅游中心等组织形式，使社区居民更加有序地参与旅游业。

（三）九寨沟景区遗产旅游地的社区参与及治理

社区居民是遗产的主人[1][2]，对遗产地资源和文化有着丰富的知识和经验，也是在遗产旅游发展过程中受影响最大的群体[3]。尽管如此，社区的利益却常常在遗产旅游发展中被忽视。因此，社区参与及治理在遗产旅游发展过程中是必要的[4]。研究者应进一步关注遗产旅游对社区的影响，以及社区居民如何能够有效地参与旅游发展并从中获益，尤其是对那些遗产保护与旅游发展矛盾更突出的世界遗产地而言[5]。

---

[1] NURYANTI. Heritage and postmodern tourism [J]. Annals of tourism research, 1996, 23 (2): 249-260.

[2] AAS, LADKIN, FLETCHER. Stakeholder collaboration and heritage management [J]. Annals of tourism research, 2005, 32 (1): 28-48.

[3] TOSUN. Limits to community participation in the tourism development process in developing countries [J]. Tourism management, 2000, 21 (6): 613-633.

[4] TIMOTHY, TOSUN. Appropriate planning for tourism in destination communities: participation, incremental growth and collaboration [J]. Tourism in destination communities, 2003 (18): 181-204.

[5] 苏明明，沃尔. 遗产旅游与社区参与：以北京慕田峪长城为例 [J]. 旅游学刊，2012，27 (7): 19-27.

在旅游开发和遗产管理文献中已经确定了各种类型的社区参与①②，其中受到讨论的三种主要社区参与形式包括强制参与、诱导参与和自发参与③。具体而言，强制参与是指居民对其参与程度缺乏自决权的最低参与水平，他们在旅游促进中的作用和随后的经济利益都是由外部机构为其决定的。诱导参与或中层社区参与虽然使当地居民在遗产管理和旅游开发过程中有发言权，但是他们对决策过程没有实际的权力或控制权④。最高层次的参与是自发参与，当地居民有权做出决定并控制发展过程⑤⑥。这种参与形式在 Arnstein⑦ 的类型学中被称为公民权利，在 Pretty⑧ 的类型学中被称为自我动员。在自发参与中，居民有权做出决定并控制发展过程。与其他两种不构成有效参与并产生冲突的参与方式不同⑨，自发参与可以在居民之间产生信任、所有权和社会资本⑩。自发参与始于早期规划阶段，并确保所有居民和利益攸关方群体积极参与整个参与式规划过程⑪。

九寨沟景区遗产旅游地作为融合了文化、历史、自然资源的特殊旅游景

①　ARNSTEIN. A ladder of citizen participation [J]. Journal of the American Institute of planners, 1969, 35 (4)：216-224.

②　TOSUN. Expected nature of community participation in tourism development [J]. Tourism management, 2016, 27 (3)：493-504.

③　ZHANG, COLE, CHANCELLOR. Residents´ preferences for involvement in tourism development and influences from individual profiles [J]. Tourism planning & development, 2013, 10 (3)：267-284.

④　TOSUN. Towards a typology of community participation in the tourism development process [J]. Anatolia, 1999, 10 (2)：113-134.

⑤　MARZUKI, HAY, JAMES. Public participation shortcomings in tourism planning：the case of the Langkawi Islands [J]. Journal of sustainable tourism, 2012, 20 (4)：585-602.

⑥　ZHANG, COLE, CHANCELLOR. Residents´ preferences for involvement in tourism development and influences from individual profiles [J]. Tourism planning & development, 2013, 10 (3)：267-284.

⑦　ARNSTEIN. A ladder of citizen participation [J]. Journal of the American Institute of planners, 1969, 35 (4)：216-224.

⑧　PRETTY. The many interpretations of participation [J]. Focus, 1995, 16 (4)：4-5.

⑨　ZHANG, COLE, CHANCELLOR. Residents´ preferences for involvement in tourism development and influences from individual profiles [J]. Tourism planning & development, 2013, 10 (3)：267-284.

⑩　RASOOLIMANESH, JAAFAR, BADARULZAMAN, et al. Investigating a framework to facilitate the implementation of city development strategy using balanced scorecard [J]. Habitat international, 2015, 46：156-165.

⑪　UN-HABITAT. Inclusive and sustainable urban planning：a guide for municipalities [D]. Nairobi：UN-Habitat, 2007.

区，其发展和管理面临诸多挑战和复杂性。在这种情况下，其社区居民的社区参与治理（尤其是自发参与）变得尤为重要。首先，九寨沟景区的社区居民是遗产旅游地的直接受益者和重要利益相关者，他们生活在遗产旅游地的周边或内部，直接面对旅游活动带来的影响，包括环境变化、社会文化冲击等；他们的意见和建议能够更直接地反映出旅游发展对社区的影响，参与决策过程可以更好地保障其利益和权益。其次，九寨沟景区的社区居民拥有丰富的地方知识和文化传承，对于遗产旅游地的保护和传承具有不可替代的作用，他们的参与和治理可以更好地传承和弘扬当地的文化遗产，增强遗产旅游地的文化底蕴和吸引力。再次，九寨沟景区的社区居民参与及治理可以增强社区凝聚力和稳定性。遗产旅游地的发展需要整个社区的支持和参与，而社区居民的参与能够增进居民之间的合作和沟通，加强社区的凝聚力和认同感，从而促进社区的和谐稳定发展。最后，九寨沟景区的社区居民参与及治理有助于提升遗产旅游地的可持续发展能力；对于当地资源和环境的熟悉程度高，能够更好地把握旅游发展的方向和节奏；避免过度开发和资源浪费，从而保障遗产旅游地的可持续发展和长久经营。

总的来说，九寨沟景区的社区居民是遗产地旅游发展的直接受益者，拥有非物质的地方性知识和文化传承，参与决策可以增强社区凝聚力和稳定性，同时也有助于提升遗产旅游地的可持续发展能力。因此，鼓励和促进社区居民的参与及治理，是实现九寨沟景区遗产旅游地可持续发展的重要途径之一。

三、民族地区社区建设与共同富裕

（一）共同富裕的相关研究

1. 共同富裕的理论解读

共同富裕是社会主义的本质要求，是中国式现代化的重要特征。习近平总书记强调，在全面建设社会主义现代化国家新征程中，我们必须把促进全体人民共同富裕摆在更加重要的位置，脚踏实地、久久为功，向着这个目标更加积极有为地进行努力，促进人的全面发展和社会的全面进步，让广大群众获得感、幸福感、安全感更加充实、更有保障、更可持续。在迈向现代化的过程中，中国共产党始终坚持以人民为中心的发展思想，始终坚持发展为了人民、发展依靠人民、发展成果由人民共享，追求"让改革发展成果更多更公平惠及全体人民"的共同富裕，彰显了正确的发展观、现代化观。2021 年召开的中央经济工作会议指出，要正确认识和把握实现共同富裕的战略目标和实践途径，这是在扎实推动共同富裕的历史阶段必须回答的新时代问答题，必须正确认识并把握好如下七种关系：

第一种，"共同"和"富裕"的关系。实现共同富裕的核心目标是"富裕"，主要特征是"共同"。在推进共同富裕的途径中，"富裕"是基础，如果没有社会财富"蛋糕"或社会财富"蛋糕"很小，共同富裕则成了空中楼阁，就会陷入共同贫困的陷阱；"共同"是特征，即要切好分好社会财富"蛋糕"，使发展成果更多更公平惠及全体人民。

第二种，"发展"和"共享"的关系。发展是实现共同富裕的根基，没有发展，则没有"富裕"，更难以"共同"；共享是实现共同富裕的方式，没有共享，则会出现严重的两极分化，割裂生产、分配、流通、消费间的有机联系，反过来制约更好地发展。

第三种，"先富"和"共富"的关系。先富是途径方法，共富是最终目标。实现共同富裕并不是在共同富裕的道路上"齐步走"，而是允许一部分人一部分地区先富起来。"先富"将会发挥极大的示范带动作用，为其他人群和地区提供致富的榜样，通过"先富"带"后富"帮"后富"，最终实现共同富裕。

第四种，"物质"和"精神"的关系。共同富裕是人民群众物质生活和精神生活都富裕，既包括生活的富裕富足，还包含精神的自信自强。促进共同富裕与促进人的全面发展是高度统一的。

第五种，"效率"和"公平"的关系。效率是做大社会财富"蛋糕"的关键，通过有效市场不断提高全要素生产率，促进高质量发展，为实现共同富裕奠定扎实的物质基础；公平是切好分好社会财富"蛋糕"的关键，加快构建初次分配、再分配、三次分配协调配套的基础性制度安排，形成人人共享的收入财富分配格局和优质均衡的社会保障体系。

第六种，"差距"和"平衡"的关系。缩小地区差距、城乡差距、收入差距是推进共同富裕的三大主攻方向。缩小差距并不是要消除差距，实现"一样化"的共同富裕，而是要将差距控制到合理区间。差距是在发展中产生的，也要靠发展来解决，要通过高质量发展不断提高发展的平衡性和协调性，自觉主动缩小三大差距。

第七种，"当前"和"长远"的关系。我国处于并将长期处于社会主义初级阶段的基本国情决定了实现共同富裕的长期性、艰巨性、复杂性，因此要把握好"当前"和"长远"的关系，既要遵循规律、循序渐进、积极有为，又不能脱离实际，更要脚踏实地、久久为功，在实现现代化进程中不断地、逐步地实现共同富裕。

2. 民族地区共同富裕的相关研究

实现各民族共同富裕是在中国式现代化进程中，推动各民族团结奋斗、共同繁荣发展的具体表征和实践指向。由于特殊的地理区位、自然条件、民族因素、战略定位等，民族地区是实现共同富裕的重点地带和关键区域。从一定意义上讲，民族地区共同富裕的实现程度直接关系到中国式现代化的推进成效。高永久和杨龙文（2024）对中国式现代化与民族地区共同富裕的互构逻辑展开分析，并基于民族地区共同富裕的区域要素、民族要素、精神要素三大内涵要素，有针对性地提出了区域建设、民族建设和精神建设的三条实现路径①。陈纪和蒋子越（2024）围绕物质生活、精神生活、公共服务三个维度，结合物质型资源支持、精神型资源支持、服务型资源支持三类支持资源进行了路径探讨②。高鑫（2024）聚焦中国式现代化进程中民族地区共同富裕的"富民"核心、"共建"前提和"共享"目的，对民族地区共同富裕的发展现状、问题表现、实现路径进行讨论③。

在历史、自然、现实的多重因素影响下，民族地区经济社会发展长期处于相对落后局面。在历史方面，民族地区的经济基础和教育基础薄弱。我国的民族地区多位于西北边陲和西南边陲，远离以农耕文化为基础的中华文明核心区。长期以来，民族地区经济体系不完善、经济基础较为薄弱，并长期受游牧文化影响，对教育培训的需求较少，从而导致教育基础薄弱成为民族地区存在的普遍问题。在自然方面，民族地区的特殊地理环境诱发了发展矛盾，集中表现为地质条件复杂导致的基础设施建设相对落后，地理区位远离消费市场造成的引资相对困难，以及生态保护、经济发展之间的矛盾。民族地区的地质条件复杂、自然灾害频发，给当地的基础设施建设带来了极大挑战；其多处于生态环境脆弱区，大部分自然资源富

---

① 高永久，杨龙文，2024. 中国式现代化视域下民族地区共同富裕的内涵要素和实践路径 [J]. 贵州民族研究，2024，45（2）：106-114.

② 陈纪，蒋子越. 民族乡村走向共同富裕的资源支持路径研究 [J]. 贵州民族研究，2024，45（2）：115-122.

③ 高鑫. 民族地区中国式现代化进程中的共同富裕实践思考 [J]. 贵州民族研究，2024，45（2）：123-130.

足、开发潜力巨大的区域在全国主体功能区划分中被划为禁止开发和限制开发区①。在现实方面，民族地区的发展环境相对劣势，包括制度环境、基础设施建设水平、政府治理能力、科教文卫实力、工业基础、劳动力素质等基本要素，使得民族地区在招商引资中处于弱势地位，大多只能作为相对发达地区产业转移的承接地，接受这些地区淘汰的低附加值和高耗能的资源及劳动密集型产业。这不仅削弱了民族地区经济增长和产业转型的内生动力，使其陷入发展瓶颈，还造成了严重的环境污染，从而不利于民族地区的可持续发展。

物质文明和精神文明相协调，既是中国式现代化的本质要求，也是中国式现代化的中国特色之一，还是不断满足人民群众对美好生活追求的关键所在。物质文明与精神文明彼此相连、相互促进，共同构成了丰富多彩的人类文明。随着国家政策的不断倾斜和资金支持力度的加大，民族地区的物质文明建设有了明显进步，基础设施建设得到了明显改善，电力、交通等基础设施的建设和覆盖率逐渐提高，居民的生活水平也有所改善；同时，农村经济的发展也在逐步提升，农村产业的多元化发展使群众收入有了一定的提高。然而，民族地区的精神文明建设还存在不足。一方面，由于长期的封闭状态和落后状态，部分民族地区的文化传统和精神文明的建设存在滞后现象，民众的精神文明水平还有待提高；另一方面，随着现代化进程的加快，传统文化受到冲击，一些传统文化和习俗正面临被边缘化和消失的危险。民族地区的精神文明建设亟须提升，并与物质文明建设相辅相成。民族地区精神要素下的共同富裕，是与物质生活水平相匹配的精神生活质量富裕，包括四个方面的要求：一是民族地区的精神文明建设与东部发达地区不断缩小不平衡性，达到乃至超越全国平均水平；二是民族地区乡村精神文明建设与城市不断缩小不平衡性，实现同频共振乃至齐头并进；三是民族地区各民族群体、个体都能掌握基本的现代科学文明和知识文化素养，拥有较高的思想道德和社会公德水平；四是民族地区各具特色的传统文化、特色文化在现代化变迁过程中更好地与多元一体的中华文化相融合，以增进共同性建设中华民族共同体，共同参与中华民族现代文明创造②。

---

① 萨础日娜. 民族地区生态补偿机制研究 [M]. 呼和浩特：内蒙古大学出版社，2015：81.
② 高永久，杨龙文. 中国式现代化视域下民族地区共同富裕的内涵要素和实践路径 [J]. 贵州民族研究，2024，45（2）：106-114.

（二）九寨沟景区的社区建设与共同富裕

1. 社区建设与共同富裕的理论研究

共同富裕现代化基本单元包括打造未来社区、未来乡村、城乡风貌样板区三大板块①，从社区角度探讨共同富裕正逐渐成为推进中国式现代化的研究热点。张自强和何婕（2024）以贵州省黔东南朗德苗寨为例，探讨了共同富裕目标下社区主导乡村旅游发展的逻辑与出路，认为随着乡村旅游市场加剧与社区内部群体分化，路径依赖中历时关联与共时关联下降，减弱了回报递增与体制锁定，引致朗德"工分制"的路径偏离，变革方向以维护社区主导内核为基础，由单一劳动合作走向劳动与资本的双要素合作形式②。张自强（2023）认为，在新的起点上推进共同富裕与乡村振兴，有必要预防民族村寨景区化中的社会排斥及其影响，避免"村富而民不富、村荣而民不荣"的局面③。田兴海（2024）认为，在共同富裕理念的倡导下，社区生活圈的建设是营造健康、高效、绿色、便利的生活环境，实现高品质生活与工作的目标，满足人民日益增长的美好生活需要的重要途径④。王蔚炫（2021）认为，共同富裕背景下社区生活圈的发展要求是全域均等、以人为本、共建共享⑤。

共同富裕是中国式现代化的重要特征之一，社区共同富裕是共同富裕现代化的基本单元。共同富裕的共同性具体表现在五个方面，即共生、共识、共行、共利和共情。其中，共生维度强调人与自然、人与人之间的和谐共处关系；共识维度强调只有形成关于社区共同富裕的统一理念和话语，全社区居民团结一心、拧成一股绳，才能在实现社区共同富裕的进程中产生合力、取得成效；共行维度是指在党的全面领导下，全社区以统一的、直接现实的社会实践活动实现共同富裕，揭示的是社区共同富裕的路径问题；共利维度是从利益角度对社区共同富裕的把握，表达的是社区共

① 嘉兴市人民政府. 让共富基本单元满载"幸福味"［EB/OL］.（2022-08-15）［2024-11-08］.https://www.jiaxing.gov.cn/art/2022/8/15/art_1536591_59546518.html.

② 张自强，何婕. 共同富裕目标下社区主导乡村旅游发展的逻辑与出路：以贵州省黔东南郎德苗寨为例［J］. 地域研究与开发，2024，43（2）：125-130.

③ 张自强. 何以共富：民族村寨景区化中社会排斥及其纾解路径：基于贞丰县纳孔村的个案考察［J］. 社会科学家，2024（1）：79-86.

④ 田兴海. 共同富裕背景下拉萨市社区生活圈发展对策初探：以河坝林社区为例［J］. 中国市场，2024（7）：21-24.

⑤ 王蔚炫. 共同富裕背景下宁波社区生活圈发展对策研究：以三江片为例［J］. 宁波经济（三江论坛），2021（10）：25-27.

同富裕的现实表征；共情维度强调社区全体居民形成的共同体既是利益共同体也是情感共同体，这要求社区从情感维度把握和看待共同富裕的实践行为。

2. 社区建设与共同富裕的实践研究

在社区建设与共同富裕的路径模式方面，学者们聚焦于中国式现代化进程中县域城乡融合的动力机制，通过深入分析城乡融合的内在关联、现实问题和推进逻辑，揭示了城乡融合在实现共同富裕中的关键作用①。在中国式现代化进程中，城乡融合是实现共同富裕的重要路径②，为山区县③提供了在城乡发展中实现共同富裕的新思路，为山区县在生态环境保护中寻找与现代化相契合的道路提供了理论支持④。郑瑞强（2024）等建构了"以要素禀赋改善为支撑，产业结构转型升级为引擎，协同驱动区域共同富裕"的逻辑框架，两者耦合协调程度在要素禀赋促进区域共同富裕过程中发挥门槛效应⑤。郭占锋等（2021）将陕西省礼泉县烟霞镇袁家村作为典型案例进行深度剖析，认为村庄共同体属性的变化以及复杂多变的市场运作逻辑引发了治理基础的改变，使得袁家村社区的治理不得不由侧重"内部社会秩序"转向"社会秩序+市场秩序"内外兼顾的新格局，并不断进行治理创新以应对新的利益冲突和矛盾纠纷，从而保障袁家村旅游业的可持续发展⑥。郭占锋等人指出，旅游市场在袁家村的发展加快了乡村社会的人员流动与贸易往来，袁家村市场内部的多元群体在经济互动中不断构建着复杂的社会关系，共同推动市场的持续壮大，形成以市场为核心的新共同体。在此基础上，袁家村的治理对象、主体、内容、理念等方面具有了新的特征，村庄治理出现了明显的转型态势：首先，从农业经营主

① 运迪，贾则琴. 共同富裕目标下的城乡融合：内在关联、现实困境和推进逻辑 [J]. 新疆社会科学，2023（6）：156-166.

② 李佳，张成甦. 中国式现代化视域下的城乡融合发展研究展望 [J]. 西部论坛，2023，33（6）：114-122.

③ 山区县是指山地面积占据绝对优势的县域，即在山地、丘陵以及崎岖的山地和荒漠高原等地形中分布面积达到整个区域50%以上的县。

④ 郎宇，王桂霞. 生态资源价值化助推乡村振兴的逻辑机理与突破路径 [J]. 自然资源学报，2024，39（1）：29-48.

⑤ 郑瑞强，赖文欢，陈洋庚. 要素禀赋改善、产业结构优化与特殊类型地区共同富裕 [J]. 江苏大学学报（社会科学版），2024，26（1）：47-61.

⑥ 郭占锋，李轶星，张森，等. 村庄市场共同体的形成与农村社区治理转型：基于陕西袁家村的考察 [J]. 中国农村观察，2021（1）：68-84.

体治理转向商业从业者治理。自发展旅游业以来，袁家村的本村农民彻底告别了基本农业生产，在袁家村内从业的外来商户、务工者等流动人口都成为村庄治理的重要对象。其次，商业合作组织的加入与片区化管理。袁家村村庄治理主体从传统治理中的"村两委"转变为"村两委+管理公司"，开始形成多组织共同参与的多元治理模式。2007年，袁家村成立了陕西关中印象旅游有限公司，通过建立合作社的形式整合村内同质旅游产品业态。随着旅游产业越做越大，袁家村又逐步成立各种行业协会，甚至招商引进了二级代管公司从事具体的执行工作。在各种商业组织协同方面，袁家村采用片区划分、层级管理的方式，充分发挥专业性社会组织的作用，实现专事专管。再次，从日常村务管理转向旅游市场经营管理。最初，袁家村村干部的工作主要是为群众办理日常事务、配合政府有关部门开展农村工作、协调解决各类矛盾纠纷。旅游产业的兴起改变了袁家村的治理结构，治理内容也有了新的侧重点，如不同街区的发展路线、各类商户的经营规则、产品原料的调配和使用等都更需要专业的人士给予规划和指导，同时也必须施以专业的管理办法，由此使得村庄治理内容朝着更专业化的方向发展。最后，资源分配中的互惠道义理念。面对多元的村庄内部结构和复杂的管理内容，袁家村贯彻了一套新的社区治理理念，从传统的道德权威、宗族权威治理转变为以市场运作逻辑为基础的复合式治理，其中既包括村民自治法规、市场管理规则等正式制度，又包括乡村商业中的互惠道义逻辑。为了平衡不同经营主体的收益差距，袁家村使用了包含"交叉入股"在内的多种分配方式。

在自然遗产旅游社区，从旅游经营者的视角来看，自然遗产地居民及其经营性设施的整体搬迁既有利于遗产保护，也有利于景区运营管理。从遗产保护者的视角来看，遗产地社区居民的生活与经营活动不利于遗产保护。通过梳理国内文化与自然遗产地的搬迁事件可以发现，从20世纪80年代至今，居民搬迁已成为当前地方协调遗产保护与旅游发展关系及人地矛盾的常见方法，如丽江古城、峨眉山、武夷山、武陵源、三江源、梵净山等遗产旅游地均采取了生态移民和搬迁的方式来保护当地自然遗产，且均达到了较为理想的遗产保护效果。截至2019年年底，我国世界遗产旅游地居民搬迁事件见表5-1。

表 5-1 我国世界遗产旅游地居民搬迁事件

年份	事件内容	情境与目的
1986—1999	丽江古城迁出人口：1 527 户 5 001 人，超过古城的 1/3	旅游化/发展旅游
1994	布达拉宫申请拆迁：670 户居民	遗产化/申遗
1996	峨眉山申请拆迁	遗产化/申遗
1998	武夷山世界遗产保护一期搬迁：404 户 2 000 余人	遗产化/申遗
1999	武陵源核心景区生态移民一期搬迁：400 个经营户	遗产化/遗产保护
1999	青城山-都江堰申遗拆迁：农户 1 500 多家	遗产化/申遗
2001	武夷山世界遗产保护二期搬迁：746 户	遗产化/遗产保护
2001	武陵源核心景区生态移民二期搬迁：常住居民 547 户 1 791 人	遗产化/遗产保护
2001	安阳殷墟申遗搬迁一期：6 个村庄 142 户居民	遗产化/遗产保护
2003	嵩山-少林景区整治搬迁：拆迁面积 37.8 万平方米	遗产化/遗产保护
2003	神农架自然保护区实施"生态移民"计划	遗产化/遗产保护
2004	鼓浪屿一期拆迁：建筑物面积为 21 600 平方米	旅游化/发展旅游
2003—2011	三江源生态移民：14 477 户	遗产化/遗产保护
2007—2008	五台山申遗一期搬迁：居民 129 户 456 人	遗产化/申遗
2008	嵩山申遗搬迁：1 347 户 1 495 处居民	遗产化/申遗
2013	五台山申遗二期搬迁：247 户 1 065 人	遗产化/申遗
2018	武陵源核心景区及周边区域拆迁：2 321 户 7 229 人	旅游化/发展旅游
2018	嵩山世界文化遗产综合整治搬迁：300 多户	遗产化/遗产保护
2018	梵净山申遗后核心居民搬迁	遗产化/遗产保护
2019	庐山牯岭居民搬迁：4 500 余人	遗产化/遗产保护

资料来源：周小凤，张朝枝，蒋钦宇，等. 搬还是不搬？：遗产化与旅游化情境下的社区居民搬迁研究 [J].旅游学刊，2022，37（3）：83-95.

综上所述，九寨沟景区的社区推进物质文明和精神文明相协调的现代化可以从四个方面考虑：一是坚持保护生态环境的治理政策。生态优先能够有效遏制九寨沟景区城市化的现象，使景区内生态环境得到持续改善，生态系统良性发展，有利于维护世界遗产地的真实性和完整性，还原和保护九寨沟景区的原始自然风貌，避免自然遗产"公地悲剧"的发生。二是坚持以绿色发展为引领，激活九寨沟景区的社区经济高质量发展新动能。社区要持续推进旅游名牌申创工作，持续推进文化和旅游深度融合发展，高规格举办生态旅游系列活动，持续推进旅游市场秩序整改；全力支持现代物流、电子商务等服务业加快发展，大力发展"互联网+""网红经济"等新型消费，吸引优质品牌入驻，培育新兴消费热点区，提高旅游景区的吸引力和承载力。三是坚持新型城镇化建设，建设宜居宜业和美社区。社区要持续打好综合交通枢纽建设大会战，加快推进轨道交通、通用航空机场等项目，新建"美丽乡村路"，提升社区公共交通服务水平；推动水利工程提速建设，深入实施电网巩固提升工程，推进信息网络建设，全面推动社区光纤宽带和4G网络深度覆盖，大力补齐城镇基础设施短板。四是推进公共服务的普及互惠。社区可以与多方主体寻求合作，增加住房、就业、教育、医疗、养老服务等资源的供给，有助于推进民生事业高质量发展，同时还能够带动九寨沟景区内部关系网络、互惠规范、信任合作等社会资源的生成，提升社区公共服务水平。

（三）国内外自然遗产旅游社区治理案例

1. 我国的三清山自然遗产地社区治理

三清山位于江西省上饶市东北部，是以花岗岩峰林、象形石和松林景观为特点，兼有道教文化的山岳型旅游景区，其属于世界自然遗产（2008年）、国家重点风景名胜区（1988年）和国家 AAAAA 级旅游景区（2011年）。江西省上饶市政府依据《江西省三清山风景名胜区管理条例》（2006年）将三清山管委会列为市政府正县级派出机构，代表市政府对三清山风景名胜区各项事务统一管理，行使行政管理和行政许可职能。三清山管委会设国有独资"三清山旅游产业发展集团有限公司"，下辖三清乡和枫林办事处，15个行政村，辖区人口有2.15万余人。

三清风景名胜区管理委员会按照《保护世界文化和自然遗产公约》《生物多样性公约》要求，于2006年编制了《三清山世界自然遗产提名地保护管理规划》。该规划深化并落实《保护世界文化和自然遗产公约》的义务，在提名地保护管理措施、缓冲区保护与协调措施、社区居民参与、区域协调发展、保护管理设施建设和有关制度建设方面做了重要完善。

　　2006 年，在三清山未成为世界自然遗产前，上饶市委、市政府已经提出"山上游、山下住，景区游、城里住""游览区与服务区分离的双区结构"的发展理念。随后，三清山风景名胜区管理委员会对环境敏感或危险地区的居民实行了搬迁。例如，2008 年，三清山风景名胜区管理委员会印发了《三清山风景名胜区金沙休闲旅游中心征地拆迁、安置补偿工作的实施方案》，方案中共有两个安置区（银湖湾生态村、金沙生态小区），社区内学校、卫生院、社区管理中心、村民休闲活动场所一应俱全。三清山重新安置计划是由三清山风景名胜区管理委员会发起和管理的，此搬迁举措得到了联合国教科文组织的承认和批准。由于受保护区的社区搬迁的敏感性，联合国教科文组织要求搬迁应以公正和公开的方式进行，注重社区福祉，这一过程应通过协商和同意的方式，而不是强制执行，并应提供公平的补偿，以确保居民的利益和适当的发展。根据这些标准，联合国教科文组织评估并批准了三清山的搬迁过程。三清山的搬迁过程表明，遗产地的一些行动也是需要得到联合国教科文组织世界遗产委员会批准的。

　　2. 我国的三江并流自然遗产地社区治理

　　三江并流世界遗产地位于中国云南省，三江并流是指金沙江、澜沧江和怒江三条发源于青藏高原的大江在云南省境内自北向南并行奔流170 多千米的区域。1988 年，三江并流被国务院定为第二批国家级风景名胜区。2003 年 7 月，根据世界自然遗产评选标准，三江并流被列入《世界遗产名录》。为了有效保护和合理利用三江并流世界自然遗产地资源，云南省自 2005 年 7 月 1 日起开始施行《云南省三江并流世界自然遗产地保护条例》；2018 年 7 月 17 日，云南省人民政府发布《云南省加强三江并流世界自然遗产地保护管理若干规定》，将加快推进三江并流世界自然遗产地生态环境保护工作。

　　三江并流世界自然遗产地作为已经列入《世界遗产名录》并经联合国教科文组织世界遗产中心审议通过的特定区域，其管理严格执行《云南省三江并流世界自然遗产地保护条例》（2005 年）规定，涉及风景名胜区的建设项目必须按照《风景名胜区条例》《云南省风景名胜区条例》规定，依法依规按照程序履行有关手续；涉及自然保护区的建设项目必须按照《中华人民共和国自然保护区条例》《云南省自然保护区管理条例》规定，依法依规按照程序履行有关手续。

　　遗产地所在的州、市、县、区人民政府是生态环境保护管理的责任主体。省级世界自然遗产管理机构对遗产地的保护管理工作进行指导和监督，各风景名胜区和自然保护区的管理机构负责日常监督管理，其他相关部门按照职责分工履行监督管理职责。除了政府管理之外，在三江并流地区，社区治理也通过多方参与和合作机制，实现了旅游开发与遗产保护的协调发展。社区组织和非政府组织通过建立旅游合作社、文化和旅游中心等形式，推动社区居民有序参与旅游业，促进经济发展。三江并流地区的社区治理注重利益分配机制的建立，通过合理的利益分配，确保社区居民能够从旅游开发中获益，同时也能支持遗产地的长期保护。例如，《云南省三江并流世界自然遗产地保护条例》规定，在三江并流遗产地风景名胜区一级保护区内，对保护三江并流遗产地确有不利影响的居民点，有关县级人民政府应当拟定搬迁计划，按照审批权限报县级以上人民政府批准后，逐步实施搬迁。搬迁应当妥善安排搬迁户的生产、生活，保护其合法权益。政府通过补贴和政策支持，缓解了旅游开发对部分社区居民利益的冲击，促进了社区的和谐发展①。

3. 我国的黄山自然遗产地社区治理

黄山位于安徽省黄山市北部，地跨歙县、休宁县、黟县、黄山区和徽州区，分为温泉、云谷、玉屏、北海、松谷、钓桥、浮溪、洋湖、福固九个管理区，属于世界文化与自然双重遗产（1990 年）、国家重点风景名胜区（1982 年）、世界地质公园（2004 年）和国家 AAAAA 级旅游景区（2007 年）。黄山风景区的管理体制经历了黄山建设委员会、黄山办事处、黄山管理处、黄山管理局到黄山风景区管理委员会的演变过程，现行的黄山风景区管理委员会隶属安徽省和黄山市双重领导，对各项事务统一管理，行使行政管理和行政许可职能。黄山风景区管理委员会设国有独资企业——黄山旅游发展股份有限公司（1999 年进一步组建"黄山旅游集团"），下辖汤口镇、谭家桥镇、三口镇、耿城镇和焦村镇五个乡镇，共计 28 个行政村，辖区人口 5.77 万余人。

黄山风景区管理委员会按照《保护世界文化和自然遗产公约》《生物多样性公约》要求，编制了《黄山风景名胜区管理条例》（1989 年）和《黄山风景名胜区总体规划（2007—2025）》，深化与落实了《保护世界文化和自然遗产公约》的义务，在保护地范围、管理委员会职责、社区居民

---

① 普荣，白海霞. 三江并流世界遗产地的旅游开发与社区治理 [J]. 高师理科学刊，2015，35（4）：57-60.

参与、区域协调发展、明令禁止行为、保护管理设施建设和有关制度建设方面做了重要完善。

黄山风景区管理委员会在《黄山风景名胜区管理条例》中提出了"科学规划、统一管理、严格保护、永续利用"的指导方针，根据"山上做减法，山下做加法"的思路，外迁管理委员会机构和部分职工宿舍，提出"山上游，山下住"的构想（2007 年）。黄山风景区管理委员会对环境敏感或危险地区的居民实行了搬迁，搬迁过程中注重社区福祉，强调建立生态补偿机制，对为保护黄山风景名胜资源受到限制开发的地区给予补偿，补偿水平与经济社会发展状况相适应。除了政府管理之外，社区也通过多方参与和合作机制实现了旅游开发与遗产保护的协调发展。社区居民积极参与景区环境保护工作，同时承担抬轿、挑包等服务工作；汤口镇山岔村还建立了直坑-天湖-苏杭、汤口-山岔、汤口-山岔-黄山南大门等城乡一体化的公共交通系统，顺畅连接了周边村落与黄山风景区的公共旅游交通线路。

4. 我国的张家界武陵源自然遗产地社区治理

张家界武陵源风景名胜区位于湖南省西北部，由张家界国家森林公园、天子山自然保护区、索溪峪自然保护区、杨家界自然保护区组成，由于地处石英砂岩和石灰岩结合部，形成了无数的溶洞、落水洞、天窗和群泉，其属于世界自然遗产（1992 年）、世界地质公园（2004 年）、国家重点风景名胜区（1988 年）和国家 AAAAA 级旅游景区（2007 年）。为实现自然遗产地的可持续发展，张家界市设立了张家界联合国教科文组织世界地质公园管理委员会、张家界武陵源风景名胜区和国家森林公园管理处、张家界地貌联合研究中心、张家界市地质公园管理办公室等机构。截至2023 年 6 月底，武陵源县级行政区下辖 2 个街道、2 个乡。截至 2023 年年末，武陵源县级行政区常住人口有 5.96 万人，城镇化率达 71.14%。

张家界联合国教科文组织世界地质公园管理委员会按照《保护世界文化和自然遗产公约》《生物多样性公约》要求，编制了《张家界世界地质公园地质遗迹保护规划（2011—2020 年）》和《张家界国家地质公园规划（2013—2025 年）》等相关规划，旨在深化与落实《保护世界文化和自然遗产公约》的义务，在地质遗产保护、地学科普设施建设、缓冲区保护与协调措施、社区居民参与、保护管理设施建设和有关制度建设方面做了重要完善。

2017 年 5 月 31 日，武陵源区人民政府正式发布《武陵源核心景区天子山片区、袁家界片区移民搬迁公告》，从房屋补偿、居民安置、生产生活保障、建设安置区和特色商业街区、规划集体经济发展蓝图等方面解决了绝大部分居民的后顾之忧。搬离景区之后，村集体经济以及村里成立的张家界市武陵源空中田园旅游开发有限公司每年都会给村民们分红。向家坪（天子山街道生态移民安置点）二期商业街开街后，每个居民有认购 30 平方米门面的资格，经过统一管理、经营，收益将统一分红。2021 年 2 月，张家界市武陵源旅游产业发展有限公司为天子山景区搬迁入股的 832 名居民派发红利 287.53 万元。截至 2022 年年底，武陵源核心景区天子山、袁家界超过 95% 的居民已经搬迁下山。

5. 我国的丹霞山自然遗产地社区治理

丹霞山为广东四大名山之一，位于韶关市东北郊，总面积达 292 平方千米。自 1988 年开发以来，丹霞山先后被列入和评为国家级风景名胜区、国家级自然保护区、国家地质公园、国家 AAAA 级旅游景区、国家 AAAAA 级旅游景区。经联合国教科文组织批准，2004 年 2 月 13 日，丹霞山被评为全球首批世界地质公园；2010 年，丹霞山又被列入《世界遗产名录》。早在新石器时代就有古越先民在这里生活，留下了鲶鱼转文化遗址。丹霞山山上保留了各个时期的古山寨，其中建于明朝崇祯年间的细美寨被定为广东省文物保护单位；位于丹霞山景区中部、锦江西岸的夏富古村于 2013 年被评为广东十大最美古村落之一。自 20 世纪末发展旅游业以来，丹霞山旅游业已深切地改变了当地居民的生产生活方式，当地居民 90% 从事旅游服务工作，受益于景区的建设，已成为地质公园和自然遗产最为重要的守护者。

以丹霞山片区崀山风景名胜区为例。按照《保护世界文化和自然遗产公约》《生物多样性公约》要求，崀山风景名胜区管理委员会组织编制了《中国丹霞地貌崀山世界自然遗产提名地保护管理规划》，具体阐述了崀山世界自然遗产地最重要的价值特征，提出了保护突出的自然景观、地质和生物栖息地的目标。地区内有崀山镇的 7 个行政村，2007 年当地居民为 3 700 人，外来服务人口有 300 人，提名地管理人员有 90 人，社区居民人口为 4 090 人，人口密度为 62 人/平方千米；提名地人口主要分布在边缘地带和河谷地带。《中国丹霞地貌崀山世界自然遗产提名地保护管理规划》指出，针对提名地资源保护主体边缘的居民，应提出生态移民计划，向区外和社区聚集点转移。

社区参与是丹霞山治理工作的重要组成部分。在居民实际参与治理方面，丹霞山社区管理机构通过定期召开会议、提供便民电话和电子邮件等方式，鼓励居民参与决策和管理。例如，丹霞山的居民积极参与景区的环境保护活动，如定期的清洁活动和环保宣传；同时，他们也参与到旅游产品的供应中，如提供特色农产品、经营民宿和导游服务等，从而直接受益于旅游业的发展。社区参与还体现在与其他利益相关者的合作上。丹霞山管理委员会协调居民与旅游企业、非政府组织之间的关系，共同推动旅游和社区的发展。丹霞山居民与当地酒店和餐馆合作，提供农产品和服务，增加了经济收入。随着丹霞山旅游业的发展，山门内外村民的居住条件得到了显著改善，如瑶塘村和断石村在政府支持下进行了整体改造；青湖塘村通过土地征收补偿款进行新村建设，改善了居民的生活质量，也为他们提供了更好的旅游经营环境。韶关市丹霞山管理委员会时任副主任陈昉说道："过去，我们只是在卖景区门票，现在，我们想尽办法'留'客人……丹霞山景区内的村子和所在地仁化县其他村子一样，进行了村容村貌改造，环境卫生整理，不管你买不买票，进景区还是进乡村，处处都是像画一样。"然而，这些改造也带来了一定的还贷压力，居民需要通过旅游收入来偿还贷款。旅游业的发展促使山门内外的村民从传统的农业向第三产业（旅游业）转变。山门内的村民基本停止了农业耕种，专注于旅游经营（如客栈、饭店和旅游商品经营），而山门外的村民则通过旅游经营和外出务工结合的方式谋生。

6. 欧洲的阿尔卑斯山自然遗产地社区治理

阿尔卑斯山是欧洲最高及横跨范围最广的山脉，它覆盖了意大利北部边界、法国东南部、瑞士、列支敦士登、奥地利、德国南部及斯洛文尼亚。欧洲许多大河都发源于此，水力资源丰富，为旅游、度假、疗养胜地。自旧石器时代开始，阿尔卑斯山区就有人类居住，目前阿尔卑斯山区（尤其是西部）是阿尔卑坦人的文化区。

为了寻求在保护阿尔卑斯山的自然环境和文化完整性的同时，促进该地区的发展，阿尔卑斯山地区于1995年起开始施行《阿尔卑斯公约》。该公约是一份阿尔卑斯山地区可持续发展的国际性领土条约，其将奥地利、德国、法国、意大利、列支敦士登、摩纳哥、斯洛文尼亚和瑞士八个国家团结起来，旨在通过实施各项协议和宣言，在阿尔卑斯地区超越国界，打造本区域独特的品质和特点。《阿尔卑斯公约》强调社区参与的重要性，要求签署国确保地方社区在环境决策中的参与权利，并促进地方知识的应用和传播。此外，各国在地方治理中也制定了相关的法律法规，确保社区居民的参与。例如，瑞士的《环境保护法》明确规定了公众参与环境决策的权利，包括参与公共咨询、听证会和环境影响评估过程。

具体来说，地方社区可以通过各种形式参与相关决策过程，包括参与地方管理委员会、生态保护协会和旅游发展委员会等。在法国的瓦诺瓦兹国家公园，社区居民通过参与公园管理委员会，直接影响公园的管理与保护措施；在重大环境决策和项目实施前，地方政府和管理机构会组织社区咨询和听证会，听取社区居民的意见和建议。在瑞士，当地方政府进行环境影响评估时，必须组织公开听证会，确保社区居民有机会发表意见。法国阿尔卑斯山脉地区的瓦诺瓦兹国家公园当地社区通过参与公园管理委员会，对保护政策和旅游发展提供建议。公园管理委员会由地方政府代表、社区代表和环保组织成员组成，共同讨论和决定公园的管理事务。为了确保社区居民的有效参与，各地区还注重提升社区居民的环保意识和技能。地方管理机构和非政府组织通过各种教育和培训项目，提高居民的环境保护能力。在意大利多洛米蒂地区，社区居民参与了多个环保培训项目，学习如何保护当地的生态系统和文化遗产。同样地，瑞士的恩加丁国家公园管理方也通过定期组织社区咨询会议和环境教育活动，鼓励当地居民参与保护工作；同时，社区居民还参与到环境监测和科研项目中，通过提供本地知识和参与数据收集，支持科学研究和生态保护。在法国的阿尔卑斯地区，社区志愿者参与了多项气候变化和生物多样性监测项目，帮助科学家收集数据和分析环境变化。此外，瑞士也有诸如阿莱奇冰川保护计划类似的相关计划，来支持居民参与环境保护工作。

7. 加拿大的班夫国家公园旅游社区治理

班夫国家公园位于加拿大阿尔伯塔省，是加拿大第一个国家公园，成立于 1885 年。公园内主要的商业区为弓河山谷的班夫镇，它作为"加拿大落基山脉公园群"的一部分，与其他加拿大落基山脉的国家和省立公园一起被列入《世界遗产名录》。根据 2007 年人口普查，班夫的人口为 8 721 人，其中有 7 437 人是长期居民。作为联合国教科文组织的世界遗产地，班夫国家公园不仅是旅游胜地，也是环境保护和社区参与的典范。

从最初的《落基山脉公园法》颁布以来，后续的法律和制度在环境保护上继续加大了力度。《加拿大国家公园法》于 1988 年修正，将保存生态完整性放到了第一优先级的位置，同时要求每一座公园在公众的参与下制订管理计划。《国家公园法》是管理加拿大国家公园的主要法律框架，旨在保护国家公园的生态完整性，并促进公众的理解、欣赏和享受。该法案明确规定了国家公园管理的目标和原则，确保所有活动都以环境保护为核心。此外，班夫社区还制定了《班夫管理计划》，用以指导班夫国家公园的运营与保护措施。《班夫管理计划》包括生态保护、文化资源保护、旅游管理和社区发展等多个方面，强调公众参与和社区合作，确保各利益相关者的意见和需求得到充分考虑。

班夫国家公园通过定期组织公共咨询会和听证会，邀请社区居民参与讨论和决策。例如，当制定和更新《班夫管理计划》时，公园管理局会召开多次公共咨询会，听取居民、企业和非政府组织的意见和建议。这种公开透明的决策过程，确保了社区居民的声音能够被听到并纳入管理政策中。为保证居民的实际参与，班夫社区还设立了多个咨询委员会，包括环境保护委员会、旅游发展委员会等。这些委员会由社区代表、环保专家、旅游业代表和政府官员组成，共同讨论和解决公园管理中的各种问题。其中，班夫旅游咨询委员会负责讨论和建议旅游管理政策，确保旅游业的发展与环境保护目标相一致。与阿尔卑斯山社区相似，班夫社区居民同样可以通过参与各种环境保护项目，积极贡献于班夫国家公园的生态保护工作。例如，"守护者项目"鼓励当地居民和志愿者参与生态监测、野生动物保护和环境教育活动。参与者接受专业培训之后可以直接参与到公园的日常管理和保护工作中。类似地，还有与社区居民相关的教育计划，公园管理局和社区组织通过开展各种教育活动如讲座、展览、自然教育项目等，提高公众的环保意识。如《班夫生态教育计划》，会定期为社区居民和游客提供关于生态保护和可持续旅游的课程和活动。

8. 厄瓜多尔的加拉帕戈斯群岛旅游社区治理

加拉帕戈斯群岛地处离南美大陆 1 000 千米的太平洋上，由 19 个火山岛以及周围的海域组成，被称作独一无二的"活的生物进化博物馆和陈列室"。加拉帕戈斯群岛处于三大洋流的交汇处，是海洋生物的"大熔炉"，于 1978 年被列入《世界遗产名录》，2007 年被列入《濒危世界遗产名录》，后于 2010 年解除《濒危世界遗产名录》，被称为自然保护和可持续旅游的代表。为有效管理该群岛的自然资源和生态环境，厄瓜多尔政府于

2007年设立了厄瓜多尔加拉帕戈斯群岛管理委员会（Galapagos Governing Council）。加拉帕戈斯群岛大约8 010平方千米，常住人口约3万人，人口活动区域仅限于岛屿总面积的3%（约为236.5平方千米），大部分核心岛区严格控制无居民无设施，约85%的居民生活在圣克鲁斯岛、圣克里斯托瓦尔岛、伊莎贝拉岛和圣玛丽亚岛的沿海村庄及乡村地区。

厄瓜多尔加拉帕戈斯群岛管理委员会由政府官员、科学家、当地社区代表和非政府组织成员组成，制定了8条登岛须知：①不要对园区的植物、动物或上述遗骸（包括贝壳、骨头、木块）或其他自然对象进行移动或触碰，使之不安全。②不允许运输任何活的生物进入海岛或从一个岛屿携带到另一个岛屿。③不要投放任何食物到无人居住的岛屿。④请勿触摸或处理动物，请不要给动物喂食，这对它可能是危险的，从长远来看，会破坏动物的社会结构和繁殖习性。不要惊吓或追逐任何休息或筑巢点的动物。⑤请在公园指南中指定的地区逗留。⑥不要将任何岛屿上的枯枝落叶或你的船随意丢下，不要污损石头。⑦不买以岛屿的植物或动物制成的对象或纪念品。⑧按照国家公园指南旅游，不要进入限制行进区域和访问未标定的岛屿。当地时间2024年2月25日，厄瓜多尔加拉帕戈斯群岛管理委员会举行全体会议后决定，外国游客进入该群岛的费用将从100美元增加到200美元，本国游客的入岛费则从6美元增加到30美元。

加拉帕戈斯群岛管理委员会鼓励社区居民通过社区会议、公民参与会议等形式，就旅游开发、生态保护、资源利用等重要事务展开讨论和协商，积极参与岛上事务的决策过程。为保障居民的实际参与，加拉帕戈斯群岛管理委员会规定游客入岛后必须请导游带领，而导游以岛上居民培养为主，需要通过考证才能获得导游资格。因此，当地居民可以在各个旅游项目中担任导游、生态解说员、保护区管理人员等角色，向游客介绍群岛的自然美景、生态特点和保护措施，也向游客普及生态旅游的规则和规范，提升游客对生态环境的认知并增强其保护意识。例如，岛上居民除了自觉遵守垃圾分类规定外，也在导游工作过程中向入岛游客进行宣传和监督，将垃圾分类投放到指定的回收站点。与此同时，加拉帕戈斯群岛的居民还自发组织环保宣传、座谈会和社区活动，向其他居民和游客传达生态保护的重要性，增强居民和游客的生态保护意识，推动可持续发展理念在群岛的普及和实践。

（四）自然遗产保护与社区治理现代化的法律法规依据

1. 法律法规

为了保护九寨沟景区的自然风貌及景观，我国各级政府陆续出台了保护九寨沟景区的法律法规。九寨沟景区的管理活动通常需要遵循《保护世界文化和自然遗产公约》等国际公约，《中华人民共和国自然保护区条例》《风景名胜区条例》等国家级法律法规和《四川省风景名胜区条例》《四川省自然保护区管理条例》等地方性法规，也需要遵循阿坝藏族羌族自治州颁布的《阿坝藏族羌族自治州九寨沟景区管理办法》和《阿坝藏族羌族自治州风景名胜区条例》。一系列法律法规为九寨沟景区可持续发展提供了坚实的法律保障。下面将分析规范本研究的国际公约、国内各级法律法规依据。

《保护世界文化和自然遗产公约》于1972年颁布，旨在保护全球的文化和自然遗产。《保护世界文化和自然遗产公约》包含了文化遗产和自然遗产的定义、文化遗产和自然遗产的国家保护和国际保护、保护世界文化遗产和自然遗产政府间委员会、保护世界文化遗产和自然遗产基金、国际援助的条件和安排、教育计划等。为确保《保护世界文化和自然遗产公约》的有效实施，世界遗产委员会制定了《实施〈世界遗产公约〉操作指南》（以下简称《操作指南》）。《操作指南》被多次修订，其明确指出，遗产边界的修改应有利于更好地识别世界遗产，加强对世界遗产突出普遍价值的保护。缔约国提出的关于边界细微调整的提议由相关咨询机构进行审核，最终提交世界遗产委员会批准。此外，《操作指南》还指出，每六年，缔约国提交一次《定期报告》供世界遗产委员会审查。在六年的周期内，当缔约国审议将一项文化或自然遗产列入《濒危世界遗产名录》时，委员会可能要考虑到遗产所处的社会环境和经济环境的常规进程对其所受到的威胁进行评估，还需要考虑有些威胁在本质上不会立刻发生而只能预见，如人口增长等。世界遗产中心官方网站显示，当九寨沟景区列入《世界自然遗产名录》时，沟内居民约800人，其政策是寻求沟内居民自愿同意，逐步减少保护区内的人口。《保护世界文化和自然遗产公约》和《操作指南》中尚未明确提出遗产保护区内不能经营民宿等商业活动，但是提出了参观设施需要符合保护管理的要求。

2023年11月，国家林业和草原局发布了《风景名胜区条例（修订草案）》（征求意见稿），征求社会各界意见。《风景名胜区条例》是为了加强对风景名胜区的管理，有效保护和合理利用风景名胜资源而制定的条例。《风景名胜区条例》规定，经批准设立的风景名胜区，不得擅自调整边界范围和变更名称；确需调整边界范围或者变更名称的，应当经批准设立风景名胜区的审批机关批准。《四川省风景名胜区条例》《阿坝藏族羌族自治州风景名胜区条例》《阿坝藏族羌族自治州九寨沟风景名胜区管理办法》也均规定经批准的风景名胜区规划不得擅自修改。《风景名胜区条例（修订草案）》（征求意见稿）第二十五条规定，经批准的风景名胜区规划不得擅自修改；确需修改的，应当按照本条例第十九条①、第二十二条②、第二十三条③规定的程序报原审批机关批准。以上各级政府颁布的风景名胜区条例是制定《九寨沟风景名胜区总体规划》的依据。《风景名胜区条例（修订草案）》（征求意见稿）第二十一条规定，编制风景名胜区规划应当广泛征求有关部门、公众和专家的意见；必要时，应当进行听证。因此，当进行新的风景名胜区规划制定工作时，需要广泛征求公众和专家的意见。此外，还需注意的是，《阿坝藏族羌族自治州风景名胜区条例》第二十七条明确规定了风景名胜区内禁止景区内留宿、留住、野营等行为。

《中华人民共和国自然保护区条例》旨在加强自然保护区的建设和管理，保护自然环境和自然资源。《中华人民共和国自然保护区条例》和《四川省自然保护区管理条例》均规定，建设和管理自然保护区，应当妥善处理与当地经济建设和居民生产、生活的关系；自然保护区的撤销及其性质、范围、界线的调整或者改变，应当经原批准建立自然保护区的人民政府批准。

综上，国际公约、国内各级法律法规均没有明确提出沟内不得经营民宿，但是沟内住、沟外游已经纳入《阿坝藏族羌族自治州九寨沟风景名胜区管理办法》和《九寨沟风景名胜区总体规划》，并报经世界遗产委员会、

---

① 第十九条指出，国家级风景名胜区总体规划由省、自治区、直辖市人民政府林业和草原主管部门组织编制。省级风景名胜区总体规划由所在地县级以上人民政府组织编制。

② 第二十二条指出，国家级风景名胜区的总体规划，由省、自治区、直辖市人民政府审查后，报国务院或者其授权的国务院林业和草原主管部门审批。国家级风景名胜区的详细规划，由省、自治区、直辖市人民政府林业和草原主管部门审批，报国务院林业和草原主管部门备案。

③ 第二十三条指出，省级风景名胜区的总体规划，由省、自治区、直辖市人民政府审批。省级风景名胜区的详细规划，由省、自治区、直辖市人民政府林业和草原主管部门审批。确需修改的，应当按照条例规定的程序报原审批机关批准。

国家和省州政府部门批准，同样具有法律效力。修规调规需要层层审批，未经许可不得擅自修改。

2. 相关规划

随着九寨沟景区的不断开发，除了上述法律法规外，各级部门也制定和实施了多个重要规划，如1987年，原城乡建设环境保护部批准了《九寨沟总体规划（1985—2000年）》；2006年，《九寨沟风景名胜区总体规划》获原国家建设部正式批准；2017年，四川省印发了《"8·8"九寨沟地震灾后恢复重建5个专项实施方案》；2018年，《四川九寨沟国家级自然保护区总体规划（2019—2030年）》顺利通过初评；2019年，四川省林业和草原局批复了"关于在九寨沟风景名胜区二级保护区实施村寨灾后恢复提升的请示"。此外，四川省城乡规划设计研究院、北京大地风景旅游景观规划院也被委托编制了《九寨沟风景名胜区村寨灾后恢复提升实施方案》和《九寨沟村寨改造提升方案》。

《九寨沟风景名胜区总体规划》是依据《风景名胜区条例》《四川省风景名胜区条例》等风景名胜区条例制定的。《九寨沟风景名胜区总体规划（2000—2020年）》已经到期，其中涉及的居民调控布局规定，合理解决居民生产建设与风景区价值之间的矛盾是居民调控的核心，应采取下列措施：在一定的期限内将沟内居民的经营活动全部外迁；对居民点的建筑进行整改，使之与风景环境相协调。对此应制定详细的整改方案和相应的管理办法；通过深入细致的宣传工作，使居民的认识逐步提高，配合风景区管理部门的工作；沟内的居民点均为衰减型，逐步引导部分居民迁出，将沟内居民总数控制在现有范围内。《风景名胜区条例（修订草案）》规定，风景名胜区规划报送审批的材料应当包括与有关国土空间规划衔接及"一张图"核对情况、社会各界的意见以及意见采纳的情况和未予采纳的理由。

2017年8月8日，九寨沟县发生了7.0级地震，对九寨沟核心景区造成了严重的损害。四川省政府为做好灾后恢复重建工作，推进受灾区域科学地开展生态环境修复工作，切实保证受灾区域人口的正常生产生活和经济社会的可持续发展，由此印发了《"8·8"九寨沟地震灾后恢复重建5个专项实施方案》。该方案涉及生态环境修复保护、地质灾害防治、景区恢复提升和产业发展、基础设施和公共服务重建、城乡住房恢复重建5个部分。

综上，《九寨沟风景名胜区总体规划》是规范沟内民宿经营的重要依据。由于原有的规划已经到期，但仍然具有法律效力。《风景名胜区条例》明确规定总体规划要与国土规划一张图。因此，当地政府在制定新的《九寨沟风景名胜区总体规划》时需要重视居民调控布局的表述以及与国土空间规划相衔接，对国土空间规划进行调整时也需要充分考虑《九寨沟风景名胜区总体规划》的需求。如果九寨沟景区沟内开放民宿接待业务，要在新的规划中做出调整，要依据《风景名胜区条例》内容，国家级风景名胜区规划由省人民政府建设主管部门报国务院建设主管部门审批。总而言之，以上规划为九寨沟景区的生态环境保护、灾后重建、旅游秩序管理等方面提供了更广泛、更具体的指导。

第二节　九寨沟景区社区治理现代化建设现状

九寨沟景区隶属于四川省阿坝藏族羌族自治州九寨沟县的漳扎镇，位于青藏高原东部边缘，阿坝州东北部，是世界上一个罕见的地质地貌带和生物多样性地区，具有无可替代的科学研究、生态保护和美学观赏价值。九寨沟景区于 1984 年正式对外开放，自正式对外开放以来，其取得了一系列成就：1992 年，九寨沟景区被列入《世界自然遗产名录》；1994 年，九寨沟景区被原国家林业部确认为国家级自然保护区；1997 年，九寨沟景区被联合国教科文组织生物圈计划国际协调理事会列为"世界生物圈"组织正式成员；2007 年，九寨沟景区又被评为国家 AAAAA 级旅游景区；等等。九寨沟景区地处中国西南地区，景区交互分布着扎如沟、则查洼沟、日则沟、树正沟四条主要沟道，白河自西向东从其北部流过。九寨沟景区拥有高山、湖泊、草甸、森林等独特的自然风光，还塑造出独具族群特色的村寨、白塔、建筑、经幡等景观。下面将从九寨沟景区的社区基本情况、自然遗产保护历程、九寨沟居民的物质文明建设现状和精神文明建设现状展开分析。

一、九寨沟景区三个社区的基本情况

（一）树正社区基本情况

树正社区包括树正寨、则查洼寨、黑角寨。树正社区目前常住人口有574 人，148 户（数据来源于访谈内容）。其中，树正寨位于树正沟台地之

上，整个寨子呈东西向斜坡，紧邻树正群海景点，区位优势明显。作为景区内经济发展水平最高的"中心聚落"，树正寨的建筑密度是九个寨子中最大的，寨子内的建筑风格以现代藏式民居为主，同时建筑的功能也由单一的居住逐渐向商住一体化转变。

则查洼寨位于则查洼沟口，景区主干道一侧，寨子内地势狭长平坦呈南北向分布。由于村寨是距离诺日朗游客中心最近的寨子，紧邻诺日朗瀑布，景区内唯一的诺日朗餐厅就位于其正北方向入口处，区位优势明显，从而获得了较好的游客资源。自九寨沟景区旅游开发以来，寨子里的藏族居民几乎都在从事旅游服务或旅游纪念品售卖等活动。在调研中发现，现存的房屋以2~3层的现代藏式建筑为主，由于该寨子可达性较好，在整个旅游过程中吸引了大量游客到访，寨子中可见藏族居民自己开设的商店等。由于外界游客的频繁进入，建筑内部的装修风格也更加多元。

通过田野调查可以发现，树正社区无论是在人口规模、交通条件，还是在区位环境等方面均占据了优势，游客可以自由出入其中，村寨整体旅游化程度较高。

（二）荷叶社区基本情况

荷叶社区包括荷叶寨、亚拉寨、盘亚寨。荷叶社区目前有145户623人（数据来源于访谈内容）。荷叶寨位于树正沟，以田园风光和藏族民居建筑著称。作为沟内规模最大的一个寨子，荷叶寨由山上老寨和山下新寨两部分组成。其中，荷叶老寨住人较少，多为一些老年人，年轻藏族居民很多迁至山下的荷叶新寨居住；新荷叶寨则是由位于山坡较高处的尖盘、盘亚、老荷叶三寨的居民搬迁后形成的。荷叶寨位于景区主干路一侧，树正寨的正北方向，但由于偏离核心景点，该寨子的旅游化程度并不如树正寨和则查洼寨。

盘亚寨是九寨沟历史悠久的寨子之一。由于盘亚寨位于接近山顶的高坡之上，大部分人搬到了山下生活，往日热闹的农耕寨子逐渐冷清，仅有少量藏族居民会在冬季旅游淡季的时候返回村寨中过冬。受区位与交通影响，盘亚寨并没有参与景区的旅游开发，寨子的景观格局及文化景观元素在整个旅游开发过程中保存较为完整。近年来，当地政府出资修通了盘亚寨与景区之间的道路，但由于该寨子远离核心景点，并没有像其他寨子一样得到大规模的开发，村寨依然保持着传统的生产生活方式。

亚拉寨是九寨沟内比较古老的寨子之一。由于海拔高且位置偏远，生活较为不便,整个村寨已基本荒废,寨子中当前无人居住,房屋也已消亡。亚拉寨曾有数十户藏族居民居住(多数藏族居民搬入了现在的荷叶社区)。由于该寨子荒废得较早,景区开发以来,几乎没有游客到过此地。

(三)扎如社区基本情况

扎如社区包括热西寨、尖盘寨、郭都寨。扎如社区目前有 64 户 254 人(数据来源于访谈内容)。热西寨地势呈东北-西南向的缓坡,日照充足,坡度较小,用地条件良好。景区内唯一寺院——扎如寺位于寨口,整个寨子则位于扎依扎嘎神山脚下的台地。热西寨多数藏族居民参与了旅游开发活动,但寨子不在主要旅游线路上,仅有少量游客进入寨子参观,从而导致该寨子虽然拥有丰富的自然与文化景观资源,但旅游开发程度及居民的经济收入并不如树正社区,因此访谈中多数居民希望政府和管理局能够结合当地生态资源特色适当地发展生态旅游。

尖盘寨位于高原台地,游客较难进入。尖盘寨是九寨沟几个寨子中传统建筑及景观格局保存较为完整的村寨。受区位的影响,尖盘寨并没有参与旅游开发,寨子中传统藏族文化景观元素尤为丰富。在该寨子南侧的一处台地还有一处被考古人员挖掘的遗址(阿梢垴遗址),该遗址主要为汉代遗存,该处考古的发掘进一步丰富了尖盘寨一带的历史文化,后续仍然需要进行深入挖掘。

郭都寨地处扎如沟扎如寨东南方向约 1 千米的山脚台地上,整体地势西高东低,主要朝向为东向,有硬化小路贯通内外。从现状调研来看,受区位与旅游资源的影响,郭都寨并没有进行旅游开发,因此郭都寨整体村寨格局保留了传统藏族村寨的原始布局。

二、九寨沟景区的社区行政管理与经营管理架构

(一)社区管理框架

九寨沟内三个社区由九寨沟管理局代管,九寨沟管理局下设居民管理办公室,负责处理景区与社区居民之间的关系。树正社区、荷叶社区和扎如社区都建有社区居民管理委员会和党支部,社区居民管理委员会组织框架包括主任(书记"一肩挑")、副主任、组长、文书、会计、妇女主任等(见图5-1)。

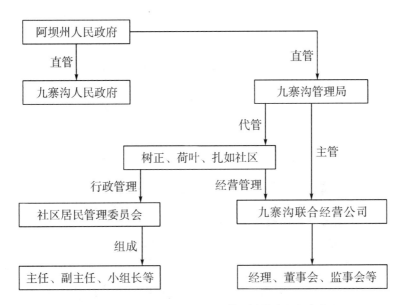

图 5-1　九寨沟景区社区居民管理委员会组织框架

（二）旅游经营框架

九寨沟景区的社区旅游经营方式主要采取公司化运营，九寨沟管理局和社区居民管理委员会联合成立九寨沟县联合经营有限责任公司，设有法定代表人、总经理、副总经理等管理岗位，并成立董事会、监事会，监督公司运营。九寨沟县联合经营有限责任公司为股份制，九寨沟管理局占股51%，社区居民占股49%；在利益分配上，居民参与分成占77%，管理局参与分成占23%。九寨沟景区旅游经营管理框架见表5-2。

表 5-2　九寨沟景区旅游经营管理框架

时间	阶段	政府管理政策
1984—1991 年	居民自发组织入股经营阶段	退耕还林和禁养牲畜的保护政策
1992—1998 年	政府部门与居民联合经营一期	1992 年九寨沟管理局开始走自我经营之路，转变为完全自收自支的事业单位，并成立九寨沟旅游集团有限责任公司，以股份制的方式参与
1999—2003 年	家庭旅馆停止后的过渡期	强制关闭沟内所有家庭旅馆，开始实行"沟内游，沟外住"政策，管理局统一管理区内所有餐馆

表5-2（续）

时间	阶段	政府管理政策
2004 年至今	政府部分与居民联合经营二期（旅游经营基本从原来的以居民为主转为以九寨沟管理局为主）	九寨沟县联合经营有限责任公司仍然实行股份制，并成立董事会、监事会，规范和保障该管理形式在全保护区范围内实行；九寨沟管理局和区内所有居民均以资金入股，管理局股份占51%，居民股份占49%

三、九寨沟景区的自然遗产保护与社区治理现代化

（一）九寨沟景区的社区治理现代化历程

为了平衡生态环境保护和旅游业可持续发展，九寨沟景区对保护、建设、利用和管理等措施也进行了适时调整。依据旅游发展特征，本书将九寨沟景区的旅游发展阶段划分为半农半牧阶段、自主经营与自发经营阶段、合作参与阶段、整改参与阶段、共享参与阶段、恢复重建阶段以及中国式现代化建设新时期。

1. 半农半牧阶段（1984 年之前）

九寨沟景区旅游开发以前，沟内藏族居民主要是靠山吃山，产业以农业、牧业、森林工业为主。由于缺少与外界联系，在这种传统的半农半牧生产方式下，村寨整体较为落后。20 世纪 60 年代，为给国家提供木材，当地政府在九寨沟景区先后设置了哲泽（124）和日则（126）两个林场。随着与外界交流的日益频繁，九寨沟景区珍贵独特的自然景观开始得到外界关注。1975 年，原四川省林业厅发文规定"九寨沟景区则查洼沟、日则沟两百米外才予砍伐"，这是九寨沟景区最早的保护措施。1982 年，哲泽（124）和日则（126）两个林场从九寨沟景区撤出。

2. 自主经营与自发经营阶段（1984—1991 年）

1984 年，九寨沟景区正式对外开放，居民开始大规模、自发地参与旅游活动，一些偏远的村寨开始逐步向公路边迁建。面对各种获利机会，居民们还将原来用于农业生产的牛、马等提供给游客拍照、骑乘，并在淡季参与景区的防护、巡查、宣传工作。1985 年，九寨沟旅游公司成立，对旅游行为进行统一管理。

3. 合作参与阶段（1992—1998 年）

经过初级阶段旅游的开发，旅游发展极大地增强了居民参与旅游的信

心。居民为了在旅游发展中获得更多利益，家庭旅馆与餐馆数量迅速增加。为了保护自然景观、进一步规范沟内旅馆的经营秩序、避免恶性竞争，九寨沟景区陆续成立了联合经营公司和九寨沟旅游集团公司等，统一经营管理沟内家庭旅馆，使沟内旅游市场得到较彻底的规范。1992 年，为了保护自然景观、进一步规范沟内旅馆的经营秩序、避免恶性竞争，居民和九寨沟管理局均以床位数入股，按照股份制的方式共同经营旅馆与餐馆。1998 年，原南坪县县委常委会、县人民政府常务会决定，将九寨沟县龙康乡树正、荷叶、扎如三个村委会改为社区居委会，三村行政区划与隶属关系划归九寨沟管理局。

4. 整改参与阶段（1999—2005 年）

由于沟内大规模的旅游接待与餐饮造成了生态环境污染问题，为了保护景区生态环境，1999 年，景区内实施了"沟内游，沟外住"政策，沟内的家庭旅馆与餐馆按要求停止经营并分期拆除，将景区经营性产业进行外迁，沟内全面禁止住宿。同时，为了保证居民收入不受影响，九寨沟管理局从 1999 年开始对藏族居民进行政策性分红，而餐饮等活动停止的损失则由九寨沟管理局统一进行补贴。九寨沟管理局与社区共同出资新建了诺日朗旅游服务中心，为游客提供餐饮服务。2001 年 5 月 1 日开始，景区内宾馆饭店全部停止经营；景区实行限量游览措施，单日进沟游客严格控制在 1.2 万人次以内。2003 年 3 月 6 日至 4 月 20 日，九寨沟管理局对景区内荷叶、树正、则查洼三个村寨居民经营性房屋进行拆除。在这一阶段，居民参与旅游获利的方式发生了根本性的转变，生计方式则从合作参与向整改参与转变。这个时间段，九寨沟管理局还拆除了沟内所有旱厕，更换为智能生态环保厕所，建立监控系统。以上措施保护了九寨沟景区独特的自然景观和生态环境。

5. 共享参与阶段（2006—2017 年）

这个阶段，九寨沟景区按照当年旅游人数 7 元/人的标准，通过旅游门票的收益对居民进行资源权益补偿。然而，2008 年的"汶川大地震"对景区旅游接待造成了巨大打击。此后，九寨沟管理局在诺日朗服务中心为居民划分了旅游纪念品售卖区，每个家庭可按要求申请摊位进行自主经营，同时居民还可以根据分配在指定的经营点进行租衣服、拍照等活动。除了政策性保障外，九寨沟管理局还为沟内满足条件的青年提供就业岗位，从多方面解决了居民生活问题。此后很长一段时间，沟内居民与九寨沟管理局保持着一种合作共享的发展关系。

6. 恢复重建阶段（2018—2019 年）

由于 2017 年九寨沟县发生了 7.0 级地震，沟内自然环境、生态系统、基础建设均遭到了严重损坏，为保证游客安全，九寨沟景区宣布关闭景区，暂停旅游接待。然而，沟内社区常年依靠旅游业获取经济收益，震后旅游业的中断导致居民面临生活困境。因此，2019 年 11 月 29 日，联合国教科文组织正式同意实施九寨沟景区火花海修复工作，居民房屋也得到了灾后重建。随着九寨沟景区旅游业的恢复，居民迫切希望能够通过住宿接待弥补房屋修缮支出。

7. 中国式现代化建设新时期（2020 年至今）

在中国式现代化的进程中，以及旅游业快速发展和游客需求日益多样化的背景下，九寨沟景区致力于在维护民族地区的安全与稳定，促进社区与旅游业融合发展，提高社区服务质量，提升社区居民的和谐度与幸福感。在该阶段，九寨沟景区坚持党的领导，发挥党组织的核心引领作用；致力于形成新的合作共享发展关系，通过多种渠道鼓励居民积极参与到社区治理中，并能够提出自己的意见和建议。

（二）九寨沟景区的自然遗产地保护效益

九寨沟景区的自然遗产地保护与利用是一个综合而复杂的过程。九寨沟管理局一贯致力于在保护生态环境的同时，实现对旅游资源的合理利用。九寨沟管理局在旅游发展的不同阶段，适时调整社区管理措施，实现了生态保护和旅游发展的和谐共生。当前，九寨沟正处于发展的新阶段，九寨沟管理局也致力于实现景区发展和社区发展的再和谐。

在推动旅游业发展的过程中，九寨沟管理局考虑了经济效益、社会效益和生态效益的平衡与协调。九寨沟管理局通过科学规划、合理管理和有效监管，实现了旅游业的可持续发展，为当地经济、社会和环境的繁荣做出了贡献。在经济效益层面，随着九寨沟景区的游客数量逐年增长，旅游业早已成为当地的重要经济支柱，旅游业的发展不仅带来门票收入、餐饮住宿收入等直接的经济收益，而且其较强的关联带动性以及其发展会带动交通、零售等相关行业的发展，进一步增加就业机会和经济收入。这不仅促进了当地经济发展，也提升了九寨沟景区的品牌影响力和美誉度。在社会效益层面，九寨沟景区旅游业的发展不仅促进了沟内居民收入和就业岗位的增长，而且完善了基础设施，提升了公共服务能力，还促进了沟内居民衣食住行等生活质量的提升。此外，九寨沟景区旅游业的发展也加强了与其他地区之间的文化交流。在环境效益层面，九寨沟管理局通过科学规划和合理管理，减少对环境的污染和资源的消耗，确保旅游资源的长期利用和保护。

随着九寨沟旅游业的不断发展，九寨沟景区和九寨沟管理局在发展过程中也获得了多个荣誉。2004 年，"数字九寨沟"通过国家"十五"重点科技攻关项目评审；2005 年，"数字九寨沟"一期工程通过原建设部验收，成为全国第一个城市数字化示范应用工程研究"示范工程"，被专家誉为"国内数字化建设的方向"和"中国景区保护、管理与旅游产业协调发展的有效解决方案"；2010 年，九寨沟景区智能化管理与服务平台正式通过科技部验收；2021 年，九寨沟管理局主持申报的"基于 OUV 的九寨沟震后地质环境调查评价与修复关键技术"项目获四川省科学技术进步奖一等奖；2023 年，在第 44 届世界遗产大会上，九寨沟火花海作为世界遗产自然生态环境的保护与修复成功案例，得到了联合国教科文组织的肯定和支持。

此外，九寨沟管理局还被多次评为"风景名胜区管理工作先进单位""全国青年文明号""全国社会治安综合治理先进集体""全国创建文明风景旅游区工作先进单位""全国精神文明建设工作先进单位""全国旅游标准化示范单位"等，九寨沟管理局党委被评为"全国先进基层党组织"。

（三）九寨沟景区的智慧景区建设及其在社区的应用

1. 项目立项与技术创新

2010 年 1 月，九寨沟景区承担了"基于时空分流导航管理模式的 RFID 技术在自然生态保护区和地震遗址的应用"国家重大项目，标志着"智慧九寨"管理模式的正式提出。该创新性项目旨在通过现代科技手段，在九寨沟景区的保护与修复工作中进行智能化管理，提高保护效率、增强保护效果。同时，该创新性项目还得到了国际社会的认可，联合国教科文组织对九寨沟景区的修复方案给予了肯定和支持。

2. 关键技术突破与平台建设

2010 年 10 月，九寨沟景区的可量测实景影像服务平台通过评审验收，成为全国首个"智慧景区"。这标志着九寨沟在景区信息化管理方面取得了关键性的技术突破，并建立了具有自主知识产权的平台。2013 年，九寨沟景区再次承担国家科技支撑计划项目，启动了"跨区域多形态的实景三维智慧文化遗产及旅游综合服务系统研发及应用示范"项目。该阶段通过实景三维技术和移动互联网技术，为游客提供了基于位置服务的个性化旅游信息服务，推动了智慧景区的建设。目前，九寨沟景区打造了集管理运营、票务预订、游客服务、三维展示推广于一体的集成应用管理实景平台，不仅提升了景区的信息化服务水平，而且促进了信息化产业与旅游产业的深度融合。

3. 科技与服务优化

2011 年，九寨沟景区依据相关实践成果，启动了"智慧九寨"一期建设。该阶段重点在于景区管理的精细化、低碳化和移动化，通过项目的实施，进一步提升了旅游服务质量，整合了旅游资源，并加强了资源的共享。九寨沟景区在恢复重建过程中，不仅运用高科技手段对容易滑坡的地带进行了护坡，还对火花海、诺日朗瀑布等景点进行了人工修复，并且实现了污水处理管网与市政管网的连接，以及智慧化的景区管理系统的建立。

4. 九寨沟景区社区智慧化管理

随着信息技术的快速发展，智慧社区建设已成为趋势。九寨沟县作为四川省的重要旅游目的地，积极响应国家号召，实施了智慧社区建设项目。基于国际上先进的预防性保护理念，九寨沟景区从风险监测、灾害评估、风险管理处置等方面，在树正寨建立了灾害监测预警平台。此外，其沟内社区也可以为居民提供更加便捷、高效、智能的生活服务。

（四）"韧性九寨"建设及其在社区的应用

基于新质生产力提升九寨沟景区沟内社区韧性，是实现社区治理现代化的关键。"韧性九寨"建设要求当九寨沟景区面临自然灾害、环境变化等外部冲击时，要拥有强大的恢复能力和发展潜力。2017 年，九寨沟县发生地震后，景区在灾后迅速启动重建工作，实现景区的快速恢复。

1. 生态韧性

九寨沟景区不仅注重生态系统的保护与修复，还注重生物多样性保护，确保生态系统的完整性。当地政府在景区内使用实时监测与预警系统和数据分析与决策支持系统，在关键区域布设各类传感器（如气象、温湿度、土壤、水质等），实时监测环境变化。一旦某些指标超出安全阈值，系统可以自动发出预警，并建议采取相应的保护措施。

2. 产业韧性

九寨沟景区推动旅游产业升级，建立健全灾害应对与救援机制，提高景区应对突发事件的能力和效率；同时，鼓励景区内居民减少对单一旅游收入的依赖，提升经济抗风险能力。

3. 文化韧性

九寨沟景区深入挖掘并传承民族文化等非物质文化遗产，同时推动文化与旅游的深度融合。此外，在 2021 年和 2022 年，九寨沟景区分别举行了第一届世界自然遗产地韧性能力建设与可持续发展国际研讨会和第二届世界自然遗产地韧性能力建设与可持续发展国际研讨会，与会人员包括联合国教科文组织、世界自然保护联盟等国际组织机构，以及国内外世界自然遗产地代表与院士专家。

4. 社区韧性

"韧性社区"是一个综合性的概念，它强调当社区面对各种挑战、突发事件或灾害时，能够迅速调动资源，有效应对，减少损失，并从有害影响中快速恢复，保持可持续发展的能力。九寨沟景区在社区韧性建设方面十分重视沟内居民的社区参与和共建共享。"韧性社区"建设和"智慧社区"建设是相辅相成的，针对地震后各种次生灾害频发的特点，九寨沟景区通过物联网将树正寨周边的即时灾害信息上传至云端，便于对灾害进行监测预警和及时应对。这项措施体现了九寨沟景区沟内"韧性社区"建设和"智慧社区"建设的目标。

四、九寨沟景区的社区物质文明建设现状

（一）数据收集

为深入九寨沟景区内探究其社区发展现状，充分了解民情民意，课题组在走访座谈的基础之上特地设计了"九寨沟社区管理创新发展研究"调查问卷，随机邀请了部分沟内住户代表进行填写，为九寨沟景区的社区治理与可持续发展提供科学参考与现实依据。本次问卷调查对象总计 109 人（见表 5-3），同时也代表了沟内 3 个社区 109 户家庭的实际情况。由于调查过程受交通、天气以及各社区地理位置、人口总数等因素的影响，3 个社区的数量占比略有差距，其中树正社区有 56 人，占比 51.4%，荷叶社区有 28 人，占比 25.7%；扎如社区有 25 人，占比 22.9%（因为树正社区含有树正寨和则查洼寨，因此其受访者占比较高）。同时，样本的男女比

例较为均衡，占比分别为 56.0% 和 44.0%，有利于提高本次调查的有效性与科学性。此外，由于各社区均以藏族居民为主，因此几乎所有调查对象都为藏族，占比高达 98.2%。从整体的人口统计学特征来看，尽管本次调查仅覆盖了沟内三个社区的 109 户家庭，但其所呈现出来的突出特征能够较好地代表目前沟内社区的整体发展现状、特点与问题。

表 5-3　调查对象基本情况

基本信息	类别	人数/个	人数总计/个	占比/%	占比总计/%
所属社区	树正	56	109	51.4	100
	荷叶	28		25.7	
	扎如	25		22.9	
性别	男	61	109	56.0	100
	女	48		44.0	
学历	小学及以下	11	109	10.1	100
	初中	33		30.3	
	高中/中专/职高/技校	23		21.1	
	大专	21		19.3	
	本科	19		17.4	
	硕士及博士	2		1.8	
年龄	18~25 岁	1	109	0.9	100
	26~35 岁	32		29.4	
	36~45 岁	33		30.3	
	46~55 岁	25		23.7	
	55 岁以上	18		15.7	
民族	藏族	107	109	98.2	100
	羌族	1		0.9	
	汉族	1		0.9	
	其他	0		0	

（二）社区内的经济产业类型、布局与发展

九寨沟景区社区内的产业分布以旅游业为主导，注重多元化发展。除了自然风光外，景区内还设有民俗文化体验（树正寨）、餐饮业（诺日朗餐厅）、零售业（195 个诺日朗摊位）、摄影与服装租赁结合业态（租衣拍照）。九寨沟景区社区基本情况见表 5-4。

表 5-4 九寨沟景区社区基本情况

社区业态	村寨分布及产业情况
三个社区的综合业态	诺日朗餐厅、诺日朗摊位、摄影与服装租赁结合、美食风味街等
树正社区	包含树正寨、黑角寨、则查洼寨。其中，树正寨位于景区入口处，有家庭门面；则查洼寨紧邻诺日朗游客服务中心；黑角寨无旅游业态及产业
荷叶社区	包含荷叶寨、亚拉寨、盘亚寨。其中，荷叶寨位于主要旅游线路上，有少量门面；亚拉寨、盘亚寨无旅游业态及产业
扎如社区	包含尖盘寨、热西寨、郭都寨。由于三个村寨位置较偏，不在旅游主线上，没有或少有旅游业态及产业

1. 三个社区的综合业态

（1）诺日朗餐厅。由九寨沟管理局控股 51%、老百姓控股 49% 成立的诺日朗餐厅，作为目前景区内集中就餐区，其实际利润分配遵循居民 77%、管理局 23% 的模式。诺日朗餐厅主要为游客提供三种不同档次的就餐选择，但依据访谈内容发现，目前其经营状况并不理想。究其原因，主要是就餐的游客相对较少，多数游客会自带食物，此外餐厅的运营成本也较高，结合当地特色食材推出的特色餐品较少。

（2）美食风味街。目前该区域已正式开放营业，街区入驻商家覆盖了各种类型的饮品品牌，以及各色小吃餐食。根据走访考察，街区内餐饮价格普遍处于中低档水平。对于游客而言，种类丰富且物美价廉的产品无疑更具吸引力，这在一定程度上对诺日朗餐厅的经营形成了不小冲击，且该街区并未向沟内社区居民开放入股经营，也由此引发了部分居民的不满情绪。

（3）诺日朗摊位。目前该区域共设置了 195 个摊位，居民可在属于自己的摊位上进行旅游纪念品的自主经营售卖，但是产品呈现同质化特征，具有九寨沟景区特色的纪念品和文创产品较少。

（4）摄影与服装租赁结合。目前景区内共设置了 9 个休息亭，居民可在相应点位上进行租衣拍照以及一些小商品、饮品的售卖，增加额外收入，但是该业态呈现季节性波动，在旺季的时候收入较高，淡季的时候收入较低。

2. 树正社区业态

树正社区位于景区入口处，有家庭门面，涉及旅拍公司、民族特色食品等。其中，则查洼寨位于景区主干道一侧。由于该村寨紧邻诺日朗瀑布，景区内唯一的诺日朗餐厅位于该寨子正北方向入口处，区位优势明显，自旅游开发以来，则查洼寨的居民几乎都在从事旅游服务或旅游纪念品售卖等活动。

3. 荷叶社区业态

荷叶社区由尖盘、盘亚、荷叶三个寨子搬迁组成，在景区旅游开发初期，为了更好地参与旅游活动，山上寨子中的年轻居民便不断向山下距离最近的荷叶寨迁入，而一些老年人则继续留在了原来的寨子。荷叶社区在景区入口，有少量门面，产业也相对较少。

4. 扎如社区业态

扎如社区是三个社区中人口数量最少、规模最小的一个社区，由尖盘寨、热西寨和郭都寨组成。其中，郭都寨在旅游开发以前由于安全因素就已经迁入了扎如寨，现已完全荒废。扎如社区由于处于核心景区边缘，因此旅游业态相对较少。

（三）九寨沟景区的社区居民经济分析

1. 社区居民生计构成

从居民的生计构成来看，现在九寨沟景区的社区居民收入主要分为工资性收入（在九寨沟管理局、观光公司、诺日朗餐厅公司等上班）、财产性收入（参股分红、摊位出租等）、转移性收入（门票收入补偿、退耕还林收入补偿等）和家庭经营性收入（租衣拍照、沟外产业）。其中，沟内居民的门票收入补偿、退耕还林收入补偿等转移性收入占家庭总收入的比重较大。此外，当地政府还优先安排社区居民从事防火、环境卫生、林业政策等工作。从问卷调查中的 109 户人家的就业状况来看，沟内就业人数占比最高，而大部分居民于沟内进行的旅游商品销售、服装出租、照相等仍属于低层次旅游业态，且依靠这类旅游业态的收入逐年下降，与沟外居民收入差距逐渐拉大。九寨沟景区内社区居民就业状况见图 5-2。

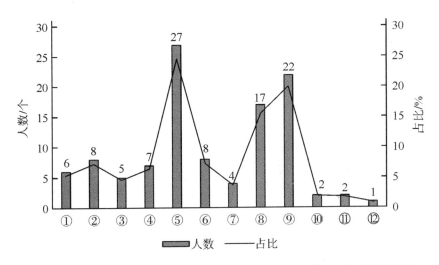

注：①阿坝藏族羌族自治州、九寨沟县党政军机关工作人员；②九寨沟县所属国有企业单位工作人员；③九寨沟管理局正式工作人员；④九寨沟景区内的社区干部（含社区正式工作人员）；⑤九寨沟景区内的其他就业人员；⑥住在九寨沟景区内的沟外旅游服务从业者；⑦住在九寨沟景区内的沟外非旅游服务从业者；⑧在家待业；⑨自由职业者；⑩退休；⑪在读学生；⑫阿坝藏族羌族自治州的州外工作人员。

图 5-2　九寨沟景区内社区居民就业状况

近年来，随着景区因地震、疫情等不可控因素导致旅游人次下降、居民福利性收入大幅减少，社区居民开始逐渐以亲朋入住的名义，私下开展不同程度的食宿经营活动。尽管就目前来说并不符合规范，但其无疑成了许多居民的收入来源之一。而在务工活动方面，对于沟内居民而言能够提供的岗位数量较少，主要是九寨沟管理局提供的防火、环境卫生等工作，以及九寨沟管理局临时用工、诺日朗联合经营公司员工等。总体而言，旅游经营活动是社区居民最为主要的就业方向，沟外创业就业及常规务工的居民数量占比较少，年轻人就业困难成为现实难题。

2. 居民收入状况

旅游经营收入不仅占比较少，还呈逐年减少的趋势。虽然 2023 年随着游客人数增多，社区家庭生计开始逐渐转好，但对于调查的 109 户家庭来说，高达 91.8% 的居民仍然认为，2022—2023 年的家庭月可支配收入呈减少趋势（见图 5-3），其中感知明显减少和有点减少的人数各占比 45.9%，感知持平的人数占比为 7.3%，仅有 0.9% 的人认为 2022—2023 年的家庭月可支配收入有所增加，没有调查对象认为 2022—2023 年的家庭月可支配收入有明显增加。这种减少趋势在三个社区之间都无显著差异（见图5-4），即无论是树正社区、荷叶社区还是扎如社区，均有80%～90%的居民认为2022—2023年的家庭月可支配收入呈减少趋势，居民的生计危机感进一步增强。

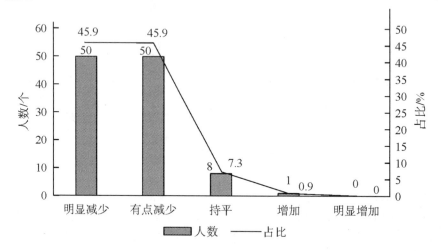

图5-3　2022—2023年社区居民家庭月可支配收入趋势

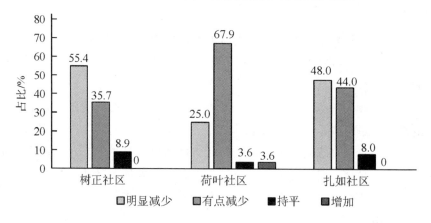

图5-4　2022—2023年不同社区的家庭（月）可支配收入变化状况

针对"收入为何减少"这一问题，居民认为，经营性游客量及进沟免票人数的变化是主要原因（见图5-5），占比高达70%，其他诸如政府补偿、工作单位效益变化等原因占比均低于15%。具体从各个社区的情况来看（见图5-6），也再次印证了这一观点，即无论是旅游经营收入占比最高的树正社区还是整体经营情况较差的扎如社区，大部分居民认为经营性游客量的变化（虽然游客量上升，但是游客的购买力下降）以及进沟免票人数变化导致的门票分红下降是家庭收入减少的主要原因。由此可见，居民当前生计对于旅游的高度依赖性，从而可知，增收渠道亟须进一步拓宽，以便有效提高社区的经济韧性。

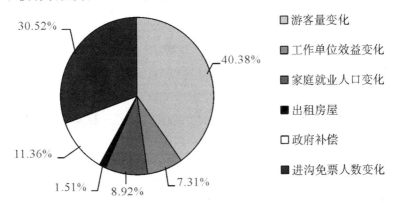

图 5-5　2022—2023 年社区居民家庭月可支配收入变化的主要原因

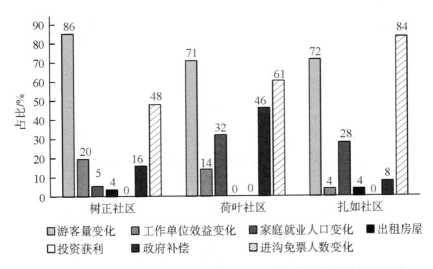

图 5-6　2022—2023 年不同社区家庭（月）可支配收入变化的主要原因

3. 门票分红

从 1999—2016 年沟内社区门票分红人均分配额明细（见表 5-5）和 1999—2016 年沟内社区门票分红人均分配额变化情况（见图 5-7）可以更直观看出，1999—2016 年沟内社区门票分红的人均分配额虽然存在局部波动，但总体上呈明显上涨趋势。而据实地调查过程中的居民反映，2016 年以后由于地震与疫情的接续影响，九寨沟景区旅游业几近停滞，游客人数断崖式下跌，沟内旅游社区居民普遍失业，门票分红锐减，家庭收入状况面临困境，生计发展的经济资本严重削弱。

表 5-5　1999—2016 年沟内社区门票分红人均分配额明细

年份	金额/元	年份	金额/元	年份	金额/元
1999	3 000	2005	7 800	2011	16 000
2000	2 000	2006	14 000	2012	22 000
2001	5 900	2007	15 000	2013	18 500
2002	5 900	2008	8 000	2014	25 000
2003	7 200	2009	9 000	2015	27 000
2004	7 200	2010	10 000	2016	27 000

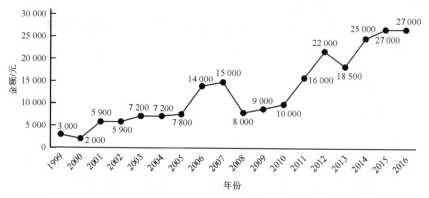

图 5-7　1999—2016 年沟内社区门票分红人均分配额变化情况

4. 家庭贷款

（1）居民贷款情况。从问卷调查过程中愿意透露家庭贷款状况的 92 户居民来看，2023 年沟内社区大部分居民都面临着几十万元乃至上百万元的贷款负债。调查样本中有接近 63.04% 的居民都表示承担着 30 万~60 万元的贷款，还有将近 11.96% 与 14.13% 的居民贷款金额在 61 万~90 万元和 91 万~120 万元这两个范围，仅有 4.35% 的居民贷款在 30 万元以下，而面临 120 万元以上贷款的居民占比达到了 6.52%，其中极少数家庭贷款金额高达 200 万元甚至更高（见图 5-8）。普遍的负债问题使沟内居民的生计需求显得更为紧迫，如何进一步增加创收渠道、提高居民的偿债能力是当地政府亟须解决的重要议题。

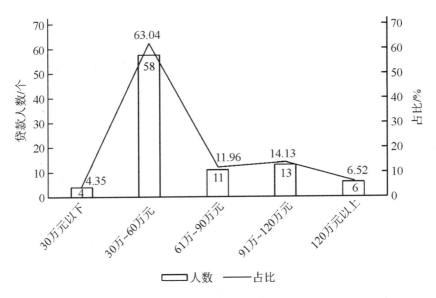

图 5-8　2023 年九寨沟景区社区家庭贷款状况

（2）居民贷款用途。对于 80% 以上的家庭来说，贷款主要用于灾后房屋重建（修建）与装修，剩下的则是用于医疗（3.66%）、日常生活支出（3.66%）等，也有少部分用于旅游项目投资（1.05%）、家庭教育及培训（2.09%）等额外支出（见图 5-9）。因此，在 2023 年创收渠道较少、收入状况欠佳的情况下，对于大部分已将资产透支投入房屋中去的居民而言，合理而充分地运用房屋资源，通过民宿经营等途径完成资金回流，解决负债问题甚至进一步增收是其首要诉求。

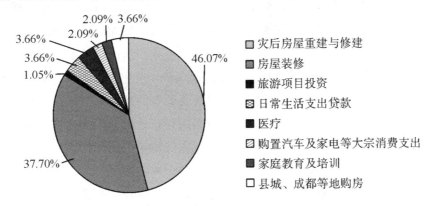

图 5-9　2023 年九寨沟景区居民贷款构成状况

（3）三个社区居民贷款差异。调查显示，尽管三个社区的居民都面临着一定的负债，但三者间的负债状况还是呈现出显著的差异性（见图5-10）。整体旅游发展水平及收入水平较高的树正社区居民贷款较少，有一半左右家庭的贷款数额都处于30万~60万元的水平，且30万元以下的低额贷款占比也是三个社区中最高的。因此，在与沟外居民收入差距增大的同时，沟内社区之间长期存在的不平衡问题无疑是社区整体可持续发展的又一阻碍。

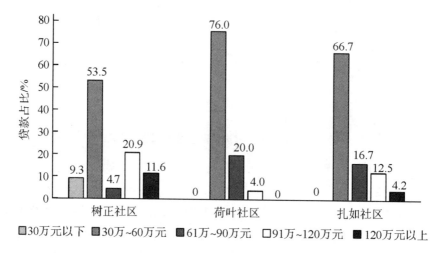

图 5-10　2023 年三个社区居民贷款差异情况

5. 增收模式选择

实地调查的结果显示，对于目前可能的如盘活月亮湾项目、优化诺日朗摊位盈利和分配模式、增加社区旅游服务项目、增加土地与牧场租赁收入、提升居民沟内创收能力等各种经济增收模式，沟内居民都表示出了充分的支持意愿，三个社区之间并无明显的差异。只是在具体的方案落实方面，各个社区在结合自身地理位置、禀赋资源等的基础之上存在一些诉求差异，如地理位置更好、游客集散量较多的树正社区，以藏族文化为核心吸引力的土司官寨，进一步促进社区地域内传统手工艺制作、民族特色餐饮等旅游产业的融合发展；地处偏僻但是位于神山脚下、古寺之旁的扎如社区则渴望一方面充分挖掘核心区之外的动植物等自然资源，因地制宜开发生态旅游产品，另一方面以扎如寺为依托，深度挖掘神山脚下的宗教文化，实现自然景观与人文景观的相互补充与增益；荷叶社区在考虑到规模控制、环境保护、管理制度等影响的前提下，对于合理利用房屋资源，进行一定程度的民宿开放经营表现出强烈而迫切的愿望。三个社区之间的增收模式选择见图5-11。

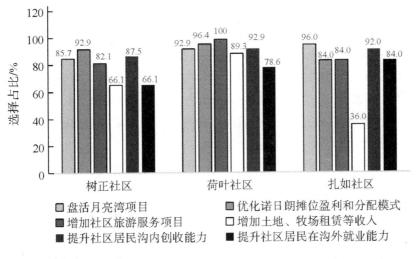

图5-11　三个社区之间的增收模式选择

综上，三个社区差异表现为：不同村寨所处的地理位置、交通、景点等因素造成的村寨之间的发展不均衡问题也愈发凸显。树正寨、则查洼寨和荷叶寨处在旅游主线上，除了可以获得门票分红外，还能够更多地参与旅游服务和商品销售等活动，成为沟内旅游发展的主要获益村寨。其余村寨位置则相对偏僻，难以直接参与旅游服务活动，村寨内基本没有布局业态和产业功能，从而造成沟内贫富差距进一步拉大。因此，在具体的创收模式实施方面，各社区应结合自身情况，选择适合的创收模式。

三个社区相同点表现为：从沟内社区居民的生计构成来看，尽管存在工资性、财产性等其他收入，但转移性收入（门票收入补偿等）和家庭经营性收入（租衣拍照、沟外产业等）仍是沟内大部分居民最主要的收入来源；沟内的旅游经营业务是居民创收的主要途径，居民生计的旅游依赖性较高。因此，2017年以后地震、疫情的双重影响导致的游客量断崖式下跌，以及近年来进沟免票人数的逐渐增多，不仅使得原有的家庭经营性收入显著减少，还使得原有的门票分红也明显下降，沟内居民生计受到了严重冲击，绝大部分居民的家庭收入呈明显减少趋势。在此背景之下，几乎所有居民不惜以高额负债为代价进行房屋重建（修建）工作，并试图通过闲置房间的充分利用，进行住宿经营业务的开拓。而无论是对于收入减少的感知，还是贷款以修建房屋进行民宿经营的诉求，三个社区之间都无明显差异，呈现出较高的一致性。

（四）九寨沟景区社区居民的生活方式变化

自九寨沟景区被列入《世界遗产名录》以来，在旅游产业的强势带动下，逐渐拓宽平整的道路、愈加畅通的电信设施、数量激增的酒店与餐馆等无疑为域内居民的衣、食、住、行等各方面带来了显著变化。

从衣着服饰来看，随着商品经济的发展，传统藏族服饰已不再是居民的日常着装，而更多地作为一种旅游经营项目，即为游客提供民族服饰租赁拍照服务，该类项目也逐渐成为沟内居民的主要收入来源之一。与此同时，如专业旅拍公司、沟外酒店等外来经营主体也提供民族服装服务，这使景区内租衣拍照业务市场竞争愈发激烈，服饰穿戴不正确、缺乏民族文化内涵等问题逐渐暴露。因此，如何发挥沟内本地居民的主体地位，在利用当地资源的同时正确弘扬传统民族服饰文化，引起了人们的关注。

从日常饮食来看，旅游发展下的川、渝等地区各类风味餐饮及特色酒店的经营使居民饮食习惯逐渐由传统藏餐向多种饮食民俗融合转变。地区特色藏餐对于沟内居民而言，不仅是饮食生活的重要组成部分，还是期望用以进行旅游接待、传递民族文化的重要资源。

从住房建设来看，早期沟内居民发展观念较为保守，对沟内土地、住房等财产有较强的依赖心理，对于外迁经营及建房持保留态度，大多不愿轻易放弃在景区内的居住与发展权。2017年九寨沟县发生地震以后，当地旅游业发展被迫中断，连续六年近乎颗粒无收的状态对九寨沟景区内的社区居民生计造成严重威胁。近年来，随着家庭总收入的下降与旅游经营收入占比的减少，九寨沟景区社区居民的观念有所转变。2023年，树正、荷叶、扎如三个社区中有80%~90%的居民个人贷款主要用于新房修建及装修工作，目前都已基本接近尾声。村民们在承受高额负债的情况下坚持修建新房，不仅是为了改善自身的居住条件，更是为了能够进行一定的食宿接待，提升旅游收入。

从交通出行来看，对沟内居民而言仍是利弊同在的状态。一方面，无论是景区外包括机场、高铁、大巴等在内的九寨沟世界遗产旅游线轨道交通的快速发展，还是景区内公共道路与人行栈道等基础设施的完善，在为游客提供更便捷的交通服务的同时，也提高了区域内居民生活出行的通达性；另一方面，景区内严格的交通管控制度对沟内居民的出行自由度产生了较大影响，也使大部分沟内居民并没有"交通越来越便利""购买日常用品越来越方便"的显著感知。

总之，九寨沟景区旅游产业的快速发展使沟内居民生活的方方面面都发生了显著变化，不仅体现在衣着服饰、日常饮食上，更体现在住房建设、交通出行等各个方面。而这些变化在为居民生活带来较多利好的同时，仍面临一些局限与挑战，如沟内正在向民宿化发展的居民住房该如何调控、针对沟内居民出入问题的严格管控制度该如何优化、如何使沟内居民的生活采购方式更加便捷等都是值得思考的议题。

五、九寨沟景区的社区精神文明建设现状

（一）九寨沟景区的社区利益共享分析

1. 环境共享

环境共享是指旅游社区居民也可以享受到该社区为了吸引游客而打造的生态、自然风光及清新空气。在旅游发展过程中，九寨沟景区始终坚持"生态优先、绿色发展"的理念，贯彻"保护促发展，发展促保护"的可持续发展之路。21世纪初期，为了彻底解决景区内环境污染问题，保持九寨沟原有古朴的村寨风貌，防止九寨沟缓慢城市化现象，九寨沟管理局将景区内的居民经营活动外迁并拆除所有经营性房屋，拆除面积达10万平方米，拆除后的房屋空地全部建成绿化带，恢复原始地貌。尽管对于如今的沟内社区居民来说，此项措施不利于生计收益，但从当时的社会历史条件出发，无疑为社区居民创造了良好的生态环境氛围。与此同时，景区内的绿色生态厕所、公共道路与人行栈道等基础设施的建设及优化在方便游客的同时，也促进了居民生活环境与条件的改善。因此，对于一直将生态、环境、自然保护放在首位，不断强化森林有效管护，降低人为污染影响的九寨沟而言，沟内居民无疑能够最大限度地提升环境共享水平。

2. 文化共享

文化共享是指得益于旅游业的发展，社区居民享有了更为丰富的文化活动，精神层面的需求得到了一定程度的满足，如为了吸引游客而举办的

文艺演出、文化展览、节庆活动，以及组建的演艺队伍等。九寨沟景区处在藏汉文化和农牧文化过渡带，沟内居民以藏族为主，多年的栖居使他们创造了独具特色的康巴文化和民族地方文化，其生产生活中蕴含着诸如民族服饰、传统工艺、民俗节庆、绘画雕塑、民族歌舞、神话故事等众多特色文化元素。

当地社区曾尝试通过举办以宗教文化和民族文化为主题的民俗节庆活动以促进九寨沟景区文化旅游的发展，例如，树正社区每年3—4月在则查洼寨举办的民俗风情月，即通过观赏古藏寨建筑风貌、体验藏式织布、品味树正民俗文化、品尝藏餐，让游客深入感受九寨沟景区历史及藏族文化的无限魅力；扎如社区则以扎如寺为基点，依托自身的宗教文化，于每年4月举办"嘛智文化节"、6月举办"日桑文化节"等。尽管已经有了这些较为具有代表性的民俗节庆活动，但从实际发展来看，由于景区管理以及世界遗产对外开放的限制，游客大多仅停留在表层的自然观光旅游阶段，而在景区的文化挖掘方面，居民只能通过相关的旅游纪念品、民族服饰租赁与拍照等较为粗浅的活动来实现，居民与游客仍缺乏产生更多文化交互的渠道。

3. 理念共享

理念共享是指旅游社区居民所持有的有利于旅游可持续发展的理念，具体表现在对旅游发展的支持及参与、旅游规章制度的遵守、主体之间的积极合作等方面。旅游发展理念的共享可以增强地区发展旅游的自觉性，保障各主体的利益，促进资源的共同利用、生态环境的共同保护，增强文化认同与文化建设意识，最终实现旅游发展的真正共享。

九寨沟景区长期以来以其独特的自然景观资源价值在旅游市场上独树一帜，随着旅游需求的不断变化，越来越多的沟内居民认为应该对地方藏族文化、宗教文化、康巴文化等进行深入挖掘，打造以藏族村寨、扎依扎嘎神山、扎如寺等为载体的文化和旅游产品线，实现九寨沟景区自然文化双遗产的蓝图；在旅游相关规章制度的遵守方面，对于一些以保护为主要目的的景区规章制度，居民们大都能理解且遵守，但在生计受到局限与威胁的情况下，居民们也试图通过自己的方式促进制度的修改与完善。

（二）九寨沟景区的社区民生福祉分析

1. 医疗

从县域视角来看，医疗卫生水平的提档升级始终是九寨沟景区亟须解决的民生问题，尤其是在 2017 年地震以后，建立健全的医疗卫生服务体系更是灾后重建的重点工作之一。九寨沟县于 2023 年 10 月正式印发了《九寨沟县"十四五"医疗卫生服务体系规划》，全面促进县域医疗卫生健康服务体系的发展，为全县群众与游客提供良好的医疗保障。

从更微观的九寨沟景区社区视角来看，县域整体医疗服务水平的提升尽管也惠及了沟内居民，但沟内沟外管理体系与主体的不同，仍使沟内居民能够享受到的便利程度有限。例如，沟内暂无基本的医疗卫生机构，居民的日常就医仍需到沟外的漳扎镇医院，且目前的乡镇医院医疗条件尚待提高。尤其是在面临较重疾病时，居民更多的是愿意前往成都、绵阳等医疗卫生条件更好的城市就医。

2. 教育

2022 年以来，九寨沟县教育事业取得了一定成效。与此同时，地理区位条件、经济发展水平等因素的制约也使其不可避免地在中学教育方面面临较大局限。聚焦于当地社区，多数家庭对于孩子的教育都予以了高度重视，因而还是愿以更高昂的经济成本将孩子送往成都、绵阳等邻近地域求学。"送出去"的家庭牺牲亲情、耗费财力，尤其对于近年来家庭收入大幅缩减的沟内社区居民而言，持续且无可避免的教育成本无疑更进一步增加了家庭的生计压力。

3. 人口增长模式

沟内户籍作为门票分红的重要依据，居民对如何控制户籍人口的增减也予以了高度关注。从调查情况来看，首先，居民对于允许母亲是沟内居民的新生儿加入沟内户籍模式的支持率最高，达到了 66.97%，这并不意味着只支持新生儿母亲是沟内的加入沟内户籍，而是更强调男女平等。其次，仅允许父亲是沟内居民的新生儿加入沟内户籍模式，达到了 58.72%；同样支持率在 50% 以上的还有允许社区成员的配偶（媳妇和女婿）加入户籍的模式。通过调查发现，参与调查的居民认为，无论新生儿的父亲或者母亲是否为沟内居民，均应该将户口纳入当地户籍。九寨沟景区不同的沟内户籍人口增减模式支持率见图 5-12。

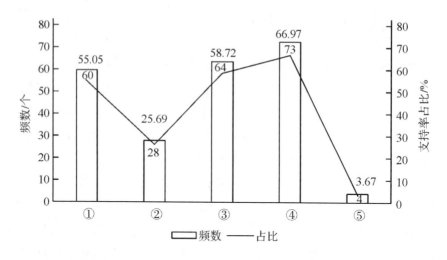

注：①允许社区成员的配偶（媳妇和女婿）加入九寨沟户籍；②只允许嫁入沟内的女性获得沟内户籍；③仅允许新生儿（父亲是沟内居民）获得沟内户籍；④允许新生儿（母亲是沟内居民）获得沟内户籍；⑤不允许任何沟外人员以婚嫁形式获得沟内户籍。

图5-12　九寨沟景区不同的沟内户籍人口增减模式支持率

4. 保景富民

保景富民主要指在旅游发展过程中，既实现景区自然、生态与人文环境的充分保护，也能让景区内的居民通过旅游发展富裕起来，过上舒心幸福的生活，实现人与自然和谐发展。从保景的角度来说，九寨沟景区在旅游开发过程中坚持走"保护促发展，发展促保护"的可持续发展之路，同时各级部门也实施了多项政策。从富民的角度来说，尽管早年间景区居民能够共享旅游红利，获取相对较高的人均收入，但近年来随着社会经济的发展与各种不可控因素的影响，经营业态低端，收入来源单一，不合规经营成为常态，居民人均收入增长缓慢，沟内沟外收入差距扩大等民生问题逐渐凸显。在居民发展诉求强烈的背景之下，如何在保护的基础上进一步实现合理发展成为亟待解决的瓶颈问题。

（三）九寨沟景区的社区凝聚力分析

1. 社区参与意愿

在近年来旅游产业因地震、疫情等不可控因素陷入滞缓，家庭收入锐减的现实背景之下，社区居民渴望全方位、多层次地参与景区发展。在课题组问卷调查的109位居民中，实现社区生计可持续的愿望显得更为强烈（见表5-6）。事实上，沟内三个社区都从自身资源禀赋、环境保护等现实条件出发针对景区发展提出了相应的设想与愿景，如地理位置优势突出的树正社区渴望充分利用自身优势，通过集体经济，以则查洼寨为基点打造以藏族文化为核心吸引力的"土司官寨"，促进民族特色餐饮、传统手工艺等产业的融合发展；地处偏僻的扎如社区则渴望一方面充分挖掘核心区之外的动植物等自然资源，因地制宜开发生态旅游产品，另一方面以扎如寺为依托，深度挖掘神山脚下的宗教文化，实现自然景观与人文景观的相互补充与增益；荷叶社区在考虑到规模控制、环境保护、管理制度等影响的前提下，对于实行"腾笼换鸟"（居民向沟外迁移，沟内进行住宿接待）表现出强烈意愿。由此可见，无论是从文化角度出发对整个景区发展方向的设想，抑或是从个人就业角度出发对景区旅游经营活动的开发，沟内社区参与意愿的强烈毋庸置疑，共同目标与愿景的存在也促进了社区对外凝聚力的提升。在此背景下，对于调查过程中发现的社区治理参与意愿不高的少部分群体（仅有 13.8%）应予以重点关注，该部分群体意愿的提高是进一步提升社区团结与凝聚力、促进社区和谐可持续发展的关键。居民对九寨沟景区社会治理创新改革的参与态度见表 5-6。

表 5-6　居民对九寨沟景区社会治理现代化创新改革的参与态度

居民参与态度	人数/个	占比/%
我对九寨沟景区社区治理现代化创新改革不抱希望，完全不想参与	1	0.9
时间精力不允许我参与，所以不想参与	4	3.7
参不参与都无所谓，但是我会继续关注九寨沟景区社会治理现代化创新改革	10	9.2
保护九寨沟景区是每个居民的责任，如果有需要，我会配合我所在的社区进行社会治理现代化创新改革	60	55.0
九寨沟景区的发展涉及沟内社区每个人的切身利益，因此我将高度负责地参与进来	34	31.2

2. 社区管理与服务能力

良好的社区管理与服务旨在促进社区的和谐发展与居民的福祉增进。九寨沟景区内的三个社区由九寨沟管理局进行统一管理，景区多年来的发展实践与居民生活实况是其管理成效的显著证明，但与此同时，新阶段下也涌现出了一些亟待解决的问题，对其社区管理与服务能力提出了更高的要求。

从社区服务提供来看，沟内社区居民的教育、医疗、日常购物等必要活动均需在沟外解决，生活成本较高，且基础的电力等生活能源一方面单价较高，另一方面季节性的供给负荷不力，也为社区居民的日常生活带来了诸多不便。从社区管理来看，在社区就业方面，社区内大部分居民就业渠道还较为单一；在社区规划与发展方面，无论是斥资上亿元的月亮湾项目还是投入上百亩土地的沙坝项目，都因各种原因陷入停滞，由九寨沟管理局与社区居民联合控股成立的诺日朗餐厅长期以来的营收不利状态也会使社区居民产生怀疑与不满情绪；在社区参与和合作方面，景区内主要的旅游经营点位都由成立的社区集体经济进行统一经营、集体分红，居民们对于社区事务具有较强的参与意愿，有利于进一步的社区自治发展。

（四）九寨沟景区的社区文化传续分析

1. 文化构成

作为一个典型的民族村寨，九寨沟景区的藏族居民在千百年的岁月变迁中创造了独特而灿烂的地方文化。从物质性文化来看，主要包括居民长期生活所形成的藏族聚落景观，以如今遗存的农田、水磨坊和晒架等为代表的农业生产景观，以寺庙、佛塔、经幡和龙达等为代表的宗教景观，以及以阿梢垴遗址为代表的历史遗址景观。从非物质性文化来看，主要包括与农业劳动一起产生的生产时令、生产舞蹈等生产习俗，以传统服饰、特色饮食为代表的生活习俗，以日桑节、嘛知节等为代表的节日习俗，以藏族婚礼、葬礼等为代表的人生礼仪，以及如转山活动、祭祀活动等宗教习俗。这些文化要素以静态与动态相结合的方式有机融合在一起，形成了九寨沟独一无二的文化景观。

2. 文化变迁

受地理环境的影响，九寨沟景区旅游开发以前长期处于半封闭状态，沟内藏族居民基本保持着刀耕火种、半农半牧的生计方式。随着旅游经济的快速发展，地区社会文化也经历了从"农耕时代"到"旅游时代"的巨大转变，居民生计方式逐渐由半农半牧转向与旅游相关的接待、服务、经营等活动。在生活理念方面，人们普遍会愿意付出更高昂的教育成本将孩子送到沟外、县外、市外读书；在婚育观念方面，生活水平和受教育水平的全面提升使得沟内年轻一代的藏族居民在婚姻生育观念上与祖辈有着根本的变化，从过去的临近寨内联姻到与外界互通，更加自由开放；在民族服饰方面，其传统的藏族服饰逐渐受到汉族等其他文化的影响，从旅游开发前对实用性的追求向美观性、时尚性转变；在语言方面，随着九寨沟景区旅游开发的不断深入，沟内藏族居民开始由被动学习汉语转变为主动学习汉语，并最终呈现出"藏语弱化、汉语强化"的特征；在宗教活动方面，一些传统的节日在商业的驱动下逐渐淡化，沟内藏族居民增添了一些现代气息更浓且融合了外来文化的新节日。

综上，九寨沟景区经过多年的旅游发展，沟内藏族居民完全成了旅游社区的藏族居民，那些具有传统精神的生活空间逐渐演变成充满竞争的旅游场域。沟内原生文化也在一定程度上受到了旅游业的影响，在整个旅游开发过程中，沟内藏族文化的氛围在现实中不断地被现代化、边缘化。在此背景下，如何进一步挖掘、传承并弘扬中华优秀传统文化，是值得我们关注的重点问题。

第三节　九寨沟景区社区治理现代化问题及建议

九寨沟景区社区治理现代化问题本质上是内部矛盾，现阶段的主要矛盾是人民日益增长的美好生活需要和不平衡不充分的发展之间的矛盾。矛盾的主要方面是世界自然遗产保护与遗产地居民发展的不平衡，矛盾的具体表现为沟内沟外协调发展问题、沟内居民生计问题和产业提质升级问题。解决具体问题的关键，是要从全局着手，抓住主要矛盾和矛盾的主要方面，不能为了眼前利益和解决一时的麻烦而忽略了九寨沟景区自然遗产保护的根本利益。一方面，九寨沟景区世界自然遗产凝结了大自然亿万年的神奇造化，承载着人类的精神文化价值，关乎地球生态安全；另一方面，九寨沟景区是沟内社区居民安身立命、赖以生存的根本，其自然遗产保护是沟内社区现代化发展的根本原则和基本前提。把握了这个原则和前提，很多问题就不再是问题，而是一种发展模式发展到一定阶段的临界点，坚守底线、继续往前突破这个临界点就是一种新的境界。

一、九寨沟景区社区治理现代化的问题

（一）多头管理、事企共管、职能交错

主管九寨沟景区的政府职能部门是九寨沟管理局，九寨沟管理局又包括九寨沟国家级自然保护区管理局和九寨沟风景名胜区管理局，两者管理

职能交错。九寨沟景区内的交通、导游等旅游服务主要由阿坝大九寨旅游集团有限责任公司管理调度，九寨沟景区内的诺日朗游客中心和九个经营点主要由九寨沟管理局和社区共同成立的九寨沟县联合经营有限责任公司管理经营。九寨沟景区内的树正、荷叶、扎如三个社区由九寨沟管理局代管，但党群工作仍然由漳扎镇党委管理。因此，当地社区集体经济发展受限，社区治理矛盾突出。

（二）景区内外收入不平衡、来源单一

2000年，九寨沟景区正式实行"沟内游，沟外住"政策，沟外社区经济迅速发展，居民增收致富显著，沟内社区产业发展低端，居民生计高度依赖景区，两者形成鲜明对比。2011年，九寨沟管理局在漳扎镇彭丰村月亮湾调配土地167亩，并投入资金1.4亿元，实施经营外迁项目，至今没有落地，推进缓慢艰难。2017年地震灾后恢复重建，沟内居民修缮房屋，贷款总额达到6 000万元，有限的收入难以缓解经济压力。

（三）缺乏有效的激励、监督机制

从2005年开始，九寨沟景区每张门票提取7元作为沟内居民生活保障金，既得利益不仅没有将沟内人口控制在世界自然遗产申明的800人以下，反而增加到1 400人。九寨沟管理局也在沟外沙坝村购置133亩土地，用于新增户建房，沟内居民响应寥寥。由于免票政策等因素的影响，平均分配的生活保障金已不能满足沟内居民日益提高的生活需求，也没有形成有效的激励机制。沟内居民私下留宿游客现象屡禁不止，主要是没有形成社区居民主动参与的监督机制。

（四）法律保障体系不完善、不健全

九寨沟景区社区主要依照《中华人民共和国自然保护区条例》《中华人民共和国旅游法》等法律法规执行管理，但也有很多现行的管理制度并没有纳入法律保障，如"沟内游，沟外住"作为一种普遍性景区管理办法，既不在世界遗产组织普遍性标准体系之内，也找不到国内法律条例的支撑。九寨沟景区管理还有很多细节问题，如游客自带速热米饭和方便面所导致的九寨沟面源污染问题，当地政府需要统观全局的考量，进一步健全和完善九寨沟景区的环境保护、旅游管理、社区治理等相关法律保障体系。

二、九寨沟景区社区治理现代化的现实需要

（一）灾后恢复重建和发展提升的需要

2018 年，习近平总书记来川视察期间作出重要指示，要高质量推进九寨沟地震灾区恢复重建和发展提升，努力建成推进民族地区绿色发展脱贫奔小康的典范，让灾区群众早日过上幸福安康的生活。尽管九寨沟景区环境治理、基础设施等在灾后恢复重建中有了很大提升，但当地政府要想成功建设世界级旅游景区、世界重要旅游目的地，还需进一步深化体制机制改革、提升社区治理能力、提升景区的吸引力和竞争力。

（二）破解"沟内游，沟外住"主要矛盾的需要

当 1992 年九寨沟景区申请加入《世界遗产名录》时，世界遗产委员会专家卢卡斯就指出，处理好九寨沟景区与当地社区的关系，就是解决了世界性难题。经过多方面的协调和利弊权衡，九寨沟景区给出的方案是"沟内游，沟外住"，一度被誉为世界典范，为国内外遗产地旅游景区纷纷效法。随着时代的发展，九寨沟景区的主要矛盾发生了变化，主要表现为沟内、沟外发展不平衡与沟内居民日益增长的美好生活需要的矛盾。面对现阶段"沟内游，沟外住"的主要矛盾，当地政府还需通过景区管理体制机制改革，促进沟内、沟外协调发展，满足人民日益增长的美好生活需要。

（三）抢抓"高铁+高速路+旅游"机遇的需要

2023 年 11 月 28 日，川青铁路镇江关段正式开通运营。2024 年 12 月 30 日，G 8513 线九寨沟−绵阳高速公路（以下简称"九绵高速"）白马至王朗段建成通车，为九绵高速 2025 年全线建成通车奠定了坚实基础。九寨沟旅游将迎来交通现代化带来的巨大客流量，也将面临景区管理服务的挑战。客流量的提升是旅游消费提质升级的基本前提，而九寨沟景区的环境承载力和游客接待能力是有限的，必须充分考虑沟内游客流量控制与分流引流、沟外如何留住游客深度消费的问题。抢抓"双高"时代的旅游机遇，当地政府还需创新景区管理体制机制，沟内、沟外齐抓共管，不断提升管理服务的能力、品质与效益。

（四）促进民族地区团结稳定、共同富裕的需要

九寨沟古称"中羊峒"与"和约九寨"，体现了"中和"的思想及守望相助的民族传统，也在发展中构筑了民族团结稳定的根基。九寨沟景区

"沟内游，沟外住"能够作为管理典范推行数十载，与沟内居民的包容、理解及一定程度的牺牲精神分不开。九寨沟的团结稳定、长治久安，不仅要靠当地群众的自发自觉，还要靠政府治理、社会治理、景区管理的体制机制创新，更要满足人民群众美好生活的需要，从而促进各族人民共同富裕。

三、九寨沟"景社一体"协同创新的建议

（一）构建"九寨-黄龙"空间发展新格局

当地政府要围绕"四化同步、城乡融合、五区共兴"的战略部署，整合跨区域资源要素，促进城乡、区域协调发展，打造"大九寨"文化和旅游精品，构建推动高质量发展的旅游空间布局和支撑体系。一是创建"九寨-黄龙"旅游新区。"九寨-黄龙"旅游新区可以由州委州政府统筹九寨沟县、松潘县共同创建，将九寨沟景区、黄龙景区及沿线村镇纳入整体规划，按照州直辖区（副厅级）行政区划，上报省级相关行政部门审批，并在文化和旅游部备案；依托两个世界自然遗产，打造"九寨-黄龙"旅游新区核心增长极；依托漳扎、川主寺两个国际旅游中心镇，配套跨区域特色旅游功能区。二是推进"九寨-黄龙"国家公园建设。当地政府可以建立分类科学、布局合理、保护有力、管理有效的以国家公园为主体的自然保护地体系，确保九寨-黄龙自然生态系统、自然遗产、自然景观和生物多样性得到系统性保护，提升生态产品供给能力，提升世界遗产地旅游品质；可以制订九寨-黄龙国家公园规划，进一步深化"多规合一"改革，构建国土空间开发保护的新格局。三是申报"九寨-黄龙"世界自然文化遗产。九寨沟景区、黄龙景区各自申报世界文化遗产都有着自身的局限性，四川的世界自然文化遗产"乐山-峨眉山""青城山-都江堰"都是整合资源联合申报的结果。因此，当地政府可以依托"九寨-黄龙"旅游新区建设，打破沟内沟外、景区内景区外的文化壁垒，促进文化和旅游融合、城乡融合；可以编制九寨-黄龙世界自然文化遗产相关保护管理规划，突出世界自然文化双遗产的普遍价值和完整性阐释，强调文化资源、自然环境与人类活动的监测管理，强调遗产地旅游活动与建设的监测管理、社区参与及协调发展。

（二）创新世界自然遗产管理"九寨沟模式"

尽管九寨沟景区以先进的管理体系兑现了世界自然遗产的承诺，包括

环境管理体系（ISO 14001）、质量管理体系（ISO 9001）、职业健康安全管理体系（OHSAS 18001）、诚信监督管理体系（ICE 8000）等，形成了国际认同的"九寨沟模式"，但是其世界自然遗产保护管理方式还需与时俱进，需要进一步创新管理体制机制，解决可持续协调发展中的新问题。一是探索"沟内游，沟外住"的管理创新路径。九寨沟景区新一轮修规调规在即，突破"沟内游，沟外住"的管理局限，还需配套强有力的经营管理模式和监督管理模式。当地政府可以借鉴美国的黄石公园、法国的圣米歇尔山及其海湾，以及中国的黄山、武陵源等国内外世界自然遗产保护管理的经验得失，创新遗产地空间生产理论，创造性转化遗产地旅游研究成果；赋权以九寨沟管理局为主导的公司化运营、社区参与的"管委会模式"，探讨"沟内深度游，沟外漫生活"的管理创新理念。二是推进世界自然遗产地"山水林田湖草"一体化管理。"九寨归来不看水"，水是九寨沟的"魂"，山是九寨沟的"骨"，与林田湖草一起构成九寨沟的"身体发肤精气神"。我们不能只看到九寨沟114个翠海、47眼泉水、17群瀑布、11段端流，而忽略了以扎伊扎嘎神山为代表的12座雪峰，以大熊猫为代表的170种动物，以珙桐为代表的2 576种原生植物。山水林田湖草是生命共同体，需要一体化的管理。当地政府要摸清九寨沟古树名木家底，深挖九寨沟景区的神山信仰与转山习俗，保护九寨沟景区的农耕文化、牦牛牧场，让九寨沟世界自然遗产形象更加立体鲜活、丰富多样。三是创新世界自然遗产地旅游管理。九寨沟景区遗产地旅游受到国内外学者的普遍关注，前来交流、调研、访学及博士后进站者不断，研究成果不胜枚举。当地政府要系统梳理九寨沟景区旅游管理的研究成果，积极探索九寨沟世界自然遗产地旅游的管理创新；通过科技创新，在森林病虫害监测、地质水文监测、自然灾害治理、环保节能设计等方面取得更大成效；进一步强化九寨沟景区遗产地旅游管理的科技创新主体意识，加快九寨沟世界自然遗产保护与旅游活动监测的数字化、智慧化，促进九寨沟景区旅游管理的科学化、现代化。

（三）统筹九寨沟景区内外协调管理

九寨沟景区的管理活动包括了计划、组织、指挥、协调和控制五种职能，覆盖了食、住、行、游、购、娱六要素。因此，当地政府要打破狭隘的景区观念，统筹九寨沟景区内外的协调管理。一是强化"景镇（城）一体"的协调管理。一方面，当地政府要加强九寨沟景区与漳扎镇旅游服务的协调管理。多年来，"沟外的手不伸向沟内，沟内的手不伸向沟外"，似乎形成了一种默契，但随着交通发展、游客流动性加大，九寨沟景区要想留住游客，沟内、沟外都要发展新业态，业态的调控互补需要九寨沟管理局和漳扎镇政府的协调管理。另一方面，当地政府要加强九寨沟景区与九寨沟县域旅游的协调发展。九寨沟景区是九寨沟县全域旅游的引擎，以九寨沟景区带动九寨县神仙池景区、甲勿海景区等其他景区发展，需要九寨沟管理局、九寨沟县文化体育和旅游局的协调管理。二是协调政企、事企与社企之间的管理。九寨沟景区高质量发展，既要坚持政企分离、事企分离、社企分离，又要协调党政机关、事业单位、公私企业及社会组织的管理，形成九寨沟景区管理的合力。以市场经济主导的公司化运营是九寨沟景区管理的大势所趋，因此九寨沟县政府、九寨沟管理局、阿坝大九寨旅游集团有限责任公司"三驾马车"要并驾齐驱，规范市场主体行为，营造公平竞争的环境，推动九寨沟旅游市场管理体制机制的创新。三是构建内外统一的景区社区治理体系。当地政府要建立起党组织统一领导，政府依法履责，各类组织积极协同，群众广泛参与，自治、法治、德治相结合的九寨沟景区社区治理体系，健全常态化管理和应急管理动态衔接的景区社区治理机制；推行九寨沟景区"联合党委"运行机制，可以由九寨沟管理局党组织牵头，联合景区内外党政机关、企事业单位等各类党组织，推动景区党建从封闭运行、自我服务向开放运行、共同服务转变，提升九寨沟景区服务功能和景区社区治理效能。

（四）拓展九寨沟景区内社区居民增收渠道

九寨沟景区实施"沟内游，沟外住"政策，限制沟内社区从事旅游经营活动，虽然通过门票分成给予了沟内居民生活保障金，但收入不增反减也是事实。因此，当地政府还需通过创新景区管理体制机制，拓展社区居民的增收渠道。一是拓展景区社区旅游经营空间。一方面，可以将景区内分散的九个经营点转移到树正、荷叶和扎如三个社区，配套藏餐、咖啡、家访、购物、旅拍、文化体验、休闲娱乐等项目，创新社区旅游业态，提升产品供给品质，探索社区旅游多元化盈利模式。另一方面，可以将扎如沟生态旅游项目交付联合公司经营，打造与诺日朗中心商业项目互补的扎如副中心，配套夜游、民宿、寺庙游览、转山、营地等项目，三个社区通过联合经营公司参与副中心多种经营并按劳分配。二是提升诺日朗游客中心二次消费。一般而言，除了门票以外，游客在九寨沟景区内的消费都是二次消费。九寨沟诺日朗游客中心是景区内游客二次消费的核心区，共有195个旅游商品摊位，沟内唯一的餐厅可容纳3 000人左右同时用餐，但诺日朗中心的二次消费并不高，对沟内居民收入的贡献率几乎可以忽略不计。当地政府可以引入具有市场竞争力的经营公司，通过创新旅游产品设计、提供多样化、品质化餐饮服务等方式，促进诺日朗游客中心的二次消费。三是推进经营性外迁项目。2011年，九寨沟管理局投资1.4亿元、沟内社区集资2 000万元的月亮湾经营性外迁项目至今没有落地，有地震灾害和新冠疫情的原因，但主要原因还在于投资经营主体。当地政府可以引进投资公司及经营主体，将月亮湾经营性外迁项目落地并盘活，带动沟内社区居民的就业增收。

（五）优化收入分配结构，激发人才创新活力

最先享受九寨沟景区旅游红利的沟内社区居民十分重视教育，沟内年轻一代拥有高学历者不在少数，关键是如何激发沟内人才的创新活力。一是探索按劳分配为主的多种分配方式创新。九寨沟景区收入分配除了景区工作人员的工资收入以外，主要还有福利性收入、经营性收入、公益性收入三种分配形式。福利性收入从九寨沟门票收入中提取7元，平均分配给沟内社区居民；经营性收入包括联合公司经营的股份收入和社区居民到景点租衣照相的直接经营收入，其中诺日朗游客中心195个摊位，按照1个摊位5个股份，采取抓阄形式决定经营位置，按经营收入5个股份平均分配；公益性收入主要为景区环保、森林防火等岗位收入。因此，当地政府可以创新景区内土地要素分配、技术信息要素分配等分配形式。二是门票分成与景区内户口增减挂钩。7元门票分成是沟内户籍人口的既得利益，有关"媳妇""女婿"的新增户籍认定问题，一直是沟内争论的焦点。当地政府可以落实沙坝新增户宅基地项目，按照联合国教科文组织世界遗产委员会有关规定，动态调节沟内人口；可以考虑新增户直系血亲持沟内户籍证明享有沟内社区生活保障金，并依法享有沟内房产继承权。三是激发人才创新创业活力。当地政府可以在沟内人才优先就业和拓展多种旅游经营的前提下，实行有弹性、有差异的生活保障金补贴制度，打破平均主义，激发人才效能；鼓励沟内人才自主创业、自力更生，鼓励沟内人才外出深造、就业或创业，并给予一次性支持奖励。

（六）构建九寨沟景区管理体制机制创新的保障体系

当地政府要坚持向改革要动力、向创新要活力，构建九寨沟景区管理

体制机制改革创新的保障体系。一是政策保障。九寨沟景区管理体制机制创新需要建立健全政策保障机制，切实提升政策制定的科学性和政策执行的有效性。例如，创建"九寨-黄龙"旅游新区，就有一个制定、执行并完善政策的过程，因此当地政府需要科学决策、精准施策并推动各项政策落到实处。除此之外，当地政府在调整"沟内游，沟外住"政策之前，还要论证新政策的科学性与可行性，评估开放景区的风险，不能先破后立、言之不预。二是法治保障。九寨沟景区管理要建立健全文化和旅游领域相关法律、行政法规、规章以及行政规范性文件实施情况监督检查与评估制度，针对人民群众反映强烈的问题，要进一步制定并完善相关管理制度。例如，九寨沟景区做减法、社区做加法，就要对社区经营制定管理制度，并依法进行管理。当地政府可以根据《中华人民共和国民法典》和《文化和旅游部关于加强文化和旅游领域法治建设的指导意见》，整体谋划，系统部署，加强景区、社区管理，保障旅游者及社区居民的合法权益。三是资金保障。当地政府要建立健全九寨沟景区自收自支的资金管理制度，采取多种经营管理模式，增加景区经济效应，为景区内环境和世界自然遗产的完整性保护提供资金支持；加大九寨沟景区收入统筹力度，盘活存量，充分挖掘释放各种闲置资源潜力，在环境与遗产保护的前提下，支持社区集体经济发展，构建多劳多得、优劳优得、兼顾公平的资金保障体系。

第六章　道孚县文化和旅游与三次产业融合发展

高质量发展是全面建设社会主义现代化国家的首要任务，我们必须完整、准确、全面贯彻新发展理念，始终以创新、协调、绿色、开放、共享的内在统一来把握发展、衡量发展、推动发展；必须更好统筹质的有效提升和量的合理增长，始终坚持质量第一、效益优先，大力增强质量意识，视质量为生命，以高质量为追求；必须坚定不移深化改革开放、深入转变发展方式，以效率变革、动力变革促进质量变革，加快形成可持续的高质量发展体制机制；必须以满足人民日益增长的美好生活需要为出发点和落脚点，把发展成果不断转化为生活品质，不断增强人民群众的获得感、幸福感、安全感。道孚县围绕四川加快建设现代化产业体系的战略布局和甘孜藏族自治州建设清洁能源支撑地、休闲旅游承接地、有机食品供给地的整体部署，以推进生态旅游、现代农业、清洁能源"三大产业"为路径，奋力实现打造千万千瓦级清洁能源基地、创建国家生态文明建设示范县、国家全域旅游示范县和高原三产融合示范县"四个目标"，取得了显著的成绩。与此同时，新形势下，产业结构调整、产能育优补短的问题和挑战也同样严峻和急迫。

第一节　政策背景

党的十八大以来，习近平总书记对高质量发展作出一系列理论概括和战略部署，为道孚县推动产业高质量发展指明了方向。道孚县既要准确把握高质量发展的普遍性原则，又要落实好国家及地区的具体要求，要在更高起点找准发展定位，不断推动道孚县产业高质量发展取得新进展、新突破。

一、高质量发展是新时代的硬道理

2017 年，党的十九大首次提出"高质量发展"，明确指出中国经济由高速增长阶段转向高质量发展阶段。从宏观层面理解，高质量发展是指经济增长稳定，区域城乡发展均衡，以创新为动力，实现绿色发展，让经济发展成果更多更公平惠及全体人民。从产业层面理解，高质量发展是指产业布局优化、结构合理，不断实现转型升级，并显著提升产业发展效益。从企业经营层面理解，高质量发展包括一流竞争力、质量的可靠性与持续创新、品牌的影响力，以及先进的质量管理理念与方法等。总体而言，高质量发展是中国经济高速增长到一定阶段的必然选择，是面对"百年未有之大变局"以及"中国经济，行稳致远"的必由之路。速度与质量是辩证统一的，没有一定的发展速度就很难谈到发展质量。"质"与"量"也是辩证统一的，高质量发展是在量变与质变的相互转化、相互促进中实现的。从片面重视高增长产业，转向关注产业协同发展、构建现代化产业体系，体现更充分更均衡的发展，是产业高质量发展的显著特征。

2022 年 10 月 16 日，党的二十大胜利召开，提出要加快构建新发展格局，着力推动高质量发展，同时指出，高质量发展是全面建设社会主义现代化国家的首要任务，我们要坚持以推动高质量发展为主题，把实施扩大内需战略同深化供给侧结构性改革有机结合起来，增强国内大循环内生动力和可靠性，提升国际循环质量和水平，加快建设现代化经济体系，着力提高全要素生产率，着力提升产业链供应链韧性和安全水平，着力推进城乡融合和区域协调发展，推动经济实现质的有效提升和量的合理增长。在产业层面，我们要实施产业基础再造工程和重大技术装备攻关工程，支持专精特新企业发展，推动制造业高端化、智能化、绿色化发展；巩固优势产业领先地位，在关系安全发展的领域加快补齐短板，提升战略性资源供应保障能力；进一步提出构建优质高效的服务业新体系、高效顺畅的流通体系和现代化基础设施体系。党的二十大报告将高质量发展放在更加突出位置并作了系统建构和科学阐释，为产业高质量发展指明了方向。

2023 年 12 月 11 日，中央经济工作会议围绕推动高质量发展部署了重点任务：以科技创新引领现代化产业体系建设，着力扩大国内需求，深化重点领域改革，扩大高水平对外开放，持续有效防范化解重点领域风险，坚持不懈抓好"三农"工作，推动城乡融合、区域协调发展，深入推进生态文明建设和绿色低碳发展，切实保障和改善民生。在产业方面，我们要完善新型举国体制，实施制造业重点产业链高质量发展行动，加强质量支撑和标准引领，提升产业链供应链韧性和安全水平；大力推进新型工业化，发展数字经济，加快推动人工智能发展；广泛应用数智技术、绿色技术，加快传统产业转型升级。产业是经济发展的关键，我国经济高质量发展，必须夯实产业高质量发展的基础，重点推进高科技产业、国民经济支柱产业和民生福祉产业的高质量发展。

二、四川省对推动高质量发展作出战略部署

2018 年 6 月 30 日，中共四川省委印发《中共四川省委关于全面推动高质量发展的决定》，提出推进四川高质量发展，必须坚持问题导向，着力解决产业体系不优的问题，以夯实实体经济为抓手优化产业结构，改变产业竞争力不强、缺乏大企业大集团引领的现状，整体提升产业层次和水平；必须全面落实新发展理念，聚力建设国家创新驱动发展先行省，推动新旧动能转换，加快产业转型发展，构建高端突破、优势凸显的现代产业支撑。具体而言，四川省要以重点项目带动产业集群发展，增强制造业核心竞争力，加快传统产业转型升级，支持重大产业培训建设、重大布局优化调整、重大技术升级改造、重大创新研发平台打造。

2024 年 5 月 13 日，中共四川省委十二届五次全会通过的《以发展新质生产力为重要着力点扎实推进高质量发展的决定》提出，要实施前沿科技攻坚突破行动，瞄准国家战略需求和四川发展需要，立足资源禀赋、产业基础和科研条件，谋划一批重大科技专项，着力突破一批关键核心技术；推进产业深度转型升级，坚定不移推进工业兴省制造强省，以科技创新推动产业创新，加快创新链产业链深度统合，统筹推进传统产业升级、新兴产业壮大、未来产业培育，加快构架富有四川特色及优势的现代化产业体系；深化重点领域和关键环节改革，包括深化要素市场化配置改革、深入实施国有企业改革深化提升行动、深化科技体制改革、深化教育科技人才综合改革、深化科技金融改革、以扩大开放来聚集先进生产要素等；抢抓新一轮科技革命和产业变革机遇，加快发展新质生产力，扎实推进高质量发展，为四川现代化建设奠定更加坚实的物质技术基础，在新时代西部大开发中走在前列、多做贡献。

三、甘孜藏族自治州对推动高质量发展作出系列安排

2023 年 2 月 27 日，甘孜藏族自治州人民政府印发的《甘孜州全面推动经济高质量发展若干政策措施》提出，要实施藏香猪能繁母猪补贴政策，实施农机补贴州级配套补助政策，支持"有机园区"创建；实施优势产业提质倍增计划和中小企业梯度培育，支持工业投资和技术改造、产业创新体系建设；鼓励引进一定投资规模的农牧产业或中（藏）医药类项目、文旅类或商贸物流类项目以及先进制造业项目，大力支持高速公路与清洁能源开发打捆实施项目；支持培育消费新业态，建设一批"圣洁甘孜"有机产品营销专店和电商新业态基地，培育一批本土榜样带货主播；鼓励建筑业健康有序发展。

2023 年 6 月 15 日，甘孜藏族自治州出台了《关于全面推进清洁能源高质量发展的意见》。该意见突出高质量发展主题，统筹发展和安全，按照"基地化、规模化、集约化"推进源网荷储一体化和水风光热储多能互补的发展思路，全力推进全国水风光一体化示范区和四川省绿电供应战略高地建设，加快打造国家重要清洁能源基地，并提出了要完善体系规划、布局区域发展、有序推进水电开发、加快推进光伏开发、稳步推进风电开发、大力推进抽水蓄能开发、科学推进新型储能发展、示范推进地热光热发展、建设高等级电网、巩固提升农村电网、推进数字化智能化应用、研究谋划氢能产业发展、创建科创平台培养专业人才、加强能源安全监管、加强风险隐患治理和应急管控、推进农村能源革命、深化融合发展、推动惠民富民等具体举措。

四、道孚县关于高质量发展的方向把握

（一）坚持把更高站位作为高质量发展的主线

当地政府要充分认识道孚县高质量发展在全省、全州工作大局中的特殊重要性，把在更高站位、更高起点谋划高质量发展作为主线，正确处理稳定、发展、生态三者的关系，特别要在筑牢维护国家生态安全的战略屏障、巩固实现稳藏安康的战略要地中积极作为，加快推动道孚县高质量发展；坚持以中国式现代化为引领，紧紧围绕治蜀兴川"四化同步、城乡融合、五区共兴"总体部署和州委总体工作格局，以高质量发展为主线，大力实施县委"坚持一条主线、突出两项抓手、发展三大产业、实现四个目

标"的发展思路,不断推动道孚县各项事业向前向好发展。

(二)坚持把生态环保作为高质量发展的底色

习近平生态文明思想是习近平新时代中国特色社会主义思想的重要组成部分。全面准确地认识和理解习近平生态文明思想,有助于道孚县从整体上把握习近平新时代中国特色社会主义思想,更好地贯彻党的二十大精神,推进绿色发展,实现中国的绿色崛起。当地政府要深入践行习近平生态文明思想,认真贯彻落实中央、省、州关于加快推进生态文明建设决策部署,全面践行"绿水青山就是金山银山""冰天雪地也是金山银山"理念,筑牢长江上游生态屏障,积极创建全国生态文明示范县;加强生态环境治理,统筹推进山水林田湖草沙系统治理,打好污染防治攻坚战,补齐城乡垃圾、污水和医疗废物处置短板,推动环境基础设施提级扩能;积极推进"碳达峰""碳中和"计划,加强碳资产储备和碳汇能力建设;高位推进产业转型升级、激活县域生态竞争力、提升群众幸福指数、提升道孚县知名度与美誉度,持续把绿色构筑道孚县高质量发展作为最亮底色。

(三)坚持把统筹协调作为高质量发展的举措

当地政府要统筹推进稳定、发展、生态、民生各项工作;坚持把稳定作为首要任务,确保经济社会安全发展;坚持把发展作为解决一切问题的关键,夯实长治久安的物质基础;坚持把生态作为最大的价值、最大的潜力和最大的责任,发展生态经济,维护生态安全;坚持"民生为大",厚植民利、惠及于民,实现社会高效能治理、生态高水平保护、经济高质量发展、群众高品质生活相得益彰;扎实推进产业高质量发展,切实满足道孚县各族人民长期以来对追求美好生活条件的热切向往。在高质量发展促进共同富裕的道路上,当地政府要更加注重县域经济和社会高质量发展,加大政策支持与帮扶力度,努力缩小区域差距、城乡差距和收入差距,持续坚定走生态优先、绿色发展的道路,不断发展壮大特色优势产业,增进民生福祉,为民族地区经济社会发展提供坚实支撑。

第二节 现状分析

道孚县发挥自身优势,以清洁能源为主导,以生态旅游为引领,以特色农牧为支撑,因地制宜写好"三篇大文章",积极构建富有道孚县特色的现代化产业体系，在助推高质量发展上做出新贡献。2023 年，道孚县完成地区生产总值为 16 亿元，同比增长 4.7%；固定资产投资达 14.6 亿元，同比增长 24.8%；地方一般公共预算收入首次突破亿元大关，达到 2.13 亿元，同比增长 21.26%；工业增加值为 1.03 亿元，同比增长 10.4%；社会消费品零售总额为 3.85 亿元，同比增长 9.5%；城镇居民人均可支配收入为 36 754 元，同比增长 3.9%；农村居民人均可支配收入为 16 080 元，同比增长 7.7%。2023 年，道孚县财政收入、工业增加值、固定资产投资增速保持两位数增长，财政收入、固定资产投资、第一产业、第二产业、非营利性服务业 5 项主要经济指标成功卡位全州第一方阵；同时，也面临着发展能力相对薄弱、发展要素十分欠缺、产业管理条块分割和区域发展竞争进一步加剧等挑战。

一、清洁能源产业发展现状及态势分析

（一）基本情况

1. 清洁能源产业逐步成为县域经济的主导

道孚县抢抓"双碳"重大战略机遇，聚力打造"千万千瓦级清洁能源基地"。截至 2024 年 3 月底，全县新能源装机容量达 373.89 万千瓦，年总发电量达 62.39 亿千瓦时。2024 年，道孚县一季度县域内新能源企业共缴纳各类税收达 5 000 万元，占全部税收收入的 85.04%。由此可见，清洁能源产业逐渐成为道孚县的支柱产业以及新的经济增长极。

2. 光伏产业发展基础进一步夯实

截至 2023 年年底，道孚县的亚日Ⅰ标、亚日Ⅱ标、龚昌 3 个光伏项目年度投资额达 6 亿元，完成光伏阵列建设 9 个；格拉基水电站工程年度投资额达 5 亿元，完成总工程量的 72%，力争 2025 年年底投产发电。

3. 道孚县抽水蓄能项目实现新突破

抽水蓄能是构建新型电力系统、建设新型能源体系的重要支撑。道孚县抽水蓄能项目是四川省装机规模最大的抽水蓄能项目，也是全球海拔最高的大型抽水蓄能电站，主要由上水库、下水库、输水系统、地下厂房系统及地面开关站等组成。截至 2023 年年底，道孚县电站安装 6 台 35 万千瓦的可逆式机组，总装机容量为 210 万千瓦，动态投资为 151 亿元，设计年发电量为 29.94 亿千瓦时。道孚县抽水蓄能项目的开工建设，对于提升电力供应保障能力、促进新能源科学高效开发利用、打造世界级清洁能源示

范基地、促进地方经济社会高质量发展具有重要意义。

4. 水电站建设稳步推进

道孚县格拉基水电站建设正在稳步推进，力争 2025 年 10 月底下闸蓄水，2025 年年底达到发电条件。作为庆大河干流"一库两级"开发方案的龙头水库，格拉基水电站的设计总库容约为 2.4 亿立方米，电站装机容量为 120 兆瓦。近年来，电站平均发电量为 4.387 亿千瓦时，其中枯期电量为 2.031 亿千瓦时，装机年利用小时数为 3 656 小时。

（二）发展机遇

1. 国家明确提出了"双碳"目标并作为"十四五"规划目标和指引

"碳达峰""碳中和"国家战略的实施为道孚县加快清洁能源开发、促进资源优势向经济优势提供了重大机遇。2020 年 9 月 22 日，我国在第七十五届联合国大会上提出，二氧化碳排放力争于 2030 年前达到峰值，努力争取 2060 年前实现"碳中和"。此后，"碳达峰""碳中和"目标先后被写入政府工作报告、"十四五"规划和 2035 年远景目标纲要，各部门和各级政府均以"双碳"目标为指引编制了"十四五"规划和地方气候行动政策。党的二十大报告明确提出，要积极稳妥推进"碳达峰""碳中和"，立足我国能源资源禀赋，坚持先立后破，有计划、分步骤实施"碳达峰"行动，深入推进能源革命，加强煤炭清洁高效利用，加快规划建设新型能源体系，积极参与应对气候变化全球治理。

2. 国家大力推进能源革命与能源转型，为道孚县清洁能源产业发展带来机遇

2021 年 11 月，国家能源局、科学技术部联合印发的《"十四五"能源领域科技创新规划》提出了 2025 年前能源科技创新的总体目标，围绕先进可再生能源、新型电力系统、安全高效核能、绿色高效化石能源开发利用、能源数字化智能化等方面，确定了相关集中攻关、示范试验和应用推广任务。2022 年 3 月，国家发展改革委、国家能源局联合印发的《"十四五"现代能源体系规划》明确提出，到 2025 年年底，非化石能源消费比重提高到 20%，非化石能源发电量比重达到 39%。同年 10 月，国家发展改革委、国家能源局等 9 部门联合印发的《"十四五"可再生能源发展规划》明确提出，到 2025 年年底，可再生能源消费总量达到 10 亿吨标准煤，占一次能源消费的 18% 左右；可再生能源年发电量达到 3.3 万亿千瓦时，风电和太阳能发电量实现翻倍。可以说，从中央到各部门都对"十四五"期间能源转型和能源体系现代化建设进行了精确布局，为我国清洁能源产业加速发展出台了一系列激励政策，同时也为高质量发展提供了有力制度保障。

（三）发展优势

1. 清洁能源产业规模优势显著

道孚县新能源资源富集，日照充足，光能资源蕴藏量十分丰富。截至2023 年年底，道孚县规划光伏、风电规模超 1 000 万千瓦。道孚县光伏、风电昼夜、季节变化等特点突出，大规模新能源的开发利用需要配套储能设施予以平衡出力变化并提高电能质量。根据《道孚县水风光储一体化可再生能源综合开发规划报告》，截至 2024 年年底，光伏规划装机达1 010 万千瓦，抽水蓄能规划装机优化至 210 万千瓦。

2. 多元化"水风光"一体化多能互补优势突出

道孚县境内太阳辐射强度大，光照时间长，有着丰富的可利用太阳能、风能和水能，更重要的是，这些清洁能源之间还能形成互补的关系。因此，道孚县基于优质光伏基地的水风光储一体化可再生能源综合发展优势突出。

3. 甘孜藏族自治州规划建设水电消纳产业示范区

通过大力发展数字经济，当地政府积极引进新能源相关制造产业向州内聚集，促进区域新能源制造的技术升级和产业创新，形成设备加工制造基地和高科技产业。这些重大能源消纳产业落地，也成为道孚县产业发展的重大优势。

（四）面临挑战

1. 光伏和风电开发受电网建设滞后的制约

道孚县在聚力打造"千万千瓦级清洁能源基地"进程中，受制于电力外送能力不足的影响，仍然存在"送不出、用不完"的问题，严重制约了道孚县太阳能、风能资源"基地化、规模化、集约化"的开发进程。

2. 留存电量政策效益高但落地难度大

留存电量政策作为巩固脱贫攻坚成果和推进乡村振兴的有利政策，在推动飞地园区发展和"以电代柴"民生用电等方面发挥了积极作用，生态环境保护价值日益突显，但是围绕能源项目争取留存电量规划建设载能项目难度较大。

3. 储能项目前景广阔但建设难度大

储能的大规模发展对支撑新能源消纳、提升电力系统灵活调节能力、构建新型电力系统具有重大意义。近年来，得益于政策支持、技术进步和风电、光伏装机量的快速增加，作为新能源的配套产业，储能产业发展迅猛，但是市场机制有待健全。"新能源+储能"是新型储能的重要应用场景，但从近年来的发展来看，其仍然面临较大的投资压力，当地政府应该稳步推进新型储能成本合理疏导工作，鼓励储能的多元价值释放，引导社会资本参与新型储能建设；尽快完善新型储能商业模式，促进新型储能、灵活性煤电、抽水蓄能等各类灵活性资源合理竞争。

4. 企业未能充分参与电力市场交易

道孚县中能够满足参与电力市场交易条件的企业较少，部分企业生产规模不大，电力成本占生产成本的比重较低，从而导致相关企业参与电力市场交易和弃水电量消纳的意愿较低。由于市场和区位优势不明显，企业运营的交通成本、人力成本、建设成本相对较高，引进市场主体、培育水电消纳产业难度较大，消纳弃水电量的市场主体缺乏。

二、生态旅游产业发展现状及态势分析

（一）基本情况

道孚县坚持"一带一圈两区"① 全域旅游发展思路，践行"以文塑旅、以旅彰文"发展理念，积极推进生态旅游、民族文化旅游，优化整合旅游资源，形成可持续稳定的县域内外环线游，成功创建第四批省级全域旅游示范区，正在加快创建国家全域旅游示范区，已基本形成全域旅游发展新格局。2023 年，道孚县旅游接待量和综合收入均创历史新高，呈现井喷式发展，全年接待游客达 201.6 万人次，同比增长 8.4%，实现综合收入22.17 亿元，同比增长 8.1%。

道孚县景区景点建设迈上新台阶，生态旅游产业逐步成为道孚县域经济的引领。截至 2024 年年底，道孚县已经创建木雅噶达、墨石公园、亚拉雪山 3 个 4A 景区，创建玉科草原、龙灯草原、康巴高原植物园、麦粒神山、道坞湿地公园、各卡杜鹃山谷 6 个 3A 景区。全县现有住宿床位数共7 200 余张，餐饮企业有 200 余家。墨石公园已经成为"网红打卡地"，跻

_____

① "一带一圈两区"G350 高原生态农业观光体验带；亚拉雪山、墨石公园、泰宁古镇为载体的八美生态文化旅游圈；建设玉科自然生态旅游区和扎坝文化体验旅游区。

身全州热门景区三甲，全线贯通"道孚旅游大环线"，全域旅游发展态势明显。道孚县革命文物陈列馆、龙灯牧旅文化体验区、龙灯草原牦牛产业基础设施具备一定基础，白日山、玉心天成、银恩花海、玉科观景台等网红打卡点正在建设，玉科草原成功创建省级生态旅游示范区，龙灯格萨尔草原创建为省级研学旅行基地。

（二）发展机遇

1. 交通区位改善为道孚县全域旅游发展带来机遇

随着川藏高速、川藏高铁的加快建设，新都桥-炉霍高速的有序推进，交通条件的巨大改善，道孚县旅游产业进入快速发展轨道，从而打开了全域旅游的新局面。

2. 网红经济带来的旅游红利还在持续

墨石公园"异域星球"在互联网上"火出圈"，提高了道孚县生态旅游的知名度，也为道孚县生态旅游发展创造了机遇。以国内大循环为主体、国内国际双循环相互促进的新发展格局，有利于旅游市场加快恢复，将会吸引大量游客特别是成渝地区双城经济圈的游客到道孚县旅游，有望拉动旅游消费快速增长。

3. 科技赋能新质生产力，为道孚县生态旅游高质量发展提供内生动力

随着新一轮科技革命和产业变革的加速演进，重大前沿技术和颠覆性技术快速发展，打破产业边界，加快融合创新，为道孚县农文旅融合发展、清洁能源探索"1+N"模式创新创造条件。在数字技术、人工智能等现代科技支持下，道孚县农文旅融合场景的体验性大大增强。

（三）发展优势

道孚县旅游资源禀赋优势突出，既有得天独厚的自然景观，又有厚重多元的人文资源。道孚县自然资源独特、区位优势明显，生态旅游产业发展呈现出资源本底优越、文化肌理清晰、后发优势明显的特征。不同海拔梯度的地貌表现，构成了多梯度的生物种群与群落的空间立体分布特征，其土壤垂直带谱明显，特殊的地质、地貌背景为道孚县境内的动植物繁衍生息提供了优势条件，因此道孚县动植物种类丰富多样，适宜生态旅游发展。道孚县文化呈现多元化的结构，县境之内，一沟一俗，木雅文化、农耕文化、走婚文化、红色文化、茶马锅庄文化等和谐共生，底蕴深厚，建筑、婚姻、服饰、歌舞、节庆等习俗异彩纷呈，从而使得道孚县拥有了人文旅游资源的聚合优势。

（四）面临挑战

1. 生态旅游基础设施和配套建设亟待加强

道孚县每年接待游客人数快速增长，基础设施和接待能力却十分有限。2024 年"五一"假期，墨石公园的游客量达到 3.13 万人次，而八美镇的床位只有两千余张，导致大量游客不得不到新都桥居住。丹道旅游环线上的加油站严重不足，自驾前往的游客若遇汽车断油等问题，只能向当地乡镇政府求助。

2. 旅游资源同质性较强，与周边县域旅游竞争加剧

从地形地貌上讲，道孚县雪山、草原、峡谷等资源的旅游开发大同小异。从旅游产品上讲，藏家乐骑马、跳锅庄，高原营地观云、看星星等体验产品趋于同质化，售卖的奶酪、牦牛肉干、各类珠串等产品千篇一律。从整体上看，道孚县与周边县域旅游资源相比较，具有异质性和独特性的生态旅游资源屈指可数，势必会造成相邻县域同类型旅游产业竞争加剧。

3. 特色的生态旅游品牌和产品数量仍显不足

道孚县生态旅游品牌美誉度与影响力需要提高。2024 年，道孚县墨石公园的品牌影响力稳居甘孜藏族自治州前三，但仍然停留在"打卡游"的层面，没有形成真正的旅游目的地。道孚县县域特色生态旅游品牌依然稀缺，地理标志性产品数量仍然不足，正在培育的大草原（包括"龙灯+玉科"）品牌、万亩油菜花花海等品牌的美誉度和影响力还有待进一步提高。

4. 景区内外发展不协调

对于封闭式景区来讲，门票经济稳定但比较单一，景区外过于商业化也会对生态旅游景区造成一定的影响，景区不可能把所有的自然资源圈进来，墨石公园景区与卡玛村小墨石公园的矛盾本质上是景区内外协调发展的矛盾。对于开放式景区来讲，不同的旅游项目由不同的市场主体投资运营，在生态旅游发展过程中，协调好外来投资主体与当地农牧民的利益关系，也是道孚县生态旅游可持续发展必须面对的挑战。

5. 高速高铁时代带来的过境游挑战

道孚县生态旅游方式主要是自驾游，有着很大的自由性，很多游客在县域景区或景点逗留的时间并不长。随着综合运输交通体系的完善、高速高铁的开通，既为道孚县旅游交通带来便捷，也为道孚县生态旅游带来挑战，如果没有高质量的旅游目标吸引物，很多游客将一往直前，从而导致

游客量的减少和过境游的衰落。伴随着旅游产业的踏步发展，基础设施薄弱、接待能力不足、过路游现象突出等问题也日益凸显出来，如何尽快扭转被动局面、提升旅游产品供给品质、推动高质量发展的生态旅游产业体系成为当务之急。

三、特色农牧产业发展现状及态势分析

（一）基本情况

1. 现代农业园区建设成效显著

美德蔬菜、青杠黑木耳、瓦日马铃薯、鲜水黄花等9个园区初具规模，道孚县马铃薯现代农业园区、根雀现代林业园区创建州级园区，道坞粮油现代农业园区争创省级园区。美德蔬菜现代农业园区拓展物流仓储及加工功能成功升级为州四星级园区和四川省三星级现代粮油园区，道孚县青稞油菜现代农业园区成功创建为省三星级现代农业园区。根雀现代农业园区扩种变叶海棠17.5万株，成功创建为州三星级园区。

2. 有机农产品发展基础较好

道孚县积极引导新认证三青莴笋"三品一标"，有效延展美德园区棒菜、青椒、黄瓜等有机产品，加大"三品一标"认证力度，逐步提升有机农产品发展优势，有机高原菜籽油、有机蜂蜜已经成为特色优质农产品；通过整合菜籽油、牛肝菌、莴笋等众多高原绿色有机农产品，形成了"牧耘耕"有机品牌，并获得了28张有机产品认证证书。截至2023年年底，道孚县有机产品生产面积已扩至29.67公顷（1公顷＝10 000平方米，下同），产量达到1 139.2吨。道孚县大葱作为国家地理标志保护农产品，年产值达360万元，辐射带动周边181户农户981人，年人均增收约1 000元。此外，变叶海棠种植基地的建设也带动了当地村民的就业和收入增加；以"短期育肥+饲草+牧旅融合"为支撑的牦牛产业集群建设稳步推进，八美片区集中连片打造饲草基地，稳步提高牦牛出栏率。结合数字经济和旅游消费场景化营造，当地有机特色农牧产品有望走出新的发展路子。

3. 特色农牧产业与旅游融合发展势头良好、潜力较大

道孚县依托"牛、药、菜、菌"四大特色产业，以农业产业园区为基础，以全域旅游为支撑，走农文旅融合发展路径。其G350百公里高原春油菜走廊是四川省最大的万亩春油菜基地，不但成为乡村旅游的重要目标

吸引物，且相关产品也已经具备一定的竞争力；泰宁镇更是聚焦"菜油经济"，组建股份经济合作联合社，进一步推动农文旅融合发展。近年来，新榨菜籽油的香气为道孚县吸引了大量游客，带动了当地经济发展。通过引导农民发展乡村旅游业、特色种植业和特色餐饮业，道孚县不断开发各种农副产品制作等农文旅活动产品，拓展"农庄游""花季游"等新业态，打造有接待旅行团队能力的家庭农庄和民宿，农文旅融合发展产业带发展优势凸显。此外，道孚县还打造了乡村旅游与农事体验相结合的特色村寨，并创建了 4A 景区 3 个、3A 景区 6 个。截至 2024 年 8 月底，道孚县共接待游客达 58 万人次，实现旅游综合收入 12.8 亿元，逐步探索出产业融合发展新路径。

（二）发展机遇

1. 国家产业政策支持，为道孚县农牧产业带来重大利好

我国积极推进农牧产业发展，大力推广有机食品，相继出台了一系列支持政策，对道孚县特色农牧产业、有机农牧产业带来巨大发展机遇。例如，2020 年和 2021 年出台的中央一号文件以及《国务院关于加快建立健全绿色低碳循环发展经济体系的指导意见》都明确强调，要加快农业绿色发展，加强绿色农产品、有机农产品认证和管理，增加优质绿色农产品供给；2022 年 4 月，《国务院办公厅关于进一步释放消费潜力促进消费持续恢复的意见》提出，要推广绿色有机食品、农产品；2023 年 4 月，第十四届全国人民代表大会常务委员会第二次会议表决通过了《中华人民共和国青藏高原生态保护法》；等等。

2. 四川省及甘孜藏族自治州对农牧产业的一系列战略指引，为道孚县有机农牧产业发展带来了重大机遇

四川省以"四化同步、城乡融合、五区共兴"为总抓手，于 2019 年发布的《关于坚持农业农村优先发展推动实施乡村振兴战略落地落实的意见》将有机认证工作列入考核范畴，引导全省各地以有机理念发展高端农业，推动农业产业结构调整和高质量发展。道孚县作为川西北生态示范区重要县域之一，有机农业是其核心竞争力。2021 年 7 月，四川省人民政府发布的《四川省"十四五"推进农业农村现代化规划》明确提出，川西北地区要以资源保护、环境友好为重点，创建一批以绿色化为主的生态农业现代化示范区。2023 年 6 月 19 日召开的中共四川省委十二届三次全会明确提出，要推动农业产业全链条升级，全力打造新时代更高水平"天府粮

仓"，不断提升农业现代化水平。2024 年 1 月，甘孜藏族自治州政府办公室印发了《甘孜州有机产业发展规划（2023—2030 年）》。四川省及甘孜藏族自治州对农牧产业的一系列战略指引，为道孚县有机农牧产业发展带来了重大机遇。

3. 市场消费不断升级，道孚县农牧产业迎来新的机遇期

随着国内优质优价市场机制的逐步健全，在全方位开放格局下，绿色生态建设投资带动效应不断释放，发达地区已经积累起来的资金和技术，需要寻求增长潜力更大的资源供给市场。道孚县依托生态优势产出的高原特色有机产品，将极大地填补国内优质产品资源市场的空缺，成为外部资金投入的最佳选择地。随着人们生活方式的改变和对可持续发展关注度的提升，一系列环境友好型生活方式逐渐流行，有机健康的生活方式越来越被人们所推崇，绿色食品、有机农产品已成为消费者追捧的新趋势。消费市场对有机食品的需求激增，为甘孜藏族自治州有机产业发展提供了广阔的市场空间。

（三）面临挑战

1. 产业发展"小、弱、散"情况突出，产业附加值不高

道孚县农业产业仍然处于传统化、小规模的阶段，调整优化的难度较大。农牧产业类别多而不优，规模效应不明显，全县产业发展涉及牦牛、猪、青稞、蔬菜、水果等十余种产业，但仅菜籽、牦牛产业基本形成规模效应，其他品类方面均未形成显著的规模效应。道孚县农牧产业主要集中在种、养殖环节，精深加工产品产量不足全县有机产品产量的 5%，很多产品的品类尚无有机精深加工产品认证上市。

2. 龙头企业引领力不够，产业"延链、补链、强链"难度大

精深加工是提高农产品附加值和增加农民收入的有效途径，受县交通、自然、人文环境等因素影响，省州级龙头企业引进培育困难重重，引领带动效益微弱，服务领域不广，科技创新能力较弱。道孚县大多数合作社与家庭农场发挥的作用较小，基本无集体分红。尽管全县已建或正在建设畜产品加工厂、饮料厂、特色农产品集中加工区等，但整体上农产品加工流通起步较晚，滞后于生产，加工环节薄弱、链条短，产地初加工设施不配套，精细加工零基础，技术装备水平较低，高附加值产品少，产品结构质量远不能适应市场需求，且市场流通渠道传统、单一、分散，产销结合程度低，成本较高，社会化和市场化程度较低。

3. 有机品牌建设滞后，品牌影响力不足

道孚县虽然形成了"牧耘耕"区域公共品牌，但尚处于打造初期，在全国的知名度和影响力还未显现，且区域公共品牌的有机内涵宣传不足；现有农产品地理标志产品、有机认证产品相互赋能格局未形成，有机生产企业和产品品牌知名度不高；有机品牌营销管理机制不健全，品牌营销推广力度不大，未形成"产供存运销"一体化产业链闭环，省内、国内有机产品市场还未打开；有机生态农牧产品包装推广力度不大，附加值没有充分体现。

4. 牧业发展基础弱，可持续发展面临挑战

一方面，草地生态持续恶化，生产功能下降。道孚县草地生态先天脆弱，草地"三化"严重，草地生态系统失衡，生态功能下降；草地超载过牧严重，生产功能下降，对草地的影响十分严重。另一方面，畜牧业基础脆弱，防灾抗灾能力不强。道孚县草业基础设施建设相对滞后，人工草地比重低，抗灾保畜打贮草基地缺乏，季节性供需矛盾非常突出；畜禽养殖设施建设滞后，体系建设滞后，畜草良种化进程缓慢，农牧民素质普遍不高，科技人员量少质弱，跟不上现代畜牧业发展的需求。

5. 产业市场主体缺乏，发展活力还不够充分

近年来，道孚县市场主体培育发展取得了一些成效，但仍存在一定的问题。道孚县产业发展的市场主体总量不足、质量不高，培育压力大；培育引进市场主体的体制机制不健全，营商环境不优，惠企政策的精准投放和落实较为困难；产业之间的融合程度较低，提升产业之间的耦合度难度较大，与数字经济结合不够，直播等场景高附加值销售还不够。

第三节　实践路径

道孚县要推动产业高质量发展，紧扣全省全州大局，充分发挥作为北路片区连接东路片区的区位优势和产业基础，以清洁能源产业为主导，以生态旅游产业为引领，以特色农牧产业为支撑，因地制宜写好"三篇大文章"，加快推进水电、光伏等重点项目建设，加强墨石公园、亚拉雪山等景区开发，加快发展现代化农业产业园区，积极构建富有道孚县特色的现代化产业体系。

一、清洁能源产业高质量发展的主要举措

（一）夯实清洁能源产业发展基础

1. 加快推动重点项目建设

道孚县要以"千万千瓦级清洁能源基地"为目标，加快亚日 150 万千瓦"1+N"光伏项目（亚日Ⅰ标、亚日Ⅱ标）和龚垭 50 万千瓦"1+N"光伏项目建设，加快部署康玉高速配套光伏项目；积极推进庆大河格拉基水电站（12 万千瓦），力争 2025 年 10 月下闸蓄水，2025 年年底达到发电条件；加快推进拉曲河亚中电站（12 万千瓦）、大揽村电站（9 万千瓦）建设；加快道孚县抽水蓄能项目建设，加快推进"甘孜道孚 500 千伏输变电工程"，力争早日开工建设、早日建成，彻底打通清洁能源通道"瓶颈"。

2. 建设风光水多能互补综合能源基地

道孚县要围绕亚日和龚垭等光伏项目、格拉基水电站和抽水蓄能项目的前期良好基础，进一步夯实清洁能源发展基础；在条件成熟的适宜地区建设太阳能、风能发电站，推进八美片区风能、太阳能光伏电站建设，加快龙灯、玉科片区测风工作，加快构筑水风光储等多能互补的能源体系，优化清洁能源产业空间布局，提升清洁能源产业竞争力；推进绿色矿产资源开发，落实四川康定甲基卡-雅江德扯弄巴锂铍钽矿国家能源资源基地建设，保障战略性矿产资源稳定供应能力。

3. 打造道孚县清洁能源研发试验基地

道孚县要进一步整合三峡集团、华能集团、华润集团等清洁能源龙头企业资源，抓住道孚县抽水蓄能项目作为四川省装机规模最大、全球海拔最高的大型抽水蓄能项目建设机遇，发挥本地风光水储多能互补优势，打造道孚县清洁能源研发试验基地；推动抽水蓄能机组和电器设备技术创新发展，进一步推进道孚县电力、交通等基础设施建设，促进地方建材、物流、服务等相关产业加快发展。

（二）构筑清洁能源产业发展体系

1. 构建具有道孚县特色的清洁能源产业体系

当地政府要把华润光伏基地—三峡亚日光伏基地—盘龙光伏基地—华能亚日光伏基地—格哈普光伏基地—泗水塘光伏基地—卡巴风电场沿线区域规划建设为道孚县清洁能源产业配套项目主阵地；把冬日光伏基地—沙拥风电场—沙多光伏基地—伊拉风电场沿线区域规划建设为清洁能源产业

配套项目辅阵地；加大道孚县光伏产业发展推介力度，吸引光伏制氢企业入驻本地，积极探索锂资源勘探开发，走出一条具有道孚县特色的清洁能源产业高质量发展新路子。

2. 构建以"清洁能源+"为引领的产业融合体系

当地政府要围绕风光水储多能互补综合能源基地建设目标，配套旅游观光设施，参考刘家峡水库、白鹤滩水库、三峡大坝等水电旅游经典案例，开发水电旅游项目，把下拖乡—亚卓乡—色卡乡一带规划建设为水电旅游项目发展带；在道孚—雅江清洁能源带试点"农光互补""牧光互补""光旅融合"产业，构建清洁能源"1+N"的产业体系，用好"农（牧）光互补"的1.2亿元（1 000万元/年）专项资金，多管齐下，梯次推进，增添新动能、培育新主体、集聚新要素、发展新业态，实现清洁能源产业与特色农牧产业、生态旅游产业协同发展。

3. 完善清洁能源产业管理服务体系

当地政府要统筹自然保护地、生态保护红线与清洁能源开发布局，加大资金、用地等对清洁能源产业重大项目的支持保障力度；加强清洁能源企业与道孚县政府部门及属地互动合作，完善重大项目属地化的服务和管理体系，优化清洁能源项目建设管理服务流程，让资源优势尽快转化为经济优势和发展优势；提升能源领域应对气候变化的能力，保障国家能源安全与地方经济社会可持续发展；逐步构建以企业为主体、市场为导向、政产学研用深度融合的清洁能源技术创新体系，适度拓展数字中心等清洁能源应用型企业，促进清洁能源新技术产业化规模化应用。

（三）拓展清洁能源产业发展格局

1. 储能方面

新能源汽车是汽车产业转型升级的主要方向，发展空间十分广阔。新能源汽车带动的动力电池行业实际是迄今为止最大的新型储能，占到了新型储能的95%。同时，新型储能的普及也会带动能源的智能化与新能源发展。道孚县清洁能源产业资源丰富、潜力巨大，在这一背景下，充分发挥资源优势，抓住行业发展机遇，加快新型储能、智能网联等项目建设，是其发挥后发优势、实现弯道超车的重要途径。

2. 转化方面

光伏发电建立储能站需要用到大量的电池，成本巨大。因此，道孚县把电能转化为氢气将能量储存下来的优势日益凸显。与此同时，由于光伏发出的电能不稳定，具有随机性、波动性、阶段性供电等问题，道孚县可以进一步参考新疆库车光伏制氢项目模式，将20%的电量参与并网、80%的电量用来制氢，从而有效降低电网的调节负担，扩大清洁能源产业集群。道孚县水风光清洁能源产业体系的形成，必将极大地提升电力产品的市场投放量，因此抢抓机遇引进电解水制氢项目，发展"光伏制氢""风电制氢"将极大地促进清洁能源产业发展。

3. 带动周边村镇协调发展

清洁能源"1+N"发展模式不是企业的社会责任，而是产业带动地方发展的大课题。因此，当地政府要结合清洁能源项目所在地乡村社区的资源特点和村民意愿，委托专业团队开展清洁能源"农-光互补""农-牧互补"等富民项目专题研究，论证具体项目的可操作性，并跟进动态评估，积极探索道孚县清洁能源"1+N"项目新模式，促进清洁能源与项目地乡村社区协调发展。

二、生态旅游产业高质量发展的主要举措

（一）夯实生态旅游产业发展基础

1. 绘制道孚县生态旅游游憩机会谱

当地政府要进一步结合川西北生态示范区建设、长江黄河及长征国家文化公园建设，构建城市、城镇、乡村、草原、森林、峡谷、雪山及荒野梯次演进、对标国际生态旅游的游憩机会谱；结合道孚县自然、社会和管理要素，向游客提供一系列游憩机会，确保游客能够得到高质量的游憩体验；发挥生态旅游对道孚县全域旅游的引领、衔接及整合作用，以荒野、半荒野及人工生态景观为本底，有层次、有纵深、有计划地展现道孚县生态文化的图景和画卷；以生态文化的话语体系，讲好"道孚秘境"的故事、"甘孜最美川藏线"的故事以及"川西高原基因库"和"中国生态屏障"的故事。

2. 培育道孚县山地旅游精品线路

当地政府要进一步结合道孚县自然及人文资源，充实丹道旅游环线内容，重点培育亚拉朝圣、党岭穿越、墨石奇观、茶马古道、麦粒转山五条山地旅游精品线路，用文化线路产品建设充分拓展道孚县山地旅游的空间想象和体验质感，并用标准化示范推动道孚县山地户外产业的可持续发展。

3. 打造玉科草原旅游的品质典范

玉科草原是道孚县大草原景观的典型代表，当地政府要进一步结合玉科草原分布的甲宗、七美、银恩乡的藏民族文化、农牧文化以及雪山下的天然温泉群，打造"草原野奢酒店""雪山温泉浴场""玉曲河马背穿越"等深度体验产品，塑造川西北草原旅游的道孚样本。

4. 打造自然科考和文化生态的扎坝秘境

扎坝大峡谷位于道孚县南端，集鲜水河断裂带的地质科考价值、神秘东女国文化和碉楼建筑奇观于一体，极具生态旅游开发价值。扎坝秘境之旅也是道孚县文化和旅游融合发展的典范，当地政府要进一步整合并深挖文化和旅游资源，不断丰富文化和旅游新业态及新产品，努力创建州级、省级、国家级文化和旅游融合发展示范区。

（二）构筑生态旅游产业发展体系

1. 明确生态旅游功能分区

道孚县要以万亩油菜花为基础，延长景观道和产业链，创意"大地风景"，创建八美片区农旅融合国家级示范区，打造川西北生态示范区的"门源"和"门户"，完善生态康养、休闲游憩、健步健身、自然疗愈等健康主题功能区；以百里牦牛牧场为基础，穿插森林与河流景观，创意"扎坝秘境"，创建玉科片区牧旅融合赋能乡村振兴示范区，打造川藏北线的"那拉提"和"玉科花园"，配套草原牧歌、星空帐篷、雪山温泉、森林徒步等自然主题功能区。

2. 拓展文化和旅游新兴产业

道孚县要以"1+N"光伏发电项目为基础，发展新能源旅游，同时围绕新能源旅游，体现"N"的差异性，创造"N"的无限可能与奇迹；以亚拉雪山及高原雪景为基础，发展冰雪旅游，积极推进冰雪旅游与民俗节庆、非遗活动、体育赛事的深度融合，不断丰富冰雪旅游业态，创新冰雪旅游产品；以墨石公园和鲜水河大峡谷为基础，发展地质公园旅游，积极申报省级、国家级地质公园，以数字赋能、科技赋能地质公园旅游提质升级。

3. 创新生态旅游产品供给

道孚县要结合八美墨石公园"异域星球"主题，运用 VR 技术、5D 全息投影技术等，打造"异域星球"体验场景，进一步丰富旅游文创产品；结合协德万亩油菜花海项目，营造生活美学空间，吸引影视动漫、时尚 T

台秀、情景演艺等团队前来取景并开展活动；结合玉科立体化雪山草原美景，联系多个网络平台，拓展旅拍、直播带货、团队拓展、研学夏令营等文化和旅游产品；通过创新生态旅游产品供给，带动当地生态旅游消费提质升级。

4. 构筑全域旅游产业空间新格局

道孚县要力争打造"一带一环两区多点"全域旅游空间布局，其中"两区"即农文旅融合发展区、农旅融合发展区，"一带"即农文旅观光旅游体验带，"一环"即道孚-丹巴区域旅游环线，"多点"即片区自然、人文、农旅等旅游景点。

（三）拓展生态旅游产业发展格局

1. 推动从传统门票经济向"在地"消费和"在地"服务经济升级

道孚县要利用旅游业后发优势，积极接轨国际生态文化旅游消费模式，通过提供高品质、健全化、专业化的"在地"服务为游客提供更为个性化和优质的服务，提升游客体验和满意度，获取高附加值服务收益。这是推动道孚县旅游业转型升级和高质量发展的重要路径，也是未来旅游产业发展的必然趋势。

2. 推动从景区模式向国际山地户外模式转型

当地政府要用文化线路产品建设充分拓展道孚县山地旅游的空间想象和体验质感，并用标准化示范推动道孚县山地户外产业的长足健康发展；紧密对接四川省文化和旅游厅正在推进的川西山地徒步旅游管理标准和地方规范制定，积极推动生态旅游发展模式转型，探索更加符合国家公园模式的低碳旅游、文体旅融合、高原山地乡村振兴的新发展路径。

3. 推动从自然观光过境游向沉浸体验度假游转变

当地政府要进一步提炼出道孚县藏文化标识元素，推动自然观光旅游向沉浸式度假游转变，原始文化元素向文化和旅游体验内容进行转化，塑造道孚县藏民居度假、风情老街、藏乡温泉旅馆、美食文化之旅、生态康养、非遗文化工坊、宗教文化艺术和民族节庆体验八大体验场景。

4. 推动旅游线路从环线放射向环线闭合转变

道孚县要在其旅游轴线之上建构环线相对闭合的大型旅游功能域面，形成以"城镇"为旅游经济中心，培育并联动周边旅游吸引力节点，通过丰富的旅游线路网络联结，多核心交互的旅游功能域面，进一步实现旅游流在功能区内部的交织流动。

5. 提升重点景区的接待能力以及文化和旅游消费潜力

道孚县要不断提升八美片区和玉科片区的接待能力，发展中心镇文化和旅游夜经济，按照每年改造和增加 20 个民宿项目、增加 400 张床位，"十四五"规划期内接待能力增倍的计划，改变生态旅游片区"过路游"的现状；进一步提升尼措片区和扎坝片区的文化品质，通过举办丰富多彩的文化交流、民俗非遗展演活动、安巴农耕文化节等，吸引游客深度体验，释放文化和旅游消费潜力。

6. 培育国际化雪山观光及山地旅游品牌

道孚县要依托亚拉雪山、夏羌拉雪山、弥勒雪山、多杰玉崇雪山、百日雪山等雪山资源，沿 G350 配套观景台、服务区等旅游配套设施，不断激发圣洁雪山带来的视觉冲击，开发雪山下的营地、山地徒步等旅游产品，培育雪山主题旅游产业链，打造川西北生态经济示范区雪域旅游典范。

7. 促进景区与周边村镇协调发展

道孚县墨石公园、亚拉雪山等景区周边都有相似的旅游景观或业态，如墨石公园景区附近的卡玛村，就有村集体经济主导的开放式的小墨石公园景点，旅游企业与周边乡村社区的矛盾由来已久。当地政府要进一步协调墨石公园开发经营企业将小墨石公园纳入整体规划与开发，一方面可以协商解决旅游企业新项目用地的问题，另一方面也可以满足卡玛村"吃旅游饭""分享旅游经济红利"的诉求。对于当地农牧民普遍参与旅游经营的"马帮"项目，当地政府还可以参考敦煌月牙泉对于骆驼和马帮的管理办法，形成规范、安全、有效的管理机制。

三、特色农牧产业高质量发展的主要举措

（一）夯实特色农牧产业发展基础

1. 坚守耕地红线，提高耕地质量

道孚县要进一步落实最严格的耕地保护制度，按照"集中连片、旱涝保收、稳产高产、生态友好"的要求，加快推进高标准农田建设，加强中低产农田改造、土地整理、设施农业建设；加快日光节能温室、节水灌溉等设施农业建设，保障黑青稞、马铃薯、油菜等主要农产品有效供给，提升农业综合生产能力。

2. 重点建设"五大生态农业基地"

道孚县要重点建设粮油、蔬菜、黑木耳、中藏药、畜牧业"五大基地",推动粮、油、菜、酒、肉、菌、药等特色产业全产业链融合发展;建设重要的高原蔬菜、粮油基地,按照"种草养畜、短期育肥、提纯复壮、牧繁农育"思路,推广"放牧+补饲"养殖模式和牦牛短期育肥技术;推进牦牛规模化养殖和繁殖奶牛养殖基地建设,打造规模化优质肉羊、藏猪、藏鸡生产基地,加强藏黄牛、牦牛、藏猪、藏鸡等畜禽原种保护基地建设,培育标准化饲养大户和养殖企业。

3. 加快发展农牧产品加工业

道孚县要坚持引进龙头企业与培育本地企业相结合,提高研发能力和加工技术,提高农牧产品开发和加工能力;以"生态无污染"为原则,引进和培育扶持农牧产品加工企业,支持农产品加工企业技术改造,完善加工设施设备,改进并提高工艺技术及其水平;立足油菜、黑木耳、黑青稞、马铃薯、大葱等资源优势,积极完善特色农产品体系建设;集中力量重点打造青稞食品系列、道孚菜籽油、八美油菜花蜂蜜、青杠椴木黑木耳等农产品;完善产品体系,定位"高原生态绿色"食品。此外,道孚县应将全县农产品按照高中低端进行定位和生产加工,其中高端产品以重点打造青杠黑木耳、青稞食品、高端特产礼盒等为主,市场定位为礼品以及纪念品,销售渠道主要以网络平台、专柜、纪念品商店等为主;中端产品以重点打造菜籽油、八美蜂蜜、黑木耳干品为主,市场定位为当地特产及实用性物资,销售渠道主要以网络平台、专柜、超市等为主;低端产品以土豆、黑青稞、蔬菜等为主,市场定位为农贸产品,销售渠道主要以普通农贸市场为主。

4. 加强冷链物流设施布局规划建设

道孚县要根据交通规划与产业布局,按照"政府营造环境、企业自主运作"的原则,加强县城和片区物流中心及基础设施建设;以农畜产品生产加工企业为中心,发展"产供销"一体化的农产品冷链物流,建设仓储冷链物流分拨中心,实现末端配送、储存、转运乡镇(街区)商贸市场;大力发展建材、农产品、城市快递配送等专业物流,完善物流配送功能,推进制造业、商贸业与物流业融合发展;加快县、乡(镇)、村三级配送物流体系建设,发展农超、农社、农企、农校等产销对接的新型物流形态,打通物流配送"最后一公里",进一步加快邮政物流、应急物流等发展。

5. 打造"牧耕耘"等区域公共品牌

道孚县要以县域特色农产品为切入点，通过有机认证、线上线下整合营销、包装品质提升、农产品溯源建设等举措，将黑木耳、菜籽油、紫皮马铃薯、黑青稞、牛肝菌、莴笋等多种高原绿色有机农产品汇集成"牧耕耘"有机品牌，采取品牌体系建设的方式与当地特有生态环境进行融合，将传统农产品以全新品牌形象推向主流消费市场，提升道农特产品知名度，不断拓展销售渠道、提升品牌影响力。

6. 优化和提升农牧产业空间布局

道孚县要进一步优化"一廊九园三基地"农牧产业空间布局，打造G350 百公里高原春油菜走廊；全力打造美德粮油蔬菜现代农业园区、根雀现代林业园区、瓦日马铃薯产业园区、昌孜黑青稞产业园区、生态青杠黑木耳产业园区、鲜水黄花产业园区、农特产品加工园区、玉科现代牧业产业园区等；建设龙灯畜牧养殖基地、色卡牦牛牧草种植基地、甲斯孔洛须玛牦牛养殖基地。

（二）构筑特色农牧产业发展体系

1. 构筑"生态农业+旅游"的农旅融合产业体系

农旅融合发展可以涵盖道孚县全境，因此当地政府可以以"泰宁-八美-亚卓"片区为发展重点，以高原油菜花为独特识别物，沿"道孚县-炉霍县-甘孜藏族自治州-石渠县"一线打造"川西小门源"油菜花旅游 IP。截至 2023 年年底，泰宁镇木雅嘎达景区"万亩油菜花"已具备一定的流量，有良好的口碑。下一步，道孚县可以在全境内大力推广油菜籽种植，与泰宁镇的"万亩油菜花"形成连片效应，吸引游客进一步往北、往西进入道孚县腹地，增加游客在县境内的游览时间，从而增加游客前往县城住宿的可能性；同时，可以在全境内适合种植的地方增加油菜种植面积，有效扩大油菜籽生产规模，为打造"道孚菜籽油"地标产品奠定有效基础。游客在赏花的同时可以购买或预购"道孚菜籽油"，丰富游客的旅游体验，从而进一步增加道孚县与游客之间的黏性。

2. 构筑"生态牧业+旅游"的牧旅融合产业体系

牧旅融合发展以"龙灯-玉科-甲斯孔"片区为发展重点，因此道孚县可以进一步开发牧旅融合体验游，培育"牧野新生"旅游品牌；以亲子游、研学游、团体游为主要目标客群，开发"牧民的一天""打酥油""牦牛幼儿园""高原牧歌""牦牛肉制作""认养一头小牦牛"等互动体验项目，让游客充分真切地体验牧民生活，通过"放牧道孚"来体验"别样人生"。与此同时，道孚县还可以整合乡村资源，孵化新型村级集体经济参与生态旅游，鼓励村集体开办藏家乐、藏式民宿，经营"体验式牧场"，培育"高原之舟服务队"等新型经营主体，开发牦牛肉旅游产品，丰富高原牧业体验游业态形式，深挖牧旅融合发展潜力，创新高原牧业发展模式，走出"康北门户，牧旅之乡"的品牌之路。

3. 构筑农旅融合综合体等特色旅游业态

道孚县可以进一步拓展农牧产业多种功能，深入挖掘农业农村田园观光、游憩休闲、农耕体验、科普教育、养生度假、民俗体验等多种新价值、新功能；开发一批生活体验、特色民宿等乡村休闲度假产品，推进特色产业基地向休闲观光农牧产业园区升级，培育发展农牧产业主题公园、休闲农业示范村、农旅融合综合体等特色旅游业态；积极推进种养循环试点示范和田园综合体试点建设，促进农牧产业发展与和美乡村建设有机结合。

4. 优化农牧产业政策保障体系

道孚县要进一步深化土地"三权"分置改革，支撑建构高效的农牧产业体系、农牧产品供给体系和适度规模经营体系；全力推进资源变资产、资产变产权、农牧民变股东的工作进程，激活本地农牧产业资源、要素市场，培育形成特色鲜明、结构合理、链条完整的现代农业产业体系；加快先进农牧科技同本地现代农牧产业的对接，构建本地协同高效的现代农牧产业创新体系。

5. 探索和建立产业风险保障体系

一方面，道孚县要进一步提高农牧产业防控自然风险能力，即完善气象服务体系，完善产业长、中、短期天气预报及灾害性天气预警预报信息发布制度；建立灾害性天气的快速反应机制，编制旱灾、洪涝灾害应急预案，降低干旱、暴雨、洪涝等灾害性天气带来的危害，保护产业经营主体和农户的利益，增强农牧产业可持续发展能力；针对农牧产业继续完善价格指数保险和病虫灾害保险，扩大保险范围，实现产业保险全覆盖。另一方面，道孚县要进一步提高农牧产业抗市场风险的能力，即全面推行订单生产，力争产业主要农牧产品订单生产面积达到90%以上，促进农牧民增收、产业增效，进一步提高农牧产业抵抗市场风险的能力。

（三）拓展特色农牧产业发展格局

1. 打造生态农牧产业产品品牌

道孚县要在现代生态农牧产业园区建设的基础上，合并地域相邻、产业相近的园区，将有限的资金用于提升生态农业品质，打造区域品牌、争创国内品牌，通过品牌创新吸引周边县市同类产品集聚本地贴牌，通过品牌效应提升区域生态农业产品附加值。

2. 提升产业链韧性与安全水平

道孚县要在特色农产品加工园区基础上拓展加工业，有针对性地引入高科技加工企业，发展深度加工、品牌产品代加工产业，进一步强化生态农牧产业的产业链韧性，超前部署前沿技术，抢占科技赋能生态农业的高地，并面向产业需求，解决产业科技与市场脱节的问题，打通本地生态农牧产业种养、加工、销售的堵点，推动供给与需求良性循环。

3. 强化科技在农牧产业中的引领作用

道孚县要推进农业生产数字化，依托特色农业产业园区建设日光节能温室和智能温室；加强智慧农业基础设施建设，在"玉科片区+龙灯乡+色卡乡"发展由传统畜牧产业向现代畜牧产业转变的生态畜牧产业发展区，加快发展数字农牧产业；探索建立"创新团队+基层农技推广体系+新型职业农民培育"的新型农业科技推广模式。

4. 促进特色农牧产业与数字经济、体验经济结合

道孚县要在八美数字乡村建设和玉科旅游集散中心数字化建设的基础上，创新数字化营销，通过电商平台、近场营销、直播带货等形式，实现生态产品价值；在八美片区农旅融合发展和玉科片区牧旅融合发展的基础上，强化场景体验消费，通过旅游带动特色产品销售、体验消费、个性化产品定制服务等，提升生态农业产品文化和旅游附加值。

5. 突出农产品加工对种植养殖的带动作用

道孚县要以现代农牧产业园区特色产业带动农牧民自主经营产业，优化"园区+村集体+农户"的合作机制，探索土地入股、效益分红等有弹性的投入及分配制度，提高九个现代农牧产业园区务工及产品统购统销的结算效率，为农村产业深度融合注入活力。

四、优化产业融合发展空间布局

（一）"一带"

"一带"即大力发展县域现代产业发展示范带。道孚县要以 G350 为产

业发展带，串联打造现代农业园区、农特加工园区、旅游景点等，推进产业有机融合发展，打造高原特色现代产业发展示范带，引领县域产业发展。

（二）"一环"

"一环"即全面提升县域旅游发展环。道孚县要主动融入"环贡嘎生态旅游区"和"省旅游西环线"，进一步构筑"丹道环线"发展优势，发挥重要旅游节点、服务支撑与驿站功能，实现区域协作、联动发展、共赢共荣；串联打造"八美镇-色卡乡-扎坝片区-甲斯孔乡-麻孜乡-玉科片区-鲜水镇-龙灯乡-泰宁镇-八美镇"，形成县域内的旅游闭环，加强对人流的吸引力，构建本地全域旅游发展新模式。

（三）"两心"

"两心"即道孚县城服务中心和八美乡镇服务中心。

1. 道孚县城服务中心

道孚县要依托县城工业园区建设，大力发展本地特色农副产品精、深加工，建立农副产品展示、交易、集散中心；支持各类主体开展农牧产品原产地商品化处理及加工，推动农牧产品及加工副产物综合利用，加大农产品开发力度，提高农产品附加值，增加产业收益。

2. 八美乡镇服务中心

道孚县要依托八美镇中心的区位、交通、资源优势，形成链接县城和乡村的片区产业服务中心。

（四）"四区"

"四区"即现代农业区、牧旅融合区、生态农业区和三产融合区。

1. 现代农业区

道孚县要依托藏民居文化品牌、工业集中加工区，集中发展民族文化旅游业、农牧产品加工业和生态能源产业；推进区域综合发展，构建本地农业现代化先行区，带动县域其他区域发展。

2. 牧旅融合区

道孚县要以玉科镇为核心，整体打造玉科镇、七美乡、银恩乡，积极发展现代畜牧业，融合草原特色旅游，形成玉科草原精品旅游小镇；积极加强旅游基础配套设施建设，提升旅游接待服务能力，发展"牧家乐""藏加乐"和"骑家乐"等新产业；实现人流引入、经济提升的牧旅融合新业态发展。

3. 生态农业区

道孚县要以亚卓镇为区域核心，推进扎坝片区藜麦基地建设，以扎坝走婚大峡谷为品牌，以走婚文化、传统农耕文化为特色，积极发展农文旅融合特色旅游；以甲斯孔乡为中心，重点发展黑木耳产业，打造"甲斯孔黑木耳"品牌，沿鲜水河流域，串联带动仲尼镇、扎拖乡产业发展；依托鲜水河大峡谷国家森林公园，以生态保护为原则，发展生态旅游产业，构建生态产业格局。

4. 三产融合区

道孚县要以八美镇为区域核心，带动区域发展，依托八美墨石公园、木雅噶达和亚拉雪山景区三个4A级旅游景区等丰富的旅游资源，以及泰宁镇"万亩油菜花基地"、八美镇万亩露天蔬菜园区、沙冲乡传统手工业等特色产业，借助八美镇作为省级特色旅游小镇和商贸物流枢纽区位优势，联合龙灯乡、沙冲乡、泰宁镇和色卡乡，以产村融合、农旅融合和牧旅融合等为主要发展方式，打造全省乡村振兴三产融合发展示范区。

（五）"多点"

"多点"即中心镇、重点乡镇、特色乡镇。

1. 中心镇

中心镇即鲜水镇、八美镇。道孚县要综合发展商贸服务业、旅游产业、特色农业等，加快公共服务与基础设施建设，打造县域经济、文化、商贸综合服务中心。

2. 重点乡镇

重点乡镇即亚卓镇、玉科镇、泰宁镇、瓦日镇、龙灯乡、甲斯孔乡。道孚县要加快推进新型城镇化进程，大力发展商贸服务业、现代农业、文化旅游业，加强乡镇公共服务设施与基础设施建设，提升乡镇综合服务能力，构建区域经济、文化、商贸综合服务中心。

3. 特色乡镇

特色乡镇即仲尼镇、麻孜乡、孔色乡、色卡乡、葛卡乡、木茹乡、银恩乡、沙冲乡、下拖乡、扎拖乡、七美乡。道孚县要依托现有特色产业基础，以科技创新、农旅融合为核心，大力发展特色产业，扩大特色产业种植规模，发展农产品加工业与乡村旅游业，加快推进农业现代化建设，打造农贸型、农旅型、牧旅型特色乡镇。

五、加大市场主体培育引进力度

要想抓产业，道孚县就必须抓市场主体培育。因此，道孚县要不断完善市场主体培育引进政策措施，推动市场主体多起来、大起来、活起来、强起来；坚持市场主体是产业扩量提质增效的主角与载体这一原则，引进和培育市场主体，激发产业发展活力；进一步优化营商环境，以政府引导和市场主导为路径，壮大市场主体；以市场化手段汇聚和配置要素资源，培育引进更多新增主体，激活助力更多存量主体，充分释放中小微各类市场主体"草根活力"，让各类市场主体对产业高质量发展的边际效应持续扩大，努力实现产业转型升级上的规模和效益均衡发展；加大招商引资力度，以项目质量为中心，健全选商引资机制，积极参与和举办各种跨区域招商引资活动；注重引进产业关联度大、投资强度高、辐射带动力强的项目，吸引社会资本参与景区开发建设，引进旅游投资商、开发商、运营商参与特色旅游线路、景区景点、城镇建设、新村建设、文化娱乐、新能源等领域投资。

六、促进产业融合协同发展

（一）促进产业间深度融合发展

推动三次产业融合发展，是实现产业高质量发展的重要举措。因此，道孚县要做优做强高原特色农牧产业，加强农旅融合和牧旅融合，夯实融合发展基础，挖掘多元价值，拓展融合发展广度。从纵向上看，道孚县要进一步优化全县产业融合发展布局，明确各片区主攻方向，创建省级、州级现代农业产业园，聚焦高原春油菜等优势产业，统筹发展旅游观光、农产品初加工、精深加工和综合利用加工，推动产业融合发展。从横向上看，道孚县要深入挖掘本地特色资源，培植更多"光伏+旅游""牧业+旅游"等特色产业融合品牌，推进特色产业基地向休闲观光农牧产业园区升级，培育发展牧业主题公园、休闲农业示范村、农旅融合综合体等特色旅游业态，提高品牌价值，进一步提升本地知名度和美誉度，提升融合发展质效，构筑产业发展新优势。

（二）加快推进产城融合发展

道孚县要顺应人口向交通沿线城镇聚集的趋势，引导人口、产业、资源要素向县城、重点镇聚集，顺应产业适度集聚趋势，打造一批特色魅力乡镇；统筹推进旅游全域化、新型城镇化和农牧产业现代化发展，依托重点城镇、交通干线、主要流域和重点旅游区布局城镇、聚集人口，以点串线、以点带面，构建以 G350 为城镇发展轴，鲜水镇、八美镇为城镇发展核心，玉科镇、亚卓镇为片区中心城镇，其他城镇为支撑的"一轴带动、两核引领、多点支撑"的城镇发展布局。

道孚县是行政管理的中心，也是文化经济的中心，中心城区承载了文体旅商的综合功能，周边配套了农特产品加工园区、黄花菜产业园区等。因此，一方面，道孚县要进一步完善"藏民居艺术之都"的地图、标识及博物馆展陈，出台本地民居艺术保护与利用的指导意见、管理及评估办法，提升本地民宿产业的文化和艺术品质；整合藏民族传统歌舞演艺、民俗文化及非遗美食，开发本地特色主题夜游项目，进一步推动文化和旅游产业融合，充分展示本地城市魅力。另一方面，道孚县要发挥城镇比较优势，积极推进城镇特色发展，推动鲜水镇建设藏民居艺术之都、八美镇建设文旅特色小镇、亚卓镇建设民俗文化小镇、玉科建设草原牧歌小镇；对于八美镇、玉科镇等旅游中心镇，要着力于完善吃住购娱等要素功能，对于鲜水镇、亚卓镇等文化中心镇，则要着力于培育"商养学奇情闲"的新要素功能，加快要素融合和产城融合。

（三）以产业发展推进乡村振兴

道孚县要以新型城镇化建设为依托，发挥旅游村镇对全域旅游的支撑作用，统筹生产、生活、生态，突出镇、村、景、业整体打造，推动城镇、村庄景区化建设；结合乡村振兴战略，深化"放管服"改革，融合产业功能与城镇其他功能，防止产业"空心化""悬浮化"；加快推进道坞古镇、八美镇雀儿村、泰宁镇街村、各卡乡冻坡甲村、各卡乡龙普村、麻孜乡沟尔普村等精品旅游村寨建设；推动八美片区农旅融合发展和玉科片区牧旅融合发展，强化场景体验消费；通过旅游带动特色产品销售、体验消费、个性化产品定制服务等，提升生态农业产品文化和旅游附加值；大力发展"网红酒店"、精品民宿，提升游客吸附力。

道孚县既有现代农牧园区公司化管理模式，也有"公司+村集体""公司+农户"等管理模式，园区、集体经济和农牧民等不同的主体之间既有利益关系，也存在各种各样的矛盾。因此，道孚县要着力推动园区与集体经济协调发展，探索园区与集体经济的协调机制，深入推进土地制度改革，放活土地经营权，构建新型农业经营体系，发展多种形式适度规模经营，提高土地产出率和资源利用率，推动现代农牧产业协调可持续发展。

七、提升产业对外开放水平

（一）拓展对口帮扶产业发展模式

1. 充分发挥东、西部协作，省内对口支援和省直定点帮扶桥梁作用

道孚县要借助帮扶力量，做强县农特产品工业园区发展平台，发挥好对口支援平台的桥梁作用，用好对口支援政策，创新对口支援内容；积极争取对口帮扶项目，搭建信息互通、资源共享、优势互补、合作共赢的对口帮扶平台，优化联席会议、定期商会等机制。

2. 创新东、西部协作，省内对口支援和省直定点帮扶方式

道孚县要协同婺城区、郫都区帮扶力量，推广消费帮扶订单式销售和采购方式，引导本土企业开发符合市场需求的特色产品；深化人才培养、产业发展、乡村振兴、园区合作等重点领域受援对接工作，鼓励和支持援建地区优势企业投资旅游、农牧产业等特色产业，加强本地特色优势产品在援建地区的市场开拓和品牌推荐，推动对口帮扶向对口合作转变。

（二）主动融入国家区域重大战略

1. 推进跨区域交流合作与协同创新

道孚县要积极融入长江经济带、新时代西部大开发等国家战略，特别是成渝地区双城经济圈建设，贯彻落实中共四川省委"四化同步、城乡融合、五区协同"战略部署，加强与成都、重庆等西部中心城市产业对接，积极融入重大产业链配套，全面服务巴蜀文化旅游走廊、藏羌彝文化产业走廊建设，推进跨区域交流合作与协同创新。

2. 构建长江国家文化公园（道孚段）的水文化体系

道孚县要依托雅砻江支流体系（包括鲜水河、庆大河、纽日河、木茹河、甲斯孔河、扎拖河等）和大渡河支流体系（包括玉曲河、五重科、曲瓦鲁科、干尔隆科等），构建长江国家文化公园（道孚段）的水文化体系，推动藏羌彝文化产业走廊道孚县文化产业高质量发展，提升本地实施区域重大战略的话语权，加强科技、文化、经济、生态等方面的跨区域交流合作，促进先进生产要素的跨区域流动。

（三）推动重点产业深化对外合作

1. 促进生态旅游产业开放发展

道孚县要共建"环贡嘎山旅游圈"，共创康巴民俗旅游体验区；依托亚拉雪山、墨石公园、玉科草原、鲜水河大峡谷等生态旅游资源，依托中国藏民居之都、扎坝走婚文化、安巴农耕文化等，联合丹巴、康定、雅江、泸定合力建设环贡嘎山旅游圈，深度开发贡嘎山旅游环线，提升生态旅游附加值，大力扩展环贡嘎山两小时旅游经济圈品牌；联合丹巴、金川、炉霍共创康巴民俗旅游体验区，积极融入"四川省旅游西环线"，强化本地区域旅游城市职能，共同构建世界级生态精品旅游路线。

2. 促进特色农牧产业开放发展

道孚县要合力做强川西高原现代农牧产业品牌，与炉霍县、甘孜县共同建设春油菜基地，与甘孜县、炉霍县、石渠县共同打造绿色蔬菜保供基地；以本县城为中心，在康北地区合力建设高原生态段木黑木耳基地；与炉霍县合作，共同发展雪域俄色茶、俄色果等相关产品；积极发展飞地经济，合作共建产业园区与省内先进农业科技机构、农产品加工机构共建合作园区，引入内地龙头企业入驻地方产业园。

3. 促进清洁能源产业开放发展

道孚县要合力开发清洁能源，共同建设国家清洁能源基地；推进区域雅砻江、大渡河等流域水能资源开发，落实鲜水河、庆大河水电梯级开发利用；与雅江共建康北太阳能光伏基地，同时加快建设川西高原光伏温室大棚、区域小型风力发电站，提升清洁能源消纳水平。

（四）以地方品牌为重点开拓市场

道孚县要通过文化和旅游宣传推介会、农特产品参展西博会、"一带一路"国际能源合作高峰论坛等渠道平台，推动本地龙头企业及产品品牌"走出去"，提升品牌竞争力及对外开放合作水平；构建全媒体传播体系，拓展网红产业链，向国内外网友全方位推介本地美景美食美宿、生态生产生活，打开自身的对外开放新局面。

八、提升产业发展的科技水平

（一）加强产业科技创新能力建设

道孚县要统筹推进各领域、各行业、各机构的科技创新及治理工作，积极参与区域创新下科技合作，推动科技合作优化组合，打通政、产、学、研、用之间的堵点，完善"政产学研用"多元融合的科技创新体系；突出基础性、前瞻性、战略性，主动开展科技攻关，增加科技成果对本地"三大产业"的有效供给；多方联动，借智引才，加强与四川大学、电子科技大学、西南交通大学、成都理工大学等高校以及中国科学院成都分院、四川省社会科学院等科研院所的合作，培育本地科技创新、数字化建设示范项目，不断提升科技创新能力，大力发展新质生产力，形成内生性、体系性创新力量，推进产业高质量发展。

（二）促进产业科技成果落地转化

道孚县要充分发挥市场对技术研发、路线选择、要素价格、各类创新要素配置的导向作用，不断提升科技创新对本地国民社会经济发展的贡献力；进一步打造"有机之县"，加强现代农业园区有机农业科技创新成果转化，丰富有机农牧产品供给，满足高原绿色、有机产品的市场需求；打造千万千瓦级清洁能源基地，探索抽水蓄能、压缩空气储能、全钒液流电池电化学储能、飞轮储能等新型储能技术的应用转化，配置新型储能设施，为电源顶峰提供备份；创新科技成果转化机制，促进资金、技术、应用、市场等要素对接，打通科技到经济的"最后一公里"；加大本土企业在产品研发阶段的协调与投入力度，着力于成果转化的投资、生产、包装与营销，培育科技供给与需求的市场，增强供给结构对需求变化的适应性和灵活性；充分发挥科技成果转化机构、技术交易市场的职能，健全科技服务体系；推动跨部门、跨层级的科技创新服务，最大限度地释放本地企业的科技创新活力。

（三）利用数字技术赋能产业发展

道孚县要以信息化引领产业现代化，实施"互联网＋"战略，推进信息技术广泛应用，培育发展数字经济，建设产业发展大数据运营管理中心，大力推动数字经济与实体经济融合发展，拓展并促进产业间的互联互通与数据资源共享，激活产业发展动能；建设农产品全产业链大数据，实施"互联网＋农产品出村进城"工程，推进智慧农业园区建设、数字农场建设、数字景区建设，开辟发展新领域新赛道，不断塑造发展新动能、新优势；建立具有本地特色的现代农牧产业品牌农产品网，拓展产业主导产业电商平台、对外出口直销平台、产地直销市场等多渠道营销网络，坚持"线上线下"同步发展，坚持精品、绿色、专业的原则，不搞大而全，降低交易成本，实现精准营销，打造最权威的品牌农产品营销体系。在此基础上，本地政府还要鼓励通过知名展会、专业推介会、网络宣传等市场化运作方式，不断提升道孚县现代产业品牌社会影响力，拓展"电商+直销+推广"营销网络营销；加快道孚县八美数字乡村建设和玉科旅游集散中心数字化建设，创新数字化营销，通过电商平台、近场营销、直播带货等形式，实现生态产品价值。

第四节　发展保障

高质量发展没有统一的建设路径，不能简单地套用"一刀切"的发展模式，当地政府必须因地制宜地制定差异化的发展策略、走适合自身实际情况的特色道路。道孚县要找准高质量发展面临的主要矛盾，坚持问题导向；面向各个方面的主要制约，要完善基础设施、强化要素保障、优化营商环境，推动各个方面的工作转入高质量发展轨道。

一、进一步提升产业发展基础设施

（一）提升交通运输基础设施

道孚县要以高速公路为主体，加快 S 87 炉霍至康定新都桥高速公路建设进程，推动对外大通道建设；以普通国省道为重点，提升普通干线路网整体技术等级和通行能力，加快 S 571 丹巴县东谷镇至道孚县龙灯乡、S 572 炉霍县宗塔乡至道孚县玉科镇、S 572 道孚县玉科至丹巴县布科段、S 314 道孚县扎拖乡至八美镇等公路改建工程等项目进程；以农村公路（美丽乡村路）延伸覆盖，推进"四好农村路"提质扩面，积极创建省级"四好农村路"示范县；进一步加密补强乡村运输网，加快 Y 009 觉洛寺村-农甫村公路、C 052 洛尔瓦村通村公路等在库美丽乡村路及乡镇运输服务站等项目建设。

（二）加强电力基础设施建设

道孚县要加快推进"甘孜道孚 500 千伏输变电工程"项目，力争早日开工建设、早日建成，彻底打通清洁能源通道"瓶颈"；着力实施"甘孜道孚 220 千伏输变电工程""甘孜道孚 220 千伏变电站 110 千伏配套工程""甘孜道孚 220 千伏变电站 35 千伏配套工程"，推进"老旧 35 千伏变电站"建设，加快"农村电网"升级改造，提高全县电网供电质量；大力实施"充电基础设施建设"项目，提高景区充电桩"乡乡全覆盖"建设，完善充电基础设施网络布局。

（三）夯实城镇基础配套设施

道孚县要按照"景城一体、景镇一体"原则，加强城市生态修复，大力实施县城和八美镇景观节点提升工程，实施"口袋公园"改造，推进城镇道路、桥梁、供排水、停车场、绿化亮化等公共设施修补和更新，提升城乡垃圾分类及收运处理能力，着力解决城镇停车难问题；加强城市地下管网规划建设和管理，认真编制地下管网专项规划，提升城镇污水收集能力和城镇排水防涝能力，进一步完善城乡基础设施和配套设施。

（四）加快新型基础设施建设

道孚县要进一步加强信息基础设施建设，加快推进通信网络短板提升计划，实现通信网络全覆盖，提升通信网络稳定性；全域推进 5G 网络建设，实现 5G 网络在县城、重点城镇、国省干线、重点景区、热点区域全覆盖，推动 5G 网络逐步向农村地区延伸；推动"三网"融合，持续推进全光网络建设，实现光纤网络城乡全覆盖；推进信息技术广泛应用，加快建设"智慧道孚"项目，建设大数据运营管理中心，大力推动数字经济与实体经济融合发展，发展线上、线下融合的生活服务业；加快推进重要农产品全产业链大数据建设，深入推进电子商务平台建设，完善物流节点、现代仓储、冷链中心等配套设施。

二、进一步加强产业发展要素供给

（一）加强土地要素保障

1. 扎实推进土地要素配置方式改革

道孚县要在全县统筹建设用地指标，在全县各级重大项目用地计划中实行"县级统筹、分级保障、应保尽保"；用足用好国家、省级和州级配置用地计划政策［被纳入国家重大项目清单、省重大项目清单的单独选址项目，用地计划要由全省统一配置，州级重大项目以及各县（市）重点建设项目要由州级统一配置］，积极探索建设用地长期租赁、先租后让等多元化供地模式；探索完善低效用地再开发政策，建立低效用地项目库动态调整机制；推进产业园区用地更新改造，因地制宜采取改造提升、功能转换、撤并整合、生态退出等模式，促进产业园用地提质增效；进一步确保重大基础设施、城镇建设、产业园区等建设用地指标得到保障。

2. 提升用地保障服务效能

道孚县要进一步优化建设项目用地审批服务，优化建设用地审批流程，压缩审批时间，提高审批效率；在土地征收前期工作中，可同步开展土地现状调查、社会稳定风险评估程序，支持符合条件的重大项目申请办理先行用地；聚焦项目用地预审、报征、供应、监管、登记等关键环节，全面推行"容缺受理、并联审批"，减少办事环节，简化申报材料手续；节约集约用地是土地优化合理利用的重要途径，要在有限的土地上实现更高水平的利用、更高质量的发展；规范落实耕地占补平衡，积极支持各地立足县域内自行挖潜补充，统筹拓展补充耕地来源，加大补充耕地建设力度；用好"增减挂钩"核补新增指标政策，全面分析全县批而未供和闲置土地分布现状，有针对性地开展专项整治行动。

（二）加强财政资金保障

1. 加强资金资源统筹

道孚县要坚持集中资源办大事的原则，积极整合各级产业支持资金，提高资金统筹利用效率；加强财政资源科学统筹和合理分配，合理确定预算收支规模，着力提高财政政策扶持和资金投入的精准性，确保财政资金用在刀刃上；统筹好中央涉藏资金等各类上级转移支付、对口援助资金、区域协作资金、地方政府债券资金、各类专项资金和本级财政资金，把高质量发展要求落实到谋划项目、安排资金等关键环节；持续推动盘活政府资源资产，在全面盘查、合理分类的基础上，通过转让、租借等市场化方式，发挥资产资源价值，增加收入投入高质量发展中来；创新投融资机制，用好政策性开发性金融工具，引导社会资本参与重点项目建设，为经济社会发展注入新动力。

2. 贯彻落实积极的财政政策

道孚县要强化预算执行能力，加大对重点产业的支持力度，保证财政资金支持到位，为兜牢社会底线和推动经济社会发展提供坚强保障；继续落实税收优惠政策，支持民营、小微企业技术升级改造，切实减轻企业负担大力助企纾困；积极发挥政府资金的引导作用，扩大政府投资规模，拉动社会投资；用好产业基础再造和产业高质量发展专项资金，发挥当地政府投资基金的引导作用。

3. 发挥地方政府专项债效能

专项债作为地方政府的融资工具，可以有效拓宽地方政府的融资渠道，降低地方政府的融资成本。同时，专项债还扮演着财政政策工具的角色，其政策目标是加强基础设施建设、弥补发展短板、扩大有效投资、带动消费扩大内需、促就业稳增长。道孚县要发挥财政资金的引导带动作用，引导产业资本、金融资本、社会资本加大对生态农牧、清洁能源、旅游等优势产业的支持力度；重点鼓励企业借力资本市场，通过发行债券、设立产业发展基金、股权投资等方式加大投入力度；积极推动和引导金融机构加大对重点产业项目的金融支持力度，以资本驱动产业，以产业支撑资本，实现产业和资本的要素融合和协同发展。

（三）加强人才要素保障

1. 以产教融合赋能高质量发展

道孚县要坚持以教促产、以产助教，不断延伸教育链、服务产业链、支撑供应链、打造人才链、提升价值链，加快形成产教良性互动、校企优势互补的产教深度融合发展格局，持续优化人力资源供给结构，为全州高质量发展提供强大人力资源支撑；依托四川民族学院和甘孜藏族自治州职业技术学校，深化职业院校产教融合和校企合作，更好地满足产业高质量发展用工需求，探索发展"双元制"职业教育模式；聚焦本土优势产业、新兴产业和现代服务业，支持和推动甘孜藏族自治州职业技术学校加快升级为职业技术学院，打造对接全县产业高质量发展的职业技术人才培养基地；支持龙头企业发展职业教育与培训，建立一批与产业高质量发展相配套的示范性高技能人才培训基地和公共实训基地。

2. 实施招才引智工程

道孚县要充分利用川藏高速、川藏铁路建成通车的机遇，以及当前就业环境产生的人才溢出效应，大力创新人才引进制度与措施；创新柔性引才机制，探索人才、智力、项目相结合的人才引进机制和人力资本优先发展积累机制，建立与成渝地区人才市场相衔接的人才管理机制，研究制定各类认定、培养、引进创新型人才的配套措施；创新高端人才人力派遣机制，探索在成渝地区建设"飞地"产学研机构；鼓励重点产业项目通过劳务派遣等方式吸引高端人才、技术人才到本地工作。

3. 完善人才交流发展机制

道孚县要充分利用对口援助及东、西部地区协作的政策资源，推动干部双向交流，积极开展党政干部培训合作，探索建立本地区干部队伍到浙江等东部沿海城市交流、挂职机制，定期组织优秀中青年干部赴浙江学习培训交流学习；进一步深化人才发展体制机制改革，完善支持保障政策；搭建技术创新转化企业平台，下大力气解决制约人才发展的痛点难点堵点问题，加快构建全方位、全周期的人才服务体系，着力营造拴心留人的良好环境；扎实做好引才、育才、留才、用才文章，调动人才积极性，激发人才发展活力与潜能，更好地发挥人才在高质量发展中的引领作用。

三、进一步优化产业发展营商环境

（一）健全项目建设快速响应机制

道孚县要健全项目建设快速响应机制，缩短项目落地周期，全面优化政务服务，提高企业满意度，努力创造各类企业平等竞争、健康发展的市场环境，为产业高质量发展营造一流的营商环境；实行"一把手"包联招商引资项目制度，对重大招商引资项目实行"一条龙"包联和审批代办服务，推动储备项目加快推介、在谈项目加快签约、签约项目加快落地、落地项目加快投产、投产项目加快达标；健全部门协同工作机制，推动项目单位编报一套材料，由政府部门统一受理、同步评估、同步审批、统一反馈，加快项目落地；持续提升纳税服务水平，提升涉企服务质量与效率；构建"亲""清"新型政商关系，畅通政企沟通渠道，建立各级领导干部挂钩联系企业工作制度，建立完善政企协商机制。

（二）全面提高政务服务水平及效率

道孚县要对标成渝地区双城经济圈营商环境评价体系，持续优化本地营商环境，进一步降低市场准入门槛，降低小微企业等经营成本；以深化"互联网+政务服务"以及推进"一网通办、一事通办"为目标导向，着力推动政务服务简易化、透明化、标准化等改革，加快实现政务服务"一网通办"和企业群众办事"只进一扇门""最多跑一次"；着力实现网络全贯通，建立纵向连接省州县乡以及横向连接本级政府各部门的电子政务外网，促使县乡两级事项皆可网办；实现系统全联通，建立统一受理平台，连接部门审批业务系统；实现数据全流通，建立数据共享交换平台，打通数据孤岛，全面提升政务服务效率。

（三）营造公平有序的市场竞争环境

道孚县要进一步深化市场监管综合改革，完善对新业态的包容审慎监管，实现"双随机、一公开"监管100%全覆盖；增加新业态应用场景等供给，营造公平规范的市场竞争环境；全面贯彻落实促进民营经济高质量发展等相关政策和举措，不得对民营经济组织进入法律、行政法规未明确禁止准入的行业和领域设置歧视性条件，保障民营经济组织平等获取土地、人才、资金、数据、技术等要素资源；在投资核准、融资服务、财税政策、土地使用等方面，使民营企业与其他所有制企业享受同等待遇，降低民营企业的市场准入门槛；打破制度屏障，积极落实各项减税降费政策，采取"一企一策、一项目一策"工作方法，实行包联包办制，精准帮扶，一办到底；优化部分行业从业条件，促进人才流动及灵活就业。

四、进一步强化产业发展机制保障

（一）建立健全推进机制

道孚县要建立健全制度规章制度，出台产业建设管理办法，制定并完善各项管理制度，建立运营管理各项规章制度，规范产业建设、管理行为，确保产业管理运营有效；以本地区现代农业产业建设工作领导小组为基础，建立产业高质量联席会议制度，协同解决产业建设推进过程中遇到的困难和问题；建立由产业内外相关单位和实施主体参与的齐抓共管机制，加强管委会与政府相关部门及项目所在乡镇政府的沟通协作能力，统筹建设发展过程中的相关事项，加强对产业发展的指导、组织和协调；建立重大项目领导联系制和专人负责制，提高行政效能，加强对重大项目推进实施的跟踪服务。

（二）优化提升绩效管理

产业实施涉及发展改革、农业、国土、住建、林草、交通、旅游、生态环境等多个部门，具体项目建设又有主次、缓急之分，因此道孚县必须进行统筹安排、统一管理，制定分期目标，分地区、分重点、分步骤有序有计划地组织实施；推进各相关部门将任务和目标分解落实到具体业务部门以及负责人，制订详细的实施方案，并将任务措施的落实情况作为绩效考核的重要指标。

（三）建立跟踪评估机制

道孚县要进一步建立产业高质量发展的评估与动态修订机制，构建统一协调、更新及时、反应迅速、功能完善的实时动态监测系统，适时对产业建设情况进行全面监测、分析和评估；加强对产业建设情况进行跟踪分析，研究新情况，及时解决新问题；建立产业建设的分类指导机制，对不同领域的重点建设任务，应分别通过引导市场主体自主行为、完善利益导向机制、运用公共资源、健全法律法规等方式，动员全社会共同参与产业建设；根据产业建设跟踪监测和中期评估结果，结合生态旅游产业、现代农牧产业、清洁能源产业发展的新情况、新形势，提出产业建设发展思路、重点、目标、布局和实施措施的调整依据与修订建议，并采取专家论证、听证、评审、公示等方式，完善产业建设调整的机制和程序。

第七章 武胜县文化遗产保护
与文化和旅游高质量发展

　　武胜县被誉为嘉陵江流域上的一颗明珠，为长江国家文化公园积淀了丰富的水文航运遗产，在"大蜀道"上留下了汉初古城遗址、武胜山城遗址、毋德章城遗址和沿口古镇、中心古镇、龙女古镇、石盘古镇等，以及苏家坝遗址、天子墓、宝箴塞等历代珍贵的人类历史文化遗产资源。这些遗产资源无疑是古今巴蜀水脉航运、人文交流、民族融合的重要文化载体与历史见证，也是巴蜀境内古镇文化遗迹遗址保留最集中、体量最大与数量最多的地方。本章从水脉、文脉、地脉和业脉四大维度，紧扣融入"蜀道申遗"、参与"钓鱼城联合申遗"两大重点，推进共建巴蜀文化旅游走廊这一发展主题，对武胜县自然、生态、历史与文化遗产资源深入挖掘、系统梳理，对这些独特的遗产资源进行谱系分类、价值提炼与现代价值阐释，厘清武胜县厚重、独特而丰富的历史文化遗产资源根脉与文化精神，彰显武胜县在嘉陵江流域与大蜀道历史演进中独特而重要的地位，圈定武胜县历史文化遗产资源活态保护、创新利用的主体与重点，引领武胜县文化和旅游融合高质量发展。

第一节　发展态势

一、现状

　　武胜县隶属四川省广安市，地处四川盆地东部，嘉陵江中游，广安市西南部，四川、重庆两省市接合部，东临岳池县，西连蓬溪县，南接重庆市合川区，北交南充市；东西相距 48.5 千米，南北相距 40.5 千米，辖区面积达 966 平方千米，辖 23 个乡镇，515 个行政村。根据第七次人口普查数据，截至 2020 年 11 月 1 日零时，武胜县常住人口达 55.6 万人。

奔流不息的嘉陵江水，孕育了武胜县悠久的历史和灿烂的文化，使其成为当之无愧的巴文化与蜀文化"结穴处"，造就了嘉陵江武胜段这颗水脉航运文化"明珠"。在嘉陵江流域武胜段发现的新旧时期石器表明，远古时代，武胜县境内就有人类定居繁衍的痕迹。有文字记载的建县史则要追溯到公元 479 年（南朝齐）汉初县的建立。元朝至元四年（1267 年），因"以武取胜"之意而设置武胜军，其后在此置定远州、定远县。民国三年（1914 年），为了避免重名，始将定远县更名为武胜县，县名也沿用至今。在武胜县 1 500 余年的建县历史上，总计六易县名，五迁县治，其中尤以助武王伐纣、大蒙古国修山城驻军和"武岳起义"最为著名。自新民主主义革命、社会主义革命建设至改革开放以来，英勇的武胜县人民绘就了一幅幅波澜壮阔的社会、历史与文化精彩画卷。

武胜县地处"一带一路"、长江经济带与渝新欧国际铁路大通道交汇处，居于成渝经济区腹心地带，自古以来就是川东航运枢纽、巴渝商品集散地，更是川东北经济区重要节点。武胜县商贸繁盛，宜居宜业，既有经济技术开发区、泰合（武胜）国际商贸城、中滩工业园区、街子工业园区、万善物流等现代化新城，也有"四川省特色商业街"——雪花啤酒风情街、建设南路商业街、上和园火锅美食街，"四川省特色产业基地"——火锅产业园等美食风情街区。当地"百工技艺"竞相怒放，有剪纸、飞龙竹丝（绣）画帘、沿口菜刀、古法木榨油、袁氏皮鼓、宋氏八段锦、缠闭门武医正骨术、宋氏承道推拿，让武胜县荣获了"四川省民间文化艺术（剪纸）之乡""全国民间艺术（竹丝画帘）之乡"的称号。"美味佳肴"，飘香巴渝，当地美食有武胜县三绝（渣渣鱼、飞三巴汤、英雄会）、永寿寺三绝（豆腐干、豆瓣、素席）、"第三届四川省金牌旅游小吃"——麻哥面、"绛沙为衣玉为肌"的马氏牛肉、龙猪肝面、舌尖之春——大雅柑等。"康养休闲"，养身娱心，当地还有多个养生度假区，如全国休闲农业与乡村旅游示范点——"白坪-飞龙乡村旅游度假区"、龙女湖旅游度假区、印山公园、唐家大山森林公园等。这里不仅"宜居"，而且"宜业""宜游"，不仅有"中国蚕桑之乡"的"金字招牌"——猛山村蚕桑园，还有中国西部最大的丝绸文化类博览馆——中国南方丝绸文化博览馆、新中国第一次石油大会战遗址、原国营 157 厂遗址等，让人驻足观赏。

二、成就

围绕境内丰富的历史文化和旅游资源，武胜县开展了一系列卓有成效的工作，取得了显著成绩。

（一）开展文化和旅游资源调查

2020—2021年，武胜县启动了文化和旅游资源普查工作，对相关文化产业发展状况进行了专题调研，先后完成了《武胜县文化产业发展专题调研报告》（2020）、《武胜县文化和旅游资源普查报告》（2021），查明县境内文化资源1 712个、旅游资源1 574个，制定相应标准，将文化和旅游资源细分为军事文化、嘉陵江流域文化、乡村文化、红色文化、工业文化。其中，针对非物质文化领域，武胜县不仅开展了重点普查，而且还多次组织申报省级、市级非物质文化遗产，基本摸清了文化和旅游遗产资源的家底。

（二）开展各级规划和调研

1. 县域规划

武胜县针对县城及其相关片区，组织相关规划设计单位，先后完成《武胜县城市总体规划（2013—2030）》（2017）、《武胜县城市东部片区控制性详细规划修编》（2021）；同时，围绕县域旅游、嘉陵江生态经济、乡村振兴、嘉陵江沿岸景观、民俗文化等开展专题规划设计，先后完成《武胜嘉陵江生态经济示范带战略研究及概念规划》（2013）、《嘉陵江（武胜）生态经济示范带实施方案》、《武胜县嘉陵江乡村振兴示范带建设工作实施方案》（2021）、《武胜民俗文化研究工作方案》（2019）等，对武胜县文化和旅游融合发展进行了有益的探索，其中不乏比较深入的思考探讨，形成了比较清晰的工作思路。

2. 乡镇规划

武胜县围绕嘉陵江流域武胜段各乡镇，如烈面镇、礼安镇、"华封-龙女-礼安"片区、沿口镇、真静乡、宝箴塞镇等，组织完成了各类型专题调研或规划。如烈面镇围绕乡村振兴、太极湖展、地质开展了一系列规划，完成《武胜县烈面片乡村振兴总体规划（2018—2035）》（2019）、《太极湖国际康养度假区总体策划》（2020）、《武胜汉初地质文化村建设构想》（2020）等；礼安镇重点围绕乡村振兴做文章，完成《武胜县礼安岛2021年乡村振兴实施方案》（2021）、《礼安镇葵树村乡村发展总体策划》

（2021）等；"华封-龙女-礼安"片区重点打造《武胜县华封-龙女-礼安乡村振兴示范片总体规划》（2021）；沿口镇围绕古镇和航运开展设计，完成《武胜县沿口古镇棚户区改造项目概念规划与策划》（2018）、《武胜县沿口镇川江航运博物馆文化策划书》（2018）等；真静乡围绕"燕子岩摩"，先后完成《武胜县燕子岩摩崖石刻维修保护设计方案》（2008）、《武胜燕子岩摩崖石刻情况》（2021）等；宝箴塞镇围绕山城防御开展调研，先后完成《宝箴塞民众防御建筑群文物调查报告》（2019）、《武胜县宝箴塞调查研究》（2020）、《武胜宋元寨堡调查报告》（2020）、《武胜宋（蒙）元山城资料汇编》（2021）等。此外，武胜县各部门还对文化和旅游发展重点区域进行了规划研究，达成了相对一致的共识。

（三）文化遗产保护传承

武胜县地处嘉陵江流域中段，建县历史长达 1 500 余年。作为勾连川渝秦巴的水陆交通枢纽与治所重地，武胜县孕育形成了丰富多样的历史文化遗产资源，滋养了武胜人独特的巴蜀文化气魄与精神。据普查统计，截至 2024 年年底，全县拥有全国重点文物保护单位 1 处、全国休闲农业与乡村旅游示范点 1 个、国家 AAAA 级旅游景区 2 个、国家 AA 级旅游景区 1 个、国家水利风景区 1 个、省级旅游度假区 1 个、中国传统村落 5 个、省级文物保护单位 14 处、省级非物质文化遗产名录 3 项，是四川当之无愧的文物大县。正是立足丰富而独特的自然、历史与文化遗产资源，武胜县各级政府下大力气发展文化事业，不断推进文化和旅游产业融合发展，特别重视保护武胜县历史的根脉与文化传统。得益于各级文化、文物主管部门的大力支持，以及各级干部群众殚精竭虑的工作与一如既往的辛勤付出，武胜县文物保护工作取得了显著成就，一直走在全国前列。2006 年，武胜县被评为"全国文物工作先进县"。经过各级政府及相关单位的不断努力，武胜县先后建成白坪——飞龙旅游区、宝箴塞两个 AAAA 级景区，以及太极湖水利风景区、印山公园等 AAA 级景区，另外还有颇具特色的景区景点若干。这些文化和旅游建设成果，为武胜县文化和旅游融合高质量发展奠定了厚实的基础。

（四）文化和旅游融合发展

武胜县以"经济强县，宜人武胜"作为未来发展的战略定位，通过

"一基地一城市两示范"①，主打"四张名片"②，构建一城九镇多节点、宜居宜业宜游的江湾湖畔休闲旅游城市发展态势，为武胜县文化和旅游融合高质量发展、创新发展注入了新的活力，取得了显著成绩。

1. 打造"川渝枢纽地"

武胜县聚焦武胜连接川渝、通江达海的区位优势，抓住川渝合作和"嘉陵江流域国家生态文明先行示范区"建设的良好机遇，主动融入成渝地区双城经济圈，打造"川渝合作特色产业基地"。

2. 建设"休闲江湾城"

武胜县进一步突出休闲特色，积极创建"新型公园城市"，加快培育"休闲江湾城"品牌，重点打造龙女湖旅游度假区、高品质特色美食街区、十里嘉陵画廊等重点建设项目。

3. 打造"诗画田园乡"

武胜县围绕乡村振兴，依托民间文化艺术，开展田园乡村建设，重点打造武胜美丽乡村的两朵金花——白坪-飞龙乡村旅游度假区、宝箴塞旅游区，奋力建设"全省乡村振兴示范县"。

4. 建设"魅力红武胜"

武胜县围绕其独有的红色文化，整合"三线建设"资源，传承红色精神，以红色作物（高粱、辣椒、花椒、柑橘等）为媒介，推进以火锅为主要特色的农产品生产加工业，建设"川渝独有、全国一流"的火锅产业园区。

在空间布局上，武胜县秉承"沿江发展、南拓北扩、特色营城"的发展思路，形成"一心·两轴·四区"的空间布局；城市中心区、城东都市产业片区、城南休闲康养片区推进迅速，为推动武胜县文化和旅游产业高质量发展注入了新能量；城市中心区集行政办公、居住、商业、医疗、教育、文化、体育等功能于一体，着力打造城市综合体与特色街区，融恒时代广场、雪花啤酒风情街等业已成为武胜县地标；城东都市产业片区重点发展以火锅为主要特色的农产品加工产业，武胜火锅产业园、火锅美食街、武胜火锅文化体验馆、雪花啤酒厂、安泰丝业等特色产业逐渐形成；武胜客运中心站、泰合国际商贸城等仓储物流为代表的现代服务业已初现

---

① "一基地"即川渝合作特色产业基地；"一城市"即新型公园城市；"两示范"即嘉陵江流域生态文明先行示范区、全省乡村振兴示范县。
② "四张名片"即"川渝枢纽地""休闲江湾城""诗画田园乡""魅力红武胜"。

规模；城南休闲康养片区以供给嘉陵江湾区生活公园为目标，将城市建设与度假生活有机融合，依托龙女湖度假区、黄林溪山体公园，重点发展集"生态·旅游·文化体验·运动休闲"于一体的江湾都市休闲康养度假区。

在产业布局上，武胜县围绕"两带七区"①布局，按照全域规划、总体部署、分步实施、梯次推进原则，优化晚熟柑橘、优质生猪、稻渔综合种养等产业布局，高标准推进新村聚居点建设和老旧院落改造，深入实施农村人居环境整治项目，高质量配套基础设施和公共服务，全域推进乡村振兴战略实施落地生根。其中，嘉陵江乡村振兴示范带按照"一江一片一岛"②的总体布局，突出现代农业产业发展、宜居乡村建设、人居环境整治、基础设施配套等乡村振兴重点内容，建设集生产、生态、生活、文化、休闲等多种功能于一体的乡村振兴样板，率先打造农业现代化示范区，示范带动全县乡村振兴战略实施。

上述措施为武胜县融入成渝地区双城经济圈发展、参与"共建巴蜀文化旅游走廊"工程建设、参与"大蜀道"工程建设提供了良好的政策环境、奠定了坚实的发展基础。

三、优势

（一）经济区位独特

武胜县地处"一带一路"、长江经济带与"渝新欧"国际铁路联运大通道交会处，是成渝经济区成南（遂）渝、渝广达两大经济带的重要链接点，亦是连接川渝经济毗邻区的重要通道。在四川省委、省政府规划的"一极一轴一区块"空间布局中，武胜县居于"南充·重庆·遂宁·广安"区域经济四棱体的中心（见图7-1）。在重庆"一圈两翼"构架中，武胜县地处重庆主城区的"一圈"层，在广安"一核一圈两翼"城镇总体布局中属于"沿嘉陵江发展翼"，是重点建设的嘉陵江流域城镇发展带和生态经济示范带热点片区。

---

① "两带"即嘉陵江乡村振兴示范带、长滩寺河乡村振兴示范带；"七区"即飞龙-三溪-鸣钟乡村振兴示范片、猛山-双星-乐善-街子乡村振兴示范片、沿口-石盘-鼓匠乡村振兴示范片、华封-龙女-礼安乡村振兴示范片、万隆-中心-清平-真静乡村振兴示范片、万善-宝箴塞-胜利乡村振兴示范片、烈面-赛马-金牛乡村振兴示范片。
② "一江"即秀美嘉陵江，涉及沿线10个乡镇（华封镇、龙女镇、万善镇、礼安镇、沿口镇、石盘镇、清平镇、中心镇、烈面镇、真静乡）；"一片"即陆上振兴示范片，涉及沿线4个乡镇（华封镇、龙女镇、万善镇、礼安镇）；"一岛"即礼安半岛，涉及沿线1个乡镇（礼安镇）。

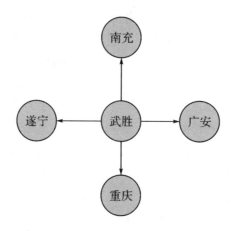

图 7-1　区域经济四棱体

（二）交通便捷

截至 2023 年年底，武胜县已经拥有"一江一铁三高速"交通骨架，即嘉陵江梯级渠化，在建的兰渝铁路，已经建成的武渝高速，已开工的遂广高速，正做前期工作的广潼资高速。武胜县紧邻重庆江北机场和南充机场，"半小时经济圈"连接周边广安、南充、遂宁、潼南、合川五个百万人口大城市，"一小时经济圈"直至重庆市，"两小时经济圈"直接成都市的立体交通网络。嘉陵江黄金水道通江达海，北上南充、广元，南下合川、重庆，千吨级船舶可直通上海，初步形成"公·水·铁·空"四维交通网络体系。

（三）巴蜀文化"结穴处"

武胜县文脉悠远，人文荟萃，形成了融"大中华文化—巴蜀文化—流域文化—红色文化"于一体的嘉陵江水脉航运文化形态，积聚铸就了兼具巴文化的"刚勇"与蜀文化的"文柔"的文化精神内核，发展衍生出政文化、教育文化、创新文化、红色文化四大支柱样态，形成了清白廉正的执政为民之风、耕读传家的人文教化之风、战天斗地的开拓创新之风、红岩无畏的革命奋进之风，从而奠定了武胜人"重文—尚武—开新"的人文风貌与精神品格，为融入"大蜀道申遗"、参与共建巴蜀文化旅游走廊提供了独特的文化样态。

（四）嘉陵江水脉航运"黄金岸线"

嘉陵江武胜段属长江流域一级支流嘉陵江水系，素有"1 江 11 河 96 小溪"之称，具有"长""曲""玄""秀"四大特色。武胜县水脉、地脉、文脉、业脉资源富集，坐拥嘉陵江流域特色鲜明、融合发展度很高的江湾半岛黄金岸线。

四、机遇

（一）国家政策支撑

《中华人民共和国国民经济和社会发展第十四个五年规划和 2035 年远景目标纲要》关于"实施乡村建设行动""健全城乡融合发展体制机制""优化区域经济布局，促进区域协调发展""推动区域重大战略取得新的突破性进展，全面推动长江经济带发展"等规划，为武胜县文化和旅游融合发展、高质量发展奠定了坚实的政治基础，成为武胜县未来发展的根本遵循。

《成渝地区双城经济圈建设规划纲要》关于"构建成渝地区双城经济圈发展新格局""协同建设现代产业体系""打造富有巴蜀特色的国际消费目的地""共筑长江上游生态屏障""强化公共服务共建共享"等规划，为武胜县融入成渝地区双城经济圈建设，"借力·借智·借势"发展等规划与措施，文化和旅游融合高质量发展指明了方向。

（二）省市规划支撑

《中共四川省委关于深入贯彻习近平总书记重要讲话精神 加快推动成渝地区双城经济圈建设的决定》关于"推动成渝地区双城经济圈建设，必须聚焦'一极两中心两地'的目标定位"[①]"以'一干多支'发展战略支撑成渝地区双城经济圈建设""为成渝地区双城经济圈建设蓄势赋能"等决定，以及《四川省国民经济和社会发展第十四个五年规划和二〇三五年远景目标纲要》关于"水平建设巴蜀文化旅游走廊""依托独特资源禀赋，围绕'吃住行游购娱'等要素，推动巴蜀文化旅游走廊全域环境整体提升，打造具有"国际范""中国味""巴蜀韵"的世界重要文化旅游目的地""支持蜀道联合申遗，做优蜀道文化旅游带。打造伟人故里、大巴山旅游环线和嘉陵江、涪江诗画长廊，贯通川东北渝东北生态文化旅游带"等规划，为武胜县参与共建巴蜀文化旅游走廊提供了强有力的政策支撑，为其文化和旅游融合高质量发展再上新台阶注入了新的动力。

---

① "两中心"即具有全国影响力的重要经济中心、具有全国影响力的科技创新中心；"两地"即建设改革开放新高地、高品质生活宜居地。

（三）工作动力支撑

2018 年，中共广安市委五届六次全会提出构建"一主两辅三副"城市新格局，武胜县作为三个"副中心城市"之一，做出了"重点建设嘉陵江流域城镇发展带和生态经济示范带，打造广安文旅休闲副中心"的发展战略定位。在《广安市国民经济和社会发展第十四个五年规划和二〇三五年远景目标纲要》中，广安市按照《成渝地区双城经济圈建设规划纲要》和川渝两省市联合实施方案，全面融入重庆都市圈发展，打造川渝合作示范区，加快建成重庆都市圈北部副中心等规划目标，不但为武胜县发展定好了位，而且为其制定了明确的工作要点与目标。

《武胜县国民经济和社会发展第十四个五年规划纲要（2021—2025 年）》提出，要将规划目标定位为建设"成渝地区双城经济圈经济强县""全国乡村振兴发展样板区""嘉陵江流域生态文明建设示范区"；要"加快融入成渝地区双城经济圈"，"主动对接国家重大战略，聚焦'两中心两地'战略定位，发挥毗邻重庆区位优势"，"深度融入重庆都市圈，全面融入重庆交通圈，协同打造高品质生活宜居地，广泛搭建合作载体平台"，同时"加快构建现代产业体系"；要用好"一江三湖六十四河湾"以及历史文化等资源，加快龙女湖旅游度假区、沿口古镇文化旅游区等项目建设，保护利用武胜城等宋（蒙）元战争山城遗址，并与合川钓鱼城联合申报世界文化遗产，规划建设宝箴塞军事文旅小镇、太极湖旅游区、汉初地质文化村，实施嘉陵江武胜段水脉航运文化资源活态保护与创新性利用，协同上、下游打造嘉陵江生态历史文化旅游带；要全面促进城乡融合发展，深入实施乡村振兴战略，致力打造"休闲之城、生态之城、幸福之城"。这些规划及其措施，成为武胜县未来发展的行动与工作指南。

五、问题

从既有文化和旅游遗产资源的调研情况来看，武胜县已经做了大量而充分的基础工作，基本摸清了县域文化和旅游资源的家底，为今后的相关科学研究、规划设计与工程建设打下了坚实的基础。从规划设计来看，武胜县各级各类规划覆盖了城市建设、全域旅游、生态经济、乡村振兴、产业布局等领域，做到了宏观与微观相结合，重点突出，设计科学，具有一定的可行性。从产业布局来看，当地政府已关注到了嘉陵江水脉武胜段的价值，并将其沿江 10 个乡镇纳入了乡村振兴示范带进行整体规划，也进行了相应的反思和总结，指出诸如文化产业发展"三个不相符"[①] 以及影响文化产业发展"三个因素"[②] 等问题。然而，就武胜县作为嘉陵江流域水脉航运的重要节点，在地理、生态、文化等领域具有的独特价值而言，到底该如何利用？又该从何种维度、层面进行挖掘和设计？对相关资源围绕什么样的主题开展活态保护与利用，以及这些文化和旅游资源又该如何在双城经济圈建设、嘉陵江流域经济建设、巴蜀文化旅游走廊建设中发挥作用？在乡村振兴中如何实现创造性转化与创新性发展？等等，还缺乏系统性认知和客观性价值评判，缺乏对此进行更高站位的顶层设计。

（一）对地域文化根基认知度偏低

巴蜀文化共同体是大中华文化共同体中一支重要而奇特的地域文化，它由巴文化和蜀文化两个共同体组成，其形成与发展经历了长期交往、交流、交融的过程。巴文化与蜀文化同根同源，同质同体。巴与蜀的互补结构及其差异性发展是巴蜀文化共同发展的动力，由此构成了川渝文化合作的文化基础、历史优势和文脉之根。武胜县历史文化具有何种特质与属性，从既有的研究和规划来看，大多停留在感性认知层面，认识深度偏低。武胜县位于地处"一带一路"、长江经济带与"渝新欧"国际铁路联运大通道交会处，嘉陵江黄金水道可北上南充、广元，南下合川、重庆，千吨级船舶可直通上海，居于成渝经济区腹心地带，是链接川东北经济区的重要节点。因此，在历史发展的长河中，武胜县形成了兼具渔猎、农耕与航运文化的特点，兼具巴文化的勇武重义（尚刚）和蜀文化的崇文好仁（尚柔）的共同文化特性，成为巴蜀文化共同体刚柔相济、阴阳和合文化性格的集中体现。武胜县作为巴蜀文化的"结穴处"，具有融入巴蜀文化旅游走廊建设的先天优势，是"大蜀道"建设工程的当然优选地，也是其文化和旅游融合高质量发展必须关注的重点对象。

（二）对特殊文化资源价值挖掘不够

文化是旅游的生命力，文化和旅游两者之间呈现出"灵魂"和"载体"的相互关系。人们通过旅游这一载体，体验、品味、欣赏到特定的文化。文化使得旅游承载有更多的人文精神内涵，而旅游使得文化得到更广

---

① "三个不相符"即产业总量与深厚底蕴不相符、利用水平与内在价值不相符、产业创新与市场需求不相符，见《武胜县文化产业发展专题调研报告》（2020）。

② "三个因素"即产业集聚度不高、管理体制不健全、文旅高端人才缺乏，见《武胜县文化产业发展专题调研报告》（2020）。

泛的传播。"成渝古道",尤其是水道与陆路紧密相连的武胜段,是正待开拓的一项重要精品旅游资源,它是广义蜀道的一部分,是蜀道申遗不可或缺的重要组成部分。今天成渝两地四通八达的海陆空立体交通优势正是从古代的蜀道发展起来的。古时为了通长安连接丝绸之路,更快融入中原为中心的全国商品城镇"网络",古代巴蜀人在秦岭和秦巴山地之间开辟出了商贸小道,其中最著名的就是古金牛道、褒斜道、米仓道、荔枝道等北上陆路通道,但人们较少注意到为连通北上的蜀道,或者出夔门三峡,在成渝两地两大城市群之间开拓的水上通商与航运道路。嘉陵江水脉航运武胜段就是其中的一大典型,值得特别关注。但在现有研究和规划中,人们对武胜县在这条黄金水陆交驳要道上的历史价值和现实价值还不够重视,还未对其既有潜能进行系统挖掘、保护与创新性利用。毫无疑问,这条水脉航运蜀道是神奇神秘的蜀道线路遗产的重要延展部分,也是成渝双子星座城市文化和旅游线路上的重要特色遗产。也正是由于对这条黄金水道的不断开拓,才孕育了巴蜀人不循常规故旧、善于开拓创新的思维向度,并诞生了丰富多彩、神奇玄幻的蜀道"水、陆故事"。这是我们必须重视嘉陵江水脉航运价值活态保护、创新利用研究的根本之所在。

(三)文化和旅游资源保护力度不大

据统计,武胜县拥有各类型文化和旅游资源 3 200 余处/个,除国家级、省级、市级文化和旅游资源得到了一定程度的有效保护外,大量的资源由于各种原因,处于荒置甚至无保护状态,如对山城寨堡(75 处)、古城名镇院落(276 处)、祠堂会馆(49 处)、摩崖墓冢(264 处)、码头渡口(22 处)、水网渡槽(61 处)、工业遗址(2 处)等,至今缺乏有效合理的保护措施与创新利用规划。因此,全面统筹各方力量,强化城乡文物保护,广泛动员社会力量参与文物保护利用,特别是利用现代科技手段与新媒体技术,建立大数据平台、推出智能化产品显得尤为重要。积极推动文物保护利用融入人民群众生产与生活,推动文物的活化利用,应是武胜县下一步的工作重点与主要发展方向。

(四)对特色资源认知不够

1. 水脉、地脉资源利用率较低

水脉航运文化是武胜县文化的主体与源头,然而,当地政府对水脉、地脉资源利用率较低,创新力度不大,在一定程度上还缺乏参与"大蜀道"品牌建设的视觉、眼光与措施,缺乏从打造文化品牌的高度对此进行宣传、阐释与提炼。如武胜县最具地域特色的文化形态——"太玄"文化，目前仅有太极湖、太极广场等静态呈现方式，还缺乏对太极文化的深度提炼与综合利用；对"龙脊"天生桥景观、"武胜龙女寺穹窿构造"等独特地质资源缺乏充分宣传与利用；就利用方式而言，仅有石人山景区较为单一的呈现形态，缺乏通过特色主题对武胜县自然遗产资源的活化保护与创新利用。

2. 文脉资源利用率较低

（1）从历史上看，武胜县屡迁治所，形成融水陆码头、水电航运、古镇风情于一体的特色县治文化，反映了作为嘉陵江水脉航运重镇历史变迁的独特性与演进模式，但目前来看，当地政府对县治文化还缺乏一定的认识，未能充分认识到武胜县作为六代县治文化在巴蜀文化旅游走廊建设中如同"珍珠项链"般的重要地位和珍贵价值。

（2）武胜县拥有"国内罕见，蜀中一绝"的"宝箴塞"历史文化资源，还有礼安镇东西关寨、龙女镇七星关和武胜山城、毋德山城等重要古战场遗址，但目前来看，当地政府对相关堡寨山城的利用还比较有限，在很大程度上是静态呈现。尽管武胜县围绕宝箴塞、武胜山城等先后举办过多次国内学术研讨会，但如何在国家战略层面定位，如何站在巴蜀文化高质量发展等更高层级基础上发挥其价值与作用，还值得进一步研究。

（3）武胜县具有 1 500 余年的建县史，人文底蕴丰厚，兼具巴文化与蜀文化的突出风貌，历代县志中对此记载颇为丰富，但对这些史料进行专题研究和利用的人还是不够。虽然现有研究和规划已关注到武胜县的历史人物，但这些研究与展陈在系统性和全面性上的缺失还颇多，还有待进一步丰富和提升。我们有必要从传承武胜县历史文化根脉的角度，提炼武胜县的核心精神，提升武胜县精神家园的认知高度，对现有资源进行整合、凝聚、提炼，促进其创造性转化与创新性利用。

（4）武胜县有着深厚的红色文化积淀，留下了大量的红色文化遗址遗迹与纪念场馆，目前以白坪-飞龙最为集中。当地政府通过建设武胜党史馆、杨益言旧居、红色记忆广场、红岩英雄文化宣誓广场等方式，对武胜县的红色文化做了比较全面的静态呈现，但在武胜县红色文化的核心精神提炼、革命文物展示水平（如对标中华民族伟大复兴历程，打造革命文物展览精品工程）、革命文物研究阐释（如深化与中华优秀传统文化的内在逻辑联系）、革命文物运用方式（如红色文化云传播、红色研学旅行、红色基因传承工程）等方面还有较大的提升空间。

（五）资源有效整合乏力

从内部整合来看，武胜县文化和旅游资源丰富而优质，但是文化产业、旅游产业与其他产业在一定程度上还存在脱节、偏离等问题，尤其深度有机融合不够，缺乏系统性的顶层设计。如县境内的江湾岸线资源、古镇资源、堡寨资源等密集而独具特色的优质遗产资源，到底该采取何种系统、科学的规划进行规模化整合？到底该如何对此进行全新的功能定位、空间布局、规模升级，构建全新的科学发展布局？到底该如何实现武胜县文化和旅游产业与城市建设、生态保护、乡村振兴的互融互动，充分凸显其在巴蜀文化旅游走廊建设中的独特价值与地位，推进武胜县文化和旅游产业实现关键性"赋能"改变？这些都是值得我们进一步深入思考与必须系统检视的问题。从外部整合来看，武胜县地处成渝双子星座（成都-重庆）的中间链接点，如何利用独特的区位优势、交通优势，建立互补的生态、产业模式，融入"六江"① 生态廊道建设规划？如何与成都市、重庆市对接、融合、互补，实现"搭车""借力"，进而"进城入圈"，实现文化和旅游产业发展的新突破，凸显其在成渝双城经济圈建设中的重要作用、地位等，有待我们进一步深入研究。

（六）品牌流量辨识度低

武胜县自然历史文化资源丰富，有不少独具地方特色的文化和旅游资源，如武胜县主打的"四张名片"，其中龙女湖旅游度假区、白坪-飞龙乡村旅游度假区、宝箴塞旅游区、中国·四川嘉陵江龙舟旅游文化节、大雅柑等，在全国已有一定的知名度，但关键在于缺乏"塔尖品牌"的引领，缺乏推动工作积极展开的强劲动力。一方面，这些文化和旅游品牌仍不能称为顶流塔尖品牌，亟须提档升级。所谓"顶流塔尖品牌"，应去同质化，从而使品牌具有资源唯一性、流量价值高（从"流量"到"留量"）、社会效益好等优质特性。另一方面，这些文化还存在大量带有地方特色的品牌，因自身价值尚未得到充分挖掘，品牌辨识度低，如印山公园、中心古镇、龙女古镇、千佛岩摩崖造像、马家清真寺、宝箴塞庖汤旅游文化节、回民习俗、嘉陵江船工号子等。此外，"三线建设"的地标性建筑——原国营157厂遗址和新中国第一次石油大会战等遗址，其中大部分建筑和资

---

① "六江"即长江、嘉陵江、乌江、岷江、沱江、涪江。

源长期处于荒置状态，既缺乏必要的有效保护措施，也缺乏系统地开发与利用的实招、硬招。如何把这些原有的标志性品牌，结合文旅、产业布局，实现其"新生"，创造性转化为"塔尖品牌"，有待我们进一步发掘与创新性整合利用。

（七）文化和旅游产品关联度弱

武胜县历史文化资源富集，魅力独特，类型多样，仅 AAAA 级景区就有两个，还有各类景区景点，有如满盆珠玉，处处光耀，但就今天巴蜀经济文化圈的文化和旅游产业的发展新现状而言，仍有诸多不足，主要表现为：整体经济和文化生产力布局分布相对零散，文化和旅游资源保护利用普遍存在区域自治的现象，各类景区景观景点虽多，但缺乏一根有效的"金线"来穿珠整合，亦缺乏一个明确的"母题"对此进行整合与盘活。所谓"文化金线"，就是将武胜县融"大中华文化·巴蜀文化·流域文化·红色文化"于一体的独特地域文化发展脉络，以及具有神奇性、神秘性和神妙性等巴蜀水脉航运特性的水脉航运文化金线。而武胜县现有的文化和旅游产品，或以点状呈现，缺乏关联，分布沿江两岸的文化、生态产品如散落珠玉，缺乏彼此呼应，或仅突出了产业价值，缺乏文化植入导致缺乏神韵与想象空间。因此，不断寻求新的文化和旅游发展支撑极，整合资源，串联形成规模，打造新的塔尖品牌，方可不断提升文化和旅游市场的竞争力及影响力。

第二节　延续根脉

嘉陵江武胜段水道沿岸拥有丰富的生态自然遗产资源和独特的水脉航运历史文化遗产资源，它们既有独立的发展始源，也有各具特色的内涵与文化发展根系。从线路资源的演进角度考察，我们可以划分出水脉资源、地脉资源、文脉资源和业脉资源四大类别，并对此进行文化解读与阐释。这样划分主要基于以下三个方面的考虑：

首先，"不忘历史才能开辟未来，善于继承才能善于创新。"从根脉的角度梳理武胜县的遗产资源（见图 7-2），有助于我们在延续武胜县历史文化血脉的基础上开拓前进，处理好继承和创造性发展的关系，重点是做好活态保护和创新性活化利用，推动武胜县文化建设的创造性转化、创新性发展，增强文化的影响力、凝聚力、感召力，建设武胜县人民永恒的精神家园。

其次，从资源构成的角度，有助于我们对接以线路资源类别申遗的"蜀道申遗"资源谱系。如从水陆兼具的航运交通角度来看，可以清楚地表明嘉陵江水脉航运乃是构成"大蜀道"（包括水陆和陆路两部分）之水陆的一大组成部分，是"大蜀道"交通航运线路的水道延伸部分，是"蜀道申遗"不可或缺的水路组成关键。

最后，有助于我们从历史发展的轴线呈现武胜县历史文化遗产资源自身演变的历史进程与样貌。作为巴西郡腹心的武胜县，兼具巴蜀文化的内在特征，富有三巴文化的个性与特质。通过对武胜县不同根脉延续发展的清理，有助于我们更加清晰地展示其与巴蜀文化之间的联系与独特的文化互动关系，表明武胜县不仅是三巴文化的重要构成，也是巴蜀文化的一大特色风景；有助于我们在更加广阔的范围、更高更大的视角检视嘉陵江武胜段水脉航运自然、历史文化遗产资源的价值与作用，并为参与"双向申遗"和"共建巴蜀文化旅游走廊"工程建设寻找政策和学理上的支撑，为武胜县文化和旅游融合高质量发展工作寻找新的突破口和新的切入点。

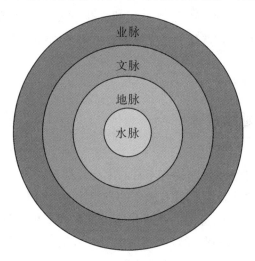

图 7-2　武胜根脉

一、水脉

所谓"水脉"，就是"水流""水系"的别称。因水流形如人体脉胳，常有涨、落、快、慢之变，如人的脉象，故名之"水脉"。水脉主要指江流、河流，也指地下水泉，故也称作"泉脉"。

武胜县地处嘉陵江中段，属长江流域一级支流嘉陵江水系。除117千米的嘉陵江外，还有长年不断流的11条河流（长滩寺河、复兴河、走马河、兴隆河、双星河、高洞河、箩篼岩河、芋子溪河、华封河、寨子溪、长河），全长600米以上的小溪尚有96条，素有"1江11河96小溪"之称。各水脉分布于山间沟谷，构成树枝状河网水系汇入嘉陵江，河道总长为351.5千米，山环水绕，姿态万千，遗产资源得天独厚。嘉陵江武胜段水域景观大致可以分为自然景观与人工景观两大门类。其中，自然景观以河曲与河湾、游憩河段、河（江）心岛、湖泊、沿江绿植等为主；人工景观则以水库、电站、渠系、渡槽等为主。此外，亦包括由此衍生的，与武胜县水脉航运文化相关的商贸、节庆、赛事等遗产资源。

嘉陵江武胜段水脉呈现出"最长""最曲""最玄""最秀"四大特色。所谓"最长"，意指武胜段水脉长度为嘉陵江沿江各县之最，素有"千里嘉陵，武胜最长"之誉。所谓"最曲"，意指其河曲曲流颈长为38.8千米，河曲振幅带为3.0~7.8千米，河曲带波长为4.8千米，弯曲系数为2.99，其弯曲程度仅次于美国雪兰多河和科特迪瓦白帮大马河，排名世界第三，中国第一。所谓"最玄"，意指武胜段水脉大体呈北南走向，贯穿县境，起始于武胜县烈面镇，以太极湖、太极曲流（东西关曲流）、太极岛为依托，每个河曲双岛对峙，江水左环右绕，神似负阴抱阳的"太极图"，构成武胜水脉文化之源——太玄天然奇观。"太玄天之眼，天生太极图"，也由此奠定了武胜县水脉以"玄"为核心的最高哲学范畴与思想境界，形成了独具特色的"自然·天性·生命"融合的水文化特征。曲流从北至南，水缓面阔，历经千年演进，与水域的其他景观共同积淀成了武胜人上善若水、乐观和谐的精神气质。而这一"太玄"天然之象景观，可以与成都城市地标天府广场人造"太玄"遥相呼应，建构一城一野巴蜀文化旅游走廊双"玄"奇景。所谓"最秀"，意指武胜水脉，依水傍山，具有"一洲春色半洲烟""一江苍翠落樽前""百里嘉陵逗远峰""竹声瑟瑟橹声柔""巨笔几人留姓字""云霞灿烂摩空起""渔灯几点画桥西"等奇观丽景，构成了"平洲草色""九洞晴岚""龙岭郁青""竹溪涵碧""古篆书岩""文笔奇峰""立石干霄""环江晚渡"等美不胜收的历史人文画卷。

嘉陵江是巴蜀第二大水脉航运大通道，也是连接秦巴川南北大通道的关键线路，历经数千年乃至今日，仍然发挥着重要的交通航运与水利水电方面的功能与作用。由此形成的嘉陵江水系航运遗产资源主要包括以下三个方面：

一是与嘉陵江水脉航运本体密切相关的水工遗产，包括水利枢纽工程、闸坝以及石盘镇、沿口镇等地的众多码头津渡。水利枢纽工程以东西关水利枢纽工程、桐子壕水利枢纽工程为代表；码头以沿口港、中心码头为代表；渡口以石盘镇渡口、烈面镇渡口为代表；水陆接驳则以沿口镇嘉陵江大桥、中心镇嘉陵江大桥为代表。

二是与嘉陵江武胜段历史文化相关的古镇、山城、寨堡等遗产。古镇名村如嘉陵江沿江的烈面古镇、龙女古镇、沿口古镇、中心古镇等；山城则以武胜山城、毋德彰城为代表；关隘则以东西关寨和七星关为代表。

三是与嘉陵江水脉航运相关联的非物质文化遗产。嘉陵江武胜段沿岸的非物质文化遗产内容丰富，省级者如武胜剪纸，市级者如板凳龙、飞龙竹丝画（画）帘等，区县级者如麻哥面、渣渣鱼等。总计境内各级非物质文化遗产共26项，涵盖了非物质文化遗产分类中的绝大多数类别。

（一）半岛曲流

嘉陵江纵贯南北，水势汹涌，故史书称作"巴水多曲流"。之所以把嘉陵江称作"巴江"或者"字江"，即源于江水中段弯弯曲曲，形如"巴"字的篆书"𢀳"字形态。有嘉陵第一湾之称的太极湖（广安市唯一——个国家水利风景区，属国家AAA级旅游景区）、有嘉陵江江湾半岛明珠之称的龙女湖、有"中华第一曲流"之称的东西关曲流（其弯曲度排名世界第三，中国第一）以及有巴蜀禅林宝地之称的永寿寺半岛、礼安太极岛等，这些嘉陵江武胜段独特的江湾曲流自然生态遗产资源，必将是"大蜀道申遗"不可多得的重要生态遗产资源。嘉陵江武胜段重要半岛曲流见表7-1。

表7-1　嘉陵江武胜段重要半岛曲流

地点	数量	名称
礼安镇	4	礼安太极岛、太极湖东关曲流、太极湖西关曲流、太极湖
街子镇	3	街子镇张家滩、梅兰溪、对口溪街子镇王家庵村段
龙女镇	2	龙女嘉陵江大洄湾、芋子溪河
中心镇	2	中心嘉陵江段（环江晚渡）、华封河

表7-1（续）

地点	数量	名称
烈面镇	1	高峰村鱼凫溪
华封镇	1	华封镇永寿寺半岛
三溪镇	1	华严长滩寺河、箩篼岩河
石盘乡	1	寨子溪
清平镇	1	林山村南溪河

（二）码头津渡

嘉陵江纵贯武胜南北，纵贯县境水路运输主干道，境内河道总长为254.6千米，航道里程为114.27千米，吉安河、长滩寺河、赛马河、兴隆河等嘉陵江支流及个别水库亦可通航。嘉陵江武胜段航道滩口均为浅滩，多达40处。1986年，嘉陵江航道武胜段定为6级航道。1993年，东西关电站建设，在东西关处拦河筑坝，嘉陵江被裁弯取直，县境段航道缩减为78.5千米，定为4级航道。江面平均宽为550米，落差为25米，枯水期江宽为100~300米，航道宽为15米，水深为1.2米，洪水期江宽为350~600米。从历史上看，位于嘉陵江中游的汉初县，水量充沛，境内长度为230多里（1里＝500米，下同），河道曲度冠沿途流经州、县，入唐以来至五代十国、辽、宋、夏、金、元、明、清，县境内最重要的运输方式即依靠水运，这是武胜县水脉航运历史文化根脉特性的最佳历史见证。

民国时期，嘉陵江武胜段有民间渡口19个，码头则有临江（今属南充）、烈面、沙溪、龙女、石盘、沿口、旧县、中心、清平、南溪10处，以沿口、中心、烈面和龙女为主。目前，嘉陵江武胜段码头分布于烈面、中心、华封、石盘、龙女、礼安、沿口、真静、清平、鸣钟、街子等乡镇，共计22处，仅烈面镇就有9处之多。其中，不少至今依然发挥着嘉陵江流域水、陆航运交换互通的重要作用，是"蜀道申遗"不可多得的水陆接驳文化遗产资源。此外，还有代表治水利水用水成就的人工水景，如胜天渡槽、东西关水电站、桐子壕航电枢纽工程等水工与水文化资源。

沿口港，旧称"沿口码头"，地处武胜县沿口镇嘉陵江左岸，形成于明朝中叶，清代以来至民国时期，均为重要通商码头。泊船向上可驶入南充、广元，向下可达合川、重庆。港区上至王爷庙，下至红庙子，长达千余米，是天然良港。本地及周边县市的副土特产和外地百货、日杂用品、糖茶药材等均在此地集散。1960 年，码头重修，沿口码头改称为"沿口港"，有泊位 5 个，可停靠 300 吨级驳船，是嘉陵江水系进入重庆的重要港口之一。

中心码头，原称"县城码头"，位于嘉陵江右岸，三面环江，分北门、东门、南门三个码头，长达数里。中心码头距县城有 16.5 千米，离重庆有 169 千米，商船只从水路往来于合川、重庆，历史上一度繁荣。1953 年，武胜县治迁移沿口镇后，改称"中心码头"。中心镇附近各乡农副产品和外来物资均在此集散。20 世纪 90 年代以后，中心港的 3 个码头中唯有东门码头有所发展。后因县缫丝厂、灯泡厂、酒厂等企业因生产经营不景气，货运数量逐年减少，港口的吞吐量也随之减少。

嘉陵江武胜段重要码头渡口见表 7-2。

表 7-2　嘉陵江武胜段重要码头渡口

地点	数量	名称
烈面镇	9	高峰村西关码头、白云村客渡上码头、云村客渡下码头、石洞滩码头、旧县码头、烈面老车渡码头、八一沙湾码头、八一码头、八一三拱桥码头
中心镇	3	中心北门码头、中心东门码头、中心南门码头
华封镇	1	石梯坎村码头遗址
石盘镇	1	石盘镇水码头
龙女镇	1	龙女码头（又名"龙女寺码头"）
礼安镇	1	太极湖跃进门码头
沿口镇	1	武胜沿口码头
真静乡	1	真静码头
清平镇	1	南溪码头
街子镇	1	街子码头

（三）水网渡槽

嘉陵江纵贯武胜县北南，使其水资源颇为丰富。截至 2005 年年底，武胜县共有各类灌溉干支渠 400 余条，长达 1 316 千米，其中渡槽 680 余座，总长有 50 多千米；中小型水库干支渠系有 837 千米，电力提灌渠系有 479 千米，分布于全县大部分村组，其中尤以胜天渡槽最为有名。

胜天渡槽又名"三溪渡槽"，位于武胜县东北约 17 千米处的三溪镇，在我国渡槽中极为罕见，享有"人造天河""三溪彩虹"的美誉。三溪渡槽系武胜县五排水库右渠之咽喉枢纽，始建于 1972 年。胜天渡槽为拱式渡槽，主体工程由 10 段石拱桥组成，跨越九沟十岭一河，横贯三溪场镇，槽身及支承结构均为一块块条形方石垒砌而成。胜天渡槽全长为 4 060 米，槽宽为 3.4 米，槽深为 1.8 米；主拱为 153 跨，拱肩附拱有 270 个，最大拱跨为 20 米，单拱最高为 34.5 米，最长拱段达 600 米。胜天渡槽跨沟越谷，绵延数里，宛如长虹，形若游龙，实乃我国农田水利建设中的一道奇观。自其建成以来，历经数十年风雨，巍然屹立在三溪大地上，至今保存完好。在绵延数千米的主体工程中，胜天渡槽没有一道裂痕，更没有一处褶皱和破损，足见当年的建造者们精益求精的"大国工匠"精神。1977 年，《中国报导》第五期曾予以专题报道，省内外数万人前往三溪学习考察。2012 年，胜天渡槽被公布为第八批省级文物保护单位。2008 年，在第三次全国文物普查中，其被作为重要史迹及代表性建筑进行登记、保护。三溪胜天渡槽是我国 20 世纪六七十年代农田水利建设中的一大杰作和典型代表，是毛泽东同志"人定胜天"思想的时代体现，充分彰显了武胜县广大人民群众的智慧和力量。它不仅在农业生产中发挥着巨大的灌溉作用，更代表着特定时期中华民族不畏艰险、勇于拼搏的奋斗精神，有着重要的时代意义。

（四）水闸电站

武胜县属方山丘陵带坝地区，农田虽然密集，但用水亦很困难，故被称作"六丘一水三分田"的农业县。民国时期，其先后修建小型塘堰 1 000 余处，灌溉农田 2 万余亩。1949 年，全县存有平塘 510 口、河堰 68 座，灌溉农田仅有 5 700 亩。新中国成立后，武胜县大力兴修水利，先后修建蓄提水工程达 4 635 处。其中，中型水库（五排水库）有 1 座，小（一）型水库和小（二）型水库共有 80 座，山平塘有 3 863 口，石河堰有 411 座，电灌站有 280 处。武胜县电力始于 1929 年的火力发电，20 世纪 70 年代以后，其水电事业蓬勃发展。截至 2005 年年末，县境内有水电站 16 处，装机 31 台 29.341 0 万千瓦，年发电量为 134 984 万千瓦时。

1. 五排水库

五排水库位于武胜县境东北长滩寺河中游，是武胜县境内最大的一座中型水库，库区跨武胜、岳池两县，坝址位于飞龙镇五排水村与刁家岩村交界处。五排水原名"五瓣水"河，其地两岸壁立，溪流湍急，小溪较窄，仅"五掰"宽，修建水库后改"掰"为"排"，得名"五排水库"。五排水库于1958年动工建设，修修停停，历时近20年建成。其正常库容为3 866万立方米，设计灌面为11.33万亩，有效灌面为6.8万亩，平均发电量为450余万度，是一座以防洪、灌溉为主，兼发电、养殖等为一体的综合水利工程，推动了武胜县水电事业的快速发展。

2. 东西关水电站

四川华能东西关水电厂简称"东西关水电站"，位于礼安镇政府东南710米的嘉陵江河道上。东西关水电站东连嘉陵江，西接狮子山，南邻礼安码头，北靠太极岛。东西关水电站于1992年9月开工，1995年9月第一台机组并网发电。1996年12月，电站建设全面竣工，装机4×4.5万千瓦，年发电量达9.55亿千瓦时，创造了我国大中型水电站建设史上当年批准立项、当年招标、当年开工、当年截流的新纪录，也是武胜水脉航电历史上的早期杰作。

3. 桐子壕航电枢纽工程

桐子壕航电枢纽工程简称"桐子壕电站"，位于中心镇桐子壕嘉陵江干流处，是"九五"国家交通重点建设项目和四川省重点建设项目。该工程处于嘉陵江梯级渠化开发16级规划中的第14级，是嘉陵江渠化开发中的第一个枢纽工程。桐子壕航电枢纽工程占地面积为160亩，建筑面积为2万平方米，以航、电开发为主，兼顾水利、防洪、水产、旅游、生态等综合开发。其船闸为四级航道标准，可通行千吨级船队，远期年通航能力为250万吨，渠化航道约45千米。桐子壕航电枢纽工程于2000年9月18日开工，2003年2月首台机组并网发电，同年9月3台机组全部投产，电站装机3×3.6万千瓦。这是人们渠化嘉陵江、创新性利水用水的一大标杆。

（五）赛事节庆

伴随着嘉陵江水脉航运在武胜县境内的发展与兴旺，烈面、沿口、中心等码头、集镇逐渐形成了反映航运、交贸的水陆码头节庆文化，如嘉陵江端午龙舟会、武胜全国皮划艇比赛等节庆，三巴汤、渣渣鱼、龙女白酒等码头餐饮文化遗产，它们是"蜀道申遗"必不可少的非物质文化遗产资源。

（六）山城寨堡

"寨堡"本是民众抵御匪寇的准军事设施。武胜县所筑寨堡的历史可追溯到宋（蒙）元战争时所筑的武胜山城、毋德彰城、马军寨以及东西关寨时期。武胜县历史上修筑寨堡近百座，至今保存较好的主要有 AAAA 级的宝箴塞民众防御建筑群以及清平镇陈家寨、桃园村邓家寨、康家垄碉楼院子等。它们作为嘉陵江流域山城寨堡的重要代表，反映了人类战争史上的独特战略思想与智慧，是联合"钓鱼城联合申遗"的核心历史文化遗产资源，也是参与"蜀道申遗"的独特资源之一。嘉陵江武胜段重要寨堡碉楼见表 7-3。

表 7-3　嘉陵江武胜段重要寨堡碉楼

地点	数量	名称
宝箴塞镇	23	段誉文寨遗址、段盛德寨遗址、段丹亭寨遗址、仁和寨遗址、雍睦寨遗址、油房岩寨、王熙臣寨遗址、宝箴塞西塞、宝箴塞东塞、仁和寨寨址、金斧乡寨遗址、段协和寨遗址、段玉田寨、张家寨（王家寨）遗址、段汝侯寨遗址、段汝侯寨遗址、段玉佩寨遗址、段智周寨遗址、段育才寨、狮子屋场碉楼、段培禄碉楼、段炳烈碉楼、段作凡碉楼
飞龙镇	6	龙女螺丝堡、白坪村高家寨遗址、白坪村杨益言碉楼、木井村碉楼、梁家湾碉楼院、清白庄郭家院碉楼
沿口镇	5	马军村马军寨遗址、马颈寨村寨子、徐家碉楼、江家坝子碉楼院、冯英碉楼
烈面镇	5	高峰村东西关钓鱼城、顺天寨村顺天寨、冉家寨遗址（明-清）、金花村寨、关坝村碉楼院
街子镇	5	黄泥嘴碉楼、花市溪碉楼、蓼叶湾院碉楼、严家沟土碉楼、高寿沟碉楼
石盘镇	5	高石寨、天游寨、大龙山村王家碉楼大院、望乡台碉楼、鸟子沟碉楼院
龙女镇	3	武胜七星关、七星关上堡遗址、云台寨遗址
清平镇	3	陈家寨、油坊村八爪山古寨、周尚文碉楼
华封镇	2	桃园村邓家寨、先锋岭村石岗寨遗址
真静乡	1	康家垄碉楼
礼安镇	1	东关寨

（七）古城名镇

武胜县历史悠久，据考古发现，早在新旧石器时期境内就有人类居住。建县历史始于公元 479 年南朝潇齐设置的汉初县，元朝至元四年（1267 年）先后设置武胜军、定远州，后改定远县。直到民国三年（1914 年）改名武胜县,这一县名沿用至今。1 500余年的建县史,六易县名,五迁治所,分别留下了以汉初县(五代萧齐)、新明县(唐)、武胜军(元)定远州(元)、定远县(元明清)、武胜县(民国)等多处治所遗址遗存。由于武胜县地处巴蜀水陆互换要冲之地,水陆航运发达,商贸集镇繁荣,至今保存比较完整的古镇有中心古镇、龙女古镇、石盘古镇、沿口古镇、街子古镇等,这些沿江集镇反映了人类集聚地随嘉陵江水脉航运、交贸、商业的发展变迁,不断迁徙、变更的历程,成为体现嘉陵江水脉航运历史活动进程的重要实物载体。这些独具治所文化与航运交贸文化的优质资源遗产,必将成为"蜀道申遗"不可多得的、反映流域人类学特征的重要遗产资源。

1. 武胜城遗址

武胜城遗址位于沿口镇回龙村、黄桷坪村,平面分布呈不规则的"爪"字形状,西临嘉陵江,其余三面均为陆地。其遗址内,地形地貌差别较大,自西向东地形依次为沿江台地、台上缓坡、山顶平地等。截至2023年年底,武胜城遗址尚存城墙、城门、哨所等城防军事遗迹,以及衙署、题刻、塘堰、墓葬等官民生活遗迹。沿江台地东侧为高数十米的陡壁,坡度在60度左右,现有三条道路可通往崖壁之上。崖壁之上为台上缓坡地带,南北长约1 000米,东西最宽约300米,上、下崖壁呈条带状分布。台地上尚存两处院落(一处在天生寨东,另一处在大堂坝)和大量耕地。缓坡地带西侧崖壁上方有天生寨,东侧崖壁有多座崖墓,崖墓以西为大塘坝区域,地势较为平缓宽敞,视野开阔,可俯瞰嘉陵江。

南宋后期,巴蜀成为宋(蒙)元战争三大战区之一。宋军在四川创建山城防御体系以抵御蒙军的攻势,有效抑制了蒙军的攻势。蒙军于是同样修建山城以牵制宋军,武胜城即是其中的突出代表。武胜城作为蒙军在四川修建的第一批山城之一,将蒙军进攻钓鱼城的距离向南推进了90里,给驻守钓鱼城的宋军以巨大压力。武胜城及其他山城的修建,意图在于彻底撕破宋军的山城防御体系,压制宋军利用水军优势对嘉陵江、渠江流域元军山城寨堡的袭击,从而加快了灭宋的进程。

2. 定远古城

定远古城位于武胜县中心镇,三面环江,古城位于一级台地上。定远县原旧城在旧县乡,因夏秋雷雨季节洪水奔泻,岩崩石飞,房屋倒塌,人畜伤亡甚重,历任知县向朝廷提请迁建新县城。明嘉靖三十年(1551年),

在当地知县胡濂的主持下，县治迁往庙儿坝（现中心镇），新建定远县城。据方志记载，明嘉靖间初建定远古城，"周回五百余丈"，万历年间则为"周四里二分，计六百六十六丈"。至清嘉庆年间，城内计有大小街道13条，米市、菜市、布市、酒市等民用设施一应俱全，全城楼阁壮丽，城内建有供消防用水的田家堰和杨家堰。至民国时期，定远古城又新增建了印山公园、体育场、图书馆、民众教育馆等现代公共文体设施，进一步丰富和完善了城区的城市功能。自1953年县治迁徙到沿口镇后，定远古城逐渐走向衰微。尽管如此，这座素有"九街十八巷、九宫十八庙"之誉的古城，还保存着一批明清文物建筑群，主要遗存有明代城墙（省文保）、文庙、天上宫、文昌宫、武庙、城隍庙、万寿宫、镜心亭等，极具历史、艺术和科学研究价值。

二、地脉

所谓"地脉"，是指某一特定区域的自然环境、地形、资源的概称，是某一区域景观的"背景"。地脉是大自然所赋予的、经历人类开发而产生的痕迹。它既是人类赖以生存的物质基础，也是人类活动的改造对象。山、水、城相互交织，是武胜县地脉的显著特点。其中，山体具有龙女寺构造等天然地质奇观，水系有太极湖、龙女湖为代表的生态样本，还有以航运交通要冲为职能的渡口、集镇和商贸展场。武胜县地脉有相似而无相同，兼具水陆要冲特性，是因水脉航运交通发展起来的滨水临山城镇；城镇的发展需要尊重地理脉络，以体现城镇作为水脉航运城市的独特形象及景观个性，增强居民的文化认同感及归属感。一方面，在城镇发展建设中，我们要保护好城镇水体与自然山脉，将真山真水作为景观本底，织补本底中缺失或受损的城镇地脉；另一方面，我们必须保护好嘉陵江水道堤岸、滩漫等自然景观，保护利用好以天生桥、太极湖为代表的自然地质风貌，宣传龙女寺环状构造作为独特地质构造地理标志的自然遗产价值，并以此作为融入"蜀道申遗"的重要地质遗产类型。武胜县独特的地脉资源还在于便捷的交通优势，其所独有的"一江一铁两高速两国道"交通路网，构建起了武胜县连通周边半小时城市群即广安、南充、遂宁、潼南、合川五个百万级城市，一小时重庆都市圈，两小时成都立体交通路网。武胜县便捷的交通与区位优势，是它作为历史上川陕秦巴水陆交通要冲的时代演进，是历史区位优势的时代飞升。其所积淀的丰厚地脉遗产资源，无疑是"大蜀道"历史演进的一大缩影,对丰富"蜀道申遗"交通线路遗产资源意义颇大。

（一）地貌矿藏

武胜县境内属于方山丘陵区,地形破碎,微地形多样,地质景观奇特,主要有穿岩曦月、天印高悬、立石干霄等自然景观,而尤以独特的龙女寺环状构造著称。已经发现的矿产资源主要有石油、天然气、盐卤、金和砂石等建筑材料,有"中国第一深井"之称的龙女 7002 井石油钻探遗址世界闻名。奇特的地质景观及矿藏遗址资源,有助于丰富"蜀道申遗"自然地貌遗产资源的类型。

武胜县属于四川中台坳龙女寺穹窿属下的龙女寺环状构造,主要由弧形、平缓褶皱组成,卷入地层有侏罗系,生成时代为燕山运动末期,这里是全川地壳最薄的地方。其基底差异运动微弱,属于整体较稳定的地块。历次构造运动均未导致剧烈形变,仅盖层部分因周边多方向水平作用力的持续推挤与扭压,在复杂的应力体系中诱导出多方位的轻微褶皱。褶皱呈平坦舒缓状态,其上隆或下褶差异不明显,断裂也不发育。

（二）气候物产

武胜县属于亚热带湿润季风气候区,具有气候温暖、雨量充沛但分配不均等特点,平均年日照总时数仅占可照总时数的 29%,属于全国日照低值区,但冬季暖和,无霜期日数长达 329 天。江岸地形呈现平坦河滩、缓坡、陡坡 3 种形态,河岸植被主要以苔藓、草坡、湿地植物、树林为代表,小河村桢楠、沙溪黄桷树、平洲草色等引人注目,亦有白鹭、穿山甲、长吻鮠、鳗鲡、中华鲟等珍禽异鱼。滩涂地区分布有牛鞭草、芦竹、水蓼、芦苇、巴茅、野古草、卡开芦、甜根子草等;沿江缓坡有地衣、桑树、狗尾草、黄矛、野青茅、狗牙根、柑橘、翠竹等;沿江陡坡主要有李树、桉树、榕树、桃树、香樟树、芭蕉树、马尾松等;沿江还分布有油菜、玉米、萝卜、卷心菜等农作物。这对展示嘉陵江沿岸水脉生态的多样性、完整性颇有价值,对展示"大蜀道"生态的原真性与完整性也具有一定的助益作用。

（三）区位业态

武胜县地处三巴重地巴西郡,毗邻川陕秦巴。从地脉上看,嘉陵江横贯广安副中心的武胜、重庆合川区两地,华蓥山由北向南纵跨川渝 15 个县市。可以说,两地人民"同饮一江水,共依一片山"。水路沿嘉陵江上溯可达南充、广元直至甘陕两地,顺流而下可达重庆、三峡直至江淮一带,陆路则西达省会成都,东接湖湘地带,南下重庆,北上西安。武胜县一直是水、陆互通要冲,山河接驳的巴蜀交通枢纽地,更是古今蜀道文化的汇聚宝地。从文脉上看,广安与重庆文化同源同脉,千百年来都是巴文化核心区内发展繁荣的典型。从业脉上看,武胜县至今处于南充、广安、重庆和遂宁建构的菱形经济体的中心位置,具有对外四向发展、对内多边借力的区位优势,无疑是"蜀道申遗"不可或缺的水陆延展面,也是共建巴蜀文化旅游走廊不可或缺的重要节点。

从风景园林的角度理解,地脉是城市在历史演进中逐渐呈现出的山水格局、生态脉络及发展演进趋势。在城市"双修"进程中,我们应溯源场地中山、水、城的发展脉络,结合现状问题,提出对城市发展的引导策略。保护和传承好城市地脉,整合分散的文脉资源,对武胜县彰显其城市特质、构建其城市品牌形象意义重大。在实现城市基本功能的前提下,修复生态廊道,丰富城市空间,融入城市文脉,进而激发传统空间的内在价值,有助于武胜县实现城市管理者、建设运营者、城市市民的多方共赢。在中心镇、沿口镇等古镇名城的有机更新中,我们应保护好城镇水体与自然山脉,将真山真水作为景观本底,织补本底中缺失或受损的城镇地脉,畅扬悠久的文脉。

三、文脉

从传统文化角度考察,"文脉"原指文章的思路与逻辑结构。在风景园林设计领域中,文脉更多是基于对场地调研和剖解后提取的地域文化特色基因与肌理。城市规划领域认为,文脉是城镇历史的、文化的、地域的氛围和环境,是文化现象的地理空间表征。这正是本书所支持的观点。文脉包括有形文脉和无形文脉:有形文脉是城市文化的载体,主要包括城市肌理、历史文物、乡土景观等可通过实物展示,能代表一个时代或地域的特色景观;无形文脉则是指城市或地域中的民俗、表演、节庆、观念等非物质文化的沿袭。在延续城市文脉、建设文脉过程中,我们需要将碎片化的有形、无形文脉由点及面的整合串联,增强城市文脉的凝聚力,展示城市人文魅力与特质。有形文脉即物质文化,主要包括城市的肌理、各级历史建筑与文物。城市肌理是城市建(构)筑物与街道、广场、水体等空间形成具有一定组织结构特征的"图底关系",是自然、人文环境在历史沉淀中形成的固有秩序，是城市生长中各种影响要素与环境相互作用的结果，体现了城市的独特性及文化价值。武胜县境内山城地形区块组团、相对固定的印山公园人文景观区、中心镇历史街区、慈航宫人文古迹等，均是城市肌理更新及生长的限定因素，值得我们着重关注、强化。尊重城市区域的整体肌理和秩序，有助于增加市民对城市的文化认同感，达成文化共识，确保历史文化遗产的原真性和完整性，为融入"蜀道申遗"提供多形态人文遗产资源。无形文脉即各种非物质文化遗产。就武胜县而言，主要有剪纸、川剧、书香文化、"三线建设"文化、丝竹帘（绣）文化、医药、餐饮等，它们都是巴蜀文化的重要组成，也是"蜀道申遗"不可或缺的非物质文化遗产资源类型。

（一）名人乡贤

自公元 479 年建立汉初县起，武胜县已有 1 500 余年的历史。奔流不息、锦绣如画的嘉陵江孕育了武胜县厚重而灿烂的人文历史，形成了融"大中华文化·巴蜀文化·水域文化·红色文化"于一体的独特地域文化形态，发展衍生出廉政文化、教育文化、创新文化、红色文化四大支柱样态，形成了清白廉洁的执政之风、耕读传家的人文教化之风、战天斗地的开拓创新之风、《红岩》无畏的革命奋进之风，从而奠定了武胜人"重文·尚武·开新"的人文风貌与精神品格。

1. 清白廉洁群像

武胜县作为历代巴蜀郡县治所要地，凝聚了历代能官廉吏治蜀兴川的不少经验与智慧。尤其是在连接川渝官道的真静燕子岩岩壁上，留下了从春秋孔子名言"进德修业，惩忿窒欲"，到唐代李阳冰的"道山"，再到宋代苏唐卿的"竹鹤"、司马光语"思无邪，公生明"等清白廉洁箴言，凸显了武胜县作为传承清白廉洁文化根脉与基因的巴蜀重地的特殊地位。这些清白廉洁系列石刻箴言，训育了以"天下廉吏"著称的高斗南、以"忠孝廉洁"著称的胡深甫、以"小尚书"著称的韩莱曾等一大批廉洁奉公、勤政爱民的名人乡宦、清官廉吏。武胜县成为彰显蜀道遗址独特文化——清白廉洁文化的一大重镇。

2. 耕读翰墨世家

巴地之民素以"敦厚守礼，温和谦让"著称。承平之日，士庶则以"谈诗书，修孝悌"为是，故耕读传家，世代翰墨者代不乏人，而以"儒行""节义""重德"著称者众。仅明代，就有"一门三进士"（李永宁、李邦表、李纯朴）为代表的李氏家族、"一门四杰，铁面清正"（张登杰、张一鲲、张登仕）为代表的张氏家族以及有耿介忠直风（田大年、田大益、田大本）的田氏家族。这些家族世代书香，人才辈出，以清白廉洁之风，不断影响和感染着武胜后进，是延续武胜县文脉、学脉与精神的重要代表，展示嘉陵江水脉航运人文繁盛的重要对象。

3. 红岩革命英烈

华蓥山起义是中国共产党四川党组织按照中央战略部署，为配合解放军正面战场在国统区开辟的"第二战场"。在武胜县境内，曾有著名的石盘起义、真静起义，涌现了以王璞、王屏藩为代表的英雄人物，以蒋可然、曹文翰为代表的红岩志士。其依托巴蜀大地，依靠巴蜀人民，托底巴蜀文化所进行的革命实践，形成了独具地域特色的红色文化风格，"红岩精神"正是武胜县文化的内核之所在。"红岩精神"所特有的"崇高的思想境界、坚定的理想信念、巨大的人格力量和浩然的革命正气"精神内涵，深刻地影响了一代又一代的热血青年，成为中华优秀传统文化的重要组成部分。武胜县境内留下的烈士陵园、王璞烈士纪念地、华蓥山起义烈士纪念馆、白坪杨益言旧居、广安武胜小学、武胜县红色文化园等红色文化遗产，既是传承红色精神的重要文化载体，也是"蜀道申遗"独特的文化遗产类型。

（二）祠庙宫观

武胜县宗教历史悠久，各种宗教蓬勃发展，佛教、道教、民间祠堂等宗教文化和民间信仰和谐共存、共生共融。嘉陵江沿岸、古驿道旁出现了"三里一庙、五里一寺、十里一宫观"的奇观，沿江乡镇均有王爷庙、禹王宫、观音寺、万寿宫、文昌宫、武庙等，更出现了中心古城"九宫十八庙"、石盘镇"九祠四庙"、定远古城"九街十八巷、九宫十八庙"为代表的人文景观盛况，形成了以寺庙、宫观、祠堂、摩崖造像、瘗窟等为载体，以嘉陵江与11处古镇为分布节点的宫观庙宇复合形态。这些宗教、民俗建筑及其文化，与水脉航运文化密切关联。可以说，依江而生，依山而建，它们与嘉陵江水脉航运、商贸交流密切关联，最终形成了独具地方特色的多元文化"同存地一地，和谐共生"的发展局面。

武胜县佛教始于东汉，最初建有江陵寺（旧址在现在的西关乡小学）。经过唐宋时期的发展，至明清时，香火兴盛，崇奉日众，活动场所遍及城乡。仅清咸同年间（1850—1874 年），佛寺多达 147 座。民国后，佛教式微，至民国三十八年（1949 年），寺庙仅剩 15 座。武胜县道教始于宋代，建有和炼寺。至明清时，道教大昌。清末县内尚有宫、观、殿 20 余座。

1. 中心镇文庙

中心镇文庙又称"孔庙"，主要祭祀孔子。明嘉靖三十年（1551 年），县治搬迁至庙儿坝后，由知县胡濂所建，建筑规模宏伟。明隆庆时，知县朱纲、屈大伸、胡芝相继重修。明万历四十三年（1615 年），增修泮池。明末，由于张献忠屠城，文庙尽毁。清雍正十三年（1690 年），知县吴作霖于旧址重建，规模得以初步恢复。乾隆十三年（1748 年），知县罗学旦又捐出薪俸增修大成殿等。道光元年（1821 年），知县吴庭辉增建大成殿、礼器库、乐器库、移建棂星门等。同治七年，又进行了新的修补。至此，文庙自宫墙至崇圣祠，规模宏大，材木壮丽，冠甲东川。民国六年（1917 年），文庙因年久风雨剥蚀，有颓败之象，知事李诚下令整修。民国以来，多用祠庙建学校。民国十四年（1925 年），创办二年制师范于文庙内。民国十六年（1927 年），成立县初级中学，校址在文庙。文庙成为武胜县文运昌盛的历史见证、文化教育与向学上进的精神标志，同时也反映了武胜县人文教育曲折发展的历史样貌。

2. 龙头寺

龙头寺原名"龙透寺"，位于胜利镇自生桥村穿岩桥西北端山梁最高处。穿岩东南端明清时曾建有"龙透寨"（今有拱形石寨门遗存）。清《定远县志》载："（明）嘉靖年建，因后有穿岩，故名。"今又称为"龙头寺"，因寺庙位于穿岩山势尤龙的"龙头"而得名。在天生桥首尾和中间，曾分别建有三座古庙，龙尾处叫"雷祖庙"，龙身天生桥洞处为穿岩庙，龙头处则为龙头寺，形成龙中桥，桥中有寺，寺中有桥的世界奇观。2005 年重修，依山而建，占地面积达 800 平方米，建筑面积达 500 平方米，主体高 12 米，为两叠飞檐式建筑，内有大雄宝殿和天王殿。龙头寺是一座典型的古代寺庙建筑，主要为土木混合结构，还有部分石质建筑，木结构占主要部分，外墙为朱红色，寺庙顶部覆盖青瓦；顶部与屋檐四角均有石质雕刻，顶部雕有两条龙，以中间的元宝为对称轴，呈对称分布。龙头寺成为代表"大蜀道"巴蜀文化多样性发展的典型。

3. 永寿寺

永寿寺位于武胜县嘉陵江西岸的华封镇永寿寺村半岛上，始建于北宋大中祥符三年（1010 年），南宋嘉定九年（1216 年）鉴公和尚重建。寺庙距嘉陵江大桥桥头约300米，与沿口镇隔水相望。"永寿"之名，一是源自寺庙中的高僧圆寂时年岁大都在90岁以上，有的甚至高达百余岁；二是其坐落于嘉陵江畔，江水千百年来长流不涸，僧众与信众希望信佛之人长命百岁，遂名其"永寿"。该寺历经汉初县、武胜军、定远州、定远县、武胜县诸时期，原有2 000余平方米的庙房，300多亩的园林、庙地，后经多次重修扩建，规模不断扩大。宋元时期永寿寺为"寺"，至清代、民国乃至当今，永寿寺成为出家尼修行场所。千百年来，永寿寺香火鼎盛，往来嘉陵江的船家商贾都要靠岸入寺，进香朝拜，保佑人身安全。民间诗云："永寿庙堂屹江边，释迦慈悲佑平安；普度苍生千秋德，佛光恩耀百姓间。"永寿寺作为集修行、置业于一体的巴蜀禅林重地，反映了禅宗文化与水脉航运商贸文化的互鉴互融，成为"蜀道申遗"佛教禅宗类文化遗产资源的一大代表。

4. 慈航宫

慈航宫位于龙女场镇老街后山悬崖之下、龙女路进场镇段二塍岩右侧山腰上，面朝嘉陵江依山而建，山清水秀，景色宜人。2002年，由道姑陈宗淑开始筹资修建。现有慈航殿、三清殿和财神殿等古朴的道观建筑群，是武胜县最大的道教场所，也是嘉陵江水脉航运商贸文化与道教文化相融共生的重要标志之一。

（三）摩崖冢墓

武胜县作为勾连巴蜀川陕的水陆交通要冲，一直是南来北往的历代名贤刻石留言、高僧大德摩崖造像的宝地，留下了真静书岩（燕子岩摩崖石刻）、桃园洞石窟造像、石佛寺摩崖造像、千佛岩摩崖造像、插旗山摩崖造像以及神秘的清平镇"天子墓"等遗存遗迹，成为代表嘉陵江沿岸名人文化、宗教文化的重要实物载体，是嘉陵江水脉航运文化的重要构成，亦是"蜀道申遗"不可多得的历史名人文化遗产、宗教文化遗产资源之一。

（四）民俗曲艺

民俗是创造于民间又传承于民间的具有世代相袭特点的文化传统现象，是经过长期积淀约定俗成的，带有地域或民族色彩的一种文化共识、行为规范和生活方式，蕴含着本民族最深层的价值诉求与精神追求。武胜县地处华蓥山腹背斜西麓方山丘陵区，既秉承了古巴人善舞锐勇的文化遗风，又具有川东北嘉陵江流域水脉航运勇于开拓、热情开朗的文化特征，形成了兼具巴蜀农耕渔牧文化和工商市井文化的复合色彩。武胜县的民俗文化创造于民间又世代相传，源远流长，内涵丰富，蕴含着武胜人最深层的价值诉求与精神追求。据初步统计，截至 2023 年年底，武胜县现存民俗、曲艺计有 174 项，大致可以分为社会生活、农工商业、时令节气、礼仪、信仰、游艺娱乐六类，著名的有祀树祈福节、石盘镇川剧、嘉陵江船工号子、车灯、高脚狮子、婚丧嫁娶礼俗等，这对形成武胜县文化共识、维系日常社会稳定、促进人际交流、增进民族团结、保持社会和谐稳定具有重要的作用，也是"蜀道申遗"不可多得的非物质文化遗产资源类型。武胜县代表性民俗曲艺见表 7-4。

表 7-4　武胜县代表性民俗曲艺

名称	基本内容
祀树祈福习俗	祀树祈福又称"喂果树"，是武胜县人民祈祷果树健康生长、来年结果又大又多，祈祷所有农作物丰收，并引申为祈祷小孩健康成长、家人万事顺利的一种民俗
民间礼俗	高家院子位于"白坪-飞龙乡村旅游度假区"，高氏族人世居于此，距今已有 300 余年历史。高氏家族以耕读传家，崇尚"忠、义、礼、廉、孝"传世。2014 年，按照武胜县委、县政府"保护老院落，挖掘传统文化，打造幸福美丽新村"的要求，高家院子挖掘提炼以高家院子礼俗为代表的民间礼俗文化，包括婚嫁、孝道、生养、成人四大礼俗
川剧	民国时期，武胜县川剧兴盛，川剧专业班社有 10 个，而玩友社鼎盛时高达 48 家，曾有齐聚县城，摆满东、南、西、北四条正街的盛况，时称"玩友大会哨"。新中国成立后，武胜县成立人民剧团，曾创作剧目 20 余个，演出传统戏、新编历史剧、现代戏等 400 余个，擅长剧目有《铡美案》《曹甫走雪》等
嘉陵江船工号子	嘉陵江船工号子是流传嘉陵江武胜段沿江两岸的船工、纤夫和兼营水上运输的农民之间的劳动号子，历史久远，是嘉陵江水脉航运文化的活化石
车灯	车灯又称"逗么妹""跑旱船"，是人们在生产生活中创造的一种表演形式。武胜县地处嘉陵江中游，在现代交通工具出现以前，陆路交通工具是轿子，通过劳动人民的智慧，把这种日常生活中的交通工具加以艺术化，形成了舞蹈"车幺妹"
高脚狮子	高脚狮子是一种从新中国成立前流传至今的民间舞蹈，产生于人们的劳动生活中，产生的时间可以上溯至清代以前。武胜人把"高跷"和"狮子舞"两种舞蹈融合在一起，形成了今天的"高脚狮子"

表7-4（续）

名称	基本内容
板凳龙	板凳龙是一种人们在节庆和农作物丰收时进行的舞蹈表演，起源于古巴国，由古代巴渝舞演化而来，目的是"舞龙求雨"。巴渝舞是一种古巴人在同猛兽、部族斗争中发展起来的集体武舞，是巴蜀文化融合后形成的一种具有地方特色的民俗文化

（五）红色印记

武胜县有着深厚的红色积淀，据当地党史记载，1928年，武胜县共产党人建立了境内第一个党组织——中共武胜县团务局支部，组建了农民革命武装队伍。抗日战争爆发后，武胜县共产党人积极宣传党的抗日主张，激发两万多人应征入伍，奔赴湖北、山西、上海等抗日前线英勇杀敌。解放战争时期，武胜县党组织领导人民群众开展武装斗争，并发动了以广安代市和观阁起义、武胜三溪起义、岳池伏龙起义、武胜真静与合川金子起义为重点的华蓥山武装起义，加速了川东地区的解放。武胜县重要红色纪念地见表7-5。

表7-5　武胜县重要红色纪念地

地点	数量	名称
飞龙镇	12	白坪-飞龙乡村旅游度假区红军路体验区、白坪村杨益言旧居、武胜党史馆、广安武胜红军小学、飞龙镇红色记忆广场、红岩英雄文化宣誓广场、安武胜乡村干部学校、卢山村党建长廊、村同心廊道、卢山村统战同心林、长安村人民公社礼堂旧址、中小学生综合实践基地
沿口镇	4	武胜县烈士陵园、楼村同心广场、武胜县人民广场浮雕壁画、武胜县武装部旧址
石盘镇	1	王璞烈士纪念地
中心镇	2	中心中学烈士纪念碑林、中心人民会场
乐善镇	1	华蓥山起义烈士纪念馆
三溪镇	1	三溪起义黄明桥遗址
烈面镇	1	烈面镇民众教育馆

（六）展馆遗址

1. 中国南方丝绸文化博览馆

中国南方丝绸文化博览馆位于武胜县城东商贸新区，建筑面积为

3 000 平方米，是我国西部最大的丝绸文化类博览馆，融历史、文化、教育、商展于一体。中国南方丝绸文化博览馆主要由历史文化展厅、企业文化展厅、产品陈列展厅及多功能演播厅等组成，完整展示了南方丝绸之路以及川东北丝绸文化的悠久历史，再现了丝绸起源及历史演变、丝绸物品、古代纺织机具、丝绸工艺流程、丝绸年表、发展历程、丝绸之路、丝绸与中华文明等。

2. 新中国第一次石油大会战遗址

新中国成立后，为摘掉"贫油国"的帽子，全国掀起了大规模的"找油"行动。从新中国第一次石油大会战开始，到 7002 井成功完钻，武胜县境内共打井 100 余口，留下遗址 100 余处，遗产核心物项包括：女 1 井、女 2 井、女 3 井、女 106 井、板桥苏联专家楼、石油桥、武胜半工半读石油工程学校等遗址、7002 井（又称"女基井"）等，分布于龙女镇、万善镇等地，大部分保存完好。遗址中各类建筑按苏联的规划和设计理念建设，造型美观、风格独特，富有艺术表现力。该遗址更是见证了新中国石油工业发展"从无到有，从弱到强"的艰难历程与辉煌成就，它所蕴含的"不畏艰险，敢为先人"的创新精神、"尊重规律，求真务实"的求实精神、"胸怀祖国，献身石油"的奉献精神、"战天斗地，争创一流"的拼搏精神、"独立作战、勇于探索"的进取精神尤其值得传承和发扬。

3. 原国营 157 厂遗址

原国营 157 厂遗址位于武胜县龙女镇，遗产核心物包括：厂房、车间、职工宿舍、食堂、医院、学校、邮局、电影院、职工俱乐部等，建筑物大部分至今保存较完好。国营 157 厂于 1965 年 9 月筹建，1971 年正式投产，主要从事军工玻璃产品的生产与研制工作，是当时全国著名的特种玻璃生产企业。1976 年 9 月 9 日，毛主席与世长辞，国营 157 厂接到中央"一号任务"——研制毛主席水晶棺，制造出含硅量达到 99.9999% 高纯度的水晶棺。它是世界上第一口真正的水晶棺，填补了世界空白，荣获国家"攻关金奖"。国营 157 厂建筑设施至今犹存，它既是典型的"三线建设"的时代缩影，记录着特殊年代人们为国家建设奉献了青春、奉献了终身的真实写照；也是深刻的地理烙印，积淀着厚重的工业文化底蕴，忠诚朴实、无私奉献，默默无闻、无怨无悔的"三线建设精神"彰显着愈来愈大的社会价值，是武胜县重要的精神家园。

四、业脉

所谓"业脉"，就是对业态发展历程、表现形态的概称。业态一般被定义为营业的形态，大约产生于 20 世纪 60 年代的日本，是典型的日语汉字词汇。业态是形态和效能的统一，也是达成效能的一种手段。通俗理解，业态就是指零售店把商品卖给谁、卖什么商品和如何卖的具体经营形式，现在被广泛借用为经济学、文化学和旅游学概念，并赋予新的内涵。武胜县嘉陵江沿岸城镇，因水脉航运而建，也因水脉航运而兴。武胜县业脉不仅包括直接服务于水脉航运交通运输功能的水手、船工、纤夫等专门职业，也包括间接服务于水脉航运的挑夫、搬运、马夫以及小商小贩等副业，还包括沿岸为满足航运交通而兴的交贸、仓储、旅居、餐饮等营生，以及随外来移民兴起的会馆、祠庙、戏台等民众休闲集聚场所。

（一）商贸展场

武胜县自古以来就是南来北往的商贸、商旅重要展场，出入川渝的商贸集中交换地，水陆交通四通八达，现有各类码头 22 处，著名的有沿口港和中心镇码头、石盘沱码头等水陆码头。兰渝、兰海、遂广高速以及国道 212、国道 350 贯通全境，嘉陵江黄金水道通江达海。在铁路方面，武胜县是"渝新欧"国际铁路联运大通道重庆入川第一站，嘉陵江出川最后一站，可谓水路、公路、铁路齐备。武胜县地理、经济区位优势明显，处于南充、遂宁、广安、重庆经济四棱锥的中心，享有经济、商贸和社会发展绝无仅有的比较优势。以街子工业园区、城东商贸新区、万善物流新城三大园区为代表的经济技术开发区以及城南中心市场、火锅产业园、啤酒风情街、建设南路商业街等新兴业态，成为引领武胜县业脉发展的重要动力，为推动武胜县装备制造业、轻工业、餐饮业的繁荣发展搭建了崭新的平台，为武胜县文化和旅游融合高质量发展奠定了坚实的基础。武胜县重要商贸展场见表 7-6。

表 7-6　武胜县重要商贸展场

类别	重要商贸展场
产业园区	经济技术开发区
	中滩工业园区
	街子工业园区
	火锅产业园
	万善物流新城
商业展场	武胜县融恒时代广场
	武胜县人民广场
	武胜县仁和广场
	武胜县定远广场
	沿口民族商业广场
	泰合（武胜）国际商贸城
	城南中心市场
特色街区	武胜建设南路商业街
	雪花啤酒风情街
	甜橙新村商业街

（二）百工技艺

武胜人心灵手巧，伴随着水脉航运业的发展，逐渐形成了服务于行船、通航、修造码头堤岸等航运专门技艺，并在工匠精神基础上，发展出武胜剪纸、丝竹画（绣）帘、沿口菜刀生产工艺、杨氏传统古法榨油工艺、袁氏皮鼓传统手工制作技艺，以及宋氏八段锦、缠闭门武医正骨术、宋氏承道推拿等精湛技艺。这些独具特色的非物质文化遗产在武胜县世代相传，不断发展，承载着武胜人精益求精的工匠精神，是构成"蜀道申遗"非物质文化遗产资源的重要特色遗产资源类型。武胜县重要百工技艺见表 7-7。

表7-7　武胜县重要百工技艺

类别	名称
美术类	武胜剪纸
	飞龙竹丝画（绣）帘
技艺类	沿口菜刀
	武胜杨氏传统古法木榨油
	武胜袁氏皮鼓
体育类	武胜宋氏八段锦
医药类	缠闭门武医正骨术
	宋氏承道推拿

（三）美味佳肴

围绕水脉航运业的发展，武胜县形成了独具巴蜀航运码头风味的特色餐饮业态，著名的特色风味餐饮小吃有马氏牛肉、永寿寺豆腐干、龙女白酒、麻哥面、渣渣鱼、飞龙猪肝面、三巴汤、英雄会等。在传统生产、制作基础上发展壮大起来的火锅工业园、武胜特色餐饮连锁业等现代新业态，是巴蜀餐饮历史文化"尚滋味，好辛香"的典型代表之一。武胜县特色美味佳肴见表7-8。

表7-8　武胜县特色美味佳肴

名称	相关荣誉
马氏牛肉	2001年第八届中国专利技术博览会上获得银奖
英雄会	武胜"三绝"之一
麻哥面	2020年"第三届四川省金牌旅游小吃"
渣渣鱼	武胜"三绝"之一
三巴汤	武胜"三绝"之一，被誉为"川菜园中一朵奇葩"
飞龙猪肝面	—
永寿寺豆腐干	永寿寺三绝（豆腐干、豆瓣、素席）之首，获国家 QS 质量认证

表7-8(续)

名称	相关荣誉
武胜甜橙	2013 年，武胜县白坪-飞龙乡村旅游武胜甜橙产业园荣获"全国休闲农业与乡村旅游示范点"；2014 年，武胜县高洞村重点打造武胜甜橙文化景区，喜获"中国十大最美乡村"称号；2016 年，武胜县已通过国家甜橙综合标准化示范区的验收
武胜大雅柑	2016 年获国家地理标志证明商标
武胜"庖汤"	—
武胜"八大碗"	—
三溪白酒	—

（四）康养宝地

武胜县坐拥嘉陵江江湾半岛多达 64 处，其中不乏太极湖、龙女湖这样的品质上乘者，是历代商旅安家立业、休闲度假的优选目的地。著名的康养休闲度假区有白坪-飞龙乡村旅游度假区、龙女湖江湾滨水度假区、卢山村骑跑基地、印山公园、黄林溪山体公园、唐家大山森林公园等，具有融合打造江湾休闲河岸的独特生态与人文优势，已具备打造集休闲度假、观光体验、文化创意于一体的度假胜地，创建具有时代特色和地方特色的乡村旅游度假区服务品牌的条件与基础。武胜县重要康养资源见表 7-9。

表 7-9　武胜县重要康养资源

地点	数量	名称
飞龙镇	12	白坪-飞龙乡村旅游度假区、罗曼蒂克庄园、飞龙镇下坝记忆、卢山村梦田花海、卢山村骑跑基地、卢山村运动中心、卢山村运动中心、卢山村骑跑公园、卢山村小轮车基地、白坪村勇闯八桥水上乐园、飞龙镇红梅新村、牛头山野外拓展基地
沿口镇	8	龙女湖旅游度假区、印山公园、黄林溪山体公园、武胜中滩湿地公园、武胜金鸡岭生态游乐园、礼嘉山庄休闲广场、唐家大山森林公园、鸡公山生态园
礼安镇	4	跃进门社区滨江路太极广场、跃进门社区太极广场、跃进门社区狮子山小广场、跃进门社区太极岛花果山
烈面镇	2	白鹤山村合家乡城旅游山庄、汉初广场
宝箴塞镇	1	宝箴塞花果山农家乐
中心镇	1	中心场镇广场

第三节　武胜县文化和旅游融合高质量发展

针对武胜县现有文化和旅游遗产资源优势、特质以及存在的不足，要实现文化和旅游资源大县向文化和旅游强县的发展突破，以打造巴蜀文化旅游走廊之嘉陵江水脉航运"珍珠项链"的上乘精品，我们重点需要解决以下两个方面问题：

首先，我们要明确武胜县文化和旅游融合高质量发展可以从哪几大维度进行突破，并找准合适的突破口与切入点，以从理论上搞清楚到底该从何种角度突破的问题，以及从哪些点位突破与切入的问题，为武胜县未来发展突围破局找准方向、目标和路径。目前，武胜县文化和旅游融合高质量发展亟须从站位立意、创意发展、价值提升和产业规模四大维度取得新突破，不断赋予文化和旅游融合高质量发展提质增效能力，走出自身困境，进而达到实现突围升格的最终目标。

其次，我们要解决如何突破的问题：一是采取何种方法与措施实现维度突破，即从方法论的角度解决如何实现突破的问题；二是找准实现突破的抓手，即具有统领全局，切实突破的重点项目。从现有基础来看，我们必须以项目为抓手，推进文化和旅游融合取得实质性突破，提高并真正实现高质量发展的终极目标。一方面，武胜县必须立足自身特有的自然、文化遗产资源的优势与特质，以"申遗"统领全局，紧扣融入"蜀道申遗"、参与"钓鱼城联合申遗"两大核心开展工作，以"申遗"推动工作，以"申遗"促进活态保护，以"申遗"作为引领武胜县文化和旅游融合高质量发展的工作指南；另一方面，武胜县要把握成渝共建巴蜀文化旅游走廊的契机，整合境内文化和旅游资源点、极，走活创新利用之路，借势、借力与借智并举，走全域文化和旅游融合高质量发展之路，推进武胜县文化和旅游融合高质量发展再上新台阶。

一、着力"四维突破"

武胜县文化和旅游融合高质量发展还需要着力于四个突破（见图7-3），即站位突破、创意突破、价值突破、产业突破，创新建构一轴引领，两核驱动，多极支撑，双翼协同，以"双向申遗"（见图7-4）为统领，以活化利用为抓手，共建巴蜀文化旅游走廊——水脉航运"珍珠项链"，打造巴蜀文化旅游走廊武胜金字名片。

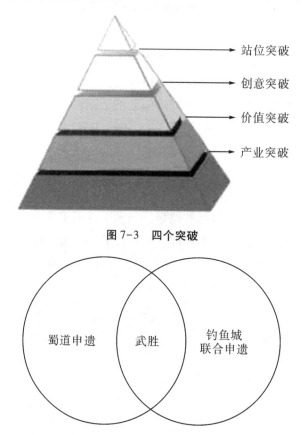

图 7-3　四个突破

图 7-4　双向申遗

（一）站位突破

武胜县在文化和旅游发展方面尽管取得了不俗的成绩，先后获得了"全国文物工作先进县""全省文物大县"等称号，建成了 2 个 AAAA 级旅游景区，但是依然存在发展视角仅局限于本辖区的"一亩三分地"，在谋划未来方面还存在眼光不够长远、站位不够高的问题，尤其在系统性、全局性和顶层设计方面，还有很大的空间需要提升，较大空白需要填补。就武胜县文化和旅游融合高质量发展而言，其必须从根本上解决高站位、高起点发展的问题，必须"跳出武胜看武胜"，站在"十四五"期间国家、成渝地区双城经济圈建设关于"共建巴蜀文化旅游走廊"的战略高度，谋划武胜县文化和旅游融合发展的目标与方向；以"双向申遗"为统领，整合既有遗产资源，积极融入"蜀道申遗"，主动参与"钓鱼城联合申遗"，充分借助利用政策支撑、时代机遇与自身资源禀赋，从根本上解决武胜县高质量、高站位发展的问题。可以说，"双向申遗"不仅有助于解决如何提升站位和着眼长远、高规格、高起点谋划未来发展的问题，而且有助于武胜县活态保护境内自然、历史文化遗产资源，创新利用遗产资源，推动遗产资源向资本的转换，开启本地区文化和旅游工作的新局面。

1. 积极参与"蜀道申遗"

嘉陵江水脉以及由此发展延伸形成的各类文化和旅游资源，是武胜县最具开发、利用与保护价值的优质资源，也是武胜县之所以成为"全国文物工作先进县""全省文物大县"最根本的实体支撑。若没有这些独特的文化和旅游资源做基础，武胜县不可能获得如上殊荣。武胜县作为从古至今蜀道"水陆兼具"的独特延伸部分，具有融入"蜀道申遗"的先天优势。一方面，虽然蜀道拥有资源奇特的陆路资源，但是嘉陵江流域特别是武胜段独特的"水陆"兼具交通航运枢纽、要冲功能优势，注定了它在"蜀道申遗"中的独特地位；另一方面，"蜀道申遗"的主体固然离不开从广元至陕西的褒斜道等陆路蜀道，但据联合国《世界遗产公约》关于世界遗产"完整性"的定义不难发现，蜀道的完整性显然离不开与之密切关联的嘉陵江水道，而作为嘉陵江水道明珠的"武胜段"，无疑是体现"蜀道"完整性之"自然关系中所有或大部分重要的相互联系、相互依存的因素"的重要组成。可见，嘉陵江武胜段参与"蜀道申遗"既有学理上的支撑，也有政策、法规上的强力支持。积极融入"蜀道申遗"，有助于武胜县从更高起点、以更高标准来谋划文化和旅游融合高质量发展的未来，从而以更大的发展目标来整合武胜县境内丰富多样的文化和旅游遗产资源，加速文化和旅游遗产资源向文化资本的转换，推进武胜县文化和旅游融合强县品牌建设发展再上大台阶。

2. 主动参与"钓鱼城联合申遗"

嘉陵江勾连秦巴川陕的独特交通优势，注定了（蒙）元军队选择沿嘉陵江南下灭亡南宋的进军路线。目前，在烈面镇、礼安镇留下了（蒙）元驻军遗址东西关寨，在龙女镇留下了七星关遗迹，在沿口镇留下了武胜山城、毋德山城以及马军寨遗迹武胜军（州）、定远县遗址。可以说，按照联合国《世界遗产公约》关于遗产"真实性""原真性"的定义，合川区选择"钓鱼城联合申遗",肯定离不开作为进攻方的(蒙)元军遗址——武胜山城等遗产资源,以及在此基础上延伸、发展起来的以宝箴塞为代表的诸多民防性质的寨堡碉楼遗产。因此,武胜县主动参与合川"钓鱼城联合申遗",不仅可以将沿江两岸的山城、寨堡作为联合"申遗"的资源进行活态保护与创新性利用,而且沿嘉陵江武胜段水道的河岸津渡、名村古镇都可以借此机会作为重要遗产资源纳入"申遗"保护的序列,全面提升武胜县境内文化和旅游资源的利用价值,提升武胜县文化和旅游资源保护利用的层次与水平,推进武胜县经济、文化、社会的进一步融合发展。

3. 共建巴蜀文化旅游走廊

巴蜀文化同源同种,各具特色,在经济、文化、生态方面互补性极强。川渝两地在"十四五"规划中均对巴蜀文化和旅游融合做出了重要规划,尤其在《成渝地区双城经济圈建设规划纲要》中,明确提出了"共建巴蜀文化旅游走廊"这一工作重点,鼓励成渝两地充分挖掘文化旅游资源,以文塑旅、以旅彰文,讲好巴蜀故事,打造"国际范""中国味""巴蜀韵"的世界级休闲旅游胜地。打造贯通四川、重庆的文化遗产探秘、自然生态体验、红色文化体验等一批精品旅游线路等国际旅游品牌影响力。规划建设长征国家文化公园(重庆段、四川段)。探索川西林盘、巴渝村寨保护性开发,依托特色自然风光、民俗风情、农事活动等,发展巴蜀乡村旅游。因此,借助武胜县独特的山城古镇资源、红色文化资源、水脉生态资源,主动融入巴蜀文化旅游走廊工程建设,走文化和旅游融合之路,讲好巴蜀之"武胜故事"篇章,创新发展具有巴蜀风韵的文化和旅游产业,必将为武胜县未来经济、文化、社会与旅游业高质量发展注入新的活力,为武胜县文化和旅游融合高质量发展再上新台阶提供新的动力。

(二)创意突破

武胜县要借助独特的自然、文化遗产资源,融合水脉、文脉、地脉和业脉,创意打造"巴蜀文化旅游走廊"经典形象(武胜)顶流IP。

1. 天书地画"太玄"奇观

千里嘉陵江逶迤奔腾,穿山越谷,形成众多曲流半岛奇观。《华阳国志》称"巴水多曲流",梁简文帝则称"巴水三回曲"。因此,人们又称嘉陵江为"字江"或"巴江",此即源自嘉陵江弯弯曲曲犹如篆书的"巴"字形状。"千里嘉陵,武胜最长",充分说明了武胜县在嘉陵江流域经济建设、文化传承中的重要地位。嘉陵江水在礼安镇左环右绕,受独特地质构造影响，形成了"亚洲第一，世界第三"的河流曲度，造就了绝无仅有的三个相互环绕的河曲自然奇观，人们把这一段水脉半岛河道称为"太极湖"。素有巴蜀文宗之称的西汉大儒扬雄，曾仿《周易》著有《太玄》。《周易》本以阴、阳二爻诠释天地万物，《太玄》创新地以天、地、人三玄诠释天地万物。《太玄》在《周易》阴、阳二进制基础上发展出三进制，将《周易》六十四卦演变为《太玄》八十一卦，在易学史、中国哲学史上占有显著地位，铸就了巴蜀易学的历史最高峰。这是太极湖景观创意发展的文化基础与哲理根源，也是整合武胜独特的自然资源与巴蜀历史名人文化资源，实现资源利用最大化的路径之一。

2. "太玄"意象文化景观

根据扬雄《太玄》关于"天地人三玄"哲学理论，借助天书地画般的河曲自然奇观，创意打造扬雄"太玄"水脉生态文化意象景观，对提升嘉陵江武胜段水脉航运文化的哲理内涵和文化魅力，以及共建巴蜀文化旅游走廊"天书地画文旅奇观"具有重要推动作用。

3. 天数历算文化景区

武胜县要借助东关形似阴鱼、西关形似阳鱼的天然河曲形状，整合烈面镇淳风寺、礼安镇新修建的太极广场景区，建成巴蜀文化十二大体系之一的"天数在蜀"文化景区体验目的地，为本地增添太极文化景点。

4. 六代县治经典记忆窗口

在农耕时代，嘉陵江武胜段凭借其独特的水陆互换交通枢纽与川东北商贸人流往来重镇地位。自南北朝时期陈朝以来，境内屡次成为历代州、军、县治所重地，至今沿岸尚有礼安镇（南齐）汉初县治遗址、旧县乡（唐）新明县治遗迹、（蒙）元武胜军治以及定远州县治所遗迹，中心镇（明、清）两代定远县治遗址以及民国武胜县治所遗址。六代县治遗址成为展示武胜县历史根脉特质与风貌的重要物态证据，也是武胜县极其珍贵的历史文化遗产，因此当地政府必须加大力度对其进行活化保护与创新利用，以留住武胜县发展的历史根脉，讲好武胜人自己的故事。随着嘉陵江水脉航运码头的兴起，烈面镇、礼安镇、龙女镇、石盘古镇、沿口镇、清平镇等码头古镇应运而生，它们作为武胜县水脉航运历史演进的见证者，无疑是武胜县历史基因与文化根系的重要承载体。武胜县要进一步通过"满盘珠玉，金线串联"的文创理念，以水脉航线人文金线串联从礼安镇至清平镇沿江的水利枢纽景观、特色码头古镇文化和旅游遗产等众多"珠玉"，整合形成巴蜀文化旅游走廊水脉航运"珍珠项链"，这必将为嘉陵江水脉航运文化增添新光彩。

5. 蜀中一绝"宝箴塞"

宋（蒙）元战争时期，（蒙）元军统帅汪启臣等人借助武胜县独特的山水自然地貌，构筑山城堡垒作为攻打钓鱼城宋军的前沿阵地。（蒙）元军队所采取的这一对阵方略，不仅对后世的武胜人占据有利山岩地形修筑寨堡进行平安自保提供了经验与基础，如目前在武胜县境内就有多达数十处这样的各式寨堡，而且对川东北丘陵地区、嘉陵江流域沿线人们在社会动荡之际修寨建堡进行自保提供了思想启迪。坐落于宝箴塞镇方家沟村的宝箴塞，总建筑面积有 7 690 平方米，占地面积 2 公顷，系民国初年武胜县豪门段氏家族为避战乱匪患而建。该民防体系根据传统的关隘山寨建筑的地形特点，借鉴传统的山寨建筑之长，融碉楼、城堡和闽南地区团城建筑风格为一体，形成了全封闭式防御体系，无疑是对武胜县山城寨堡思想的时代利用。宝箴塞具有较高的军事、建筑与文化价值，被誉为"国内罕见、西南第一"的川东军事要塞，被古建筑专家罗哲文称为"国内罕有，蜀中一绝"的军用民防要塞。武胜县要充分挖掘其境内历代山城寨堡历史文化资源，以武胜县山城联合申遗、宝箴塞活态保护与创新利用为重点，整合巴蜀山城寨堡资源打造"巴蜀山城寨堡联盟"，创新构建巴蜀文化旅游走廊寨堡游学新地标。

（三）价值突破

武胜县处于四川盆地东部，嘉陵江中游，上紧邻南充市、广元市，下紧接重庆市合川区，山水相连，属广安-重庆 1 小时经济圈。成渝一体化发展特别是四川省委、省政府关于广安全面融入重庆都市圈发展的有关决定，为武胜县充分利用毗邻重庆的区位优势参与"合广长经济协同发展示范区"建设、主动与合川区"共建成渝地区双城经济圈合作示范区平台"提供了强有力的政策支持，有助于推动武胜县在体制机制建设、平台搭建、交通互联、产业合作、文化和旅游互融、生态共治等领域实现跨区域发展与深度合作，在融入重庆都市圈发展中切实做到"进城入圈"；有助于武胜县借机打造川渝合作江湾水岸经济带"桥头堡"，争创"成·渝·广"一体化发展"排头兵"，为全面建设成渝地区双城经济圈经济强县这一主要发展目标提供强有力的支撑。

（四）产业突破

一般而言，产业体系构建除了必须符合自上而下的政策指引以及自上而下的市场需求外，还需要在交通、区位、习俗与文化方面具有区位竞争优势、持续特性张力，才能在产业的发展中取得新突破。武胜县作为毗邻重庆1小时经济圈城市，不仅具有随时而为、借力借智发展的便捷与区位优势，而且具有主动承接重庆资源外溢的先天条件。尤其在城乡文化和旅游融合高质量发展、新型城镇化发展和发展特色农业方面，武胜县可以借机突破狭小的发展空间，借助重庆城市发展之东风，取得新发展成就。武胜县与重庆市合川区同处嘉陵江中段，是嘉陵江流域城市群中距离重庆都市圈最近的上游城市，就融入重庆都市圈发展而言，其具有独特的区位优势以及生态与环保联防联治的水道生态优势。近年来，成渝两地在项目建设、线路设计、宣传推介、品牌打造等方面开展了一系列深度合作，签订了各层级的文化和旅游战略合作协议63份，成立文化和旅游合作联盟11个以及文物保护联动11项等，为地处巴蜀文化"结穴处"的武胜县大力发展文化和旅游经济以及文化和旅游产业提供了历史机遇。武胜县应充分利用这些政策优势，主动参与到"巴蜀脊梁"红色旅游、"巴山蜀水"生态康养、"大蜀道"品牌等十大巴蜀特色优势产业集群建设中来，"以双向申遗"为统领，以共建巴蜀文化旅游走廊为抓手，奋力打造县治古镇旅游、寨堡文化旅游、滨江水岸康养度假、田园特色休闲采摘体验四大重点产业，创新构建水脉航运生态江湾水岸半岛奇观片区、码头古镇与历代县治片区、山城寨堡片区、特色乡村休闲度假示范片区四大片区，这必将有助于武胜县文化和旅游融合高质量发展开新局、开新运。

二、统筹"双向申遗"

武胜县要围绕文化和旅游工作重点目标"双向申遗"（融入"蜀道申遗"、参与"钓鱼城联合申遗）"，从水脉、地脉、文脉和业脉"四大维度"出发，对嘉陵江武胜段自然、历史文化遗产资源进行全面挖掘与系统梳理，形成融入"蜀道申遗"、参与"钓鱼城联合申遗"所需要的资源库、材料库、项目库和智库，并对推进"双向申遗"的必要性、价值意义以及如何实现"双向申遗"进行历史、现实与学理方面的分析论证，探究借助"双向申遗"、共建巴蜀文化旅游走廊工作推动武胜县文化和旅游融合高质量发展的重要作用。

（一）融入"蜀道申遗"

1. "蜀道申遗"基本情况

作为连通天府之国与中原腹地的"大蜀道"，沟通巴蜀文明与中原文明，是保存至今人类最早的大型交通遗存之一，促进多民族融合与文化繁荣，让广安市成为大蜀道上的一颗璀璨明珠。古道雄奇险幽，剑门关之险、翠云廊之秀、明月峡之悬、七盘关之弯闻名古今，沿途人文富集，山环水绕交相辉映，构筑了大蜀道独特的神韵与风姿，成就了人类少有的以线路方式呈现的自然与人文双遗产资源类型。近年来，相关单位及个人围绕"蜀道申遗"做了大量工作，被联合国教科文组织世界遗产中心成功列入世界遗产预备名录，为正式申遗成功打下了坚实的基础。

2014 年，"蜀道"世界自然与文化遗产申报领导小组正式成立，巴中世界自然与文化遗产申报领导小组率先开展正式工作。

2015 年，"蜀道"拟申报世界自然与文化遗产地范围、遗产片区、遗产点正式划定。

2015 年年底，"蜀道"拟申报世界自然与文化遗产地资料收集、申报画册、形象宣传片全面完成。

2016 年，"蜀道"被联合国教科文组织世界遗产中心列入世界遗产预备名录，并被纳入申报世界自然与文化遗产提名地范围。

2017 年，"蜀道"拟申报世界自然与文化遗产地保护规划和整治规划全面启动，相关地市政府开始与规划编制单位签订了保护规划和整治规划编制合同，开启申遗的具体工作。

2018 年，在广元举行的大蜀道文化旅游节开幕式上，大蜀道旅游联盟成立，并发布了《蜀道申报世界自然与文化遗产剑阁宣言》，成都、德阳、绵阳、巴中、南充、广元、汉中、陇南八市的领导签署了蜀道申遗提名地保护联盟备忘录，举行了中国大蜀道旅游景区联盟授旗仪式，并且宣读了《大蜀道旅游联盟共同行动方案》，巴中市代表大蜀道沿线城市做了发言。

2019 年年初，国家林业和草原局在长白山召开的世界遗产大会上，进一步肯定了"蜀道"世界自然与文化遗产的申报工作，并指出了下一步的工作方向。

2020 年 2 月通过的《四川省国民经济和社会发展第十四个五年规划和二〇三五年远景目标纲要》明确提出，要依托独特资源禀赋，围绕"吃、住、行、游、购、娱"等要素，推动巴蜀文化旅游走廊全域环境整体提升，打造具有"国际范""中国味""巴蜀韵"的世界重要文化旅游目的地。因此，相关部门要支持"蜀道联合申遗"，做优蜀道文化旅游带，为武胜县积极融入"蜀道申遗"发展提供新的契机。

2. 具有融入"蜀道申遗"的先天潜质

"蜀道"世界自然与文化遗产申报项目属于线路遗产项目，目前中国采取这种方式申遗成功的有古丝绸之路和京杭大运河遗产两大项目，为"蜀道申遗"提供了可资借鉴的蓝本。"蜀道"主要由古代中原通往蜀地的金牛道、米仓道、荔枝道以及从甘肃通往四川的阴平道组成，是黄河文明与长江文明融合的主要通道。从线路申遗资源必须满足原真性和真实性的角度考虑，"蜀道申遗"除了上述路陆遗产资源外，还必须包括嘉陵江水道水路等自然、历史文化遗产资源。嘉陵江武胜段沿岸拥有大量的古镇建筑物、人文景观、码头渡口和独特的自然地貌，呈现出水脉、地脉、文脉和业脉四大清晰发展演变脉络，涵盖了以水脉航运为特质的生态自然遗产、历史文化遗产以及富有特色的非物质文化遗产，它们对展示蜀道的真实性和完整性，建立蜀道遗产缓冲区，均具有不可替代的重要作用。可以说，嘉陵江武胜段作为蜀道"水陆兼备"的独特遗产资源，决定了它在"蜀道申遗"中不可或缺的独特地位。

3. 拥有融入"蜀道申遗"的绝佳时机

最初参与"蜀道申遗"的地市仅有成都、德阳、绵阳、巴中、南充、广元六个，既没有包括蜀道所在的陕西省汉中、陇南等地市，也没有包括广安以及重庆市嘉陵江沿岸的合川等区县。这显然是不够完整的"蜀道申遗"线路设计。随着对于"蜀道申遗"认识的不断深入，陕西的汉中、陇南两市于2018年开始加入。随着川渝两地对嘉陵江全域融入"蜀道申遗"的重视，特别是《成渝地区双城经济圈建设规划纲要》在关于"共建巴蜀文化旅游走廊"中有关"充分挖掘文化旅游资源，以文塑旅、以旅彰文，讲好巴蜀故事，打造'国际范''中国味''巴蜀韵'的世界级休闲旅游胜地"等发展目标，无疑为武胜县成功融入"蜀道申遗"提供了良好的机遇，值得其全力争取。

4. 融入"蜀道申遗"的步骤要点

在充分了解"蜀道申遗"进展情况的基础上，针对武胜县各类遗产资源特性，比照京杭大运河线路申遗的做法与要求，当地政府须从以下三个方面推进工作：

（1）提高对融入"蜀道申遗"工作的认识与站位。世界遗产是指被联合国教科文组织和世界遗产委员会确认的人类罕见的、目前无法替代的财富，是人类公认的具有突出意义和普遍价值的文物古迹及自然景观。截至2023年年底，世界上只有27处自然与文化遗产，而"蜀道申遗"就是以自然与文化遗产的形式申报的，因此若申报成功，四川将成为我国第一个拥有两个双遗产的省份（第一个双遗产是峨眉山-乐山大佛）。相关各地市也将实现世界遗产零的突破，这对嘉陵江流域特别是武胜县文化和旅游资源的整合无疑提供了一个千载难逢的发展机会，甚至可能由此成为全世界关注的焦点。但是，"申遗"的名额极其有限，考核程序和标准也很严格，国内外角逐特别激烈。可见，"申遗"难度很大，不确定性也较大，不可能一蹴而就，因此我们需要做好长期、持续不断努力的心理准备。

（2）充分认识申遗成功带来的巨大利益回报。"申遗经济"具有无限潜力，对拉动地方经济、文化与旅游发展直接高效。比如，云南丽江古城被列为世界文化遗产后，仅2000年一年，就接待海内外游客达258万人次，旅游综合收入达13.44亿元。

（3）申遗工作对自然、历史遗传资源的保护和宣传推介具有双重作用。申遗工作的推进，能在更大范围、更宽领域、更高层次、更高标准起到对遗产资源的活态保护与创新作用，能有效预防现有文物再遭损坏。而申遗的过程，需要我们对文物、文化进行研究、推介，对于地域文化的正面宣传也具有一定的意义。

可以说，融入"蜀道申遗"既有机遇也存在挑战，我们需要客观辩证地看待其成败。具体而言，须做好以下六点：

（1）做好融入"蜀道申遗"的前期工作。嘉陵江武胜段沿岸留下了汉初古城遗址、烈面古镇、龙女古镇、石盘古镇、沿口古镇、中心古镇和街子古镇等反映武胜人民因水而生因水而兴的生产生活历史，从一定程度上反映了武胜县作为巴蜀文化结穴处的个性特征以及作为嘉陵江水陆航运交通枢纽的深厚文化根系。武胜县作为"大蜀道"的重要延伸部分，对汉初遗址、武胜山城遗址、定远县城遗址和近代武胜县城为代表六代县治遗存遗址，需要做进一步的调查、发掘、研究、宣传与保护。当地政府可以比照关于对文化遗产"突出的普遍价值的评估标准"，对相关建筑物、遗迹遗存、人文景观本体进行活态保护，并划定保护的准确范围，严禁对这些建筑、文化景观造成损害，保护它们作为"展现人类历史上一个（或几个）

重要阶段"见证的重要价值。对于天生桥、太极湖和龙女寺环状结构为代表的独特地质地貌遗产资源，当地政府需要做进一步的宣传研究，重点展示它们作为不可多得的"地球演化史中重要阶段的突出例证"的价值。珠连玉串的古镇历史文化遗产特别是六代县治遗产与独特的地质地貌遗产，为武胜县融入"蜀道申遗"奠定了坚实的基础。截至 2023 年年底，除了对这些遗产进行活态保护外，当地政府还必须抓紧向外推介宣传，让国家、省级申遗小组充分认识其在"蜀道申遗"中的重要价值，为正式纳入"蜀道申遗"资源体系做好必要的准备。此外，我们还需要认真落实"申遗"的学术研究与文本制定工作。

（2）做好"双向申遗"两手准备。如前所述，武胜县独特的自然生态遗产资源与历史文化遗产资源不但具有融入"蜀道申遗"的先天优势与条件，而且具有参与重庆市合川区"钓鱼城联合申遗"的优选资质。因此，当地政府需要全面做好境内遗产资源的调查、研究、宣传与保护工作。就目前融入"蜀道申遗"的现状来看，融入"蜀道申遗"并取得成功的难度虽大但所需的时间会更短。就参与"钓鱼城联合申遗"的现状来看，成功参与介入的难度较小但所需投入的时间较多。不过，由于具有两大机遇加持，因此对大力开展"双向申遗"工作而言，无疑增加了成功的概率，至少有助于武胜县探寻更大更新的发展进路，从而进一步推动其文化和旅游工作提档升级。

（3）力争进入"蜀道申遗"的遗产序列。"蜀道申遗"已经进入世界遗产预备名录，并被纳入申报世界自然与文化遗产提名地范围，这是武胜县开展"双向申遗"非常重要的工作前提，也为武胜县融入"蜀道申遗"赚足了底气、指明了方向、找准了奋斗的目标，同时意味着融入"蜀道申遗"工作进入了攻坚关键阶段。因此，当地政府必须尽全力争取省市领导、专家以及有关部门的首肯与认同，将武胜县水脉航运文化资源以蜀道"水陆兼具延展部分"这样独特的组成形式，纳入"蜀道申遗"补充资源序列，并与"蜀道申遗"统一规范、统一整治、统一申报；同时，需不断关注"蜀道申遗"动态与形势变化，积极与相关市、县沟通，将自身纳入"蜀道申遗"成员的序列。

（4）强化政府的领导职能。世界遗产的申报离不开政府的积极支持，武胜县除了要争取国家、省市级层面的支持外，还需要主动搞好与已经进入申遗序列的区县、市的关系，充分认识到合作协同在"蜀道申遗"中的重要性。就自身而言，武胜县需要在政府主导下建立健全领导班子和专家队伍，相关部门必须通力合作，从人、财、物以及体制机制方面提供充分保障，形成明确可行的"蜀道申遗"计划，制定切实可行的具体措施，推动"蜀道申遗"工作落到实处，取得实效。

（5）制订好超前保护规划。武胜县可以比照世界自然与文化遗产申报指南要求，借鉴"申遗"成功者的经验，充分认识到"蜀道申遗"既是保护也是整治的过程；必须严格按照世界遗产的有关规定要求，去伪存真，严禁造假作假、拆旧建新，确保遗产的原真性与完整性；必须按照"蜀道申遗"总体规划，划定全域保护对象及其范围并制订出专项保护规划，有效控制遗产地建筑空间，保护建筑肌理，设定保护红线，将保护遗产的原真性与完整性作为第一要务；对于已经编制总体规划的区域，则要按照"修旧如旧""保护存量"的要求，明确核心保护对象、范围与区域。此外，武胜县还要做好遗产科普宣传工作，让保护遗产观念深入人心，积极探索非物质文化传承机制，确保当地水脉航运自然生态文化遗产永续传承、永续利用。

（6）强化活态保护。所谓"活态保护"，是相对于以前的博物馆式的文物"静态"保护而言的。静态保护是对文物与建筑的保护实行"最小干预原则"，内外一切均应维持原状不变；"活态"保护则是在正常功能使用的动态环境中，对文化遗产进行原真性的实质性保护，但可适度地加以改造以与新的需求相协调。怎样在把握"适度"标准的同时，又不违反保护的原真性、整体性等基本原则呢？这就是活态保护需要回答的问题。对于名城名镇名村、传统村落、历史街区等文化遗产进行活态保护的主要目的在于：既要使建筑文化遗产的生产、生活、生态等社会发展正常进行，保证人们在建筑内外环境空间中工作活动，又要在发挥建筑功能作用的同时，有助于改善并提升人居环境的质量。对于武胜县自然、文化和旅游遗产资源的活态保护与传承，当地政府必须遵照项目性保护与整体性保护相结合、抢救性保护与生产性保护并举的原则，秉承系统化、动态化、创新性与可持续性的机制，在活态保护的前提下进行合理的开发、活态化的传承以及创新性的发展利用。

一是通过对标志性、独特的自然、文化和旅游遗产资源的深度保护或多种资源的配置整合，借助"双向申遗"的工作方向与目标，实现遗产资源向文创产品、动漫产品、旅游演艺、主题公园、历史文化街区等多种文化和旅游产品的创造性转化，提升资源利用与活化的程度。

二是要借助现代科技与创意设计，让非遗"动"起来、"活"起来，更好地与人产生互动、与当代社会建立连接，强化非遗与人们日常生活之间的联系。在这一过程中，当地政府必须始终坚持适度原则和可持续性原则，避免资源的不当利用以及对文化内涵的曲解造成的遗产价值流失，警惕过度商业化和娱乐化所带来的遗产保护风险。

三是深度挖掘文化和旅游遗产的文化内涵，提炼嘉陵江水脉航运文化遗产IP。一方面，我们要对嘉陵江武胜段水脉航运故事、传说、民俗活动以及在沿江两岸发展和传播的工艺技巧、艺术形式等所反映的独特生活方式、审美偏好和价值观念进行深度挖掘与全面阐释。另一方面，我们要梳理武胜县文化遗产与嘉陵江水脉航运历史发展变迁之间的内在联系与脉络谱系，对嘉陵江水脉航运遗产资源独特的历史背景和文化特征进行深入剖析，尤其要关注不同文化和旅游遗产项目之间的异同及伴随水脉流动而产生的关联；坚持取其精华、去其糟粕，凝练嘉陵江水脉航运表现形态（显性与隐性遗产形态）中所蕴含的核心文化历史价值、内涵与精神，以及嘉陵江水脉航运流域文化要素与巴蜀文化特别是"三巴"文化的基因，提取其中最具象征意义、最能体现嘉陵江流域水脉航运独特性，且能够稳定延续和不断复制的典型文化符号，培育和孵化嘉陵江武胜段自然、文化遗产IP。

四是创新活态保护与开发利用模式和手段，推动嘉陵江自然、文化遗产资源的整合与创造性转化、创新性发展利用。当地政府要坚持"战略+项目"的"哑铃模式"，策划建设一批重大的保护利用载体与平台类项目；由嘉陵江沿线地方政府、文化和旅游企业、非营利性组织、遗产地社区和非遗传承人等主体开展多种形式的协同合作，推动嘉陵江武胜段自然、文化遗产与旅游、演艺、动漫、节庆、会展等多种业态融合发展。

（二）参与"钓鱼城联合申遗"

1. 武胜山城遗址概况

武胜山城遗址位于嘉陵江中下游、武胜县沿口镇黄桷坪村与回龙村交界处，由山顶平台、山腰缓坡、沿江台地三部分组成，面积约为2平方千米。武胜山城的城墙依山顶平台山势修筑，形成一座封闭的山城，城内有三段城墙，分别从山顶沿山脊、缓坡向下延伸至嘉陵江，呈"爪"字形，城墙总长约为6千米，现存城墙仅约1千米，散布于山顶、山腰和山下临江等处。该遗址中，元帅府、军营、炮台、墩台、马场等原军事设施早已废弃，仅存水塘、水井等少量遗迹。此外，外堡天生寨尚有一处城门遗迹。武胜山城是（蒙）元军队进攻、牵制合州钓鱼城（现重庆市合川区钓鱼城）南宋军队的前线军事阵地，具有蒙古军阵营所建功能与特色。合川钓鱼城南宋军队凭借天险，坚持抵抗长达 36 年，蒙哥大汗也在此战中受伤病亡，致使大蒙古国军队全面撤军。可以说，这一事件是（蒙）元战争史上的大事件，一度成为影响整个战争局势的重大转折点。武胜山城遗址的自身价值很高，若从历史文化价值分析，它是（蒙）元军修建的十多座山城中地位最高、作用最大、军事功能最完备的，是进攻、牵制以钓鱼城为首的南宋东川军事山城的主阵地。武胜山城设有外堡，是蒙元山城的唯一案例。元朝统一中国后，武胜山城是蒙元山城转变为州县治所的唯一案例；武胜山城与毋章德城夹江而建，也是宋（蒙）元时期军事山城的唯一案例。武胜蒙元山城与钓鱼城地域相邻、互为攻守、风格类似，迫切需要开展对比性研究。由于钓鱼城遗址在宋（蒙）元战争史上的重要地位与影响，2012 年 10 月，该遗址被列入《中国世界文化遗产预备名单》。武胜县境内留下了包括烈面镇东西关、龙女镇七星关和武胜山城等一系列宋（蒙）元战场遗址遗存。这些遗址遗存作为这场战争进攻方的历史文化资源，无疑具有与防守方钓鱼城遗址同等的文化价值和历史价值，是整个钓鱼城遗址"联合申遗"不可或缺的重要组成部分，是武胜县参与"钓鱼城联合申遗"的历史依据与学理基础，更是推动武胜县"双向申遗"重要工作的内生动力。

2. 参与"钓鱼城联合申遗"的机遇

当前，正是武胜山城遗址联合钓鱼城一并申报世界文化遗产的大好时机。2020 年 1 月 3 日，习近平总书记主持召开中央财经委员会第六次会议，部署推动成渝地区双城经济圈建设，标志着成渝地区双城经济圈建设上升为国家战略。4 月 29 日，四川省文化和旅游厅与重庆市文化和旅游发展委员会签订了《推动成渝地区双城经济圈文物保护利用战略合作协议》，双方联合实施宋（蒙）元山城防御体系遗址重点保护工程，共同开展宋（蒙）元山城防御体系遗址保护展示，推动重庆钓鱼城遗址与四川相关遗址联合申报世界文化遗产。7 月 9 日，四川省文物考古研究院、重庆市文化遗产研究院以及成都文物考古研究院签署战略合作框架协议，三方共同推动宋（蒙）元战争山城遗址群考古调查发掘工作，定期联合召开专题学术研讨会，深度挖掘、阐释其文化价值内涵，积极争取将"宋（蒙）元战争山城考古"纳入国家文物局"考古中国"重大项目；以不影响合川钓鱼城联合申遗进程为前提，力争将更多的川渝山城遗址纳入联合申遗范围，共同做好申遗前期相关工作。10月16日，四川省文物局明确表示支持武胜山城遗址作为广安市优先对象纳入联合申遗范围，同时四川省文物考古研究院武胜工作站挂牌成立，省考古院委派站长和专业人员支持武胜县申遗考古工作。12月31日，广安市人民政府将武胜山城遗址、毋章德城遗址公布为市级文保单位，市级相关部门也将武胜县申遗工作纳入了工作计划。武胜县委、县政府及时成立了申遗工作领导小组及办公室，配备了工作专班，进一步为推进考古调查和突出价值研究工作做出努力。

3. 参与"钓鱼城联合申遗"的工作要点

推动武胜山城遗址参与"钓鱼城联合申遗"的统一规划、申报，有利于保护以武胜山城遗址遗存为代表的重要文物，提升武胜县的影响力和知名度；促进武胜县的文化走出去，与世界相融，加快其经济社会发展的步伐，为建设成渝地区双城经济圈贡献武胜智慧和武胜力量。武胜县参与"钓鱼城联合申遗"，除了按照"联合申遗"的标准开展"申遗"工作外，尚需参照前述"蜀道申遗"的工作方法与步骤，做好以下三方面的工作：

一是加强川渝文物保护合作，积极参与"钓鱼城联合申遗"。武胜县必须整合成渝两地相关区、县的力量，组织专家团队进行科学论证，精心组织，扎实做好联合考古发掘、文物保护、环境治理、价值研究和宣传推广等方面的工作，做好"联合申遗"的前期准备。

二是加快对山城遗迹遗址的考古发掘。从考古角度来看，武胜山城现有遗存丰富、种类较多，主要有城墙、城门、外堡、哨所、摩崖石刻、崖墓、古墓等。遗址有元帅府、军营、炮台、墩台、马场、水军码头等军事设施，以及衙署、民居、街道、驿道、忠定书院等官民设施。这些遗迹还有待我们进一步考古发掘。现今发现的毋章德城遗址的城墙、城门、摩崖石刻大多属于清代遗迹，目前暂未发现宋（蒙）元时期的遗迹。据专家分析，武胜山城遗址出土高等级文物的可能性较大。同时，汪氏家族墓冢作为国保单位，从已出土的文物来看，类型比较丰富、文化价值颇高，有助于与武胜山城遗址出土的文物做对比研究。

三是对于参与"钓鱼城联合申遗"需要有一个客观性认识。由于"申遗"工作比较庞大、复杂，属于典型的系统性社会工程，具体工作中统筹协调的难度大，工作周期长，需要耗费大量的人力、物力、财力，是比较正常的事情。尤其是武胜县在考古、文博、文物保护利用规划、历史文化等方面的专业人才严重缺乏，遗址的考古发掘存在不确定性，突出价值得到大众普遍认可难以一蹴而就。

三、共建巴蜀文化旅游走廊

"唯创新者强，唯创新者行稳致远。"历史蕴含了丰富的经验与智慧，活化根脉，创见未来，成为武胜县文化和旅游融合高质量发展的核心理念。嘉陵江丰富的自然资源与厚重的历史文化遗产是武胜县文化和旅游融合创建未来不可或缺的重要支撑与无尽动力。我们要在深挖嘉陵江武胜段水脉、文脉、地脉与业脉的基础上，秉承活态保护、创新利用的根本原则，坚持"文化为魂，生态托底，产业支撑，活化利用，内联外动创新发展"的思路，共建巴蜀文化旅游走廊金字名片，助推武胜县文化和旅游建设开新局，上台阶。

（一）打造武胜共有精神家园

巴蜀山水素以"雄、奇、险、秀"甲天下。巴蜀之民则多奇瑰磊落之士，自汉而今，代不乏人。武胜本秦蜀连壤结穴之地，其君子则"尚忠实，好儒术"，耕读传家，进德修业，以"士风敦厚"见长；百姓则勤于稼穑，勇于拼搏，如大江奔流，勇往者众。这些历经千年积淀、传递形成的巴蜀优秀传统文化基因，铸就了武胜人如"太玄"阴阳互抱、刚柔并济的"两大传统"——诗书翰墨传家的人文传统与勇武奋进的经世传统，成为新时代活化与创新利用历史文化根脉，塑造武胜人文精神、建设武胜共有精神家园的文化基础与动力源泉。该项目由四大子工程组成，即巴蜀清白廉洁文化武胜地标工程、武胜历史名人馆工程、工业遗址博物馆工程、红岩精神干部学院工程，旨在深度挖掘武胜县历史文化传统与巴蜀文化基因，提炼、活化与创新利用历史文化根脉，塑造武胜人文精神、建设武胜共有精神家园。

1. 巴蜀清白廉洁文化武胜地标

中华优秀文化之清白做人、廉洁为官的传统，蕴含着丰富的历史内涵、政治实践与人伦道德思想，一直是中华传统道德自律和廉洁政治建设的根本要求，也是强调社会正气和质朴家风，建设共有"精神家园"不可或缺的重要经验与智慧。武胜县真静书岩刻有孔子"进德修业，惩忿窒欲"谏言，留下了李阳冰"道山"之誉，以"鹤竹"（鹤代指北宋"铁面御史"赵抃"一琴一鹤"之清白家风政风，竹代指苏轼"不可居无竹"之节义）、司马光"思无邪，公生明"为代表的清白廉洁箴言，这些清白廉洁谏语箴言深深地影响了武胜人文精神，陶冶了世人的情操，孕育了武胜"清白家风"代代传的杨维中家族（杨维中先祖杨震，是中国历史上的首位清白吏），以及清风两袖、廉政爱民的明代定远知县胡濂、胡大可、曹鸿儒等能官良吏，这些独具特色的清白思想文化是武胜县活态传承中华优秀传统文化、建设精神家园最重要的历史根底和思想源泉。

该工程旨在活态传承清白廉洁历史根底，打造巴蜀清白廉洁文化武胜地标，具体做法如下：

一是进一步组织社科界力量，对真静书岩篆刻所传承的清白廉洁精神展开深度研究、创造性阐释与普适性传播，联合打造巴蜀清白廉洁文化武胜研究基地。

二是结合新时代廉政文化建设与干部教育的实际需要，联合眉山"三苏祠"景区、成都市青白江区赵抃清白文化教育馆、新都区杨升庵清白家风纪念馆，打造巴蜀清白廉洁历史名人文化武胜地标。

三是建构自汉而宋而清的巴蜀清白文化传承宣传教育基地，建设具有武胜风范的清白廉洁精神家园，凝聚干部群众反腐倡廉共识，提升武胜县在廉政建设、家风家训宣传教育中的突出地位。

2. 武胜历史名人馆

"耕读传家久，诗书继世长"是中华好家风的根本要求与主要特征。武胜素有"尊孔重儒、耕读传家"的优良传统，如明代李永宁祖孙三代均成进士，田大年、田大益兄弟同成进士，张引、张一鲲也进士及第。这些武胜历史名人家族秉持敬德修养传统，世代书香、耕读传家之风长盛不衰，被后世称作"四李三田二张"乡贤代表。近代以来，武胜县又涌现出以修身齐家、勤俭致富为代表的段一世家族、陈晓岚家族等。一方面，当地政府要建设武胜历史名人馆，讲好武胜耕读传家故事，活态传承武胜人好学奋进、崇尚科学、经世致用、服务社会的优良家风学风，传承武胜文脉传统；另一方面，当地政府要进一步建设武胜家风家训文化馆，净化不良社会风气，提高社会文明程度。

3. 工业遗址博物馆

武胜人继承"巴师勇锐"的精神品格，历经历史长河的淘洗，演化形成了弘扬战天斗地英雄气概和勇于拼搏、迎难而上、不胜不休的奋斗精神。自新中国成立以来，武胜人战天斗地，留下了一幅幅建设美丽家园的奋斗画卷。以"国营 157 厂"建设与生产、"7002 井"为大代表的"石油大会战"以及三溪镇胜天渡槽为代表的"三线建设"工程遗址遗存，是中国人民在 20 世纪特殊而困难的条件下，继承、发扬"人定胜天"思想的英雄气概的真实反映，也是彰显武胜人民战天斗地的革命浪漫主义情怀的典范之作。当地政府要整合武胜县全境战天斗地遗存遗址，因地制宜，分别打造石油工业遗址博物馆、"三线建设"工业遗址博物馆，宣扬特殊年代武胜人民不畏艰险、"敢教日月换新天"的革命英雄气概与革命浪漫情怀，传承武胜人民精益求精的"大国工匠"精神文化传统；根据上述遗址遗存的特点，开展科学研究，打造石油钻探、光学玻璃制造等工业文化的科普研学基地；建设科创中心基地，用好用活这些宝贵遗产。

4. 红岩精神干部学院

武胜县曾是解放战争时期华蓥山武装起义主战场，有丰富而独特的红色文化资源，至今保存有真静、石盘等华蓥山武装起义遗迹遗址以及杨奚勤烈士纪念建筑群、王璞烈士牺牲纪念地等一系列革命红色基地。为赓续红岩精神，打造新时代红色教育高地，武胜县应从以下三个方面加强对这些历史遗迹全面而系统的保护与开发：

一是系统整合境内红色文化资源，打造集革命传统教育、爱国主义教育、思想品德教育于一体的青少年红色文化教育基地。

二是联合华蓥山起义其他市县红色文化旅游资源，打造以武胜县为重要节点的华蓥山游击队红色文化旅游环线。

三是借助对红岩精神的研究以及对杨益言故居的保护，联合重庆红岩革命纪念馆、十二桥革命烈士纪念馆、四川大学江姐纪念馆、自贡市大安区江姐故里，在武胜县创新打造"红岩精神干部学院"联盟，将武胜县打造成不断推进治理能力现代化、深入推进反腐败斗争、重塑风清气正政治生态强大精神力量的红色英杰宣传教育高地。

（二）打造天书地画水脉航运奇观

嘉陵江纵贯武胜县全境，留下了以"两湖""龙脊"天生桥景观和"武胜龙女寺穹窿构造"等天书地画般的水脉航运自然生态与人文奇观。当地政府要以"一江"水脉为本体，以太极湖、龙女湖河道岸线为核心，以"龙脊"天生桥景观和"武胜龙女寺穹窿构造"为辅翼，通过"太玄"

天眼工程、"南禅心音"工程，打造嘉陵江武胜段自然遗产活化保护与创新利用示范地标。

1. 打造"太玄"天眼

嘉陵江在流经东西关时形成三个自然连环大河曲，每一个河曲双岛对峙，江水左环右绕，神似负阴抱阳的"太极图"。今人称此生态奇观时说："天生太极东西关，一览三图互入环。天下奇观奇若此，阴阳鱼跃波浪翻。"对三连环"太极图"自然河曲奇观，可做如下活化创意设计：

一是打造"太玄"天眼奇观。西汉巴蜀大儒扬雄曾著《太玄》，在《周易》"天地"阴阳基础上创造性地以天、地、人三爻诠释天地万物的宇宙生成模式，重点突出了人在天地间的主导性价值，创新性地解释了宇宙、社会中"人"的价值。太极湖从上而下"太极"三连环，分别视作天（一）地（--）人（---）三爻的自然结构，借此打造武胜"太玄"天然之象景观，以与成都城市地标天府广场人造"太玄"城市景观遥相呼应，建构"一城一野"巴蜀文化旅游走廊"双太玄"奇观。太极三连环自然景观还为人们窥见扬雄"太玄"思想奥秘提供了直观视角，可借此打造天造地设的"太玄"天眼景观。

二是打造扬雄文旅游学研学武胜基地。扬雄先祖在楚汉相争之时曾落户紧邻武胜的巴郡江州（今重庆市），在太玄意象景观基础上还可以拓展打造扬雄故里文化新景观，进而整合刘禹锡所云"西蜀子云亭"、郫都区扬雄文化景区、成都天府文化广场等扬雄景区景点，创意构建"扬雄文旅游学研学武胜基地"。

三是创新打造历史名人扬雄武胜文化景点。扬雄《太玄》除受其师严君平思想影响外，还受到同居于嘉陵江中游的阆中人落下闳"浑天说"思想的启发，并在辞赋创作上受蓬安人司马相如的影响，形成了扬雄独具巴蜀文化特色的思想、学术范式。尤其是他讲天数历算之法与宇宙人生之理融会贯通的思维模式、治学路径，还被唐代袁天罡、李淳风，宋代秦九韶，明代来知德等人进一步传承发扬，推动了巴蜀天数历算的巨大发展。扬雄成为巴蜀天文历算文化史上的承前启后的关键人物。据此，当地政府可以从四川历史名人文化的建设工程角度，在太极湖创意建设四川历史名人文化武胜天数历算展示长廊。

2. 打造"南禅心音"妙地

巴蜀是南传佛教重地，也是历代禅宗重镇，素有"言禅者不可不知蜀，言蜀者尤不可不知禅"之说。沿口古镇乃北宋古镇，沿口码头一向是川东水陆要冲、航运商贸重要场地，也是巴蜀禅宗丛林要地。龙女湖沿岸有始建于北宋的永寿寺、千佛崖以及明修观音寺、清修南禅寺等禅宗庙宇，这正是巴蜀禅宗在龙女湖的重要文化载体。禅院晨钟暮鼓，有助于提醒每日行色匆匆的人们静下心来思考人生、体悟生活禅的价值与意义。坐落于龙女湖中间的大中坝则是丛林禅音鼓点叠加的最佳聆听汇点。据此，当地政府可以通过植入禅宗"平常心是道""即心即佛""明心见性"等禅心物语景观，在大中坝打造"南禅"丛林禅心体悟地，为武胜县纳入巴蜀禅宗文化旅游环线建设增加静心修身去处妙地。

桐子壕航电枢纽渠化江水，素有定远"八景"之称的"平洲草色"——大中坝离岛得以静卧湖心。远望则武胜山城、毋德山城雄峙两岸，嘉陵江大桥长虹卧波；近观则西岸众山逶迤，半岛竹树锦绣如画，东岸雕甍画栋，人流如织，似锦年华；举目则"落霞与孤鹜齐飞"；静思则波心荡漾禅音入耳。据此，当地政府可以大中坝为"龙女湖之心"，以游船、绿道串联龙女湖沿岸景致，构建集"观景·听禅·净心"于一体的"龙女禅心"游江观景旅游线路。

（三）建设水脉航运"珍珠项链"

当地政府可以依托嘉陵江武胜水脉航运资源，打造具有地域特色的沿江古镇群落，形成以"烈面-龙女-石盘-沿口-中心"等古镇为核心的水脉航运"珍珠链"，实现沿江古镇资源的创新性发展与创造性转化。

1. 打造烈面江南水乡风情体验小镇

烈面镇位于烈面溪与嘉陵江交汇的西岸，自明兴市以来，便有"镇以溪名，溪以镇显"之说，曾是顺庆府（今南充市）、蓬溪、定远（今武胜县）和岳池县等府、县驿站的马房重地，亦是河西商贸与人文巨镇。从江边凉亭寺至小南海尼姑庙，负山面水、店铺栉比鳞次，码头、街巷、梯桥相连，墙垣竹树相映成趣，街道、水巷间车船商旅你来我往、行人络绎不绝，颇有江南水乡小镇的风韵与情调。烈面镇尚存码头民居，街道、河岸、码头肌理尚在，规制布局大体形貌犹存，江陵寺、王爷庙、小南海等反映水脉航运文化的文化基因明显。沿烈面老街区彰显川东建筑风格的青石板、石立柜、码头台阶、吊脚楼以及穿斗式结构、木立柱等建筑文化元素颇多。据此，当地政府可以整合烈面码头、老街区及周边反映航运码头文化的淳风寺、王爷庙、佛庵小南海、白（百）云寺等水脉航运遗存遗址，打造江南水乡风情体验小镇。

2. 建设嘉陵江水脉航电研学目的地

嘉陵江武胜段水资源极为丰富，在 117 千米范围内，分别建有东西关水电站和桐子壕航电枢纽工程，两者均是嘉陵江梯级渠化开发的重要成果，为嘉陵江其他航电枢纽建设提供了重要参考，是推动武胜经济、社会发展的新增长点、增长极。作为嘉陵江武胜段水脉航运现代发展利用的两大标志，一是可以在桐子壕水航电枢工程所在的大塘坝附近选址，修建武胜水脉航运成就展览馆、历史博物馆和青少年研学中心，宣传武胜在治水利水、发展水脉航运方面所取得的成就、经验与智慧，传承武胜水脉航运历史文化基因；二是借助蓄水造景，通过文化与科技融合的方式，整合航电枢纽站及周围水域、沿岸自然人文景点、景观，结合城镇形象塑造，打通水陆游线接驳游线等方式，因地制宜，分别在太极湖建设"汉初印象"游湖度假区，在龙女湖建设嘉陵江湾区半岛风景度假区。

3. 打造龙女码头文化和旅游小镇

龙女镇前临嘉陵，后背陡坡高岩，地貌环境独特。龙女镇虽得名于一则关于龙女寺神话传说，但它却是打响武胜县龙女湖景区之文化源头，亦是地质学教材中"龙女寺穹窿构造""龙女寺环状构造"等地质名称的"武胜地标"。龙女镇曾是嘉陵江畔一处重要的商旅航运码头，清代、民国时期的房屋建筑、街巷、台阶、路面保存较为完好，集镇整体结构完好，街区肌理清晰，道路、房屋形态布局样貌古旧，至今保留着农耕时代形成的每月逢 3、6、9 赶集的交贸、交流习俗。来此赶集的人大多习惯于坐船过江，并沿石板路走到老街赶集，抑或沿山路步行下坡到老街赶集等。龙女镇老街保存沿袭着因航运兴起的码头古镇的生态、形态和业态，成为嘉陵江畔依山面水码头古镇从古典到现代转型的一大活标本。对于老街的活化利用与保护，当地政府可以围绕"码头古镇，文旅风情"这一主题，打造龙女码头文化和旅游小镇：

一是可以通过修旧如旧、有机更新的方式，充分利用老街原有的空间布局与街道结构形制，恢复龙女镇老街及左右两条侧街的原有结构布局风貌与历史自然形态，对街道建筑的立面风貌进行全面整治，突出老街前店后院、宜居宜商的码头古镇功能特征，使人们记住它作为码头古镇的浓浓"乡愁"意味。

二是复建原有石板古道，连接慈航宫、字库塔、何氏宗祠等古镇文化遗存，延续嘉陵江码头古镇崇儒重道、亦商亦儒、聚族而居的移民文化特质。

三是活态传承古镇非物质文化遗产。通过集中培训提升原有居民非物质文化遗产技能的方式，做强做特以龙女白酒为代表的龙女镇非物质文化遗产品牌；鼓励发展与航运相关的餐饮、竹编草编以及石匠铁匠木匠等旧有业态；招引优质专业的古镇新业态开发团队，对古镇进行系统开发；采取租赁或联合经营的方式，发展民俗、创客、影视等新型业态，增强古镇的活力。

4. 打造川剧小镇

石盘镇因嘉陵江水绕巨型石盘在此形成回水沱而得名，其沿江而建，主体由三条呈"人"字形街道构成，由外省移民与本地居民修建而成。据石盘沱有关"七祠对四庙"的记载，场镇上曾建有刘家、秦家、冯家、彭家、谭家等多家祠堂，至今现存简家院子、许家院子等清末民国时的民居。石盘镇建有来自不同区域的移民会馆，如江西人建的万寿宫、湖湘人建的禹王宫以及本地巴蜀之民为纪念李冰建立的川主庙，说明外省移民与本地居民在水码头采用的是聚族而居、各司其职的生活生产方式。回水沱在石磐处形成的水湾，利于往来嘉陵江的船只停泊与上岸休憩、补给。船停此处时，船家、纤夫、商贩纷纷上岸，或休整、或补给、或歇息。原本简陋的水码头，逐渐发展成为主要以服务于航运客商、船工的码头型重要场镇。街道的布局与功能分区也以满足航运需要而展开：上街主要是铁匠铺、榨油坊、杂货铺等手工作坊区，主要为船工、纤夫、商旅提供水上航运物品；北街主要是竹编、米面粮食、肉类禽蛋交易等市场，主要为往来客商与当地民众提供生活用品；南街直接与码头连接，主要是戏台、酒馆、茶馆等供往来客商休闲娱乐的场所。而具有巴蜀娱乐特质的川剧表演艺术较为发达，人才亦众多，乃至民国年间石盘镇有"戏窝子"之称。石盘镇古街紧邻今岳池县洪恩寺，或许是受洪恩寺武僧文化的影响，石盘镇尚武之风颇盛，尚武重义的传统在民众间流传甚广，对掀起石盘起义产生了一定的影响。据此，对于石盘古街文化遗产，当地政府可以以"川剧戏窝子，移民水码头"为主题，做以下活化利用：

一是打造川剧小镇，即鼓励川剧专家、爱好者在石盘传承川剧艺术，培养青少年戏剧人才，提升石盘川剧的技艺水平；修复现存的川剧戏台，赋予其现代表演所需的各项功能，打造既古又新的码头川剧新剧场，定期举行川剧艺术表演活动，传承石盘"戏窝子"文化传统；以发展传承川剧艺术为指引，吸引川剧艺术发烧友到石盘传授技艺、体验生活和开展创作，推动川剧艺术在石盘的发展，为提升石盘古镇活力注入新的力量。

二是活化古镇历史功能分区与活化街区传统业态功能，即在活态保护古镇街区建筑布局样式的基础上，修复被人为损坏的街道石板路面，有机更新沿街台阶、门窗、柜台，修缮坍塌房屋，美化街区立面，统一规划店招色彩与式样，提升古镇内外风貌与形象。

三是培育扶持非遗传承人，恢复发展竹编草编、酿酒、米面加工等作坊手工业，发展川剧、武术等传统技艺类的民俗、旅居业态，丰富古镇新业态。

5. 打造沿口水脉航运时代展场

沿口古镇是嘉陵江流域中游最大的水码头。自宋代建立水码头以来，从嘉陵江过往的大型商船无不在此停泊，一度是川东北、秦陇等地药材、湘鄂棉纱、内江白糖、本地粮油的集散流转之处，商贸航运的大展场。古街建在嘉陵江凹形湾区，街巷依山顺坡而建，房屋为穿斗砖木结构，前店后院，宜居宜商，集市、货铺、作坊、旅店热闹非凡，会馆、庙宇、馆阁，一应俱全。特别是 1953 年武胜县委县府迁来后，古镇更是一度繁华。由于嘉陵江洪水侵害以及县城政治、经济、文化中心外迁转移，沿口古镇水码头人流物流锐减，繁华不再。2024 年，武胜县人民政府决定对沿口古镇棚户区进行整治改造，对沿口古镇文化遗产资源利用也做了规划，兹不赘述。

6. 打造嘉陵江县治文化地标

中心镇作为明、清两代定远县城治所之地，前后多达 400 年。明嘉靖年间，古城初建时，"周回五百余丈"，万历年间重修，"周四里二分，计六百六十六丈"。到清嘉庆时，城内已经发展出十三条街道。作为清代县城治所，县署、儒学署、防汛处、军器局、养济院、育婴堂等官用民居设施齐备，以及作为民用的天上宫、万寿宫、城隍庙、文庙、武庙等祠庙宫观也一应俱全，整个县城素有"九街十八巷""九宫十八庙"之誉，至今还保留有明修城墙、文庙、武庙、天上宫、文昌宫、城隍庙、万寿宫、镜心亭等文化遗存遗址，具有较高的历史、文化、艺术与旅游价值。可以说，庙儿坝定远古城是目前嘉陵江流域县治建筑保存最完善的古镇，也是武胜县百年历史兴衰不可多得的珍贵实物证据。据此，当地政府可以围绕

"县治建筑文化活化利用典范"，打造嘉陵江县治文化地标：

一是根据四川大学所做的已有测绘资料，恢复定远古城县治原有建置、规模、布局形态，打造嘉陵江流域明、清两代县治地标，展示武胜县在巴蜀历史变迁中的显著地位。

二是根据古城建筑布局、结构与肌理，活态修复现有建筑，防止明清建筑遗存再次遭受破坏，充分发挥国学建筑文化资源功能，活态利用武庙、文昌宫、文庙建筑群，可与西华师范大学共建儒学研修培训中心，在万寿宫建筑群与四川省客家中心合作建设客家移民文化中心，传承中华优秀传统文化，打造嘉陵江流域书香国学研学园地。

三是引入专业优质古镇活化利用团队，发掘古城价值，激活其潜能，全面提升古城街区利用能力，发挥明清古建筑群落集聚优势，探索发展古城文化和旅游业态，重点引入新型服务业，培植古城民宿、古城影视基地、科创园、文创园等新型业态；融入成渝两地活化成功古镇群，借力借智成渝古镇联盟，延续古城活态基因，充分利用后发优势，创新打造嘉陵江流域、巴蜀文化旅游走廊县治文化遗产活化利用时代典范。

（四）建成江湾半岛十里黄金岸线

1. 江湾半岛城市形象提质工程

当地政府要以打造武胜县城市形象景观为目标，不断提升沿口古镇综合承载能力以及文化和旅游产业发展内生动力，充分发挥沿口镇对整个新、旧城区形象升级的辐射与引领作用，助推城市整体形象提质增效；通过改造老旧小区、整治背街小巷，抓好城市绿化、美化、亮化、净化，打造嘉陵江滨江城市湾区文化和旅游休闲新地标。

2. 新印山公园提档升级工程

当地政府要充分利用沿江绿道，串联沿口镇、新印山公园、武胜火锅产业园、龙女湖江湾半岛度假旅游休闲区，发挥其与沿口镇、城市新区的锚钉链接作用；不断完善新印山公园文化和旅游功能设施，优化细化新印山公园旅游服务管理水平，提升公园接待容纳能力，规范沿江商铺店招、立面形态，推进园区提档升级，助推武胜县公园城市建设。

3. 沿口古镇码头水上运动功能提质工程

当地政府一是要加快龙女湖皮划艇、赛艇培训基地设施建设，不断提升专业培训水平，力争打造全国水上赛事活动基地。二是要传承创新武胜县龙舟节庆活动，定期举办民间赛事与专业赛事，打造中国·四川嘉陵江龙舟旅游文化节品牌；主动参与制订龙舟赛赛程，借助赛事举办多种水上体育竞技、商贸展销、文艺展演活动，扩大武胜龙舟节庆赛事文化内涵、产业链条和吸引力，擦亮中国·四川嘉陵江龙舟旅游文化节赛事这块金字招牌。三是要通过打造水陆接驳游线，规划建设环龙女湖风景区旅游环线绿道，提升龙女湖生态·健康·度假旅游品质，打造嘉陵江江湾生态半岛休闲度假必选地；开展龙女湖景区夜晚光照工程建设，开通龙女湖夜游线路，对接河岸"夜经济"，丰富龙女湖夜巡休闲内容，提升龙女湖度假区水上娱乐消遣功能与品位。

4. 建设"六代"县治记忆窗口

为了展示武胜县历史演进脉络，当地政府可以建设"六代"县治经典记忆窗口，如在大堂坝武胜县山城新建武胜军、州、县治所，展出（蒙）元治所的历史风貌；在原旧县乡唐新明县遗址，新建新明县治所，展示唐代县治治所面貌；在新印山公园茶园附近新建汉初县治治所，以与现有文化建筑形态相匹配；在定远楼附近新建定远县治所；在沿口古镇建立1953年从中心镇迁移至沿口镇时的政府所在地标志性景观；通过绿道串联，建构武胜县五朝县治经典记忆大窗口，展示武胜县历史演变脉络与线索，增强武胜县历史的文化凝聚力与影响力。此外，当地政府还要不断丰富公园的历史底蕴与文化内涵，增设公园廊道、亭阁，沿廊道、亭阁植入反映水脉航运历史文化底蕴的景点组团，凸显武胜县历史发展的脉络；植入武胜县书香翰墨历史传统，突出武胜县崇文尚武的历史传统；新增观景台、观景口，方便游客登高观赏龙女湖美景，提升武胜县作为公园城市的文化和旅游内涵与游赏体验功能。

参考文献

蔡礼彬，王湉，2023. 文化遗产地文旅融合因素与作用机理研究：以湘西老司城遗址为例 [J]. 四川师范大学学报（社会科学版），50（1）：91-97.

蔡旺春，2010. 中国文化产业关联程度与波及效应分析 [J]. 统计与决策（19）：96-98.

查建平，谭庭，李园园，等，2018. 中国旅游产业关联效应及其分解：基于投入产出分析的实证研究 [J]. 山西财经大学学报，40（4）：62-74.

陈红玲，郑馨，2021. 城镇化与文旅融合发展的动态关联研究：基于产业融合视角的 PVAR 模型分析 [J]. 生态经济，37（8）：112-117，125.

陈建，2021. 契合中的差距：乡村振兴中的文旅融合政策论析 [J]. 长白学刊（3）：72-79.

陈万明，戴克清，王磊，2018. 旅游产业创新绩效影响因素研究：基于共享经济视角 [J]. 软科学，32（5）：24-36.

程励，张俊，魏秀蓉，等，2021. 全域旅游系统演化、产业融合与价值共享研究 [M]. 北京：科学出版社.

崔凤军，徐鹏，陈旭峰，2020. 文旅融合高质量发展研究：基于机构改革视角的分析 [J]. 治理研究，36（6）：98-104.

戴克清，苏振，黄润，2019. "互联网+"驱动中国旅游产业创新的效率研究 [J]. 华东经济管理，33（7）：89-95.

范周，李思雨，2024. 系统推进我国文旅产业数字化转型 [J]. 国家治理（9）：67-72.

冯学钢，2024. 探索地方文旅高质量融合发展的创新路径 [J]. 人民论坛（7）：99-103.

高波，吕有金，2022. 中国式现代化道路：理论逻辑、现实特征与推进路径［J］. 河北学刊, 42（6）：110-118.

古予馨, 张辰润, 2022. 我国地方政府文旅融合政策演进研究：基于四川省政策文本的分析［J］. 四川图书馆学报（4）：2-10.

郭强, 王晓燕, 2023. 文旅融合助推海南旅游业高质量发展研究［J］. 海南大学学报（人文社会科学版）, 41（3）：130-140.

侯兵, 杨君, 余凤龙, 2020. 面向高质量发展的文化和旅游深度融合：内涵、动因与机制［J］. 商业经济与管理（10）：86-96.

黄韫慧, 贺达, 2022. 中国文化产业政策演进与"十四五"优化策略［J］. 南京社会科学（1）：164-172.

黄震方, 张子昂, 李涛, 等, 2024. 数字赋能文旅深度融合的理论［J］. 旅游科学, 38（1）：1-16.

江金波, 龙云, 2021. 粤港澳大湾区文化和旅游融合政策工具研究：基于内容分析法的政策文本分析［J］. 城市观察（5）：7-19.

江凌, 2023. 文旅新业态的生成机制、发展逻辑与高质量发展路径［J］. 贵州师范大学学报（社会科学版）（3）：144-160.

解学芳, 雷文宣, 2023. "智能+"时代中国式数字文旅产业高质量发展图景与模式研究［J］. 苏州大学学报（哲学社会科学版）, 44（2）：171-179.

李军, 2018. 新时代乡村旅游研究［M］. 四川：四川人民出版社.

李思琪, 李思扬, 唐雪梅, 2023. 文旅融合高质量发展绘就乡村振兴新画卷［J］. 中国农业资源与区划, 44（7）：247+258.

厉建梅, 2016. 文旅融合下文化遗产与旅游品牌建设研究［D］. 济南：山东大学.

厉新建, 宋昌耀, 蔡淑玉, 等, 2024. 专利视角下旅游业新质生产力的理论框架与提升策略［J］. 燕山大学学报（哲学社会科学版）, 25（4）：69-76.

厉新建, 宋昌耀, 殷婷婷, 2022. 高质量文旅融合发展的学术再思考：难点和路径［J］. 旅游学刊, 37（2）：5-6.

刘一凡, 2024. 文旅高质量发展的逻辑、问题与路径［J］. 社会科学家（1）：96-101.

刘英基, 邹秉坤, 韩元军, 等, 2023. 数字经济赋能文旅融合高质量发展：机理、渠道与经验证据［J］. 旅游学刊, 38（5）：28-41.

陆艳，毛婕，丁若时，2023. "十四五"时期乡村文旅建设政策工具的文本分析 [J]. 图书馆研究与工作（8）：37-44.

明庆忠，闫昕，刘宏芳，2024. 旅游新质生产力发展：为何、如何、何为 [J]. 四川旅游学院学报（4）：1-7.

沈均明，2022. 增强文化自信推动文旅产业高质量发展 [J]. 人民论坛（20）：107-109.

宋瑞，杨晓琰，2024. 数字经济促进现代旅游业体系建设：内在逻辑与对策建议 [J]. 价格理论与实践（5）：26-31.

速继明，华诺，2024-03-23. 进一步解放和发展文化新质生产力 [N]. 文汇报（005）.

谭娜，黄伟，2021. 文化产业集聚政策带动地区旅游经济增长了吗？：来自文创园区评选准自然实验的证据 [J]. 中国软科学（1）：68-75，135.

唐承财，李燕琴，刘丽梅，2023. 探索新时代乡村文旅新路径："乡村振兴与乡村文旅高质量发展"专辑序言 [J]. 地理科学进展，42（8）：1433-1436.

唐权，2017. 混合案例研究法：混合研究法在质性-实证型案例研究法中的导入 [J]. 科技进步与对策，34（12）：155-160.

唐权，杨立华，2016. 再论案例研究法的属性、类型、功能与研究设计 [J]. 科技进步与对策，33（9）：117-121.

唐睿，王艺源，2023. 数字经济驱动文旅产业高质量发展：基于长三角的实证研究 [J]. 中国经济问题（2）：165-180.

陶长琪，周旋，2015. 产业融合下的产业结构优化升级效应分析：基于信息产业与制造业耦联的实证研究 [J]. 产业经济研究（3）：21-31，110.

王金伟，陆林，王兆峰，等，2024. 新质生产力赋能旅游业高质量发展：理论内涵与科学问题 [J]. 自然资源学报，39（7）：1643-1663.

王经绫，2020. 民族地区文化和旅游融合发展影响要素的系统建构：基于71个民族县域文旅融合发展要素调查问卷的分析 [J]. 西南民族大学学报（人文社科版），41（8）：24-30.

王克岭，段玲，2023. 文化旅游产业政策量化评价：2009—2021年政策样本的实证 [J]. 华侨大学学报（哲学社会科学版）（5）：43-54.

王琼，杨德才，2024. 新质生产力赋能文化和旅游产业高质量发展的逻辑机理、现实挑战与实践路径［J］. 南京社会科学（7）：152-160.

魏妮茜，项国鹏，2022. "双碳"背景下文旅融合高质量发展的生态体系构建：基于绍兴的实践探索［J］. 社会科学家（5）：38-44.

文冬妮，2022. 城市群文旅产业高质量发展的驱动机制及优化路径：以广西北部湾城市群为例［J］. 社会科学家（5）：53-60.

吴丽，梁皓，虞华君，等，2021. 中国文化和旅游融合发展空间分异及驱动因素［J］. 经济地理，41（2）：214-221.

吴三忙，2012. 产业关联与产业波及效应研究：以中国旅游业为例［J］. 产业经济研究（1）：78-86.

夏杰长，贺少军，徐金海，2020. 数字化：文旅产业融合发展的新方向［J］. 黑龙江社会科学（2）：51-55，159.

肖津，2024. 数字经济背景下文旅产业转型发展的经济政策研究［J］. 中国集体经济（21）：13-16.

肖琼，2021. 多元文化政策背景下加拿大原住民社区博物馆功能价值探析［J］. 民族学刊，12（6）：77-81，124.

许春晓，胡婷，2018. 大湘西地区文化与旅游融合潜力及其空间分异［J］. 经济地理，38（5）：208-216.

严伟，2023. 数字经济赋能旅游业高质量发展的演化机理及政策协同［J］. 社会科学家（1）：42-48.

杨明月，戴学锋，2024. 文化认同视域下文化旅游铸牢中华民族共同体意识实践研究：基于新疆地区的调研案例［J］. 云南民族大学学报（哲学社会科学版），41（4）：80-87.

叶紫青，刘怡君，王鹏飞，2022. 大数据促进旅游业高质量发展的作用机制与政策建议［J］. 企业经济，41（8）：132-141.

余正勇，2024. 旅游业新质生产力：概念内涵、价值意蕴及培育路径［J］. 燕山大学学报（哲学社会科学版）（4）：61-68，96.

袁丹，雷宏振，兰娟丽，等，2015. 文化产业与信息产业的产业关联与波及效应分析［J］. 统计与信息论坛（4）：65-70.

张朝枝，2018. 文化与旅游何以融合：基于身份认同的视角［J］. 南京社会科学（12）：162-166.

张朝枝，林诗婷，2017. 旅游是什么?：基于政府文件的话语分析

[J].旅游导刊,1(2):20-31,121.

张春娥,2015.案例研究法在旅游研究中的应用效果探讨:基于《旅游学刊》2009—2013年的统计[J].广州大学学报(社会科学版),14(4):72-77.

张玉蓉,蔡雨坤,2022.数字文旅产业高质量发展的契机、挑战与对策研究[J].出版广角(7):53-57.

赵剑波,史丹,邓洲,2019.高质量发展的内涵研究[J].经济与管理研究,40(11):15-31.

赵金金,2019.中国区域旅游经济增长研究[M].北京:中国社会科学出版社.

赵书虹,陈婷婷,2020.民族地区文化产业与旅游产业的融合动力解析及机理研究[J].旅游学刊,35(8):81-93.

郑自立,2022.文旅融合促进共同富裕的作用机理与政策优化研究[J].广西社会科学(9):121-128.

周建新,骆梦柯,2024-06-03.文化领域新质生产力的发展路径[N].南方日报(3).

周锦,王廷信,2021.数字经济下城市文化旅游融合发展模式和路径研究[J].江苏社会科学(5):70-77.

周翼翔,姜文杰,2021.战略创业如何推动AI新创企业跨越式发展?:基于云从科技的案例研究[J].管理案例研究与评论,14(3):278-294.

周振华,2003.信息化与产业融合[M].上海:上海人民出版社.

邹建琴,明庆忠,刘安乐,2022.现代旅游文化产业体系的构建逻辑与路径研究[J].学术探索(4):75-81.

杨勇,2024.旅游新质生产力:供需特质、创新取向与新旧之辨[J].旅游导刊,8(3):48-57.

BALLESTEROS R E, RAMÍREZ M H, 2007. Identity and community-reflections on the development of mining heritage tourism in Southern Spain [J]. Tourism management, 8 (3): 677-687.

BRAMWELL B, 2010. Participative planning and governance for sustainable tourism [J]. Tourism recreation research, 35 (3): 239-249.

GARROD B, 2003. Local participation in the planning and management of ecotourism: a revised model approach [J]. Journal of ecotourism, 2 (1):

33-53.

HSU C H C, HUANG S S, 2016. Reconfiguring Chinese cultural values and their tourism implications [J]. Tourism management, 54 (6): 230-242.

NICHOLAS L N, THAPA B, KO Y J, 2009. Residents' perspectives of a world heritage site: the pitons management area, st. Lucia [J]. Annals of tourism research, 36 (3): 390-412.

PRIMORAC, JAKA, KORZINEK, et al., 2017. "The place and role of Cul-ture in the EU agenda. Policy implications of the culture Sub-programme of the creative europe programme" [J]. Croatianjournal for journalism and the media, 23 (1): 5-23.

RASOOLIMANESH S M, JAAFAR M, 2017. Sustainable tourism development and residents' perceptions in World Heritage Site destinations [J]. Asia pacific journal of tourism research, 22 (1): 34-48.

SOTIROULA L, 2018. Representation of cultural tourism on the web: critical discourse analysis of tourism websites [J]. International journal of culture tourism and hospitality research, 12 (3): 327-347.

TU S, LONG H, ZHANG Y, et al., 2018. Rural restructuring at village level under rapid urbanization in metropolitan suburbs of China and its implications for innovations in land use policy [J]. Habitat international, 77: 143-152.

URIARTE Y T, ANTOGNOZZI T, CATONI M L, 2019. Investigating tourism impacts of festivals: an exploratory case study of a Big-scale Comic-con [J]. Event management, 23 (6): 817-883.

ZHA J, SHAO Y, LI Z, 2019. Linkage analysis of tourism - related sectors in China: an assessment based on network analysis technique [J]. International journal of tourism research, 21 (4): 531-543.

附录 A 文化部 国家旅游局 关于促进文化与旅游 结合发展的指导意见

文化部 国家旅游局关于促进文化 与旅游结合发展的指导意见

文市发〔2009〕34 号

各省、自治区、直辖市文化厅（局）、旅游局，新疆生产建设兵团文化局、旅游局：

为落实中央扩大内需的战略部署，推进文化与旅游协调发展，满足人民群众日益增长的文化消费需求，现提出以下意见：

一、高度重视文化与旅游的结合发展

近年来，在各级党委、政府的领导和支持下，文化、旅游相互融合、相互促进，取得了一定的经济效益和良好的社会效益。但总的来看，文化与旅游结合发展仍存在合作领域不宽广、合作机制不顺畅、政策扶持不到位等问题，文化旅游发展现状与当前日益增长的市场需求还不完全适应。在新形势下促进文化与旅游深度结合，是文化和旅游部门的共同责任。

文化是旅游的灵魂，旅游是文化的重要载体。加强文化和旅游的深度结合，有助于推进文化体制改革，加快文化产业发展，促进旅游产业转型升级，满足人民群众的消费需求；有助于推动中华文化遗产的传承保护，扩大中华文化的影响，提升国家软实力，促进社会和谐发展。各地要从构

建社会主义和谐社会的高度，以"树形象、提品质、增效益"为目标，采取积极措施加强文化与旅游结合，切实推动社会主义文化大发展大繁荣。

二、推进文化与旅游结合发展的主要措施

（一）打造文化旅游系列活动品牌

举办全国性文化旅游节庆活动。从 2010 年开始，文化部、国家旅游局每 4 年推出一个中国文化旅游主题年，每 2 年举办一届中国国际文化旅游节。引导区域性文化旅游节庆活动。在兼顾时间和地域布局的前提下，文化部和国家旅游局每 2 年公布 8 至 10 个地方文化旅游节庆活动扶持名录，并通过联合举办、政策优惠、资金补贴等多种方式进行支持，期满后根据活动绩效对扶持名录进行调整并予以公布。

（二）打造高品质旅游演艺产品。从促进旅游发展的角度，鼓励对现有演艺资源进行整合利用，鼓励社会资本以投资、参股、控股、并购等方式进入旅游演出市场，允许适度引进境外资本投资国内旅游演出市场。鼓励运用现代高新科学技术，创新演出形式，提升节目创意，突出地域特点和文化特色，打造优秀旅游演出节目。旅游景区（点）要广泛吸纳文艺演出团体和艺术表演人才以多种方式灵活参与景区经营，不断提高景区（点）的文化内涵。有条件的红色旅游景区，要积极开发面向市场、面向群众的演出活动，丰富红色旅游的文化内涵，提高红色旅游的经济效益。

（三）利用非物质文化遗产资源优势，开发文化旅游产品。坚持保护为主、合理利用的原则，既要保留非物质文化遗产的原生态和本真性，又要通过旅游开发向外界宣传推广。对传统技艺类非物质文化遗产，通过生产性保护方式，加以合理利用，为旅游业和文化产业发展注入新鲜元素。对传统表演艺术类非物质文化遗产，一方面注重原真形态的展示，另一方面通过编排，成为具有地方民族特色和市场效益的文化旅游节目。依托文化生态保护实验区中独具特色的文化生态资源，积极发展文化观光游、文化体验游、文化休闲游等多种形式的旅游活动。

（四）实施品牌引领战略，引导文化旅游产品开展品牌化经营。以旅游热点地区为重点，采取地方申报，文化部和国家旅游局认定的方式，编制双年度《国家文化旅游重点项目名录》，对列入名录的文化旅游项目在行业政策、项目审批、信息服务和市场开拓等方面给予重点扶持。对文化旅游结合发展成效突出的典型项目，文化部和国家旅游局共同进行表彰。

给予一批以资本为纽带的文化旅游企业必要的政策扶持，支持其向集团化和品牌化方向发展。引导和支持优秀旅游城市规划建设旅游文化名街、名镇，推进文化旅游示范县建设，打造文化旅游特色产业聚集区。

（五）鼓励主题公园、旅游度假区设立连锁网吧、游戏游艺场所。结合不同主题公园、旅游度假区的特点，鼓励网吧连锁企业在符合一定标准和条件的主题公园和旅游度假区开设直营连锁门店，鼓励游艺娱乐企业在主题公园和旅游度假区开设游艺娱乐场所，丰富文化主题内容，创新文化传播体验方式，提升主题公园和旅游度假区的感染力和吸引力，打造一站式旅游消费和文化娱乐园区。

（六）举办文化旅游项目推介洽谈会，推动文化旅游企业开展合作。各级文化和旅游部门通过举办论坛、投资洽谈会、项目交易会等形式，推进文化企业与旅游企业的沟通与合作。鼓励以资本为纽带的文化、旅游企业间的合作，实现优势互补、市场共享。旅行社企业要积极组织和宣传具有地方特色的文化项目和文化活动，提升旅游产品的文化品位。

（七）深度开发文化旅游工艺品（纪念品）。文化行政部门鼓励创意制作符合地方文化特点的文化旅游工艺品（纪念品），挖掘旅游品牌的形象价值，拓展旅游品牌的产业链条；旅游部门积极创造条件，加强文化旅游工艺品（纪念品）的市场推广，逐步提高工艺品（纪念品）的信誉和影响力。举办全国文化旅游工艺品（纪念品）博览会和全国文化旅游工艺品（纪念品）创意设计大赛。鼓励有创新特色的文化旅游工艺品（纪念品）申请外观设计专利，加强对文化旅游工艺品（纪念品）的知识产权保护。

（八）加强文化旅游产品的市场推广。文化旅游推广与对外文化工作相结合，在中国与其他国家举办的文化年或其他主题文化活动中增设旅游产品和项目展示，整合各方资源，增强宣传效果，扩大国际影响。旅游部门发挥市场推广优势，将反映地方文化特色的文化产品纳入国内外旅游项目推广计划，充实旅游产品的文化内涵。

（九）积极培育文化旅游人才。文化部与国家旅游局联合编制文化旅游人才培训规划，确立一批文化旅游实践基地和文化旅游人才培养院系（专业），加强文化旅游人才培训。根据市场需求和文化旅游产业发展实际，定期组织文化旅游从业人员业务培训，联合开展导游和讲解员培训，努力培育一支高素质、专业化的文化旅游人才队伍。

（十）规范文化旅游市场经营秩序。文化市场执法机构与旅游质监机构要建立规范文化旅游市场经营秩序的联合监管机制，开展联合执法和日常监督检查。要依照法律法规规定，抓住重点问题、关键环节实施监管。坚决打击欺骗、胁迫旅游者参加计划外自付费项目或强制购物的行为；打击导游司机私自收受高额回扣行为；打击假冒伪劣文化旅游工艺品（纪念品）；打击宣扬低俗色情和封建迷信的文化旅游产品和非法经营行为。

三、加强组织领导，完善工作机制

建立文化部门与旅游部门协作配合长效工作机制，进一步加强对文化旅游结合工作的领导。文化部和国家旅游局成立两部门分管部局领导牵头，相关职能司局参加的文化旅游合作发展领导小组。各级文化部门和旅游部门要建立相应合作协调工作机制，制定本地区文化旅游发展规划，定期通报文化旅游结合发展的最新动态，加强本地区文化旅游的紧密合作。

各级文化和旅游部门要进一步增强对文化旅游结合发展重要性的认识，增强使命感和责任感。要按照本《意见》要求，在当地党委和政府的领导下，结合本地工作实际，抓紧制定贯彻本《意见》的具体办法，精心组织，周密部署，扎实推进，确保各项政策措施落到实处。要加强统筹、分工协作，进一步完善文化旅游合作机制，积极探索推进文化旅游协作的新方法、新思路、新途径，不断开创文化旅游工作的新局面。

文化部　国家旅游局

二〇〇九年八月三十一日

附录 B 国务院办公厅关于
促进全域旅游发展的指导意见

国务院办公厅关于促进全域旅游发展的指导意见

国办发〔2018〕15 号

各省、自治区、直辖市人民政府，国务院各部委、各直属机构：

旅游是发展经济、增加就业和满足人民日益增长的美好生活需要的有效手段，旅游业是提高人民生活水平的重要产业。近年来，我国旅游经济快速增长，产业格局日趋完善，市场规模品质同步提升，旅游业已成为国民经济的战略性支柱产业。但是，随着大众旅游时代到来，我国旅游有效供给不足、市场秩序不规范、体制机制不完善等问题日益凸显。发展全域旅游，将一定区域作为完整旅游目的地，以旅游业为优势产业，统一规划布局、优化公共服务、推进产业融合、加强综合管理、实施系统营销，有利于不断提升旅游业现代化、集约化、品质化、国际化水平，更好满足旅游消费需求。为指导各地促进全域旅游发展，经国务院同意，现提出以下意见。

一、总体要求

（一）指导思想

全面贯彻党的十九大精神，以习近平新时代中国特色社会主义思想为指导，认真落实党中央、国务院决策部署，统筹推进"五位一体"总体布局和协调推进"四个全面"战略布局，牢固树立和贯彻落实新发展理念，加快旅游供给侧结构性改革，着力推动旅游业从门票经济向产业经济转变，从粗放低效方式向精细高效方式转变，从封闭的旅游自循环向开放的"旅游+"转变，从企业单打独享向社会共建共享转变，从景区内部管理向全面依法治理转变，从部门行为向政府统筹推进转变，从单一景点景区建设向综合目的地服务转变。

（二）基本原则

统筹协调，融合发展。把促进全域旅游发展作为推动经济社会发展的重要抓手，从区域发展全局出发，统一规划，整合资源，凝聚全域旅游发展新合力。大力推进"旅游+"，促进产业融合、产城融合，全面增强旅游发展新功能，使发展成果惠及各方，构建全域旅游共建共享新格局。

因地制宜，绿色发展。注重产品、设施与项目的特色，不搞一个模式，防止千城一面、千村一面、千景一面，推行各具特色、差异化推进的全域旅游发展新方式。牢固树立绿水青山就是金山银山理念，坚持保护优先，合理有序开发，防止破坏环境，摒弃盲目开发，实现经济效益、社会效益、生态效益相互促进、共同提升。

改革创新，示范引导。突出目标导向和问题导向，努力破除制约旅游发展的瓶颈与障碍，不断完善全域旅游发展的体制机制、政策措施、产业体系。开展全域旅游示范区创建工作，打造全域旅游发展典型，形成可借鉴可推广的经验，树立全域旅游发展新标杆。

（三）主要目标

旅游发展全域化。推进全域统筹规划、全域合理布局、全域服务提升、全域系统营销，构建良好自然生态环境、人文社会环境和放心旅游消费环境，实现全域宜居宜业宜游。

旅游供给品质化。加大旅游产业融合开放力度，提升科技水平、文化内涵、绿色含量，增加创意产品、体验产品、定制产品，发展融合新业态，提供更多精细化、差异化旅游产品和更加舒心、放心的旅游服务，增加有效供给。

旅游治理规范化。加强组织领导，增强全社会参与意识，建立各部门联动、全社会参与的旅游综合协调机制。坚持依法治旅，创新管理机制，提升治理效能，形成综合产业综合抓的局面。

旅游效益最大化。把旅游业作为经济社会发展的重要支撑，发挥旅游"一业兴百业"的带动作用，促进传统产业提档升级，孵化一批新产业、新业态，不断提高旅游对经济和就业的综合贡献水平。

二、推进融合发展，创新产品供给

（四）推动旅游与城镇化、工业化和商贸业融合发展

建设美丽宜居村庄、旅游小镇、风情县城以及城市绿道、慢行系统，支持旅游综合体、主题功能区、中央游憩区等建设。依托风景名胜区、历史文化名城名镇名村、特色景观旅游名镇、传统村落，探索名胜名城名镇名村"四名一体"全域旅游发展模式。利用工业园区、工业展示区、工业历史遗迹等开展工业旅游，发展旅游用品、户外休闲用品和旅游装备制造业。积极发展商务会展旅游，完善城市商业区旅游服务功能，开发具有自主知识产权和鲜明地方特色的时尚性、实用性、便携性旅游商品，增加旅游购物收入。

（五）推动旅游与农业、林业、水利融合发展

大力发展观光农业、休闲农业，培育田园艺术景观、阳台农艺等创意农业，鼓励发展具备旅游功能的定制农业、会展农业、众筹农业、家庭农场、家庭牧场等新型农业业态，打造一二三产业融合发展的美丽休闲乡村。积极建设森林公园、湿地公园、沙漠公园、海洋公园，发展"森林人家"、"森林小镇"。科学合理利用水域和水利工程，发展观光、游憩、休闲度假等水利旅游。

（六）推动旅游与交通、环保、国土、海洋、气象融合发展

加快建设自驾车房车旅游营地，推广精品自驾游线路，打造旅游风景道和铁路遗产、大型交通工程等特色交通旅游产品，积极发展邮轮游艇旅游、低空旅游。开发建设生态旅游区、天然氧吧、地质公园、矿山公园、气象公园以及山地旅游、海洋海岛旅游等产品，大力开发避暑避寒旅游产品，推动建设一批避暑避寒度假目的地。

（七）推动旅游与科技、教育、文化、卫生、体育融合发展

充分利用科技工程、科普场馆、科研设施等发展科技旅游。以弘扬社会主义核心价值观为主线发展红色旅游，积极开发爱国主义和革命传统教育、国情教育等研学旅游产品。科学利用传统村落、文物遗迹及博物馆、纪念馆、美术馆、艺术馆、世界文化遗产、非物质文化遗产展示馆等文化场所开展文化、文物旅游，推动剧场、演艺、游乐、动漫等产业与旅游业融合开展文化体验旅游。加快开发高端医疗、中医药特色、康复疗养、休闲养生等健康旅游。大力发展冰雪运动、山地户外运动、水上运动、汽车

摩托车运动、航空运动、健身气功养生等体育旅游，将城市大型商场、有条件景区、开发区闲置空间、体育场馆、运动休闲特色小镇、连片美丽乡村打造成体育旅游综合体。

（八）提升旅游产品品质

深入挖掘历史文化、地域特色文化、民族民俗文化、传统农耕文化等，实施中国传统工艺振兴计划，提升传统工艺产品品质和旅游产品文化含量。积极利用新能源、新材料和新科技装备，提高旅游产品科技含量。推广资源循环利用、生态修复、无害化处理等生态技术，加强环境综合治理，提高旅游开发生态含量。

（九）培育壮大市场主体

大力推进旅游领域大众创业、万众创新，开展旅游创客行动，建设旅游创客示范基地，加强政策引导和专业培训，促进旅游领域创业和就业。鼓励各类市场主体通过资源整合、改革重组、收购兼并、线上线下融合等投资旅游业，促进旅游投资主体多元化。培育和引进有竞争力的旅游骨干企业和大型旅游集团，促进规模化、品牌化、网络化经营。落实中小旅游企业扶持政策，引导其向专业、精品、特色、创新方向发展，形成以旅游骨干企业为龙头、大中小旅游企业协调发展的格局。

三、加强旅游服务，提升满意指数

（十）以标准化提升服务品质

完善服务标准，加强涉旅行业从业人员培训，规范服务礼仪与服务流程，增强服务意识与服务能力，塑造规范专业、热情主动的旅游服务形象。

（十一）以品牌化提高满意度

按照个性化需求，实施旅游服务质量标杆引领计划和服务承诺制度，建立优质旅游服务商名录，推出优质旅游服务品牌，开展以游客评价为主的旅游目的地评价，不断提高游客满意度。

（十二）推进服务智能化

涉旅场所实现免费 WiFi、通信信号、视频监控全覆盖，主要旅游消费场所实现在线预订、网上支付，主要旅游区实现智能导游、电子讲解、实时信息推送，开发建设咨询、导览、导游、导购、导航和分享评价等智能化旅游服务系统。

（十三）推行旅游志愿服务

建立旅游志愿服务工作站，制定管理激励制度，开展志愿服务公益行动，提供文明引导、游览讲解、信息咨询和应急救援等服务，打造旅游志愿服务品牌。

（十四）提升导游服务质量

加强导游队伍建设和权益保护，指导督促用人单位依法与导游签订劳动合同，落实导游薪酬和社会保险制度，明确用人单位与导游的权利义务，构建和谐稳定的劳动关系，为持续提升导游服务质量奠定坚实基础。全面开展导游培训，组织导游服务技能竞赛，建设导游服务网络平台，切实提高导游服务水平。

四、加强基础配套，提升公共服务

（十五）扎实推进"厕所革命"

加强规划引导、科学布局和配套设施建设，提高城乡公厕管理维护水平，因地制宜推进农村"厕所革命"。加大中央预算内资金、旅游发展基金和地方各级政府投资对"厕所革命"的支持力度，加强厕所技术攻关和科技支撑，全面开展文明用厕宣传教育。在重要旅游活动场所设置第三卫生间，做到主要旅游景区、旅游线路以及客运列车、车站等场所厕所数量充足、干净卫生、实用免费、管理有效。

（十六）构建畅达便捷交通网络

完善综合交通运输体系，加快新建或改建支线机场和通用机场，优化旅游旺季以及通重点客源地与目的地的航班配置。改善公路通达条件，提高旅游景区可进入性，推进干线公路与重要景区连接，强化旅游客运、城市公交对旅游景区、景点的服务保障，推进城市绿道、骑行专线、登山步道、慢行系统、交通驿站等旅游休闲设施建设，打造具有通达、游憩、体验、运动、健身、文化、教育等复合功能的主题旅游线路。鼓励在国省干线公路和通景区公路沿线增设观景台、自驾车房车营地和公路服务区等设施，推动高速公路服务区向集交通、旅游、生态等服务于一体的复合型服务场所转型升级。

（十七）完善集散咨询服务体系

继续建设提升景区服务中心，加快建设全域旅游集散中心，在商业街区、交通枢纽、景点景区等游客集聚区设立旅游咨询服务中心，有效提供景区、线路、交通、气象、海洋、安全、医疗急救等信息与服务。

（十八）规范完善旅游引导标识系统

建立位置科学、布局合理、指向清晰的旅游引导标识体系，重点涉旅场所规范使用符合国家标准的公共信息图形符号。

五、加强环境保护，推进共建共享

（十九）加强资源环境保护

强化对自然生态、田园风光、传统村落、历史文化、民族文化等资源的保护，依法保护名胜名城名镇名村的真实性和完整性，严格规划建设管控，保持传统村镇原有肌理，延续传统空间格局，注重文化挖掘和传承，构筑具有地域特征、民族特色的城乡建筑风貌。倡导绿色旅游消费，实施旅游能效提升计划，降低资源消耗，推广使用节水节能产品和技术，推进节水节能型景区、酒店和旅游村镇建设。

（二十）推进全域环境整治

积极开展主要旅游线路沿线风貌集中整治，在路边、水边、山边、村边开展净化、绿化、美化行动，在重点旅游村镇实行改厨、改厕、改客房、整理院落和垃圾污水无害化、生态化处理，全面优化旅游环境。

（二十一）强化旅游安全保障

组织开展旅游风险评估，加强旅游安全制度建设，按照职责分工强化各有关部门安全监管责任。强化安全警示、宣传、引导，完善各项应急预案，定期组织开展应急培训和应急演练，建立政府救助与商业救援相结合的旅游救援体系。加强景点景区最大承载量警示、重点时段游客量调控和应急管理工作，提高景区灾害风险管理能力，强化对客运索道、大型游乐设施、玻璃栈道等设施设备和旅游客运、旅游道路、旅游节庆活动等重点领域及环节的监管，落实旅行社、饭店、景区安全规范。完善旅游保险产品，扩大旅游保险覆盖面，提高保险理赔服务水平。

（二十二）大力推进旅游扶贫和旅游富民

大力实施乡村旅游扶贫富民工程，通过资源整合积极发展旅游产业，健全完善"景区带村、能人带户"的旅游扶贫模式。通过民宿改造提升、安排就业、定点采购、输送客源、培训指导以及建立农副土特产品销售区、乡村旅游后备箱基地等方式，增加贫困村集体收入和建档立卡贫困人口人均收入。加强对深度贫困地区旅游资源普查，完善旅游扶贫规划，指导和帮助深度贫困地区设计、推广跨区域自驾游等精品旅游线路,提高旅游扶贫的精准性,真正让贫困地区、贫困人口受益。

(二十三)营造良好社会环境

树立"处处都是旅游环境,人人都是旅游形象"理念,面向目的地居民开展旅游知识宣传教育,强化居民旅游参与意识、形象意识和责任意识。加强旅游惠民便民服务,推动博物馆、纪念馆、全国爱国主义教育示范基地、美术馆、公共图书馆、文化馆、科技馆等免费开放。加强对老年人、残疾人等特殊群体的旅游服务。

六、实施系统营销,塑造品牌形象

(二十四)制定营销规划

把营销工作纳入全域旅游发展大局,坚持以需求为导向,树立系统营销和全面营销理念,明确市场开发和营销战略,加强市场推广部门与生产供给部门的协调沟通,实现产品开发与市场开发无缝对接。制定客源市场开发规划和工作计划,切实做好入境旅游营销。

(二十五)丰富营销内容

进一步提高景点景区、饭店宾馆等旅游宣传推广水平,深入挖掘和展示地区特色,做好商贸活动、科技产业、文化节庆、体育赛事、特色企业、知名院校、城乡社区、乡风民俗、优良生态等旅游宣传推介,提升旅游整体吸引力。

(二十六)实施品牌战略

着力塑造特色鲜明的旅游目的地形象,打造主题突出、传播广泛、社会认可度高的旅游目的地品牌,建立多层次、全产业链的品牌体系,提升区域内各类旅游品牌影响力。

(二十七)完善营销机制

建立政府、行业、媒体、公众等共同参与的整体营销机制,整合利用各类宣传营销资源和渠道,建立推广联盟等合作平台,形成上下结合、横向联动、多方参与的全域旅游营销格局。

(二十八)创新营销方式

有效运用高层营销、网络营销、公众营销、节庆营销等多种方式,借助大数据分析加强市场调研,充分运用现代新媒体、新技术和新手段,提高营销精准度。

七、加强规划工作，实施科学发展

（二十九）加强旅游规划统筹协调

将旅游发展作为重要内容纳入经济社会发展规划和城乡建设、土地利用、海洋主体功能区和海洋功能区划、基础设施建设、生态环境保护等相关规划中，由当地人民政府编制旅游发展规划并依法开展环境影响评价。

（三十）完善旅游规划体系

编制旅游产品指导目录，制定旅游公共服务、营销推广、市场治理、人力资源开发等专项规划或行动方案，形成层次分明、相互衔接、规范有效的规划体系。

（三十一）做好旅游规划实施工作

全域旅游发展总体规划、重要专项规划及重点项目规划应制定实施分工方案与细则，建立规划评估与实施督导机制，提升旅游规划实施效果。

八、创新体制机制，完善治理体系

（三十二）推进旅游管理体制改革

加强旅游业发展统筹协调和部门联动，各级旅游部门要切实承担起旅游资源整合与开发、旅游规划与产业促进、旅游监督管理与综合执法、旅游营销推广与形象提升、旅游公共服务与资金管理、旅游数据统计与综合考核等职责。发挥旅游行业协会自律作用，完善旅游监管服务平台，健全旅游诚信体系。

（三十三）加强旅游综合执法

建立健全旅游部门与相关部门联合执法机制，强化涉旅领域执法检查。加强旅游执法领域行政执法与刑事执法衔接，促进旅游部门与有关监管部门协调配合，形成工作合力。加强旅游质监执法工作，组织开展旅游执法人员培训，提高旅游执法专业化和人性化水平。

（三十四）创新旅游协调参与机制

强化全域旅游组织领导，加强部门联动，建立健全旅游联席会议、旅游投融资、旅游标准化建设和考核激励等工作机制。

（三十五）加强旅游投诉举报处理

建立统一受理旅游投诉举报机制，积极运用"12301"智慧旅游服务平台、"12345"政府服务热线以及手机 APP、微信公众号、咨询中心等多种手段，形成线上线下联动、高效便捷畅通的旅游投诉举报受理、处理、反馈机制，做到及时公正，规范有效。

（三十六）推进文明旅游

加强文明旅游宣传引导，全面推行文明旅游公约，树立文明旅游典型，建立旅游不文明行为记录制度和部门间信息通报机制，促进文明旅游工作制度化、常态化。

九、强化政策支持，认真组织实施

（三十七）加大财政金融支持力度

通过现有资金渠道，加大旅游基础设施和公共服务设施建设投入力度，鼓励地方统筹相关资金支持全域旅游发展。创新旅游投融资机制，鼓励有条件的地方设立旅游产业促进基金并实行市场化运作，充分依托已有平台促进旅游资源资产交易，促进旅游资源市场化配置，加强监管、防范风险，积极引导私募股权、创业投资基金等投资各类旅游项目。

（三十八）强化旅游用地用海保障

将旅游发展所需用地纳入土地利用总体规划、城乡规划统筹安排，年度土地利用计划适当向旅游领域倾斜，适度扩大旅游产业用地供给，优先保障旅游重点项目和乡村旅游扶贫项目用地。鼓励通过开展城乡建设用地增减挂钩和工矿废弃地复垦利用试点的方式建设旅游项目。农村集体经济组织可依法使用建设用地自办或以土地使用权入股、联营等方式开办旅游企业。城乡居民可以利用自有住宅依法从事民宿等旅游经营。在不改变用地主体、规划条件的前提下，市场主体利用旧厂房、仓库提供符合全域旅游发展需要的旅游休闲服务的，可执行在五年内继续按原用途和土地权利类型使用土地的过渡期政策。在符合管控要求的前提下，合理有序安排旅游产业用海需求。

（三十九）加强旅游人才保障

实施"人才强旅、科教兴旅"战略，将旅游人才队伍建设纳入重点人才支持计划。大力发展旅游职业教育，深化校企合作，加快培养适应全域旅游发展要求的技术技能人才，有条件的县市应积极推进涉旅行业全员培训。鼓励规划、建筑、设计、艺术等各类专业人才通过到基层挂职等方式帮扶指导旅游发展。

（四十）加强旅游专业支持

推进旅游基础理论、应用研究和学科体系建设，优化专业设置。推动旅游科研单位、旅游规划单位与国土、交通、住建等相关规划研究机构服务全域旅游建设。强化全域旅游宣传教育，营造全社会支持旅游业发展的环境氛围。增强科学技术对旅游产业发展的支撑作用，加快推进旅游业现代化、信息化建设。

各地区、各部门要充分认识发展全域旅游的重大意义，统一思想、勇于创新，积极作为、狠抓落实，确保全域旅游发展工作取得实效。国务院旅游行政部门要组织开展好全域旅游示范区创建工作，会同有关部门对全域旅游发展情况进行监督检查和跟踪评估，重要情况及时报告国务院。

国务院办公厅

2018 年 3 月 9 日

附录 C　文化和旅游部关于推动数字文化产业高质量发展的意见

文化和旅游部关于推动数字文化产业高质量发展的意见

文旅产业发〔2020〕78 号

各省、自治区、直辖市文化和旅游厅（局），新疆生产建设兵团文化体育广电和旅游局，本部各司局、各直属单位，国家文物局：

为贯彻落实党中央、国务院决策部署，实施文化产业数字化战略，推动数字文化产业高质量发展，现提出以下意见。

一、总体要求

（一）指导思想

以习近平新时代中国特色社会主义思想为指导，深入贯彻党的十九大和十九届二中、三中、四中、五中全会精神，坚定不移贯彻新发展理念，坚持稳中求进工作总基调，以推动高质量发展为主题，以深化供给侧结构性改革为主线，以改革创新为根本动力，以满足人民日益增长的美好生活需要为根本目的，顺应数字产业化和产业数字化发展趋势，实施文化产业数字化战略，加快发展新型文化企业、文化业态、文化消费模式，改造提升传统业态，提高质量效益和核心竞争力，健全现代文化产业体系，围绕产业链部署创新链、围绕创新链布局产业链，促进产业链和创新链精准对接，推进文化产业"上云用数赋智"，推动线上线下融合，扩大优质数字文化产品供给，促进消费升级，积极融入以国内大循环为主体、国内国际双循环相互促进的新发展格局，促进满足人民文化需求和增强人民精神力量相统一。

（二）基本原则

坚持导向，提升内涵。牢牢把握正确导向，坚持守正创新，坚持以社会主义核心价值观为引领，把社会效益放在首位，实现社会效益和经济效益相统一，充分发掘文化资源，提高数字文化产业品质内涵，讲好中国故事，展示中国形象，弘扬中国精神。

创新引领，激活市场。坚持创新在产业发展中的核心地位，深入实施创新驱动发展战略，提高自主创新能力，推动内容、技术、模式、业态和场景创新。优化营商环境，激发市场主体活力，让创新潜力充分涌流，形成更多新增长点、增长极。

数据驱动，科技支撑。落实国家文化大数据体系建设部署，共建共享文化产业数据管理服务体系，促进文化数据资源融通融合。把握科技发展趋势，集成运用新技术，创造更多产业科技创新成果，为高质量文化供给提供强有力支撑。

融合发展，开放共享。推进数字经济格局下的文化和旅游融合发展，以文塑旅，以旅彰文。促进文化产业与数字经济、实体经济深度融合，构建数字文化产业生态体系。加强国际交流合作，培育新形势下我国参与国际合作和竞争新优势。

（三）发展目标

数字文化产业规模持续壮大，产业结构不断优化，供给质量不断提升，成为激发消费潜力的新引擎。产业基础设施更加完备，支撑平台更加成熟，创新创业更加活跃，市场秩序更加有序，治理能力不断提升，创造更多新就业形态和新就业岗位，形成适应新技术新业态新消费发展、产业链上下游和跨行业融合的数字化生产、流通、消费生态体系。文化产业和数字经济融合发展迈向新阶段，数字化、网络化、智能化发展水平明显提高，形成新动能主导产业发展的新格局，数字文化产业发展处于国际领先地位。

到 2025 年，培育 20 家社会效益和经济效益突出、创新能力强、具有国际影响力的领军企业，各具特色、活力强劲的中小微企业持续涌现，打造 5 个具有区域影响力、引领数字文化产业发展的产业集群，建设 200 个具有示范带动作用的数字文化产业项目。

二、夯实数字文化产业发展基础

（四）加强内容建设

深刻把握数字文化内容属性，加强原创能力建设，创造更多既能满足人民文化需求、又能增强人民精神力量的数字文化产品。培育和塑造一批具有鲜明中国文化特色的原创 IP，加强 IP 开发和转化，充分运用动漫游戏、网络文学、网络音乐、网络表演、网络视频、数字艺术、创意设计等产业形态，推动中华优秀传统文化创造性转化、创新性发展，继承革命文化，发展社会主义先进文化，打造更多具有广泛影响力的数字文化品牌。强化文化对旅游的内容支撑、创意提升和价值挖掘作用，提升旅游的文化内涵。以优质数字文化产品引领青年文化消费，创作满足年轻用户多样化、个性化需求的产品与服务，增强青年民族自豪感和文化自信心。

（五）加快新型基础设施建设

支持面向行业通用需求，建设数据中心、云平台等数字基础设施，完善文化产业"云、网、端"基础设施，打通"数字化采集-网络化传输-智能化计算"数字链条。鼓励数字文化企业参与企业级数字基础设施开放合作，完善文化产业领域人工智能应用所需基础数据、计算能力和模型算法，推动传统文化基础设施转型升级。加强 APP、小程序等移动互联网基础设施建设，完善文化领域数字经济生产要素，促进产业互联互通。主动对接新基建，用好新基建政策、平台、技术，提升数字文化产业发展水平。

（六）推动技术创新和应用

围绕数字文化产业技术创新需求，集聚文化和旅游部重点实验室、骨干企业、高校院所、研究院、研发中心等创新机构资源，加快数字化转型共性技术、关键技术研发应用。支持建立产学研用协同合作的产业技术创新联盟，推动跨行业、跨部门、跨地域成果转化。支持 5G、大数据、云计算、人工智能、物联网、区块链等在文化产业领域的集成应用和创新，建设一批文化产业数字化应用场景。推进企业、高校、科研机构间技术要素流动，鼓励通过许可、转让、入股等方式推动技术要素向中小微企业转移。

（七）激发数据资源要素潜力

支持文化企业升级信息系统，建设数据汇聚平台，推动全流程数据采集，形成完整贯通的数据链。支持上下游企业开放数据，引导和规范公共数据资源开放流动，打通传输应用堵点，提升数据流通共享商用水平。构建文化领域数据开发利用场景，建设可信数据流通环境，培育数据要素市场。推动文化大数据采集、存储、加工、分析和服务等环节产品开发，发展数据驱动的新业态新模式，打造文化数据产品和服务体系。加强文化消费大数据分析运用，促进供需调配和精准对接。强化数据安全，构建文化数据安全责任体系，引导企业增强数据安全服务，提高数据规范性和安全性。

（八）培育市场主体

培育一批具有较强核心竞争力的大型数字文化企业，引导互联网及其他领域龙头企业布局数字文化产业。支持"新技术、新业态、新模式"企业发展，扶持中小微数字文化企业成长，培育一批细分领域的"瞪羚企业"和"隐形冠军"企业。发挥产业孵化平台和龙头企业在模式创新和融合发展中的带动作用，通过生产协作、开放平台、共享资源等方式，带动上下游中小微企业发展。引导支持文化企业加大对数字技术应用的研发投入，支持自主或联合建立技术中心、设计中心等机构，推动产品服务和业务流程改造升级。

（九）构建产业标准体系

实施标准化战略，加强数字文化技术标准应用，以标准建设促进产业发展。发挥标准对产业的引导支撑作用，推动虚拟现实、交互娱乐、智慧旅游等领域产品、技术和服务标准研究制定，形成数字文化产业标准体系。加快我国标准国际化进程，加强手机（移动终端）动漫国际标准和数字艺术显示国际标准应用推广。

三、培育数字文化产业新型业态

（十）促进优秀文化资源数字化

对文化资源进行数字化转化和开发，让优秀文化资源借助数字技术"活起来"，将所蕴含的价值内容与数字技术的新形式新要素结合好，实现创造性转化和创新性发展。支持文化场馆、文娱场所、景区景点、街区园区开发数字化产品和服务，将创作、生产和传播等向云上拓展。支持文物、非物质文化遗产通过新媒体传播推广，鼓励线下文艺资源、文娱模式数字化，创新表现形式，深化文化内涵。鼓励依托地方特色文化资源，开发具有鲜明区域特点和民族特色的数字文化产品，助力扶贫开发。

（十一）深化融合发展

以数字化推动文化和旅游融合发展，实现更广范围、更深层次、更高水平融合。加强数字文化企业与互联网旅游企业对接合作，促进文化创意向旅游领域拓展。推进数字文化产业与先进制造业、消费品工业、智慧农业融合发展，与金融、物流、教育、体育、电子商务等现代服务业融合发展。发展品牌授权，提升制造业和服务业的品牌价值和文化价值。促进数字文化与社交电商、网络直播、短视频等在线新经济结合，发展旅游直播、旅游带货等线上内容生产新模式。推动数字文化产品和服务在公共文化场馆的应用，丰富公共文化空间体验形式和内容。

（十二）发展平台经济

深入推进"互联网+"，促进文化产业上线上云，加快传统线下业态数字化改造和转型升级，培育文化领域垂直电商供应链平台，形成数字经济新实体。鼓励各类电子商务平台开发文化服务功能和产品、举办文化消费活动，支持互联网企业打造数字精品内容创作和新兴数字文化资源传播平台，支持具备条件的文化企业平台化拓展，培育一批具有引领示范效应的平台企业。鼓励互联网平台企业与文化文物单位、旅游景区度假区合作，探索流量转化、体验付费、服务运营等新模式。引导"宅经济"健康发展，鼓励线上直播、有声产品、地理信息等服务新方式，发展基于知识传播、经验分享的创新平台。

（十三）培育云演艺业态

推动5G+4K/8K超高清在演艺产业应用，建设在线剧院、数字剧场，引领全球演艺产业发展变革方向。建设"互联网+演艺"平台，加强演艺机构与互联网平台合作，支持演艺机构举办线上活动，促进线上线下融合，打造舞台艺术演播知名品牌。推动文艺院团、演出经纪机构、演出经营场所数字化转型，促进戏曲、曲艺、民乐等传统艺术线上发展，鼓励文艺院团、文艺工作者、非物质文化遗产代表性传承人在网络直播平台开展网络展演，让更多青年领略传统艺术之美。培养观众线上付费习惯，探索线上售票、会员制等线上消费模式。提高线上制作生产能力，培育一批符合互联网特点规律，适合线上观演、传播、消费的原生云演艺产品，惠及更多观众，拉长丰富演艺产业链。

（十四）丰富云展览业态

支持文化文物单位与融媒体平台、数字文化企业合作，运用5G、

VR/AR、人工智能、多媒体等数字技术开发馆藏资源，发展"互联网+展陈"新模式，打造一批博物馆、美术馆数字化展示示范项目，开展虚拟讲解、艺术普及和交互体验等数字化服务，提升美育的普及性、便捷性。支持展品数字化采集、图像呈现、信息共享、按需传播、智慧服务等云展览共性、关键技术研究与应用。推进文化会展行业数字化转型，引导支持举办线上文化会展，实现云展览、云对接、云洽谈、云签约，探索线上线下同步互动、有机融合的办展新模式。

（十五）发展沉浸式业态

引导和支持虚拟现实、增强现实、5G+4K/8K 超高清、无人机等技术在文化领域应用，发展全息互动投影、无人机表演、夜间光影秀等产品，推动现有文化内容向沉浸式内容移植转化，丰富虚拟体验内容。支持文化文物单位、景区景点、主题公园、园区街区等运用文化资源开发沉浸式体验项目，开展数字展馆、虚拟景区等服务。推动沉浸式业态与城市公共空间、特色小镇等相结合。开发沉浸式旅游演艺、沉浸式娱乐体验产品，提升旅游演艺、线下娱乐的数字化水平。发展数字艺术展示产业，推动数字艺术在重点领域和场景的应用创新，更好传承中华美学精神。

（十六）提升数字文化装备实力

瞄准数字文化领域关键核心技术装备，实现重要软件系统和重大装备自主研发和安全可控，提升数字文化装备制造水平。加强高端软件产品和装备自主研发及产业化，支持内容制作、传输和使用的相关设备、软件和系统的自主研发及产业化。加强工业互联网、物联网、车联网在智能文化装备生产各环节的应用，提升沉浸式设施、无人智能游览、可穿戴设备、智能终端、无人机等智能装备技术水平。支持文物和艺术品展陈、保护、修复设备产业化及应用示范。

（十七）满足新兴消费需求

顺应商业变革和消费升级趋势，促进网络消费、定制消费、体验消费、智能消费、互动消费等新型消费发展。注重新技术对文化体验的改变，创新文化消费场景，培育壮大云旅游、云娱乐等新型消费形态。提高文化消费便捷程度，推广电子票、云排队等网络消费新方式，提升数字化预约能力。支持利用数字技术打造夜间文化和旅游产品，推动数字文化融入夜间经济，激发夜间消费活力，为夜间经济增光添彩。推动线上线下消费融合，发挥线上交流互动、引客聚客、精准营销等优势，引导线上用户转化为实地游览、线下消费。

四、构建数字文化产业生态

（十八）推动产业链创新与应用

加快数字文化产业链建设，打好"建链、强链、延链、补链"组合拳，提高产业链稳定性和竞争力。推动文化产业链与互联网、物联网深度融合，打造大数据支撑、网络化共享、智能化协作的智慧产业链体系。发展产业链金融，鼓励金融机构、产业链核心企业、文化金融服务中心等建立产业链金融服务平台，为上下游中小微企业提供高效便捷低成本的融资服务。鼓励各地因地制宜建立数字文化产业链链长工作制，提升产业集成和协同水平。

（十九）完善创新创业服务

强化创新驱动，建设一批以企业为主体、产学研用联合的数字文化产业创新中心，探索开放协同创新模式。培育新就业形态、增加新就业岗位，开展众创、众包、众扶、众筹，支持小微企业和个体经营者线上创业就业，发展微创新、微应用、微产品，实现灵活就业、分时就业。建设创新与创业结合、孵化与投资结合、线上与线下结合的数字文化"双创"服务平台，支持各类企业孵化器、众创空间等载体打造数字文化"双创"服务体系。发挥资本对文化产业新技术、新业态、新模式的促进作用，用好风险投资和天使投资，加强对创业企业的融资扶持。

（二十）融入区域发展战略

建设一批数字文化产业集群，鼓励数字文化产业向国家级文化产业示范园区、国家文化产业创新实验区、国家文化与科技融合示范基地等重点功能平台集聚。围绕京津冀协同发展、长三角一体化发展、长江经济带发展、粤港澳大湾区发展、黄河流域生态保护和高质量发展、成渝地区双城经济圈等区域发展战略，培育若干产业链条完善、创新要素富集、配套功能齐全的数字文化产业发展集聚区。将数字文化产业发展与长城、大运河、长征、黄河国家文化公园，与国家级战略性新兴产业集群、国家全域旅游示范区、国家文化和旅游消费示范城市、国家文化产业和旅游产业融合发展示范区、国家级夜间文旅消费集聚区、国家文化与金融合作示范区、国家级旅游度假区等发展相衔接，以市场化方式促进产业集聚，实现溢出效应。

（二十一）优化市场环境

对数字文化产业新产品新业态新模式，坚持包容审慎、鼓励创新，在严守安全底线的前提下留足发展空间。完善严重失信名单管理制度，构建以信用监管为基础的新型监管机制。加强数字文化新产品新业态新模式知识产权保护，完善评价、权益分配和维护机制，促进知识产权运用和价值实现。支持产业联盟、行业协会等行业组织创新发展。

（二十二）深化国际合作

推进技术、人才、资金等资源互动，培育一批具有国际竞争力的企业和一批海外年轻用户喜爱的产品。创新数字文化服务出口新业态新模式，发展数字贸易。深化数字文化产业"一带一路"国际合作，打造交流合作平台，向"一带一路"国家和地区提供数字化服务，合作开发数字化产品。鼓励企业通过电子商务、项目合作、海外并购、设立分支机构等方式开拓国际市场。支持数字文化企业参与境内外综合性、专业性展会，支持线上文化产品展览交易会等新模式。

五、保障措施

（二十三）加强组织领导

各级文化和旅游行政部门要高度重视数字文化产业发展，结合实际研究制定促进本地区数字文化产业发展的政策措施。推动数字文化产业纳入地方国民经济和社会发展规划、重点专项规划，加强与经济、科技、金融等部门协作和政策衔接，统筹部署和落实相关任务措施。运用数字化思维，促进形成政企多方参与、高效联动、信息共享的治理体系，提升数字化治理能力。及时总结经验做法成效，宣传推广典型案例，以"线上线下"产业招商、优质项目遴选、政银企对接等形式，充分调动产业链上下游和消费者支持数字文化产业发展的积极性和创造力，营造有利于创新创业创造的良好发展环境。

（二十四）完善政策环境

持续推进"放管服"改革，进一步放宽准入条件、简化审批程序、优化营商环境，推动有效市场和有为政府更好结合。通过试点示范、重大工程等，加快补齐短板、解决共性问题，引导新业态新模式健康发展。密切跟踪产业发展，开展监测和前瞻性研究。用好中央预算内投资、国家专项建设基金等投资政策，支持数字文化产业发展和项目建设。支持符合条件的数字文化企业申报高新技术企业认定。落实数字经济、战略性新兴产业等国家相关产业政策，将数字文化产业纳入各地相关政策落实体系。在民生、公益、公共文化和旅游服务项目中积极选用数字文化产品和解决方案。

（二十五）强化要素支撑

在依法合规、风险可控、商业可持续前提下，鼓励金融机构开发创新符合数字文化产业特点的金融产品。支持数字文化企业开展债券融资，推进设立数字文化产业投资基金，支持符合条件的数字文化企业利用多渠道资本市场融资，拓宽融资渠道。引导符合条件的各类社会资本规范采用政府和社会资本合作（PPP）模式参与数字文化产业项目。建设数字文化产业创新和高技能人才队伍，培养一批兼具文化内涵、技术水准和创新能力的数字文化产业复合型人才。完善数字文化产业人才培养、评价激励、流动配置机制，突出导向管理、思维创新和实务培养。依托国家文化人才培训基地和相关高校加强数字文化产业人才培养，鼓励高校和企业创新合作模式，共建实训基地。加快数字文化产业国际化人才培养。

文化和旅游部

2020 年 11 月 18 日

附录 D 文化和旅游部 国家开发银行 关于进一步加大开发性金融 支持文化产业和旅游产业 高质量发展的意见

文化和旅游部 国家开发银行关于进一步加大开发性 金融支持文化产业和旅游产业高质量发展的意见

各省、自治区、直辖市文化和旅游厅（局），新疆生产建设兵团文化体育广电和旅游局，国家开发银行各分行：

为推动文化、旅游与金融合作不断深化，持续拓宽合作领域、提升合作层次，进一步完善文化产业和旅游产业投融资体系，更好发挥开发性金融优势，加大开发性金融对文化产业和旅游产业高质量发展的支持力度，推进社会主义文化强国建设，提出以下意见。

一、总体要求

以习近平新时代中国特色社会主义思想为指导，全面贯彻党的十九大和十九届二中、三中、四中、五中全会精神，深入落实党中央、国务院关于统筹推进常态化疫情防控和经济社会发展各项决策部署，做好"六稳"工作，落实"六保"任务，紧扣高质量发展要求和社会主义文化强国建设目标，充分发挥文化和旅游行政部门政策协调优势，更好发挥国家开发银行作为服务国家战略的中长期融资银行"融资融智"优势和引领带动作用，加大开发性金融对文化产业和旅游产业的支持力度，推动文化产业和旅游产业高质量发展。

二、主要任务

（一）支持重点重大项目建设

文化和旅游部、国家开发银行会同相关部委、金融机构，进一步加大对文化产业和旅游产业领域重点重大项目的金融支持力度，双方共同建立项目全流程、全周期管理服务机制，促进项目落地实施。落实京津冀协同发展、长江经济带发展、粤港澳大湾区建设、长三角一体化发展、黄河流域生态保护和高质量发展等重大国家战略，落实"十四五"规划各项部署，强化相关文化和旅游项目的投融资保障，做好投融资辅导、支持和评估工作。加大对长城、大运河、长征、黄河等国家文化公园范围内文化产业和旅游产业项目的推介、服务、融资支持。依托常态化、品牌化、精准化的投融资促进活动，引导社会资本和金融资本参与项目建设。

（二）支持试点示范工作推进

支持国家文化和旅游消费示范城市、试点城市文化和旅游消费场所及设施建设。支持国家文化产业和旅游产业融合发展示范区、国家级夜间文化和旅游消费集聚区建设。做好全国研学旅行示范基地、国家全域旅游示范区、国家 A 级旅游景区、国家级旅游度假区、国家级旅游休闲城市和街区、全国红色旅游经典景区、历史文化名城名镇名村、全国乡村旅游重点村镇等融资支持。支持国家级文化产业示范园区、国家文化产业示范基地规范发展，推进设立文化产业园区投资基金，持续拓宽融资渠道。

（三）支持产业创新发展

顺应产业数字化、数字产业化发展趋势，落实文化产业数字化战略，积极运用开发性金融支持数字文化产业发展，支持 5G、大数据、云计算、人工智能等新技术的应用，扶持一批文化、旅游与科技融合发展示范类项目和新型文化企业，引导创作生产优质、多样的数字文化产品，提高质量效益和核心竞争力。支持金融机构开发适应数字文化产业特点的融资新产品。

（四）支持各类市场主体发展壮大

推动服务于中小微文化和旅游企业的特色金融产品、服务创新，依托国家文化与金融合作示范区推动合作模式和机制创新。鼓励国家开发银行分支机构与各地文化和旅游金融服务中心、商业性金融机构等合作创新金融产品，做好中小微文化和旅游企业的投融资服务。用好纾困复产系列政策，建立各级重点纾困帮扶的文化和旅游企业"白名单"，通过各类开发性金融工具加大支持帮扶力度，充分发挥国家开发银行及分支机构作为开发性金融机构的特点和优势，加强对各类市场主体应对疫情、纾困解难的金融支持力度，推动文化产业和旅游产业恢复重振。

（五）支持产业国际合作

加大对"一带一路"文化产业和旅游产业国际合作重点项目的开发性金融支持，共同支持中外文化和旅游企业在产品开发、技术研发和传播渠道建设方面持续深入合作。支持优秀文化和旅游企业"走出去"，通过境外投资并购、联合经营、设立分支机构等方式不断开拓海外市场。加强与国家对外文化贸易基地合作，为文化和旅游企业拓展国际业务提供投融资指导和咨询服务。

三、政策措施

（一）做好融资规划

发挥政府部门的组织协调优势和开发性金融"融资融智"服务优势，突出规划的统筹谋划和路径引导作用，开展"十四五"规划合作，根据产业发展和项目开发建设需要，选择文化和旅游重点区域、领域和客户开展融资规划编制，加强银政合作，做好投融资主体建设、项目策划、投融资模式研究、投融资方案设计、风险防控等工作。

（二）做好资金支持

各级文化和旅游行政部门在符合相关要求的前提下，统筹各类财政资金和政府投资工具，采取贷款贴息、融资担保、风险补偿等方式，优化产业投融资环境。国家开发银行在符合国家政策法规、信贷政策并遵循市场化运作的前提下，按照"保本微利"的原则，对文化和旅游项目提供长周期、低成本的资金支持。对部行双方认可的重大项目"一事一议"，给予差别化信贷条件。结合推进城市更新、老旧小区改造、乡村振兴、区域协调发展等，加强统筹谋划，支持文化产业和旅游产业项目。

（三）提供综合性金融服务

积极发挥开发性金融中长期融资优势和"投资、贷款、债券、租赁、证券"协同支持作用，为文化和旅游项目提供直接投资、证券发行承销、融资租赁等多元化金融服务，采取"统筹项目、统筹还款来源、统筹信用结构"等市场化创新方式，以及规范采用政府和社会资本合作模式，拓宽项目融资渠道，推动项目落地实施。支持文化和旅游类政府融资平台市场化转型。在风险可控、商业可持续前提下，开展文化和旅游项目相关特许经营权、收费权和应收账款质押等担保类贷款业务。做好文化和旅游类地方政府专项债券配套金融服务工作。

四、组织保障

（一）深化部行合作

文化和旅游部与国家开发银行进一步深化部行合作，建立工作会商制度，发挥各自优势，按照"项目化、清单化、责任化"的要求积极开展合作。双方共同组织开展联合调研、业务培训、项目推进、经验交流等活动，加强人才交流，共同培养高质量产业人才。

（二）建立协调机制

各级文化和旅游行政部门、国家开发银行各级机构要建立工作协调机制，加强沟通、密切合作，共享政策与项目信息，及时解决项目融资、建设中存在的问题和困难。各省级文化和旅游行政部门定期梳理符合要求的企业、园区、项目清单，积极向国家开发银行各分行推介，为国家开发银行有关金融服务产品落地、重大项目开展等提供便利和支持。

（三）开展落实评估

文化和旅游部立足政策协调、公共服务、宏观指导等，会同国家开发银行对落实情况和执行效果等进行评估。国家开发银行立足开发性金融机构优势，根据文化和旅游部的意见建议，依据市场化原则统筹推进相关重大项目的融资安排和金融服务产品，跟进落实执行情况。

（四）做好信息报送

各级文化和旅游行政部门、国家开发银行各级机构要密切配合，加强对相关项目的持续跟踪和监督管理，按照真实、客观、全面、准确的原则，组织做好信息报送和重点项目调度工作。原则上每季度第一个月15日前，各省级文化和旅游行政部门与国家开发银行当地分行完成对上一季度相关业务开展情况的梳理，汇总信息后分别报送文化和旅游部产业发展司、国家开发银行行业三部。

文化和旅游部 国家开发银行

2021 年 4 月 15 日

附录 E　文化和旅游部关于推动在线旅游市场高质量发展的意见

文化和旅游部关于推动在线旅游市场高质量发展的意见

文旅市场发〔2023〕41 号

各省、自治区、直辖市文化和旅游厅（局），新疆生产建设兵团文化体育广电和旅游局：

在线旅游经营服务是旅游产业链的关键环节，是满足广大人民群众出游需求、促进旅游消费、带动旅游产业发展的重要力量。为进一步加强在线旅游市场管理，保障旅游者合法权益，发挥在线旅游平台经营者整合交通、住宿、餐饮、游览、娱乐等旅游要素资源的积极作用，促进各类旅游经营者共享发展红利，推动旅游业高质量发展，现提出以下意见：

一、总体要求

（一）指导思想

坚持以习近平新时代中国特色社会主义思想为指导，全面贯彻党的二十大精神，贯彻落实党中央关于加快建设网络强国、数字中国决策部署，立足新发展阶段，贯彻新发展理念，构建新发展格局，以推动高质量发展为主题，以深化供给侧结构性改革为主线，以满足人民日益增长的美好生活需要为根本目的，充分发挥市场在资源配置中的决定性作用，更好发挥政府作用，用好各项纾困政策，调动市场积极因素，大力发展数字经济，深入发展智慧旅游，提升常态化监管水平，支持在线旅游平台经营者在引领发展、创造就业中大显身手。坚守安全底线，加强行业自律，推动在线旅游市场高质量发展。

（二）基本原则

坚持安全底线。树牢底线思维，坚持社会主义核心价值观，坚守旅游者人身财产安全、信息内容安全、网络安全，加强行业治理体系和治理能力建设。

坚持以人为本。以旅游者需求为导向，不断丰富服务种类、拓展服务内容，打造精准化、专业化、特色化服务产品，努力满足人民群众多样化个性化的旅游服务需求。

坚持协调发展。保障旅游者合法权益，构筑在线旅游平台经营者、平台内经营者与旅游者之间的良性产业生态，引导在线旅游平台经营者与旅行社、交通、住宿、餐饮、游览、娱乐等相关经营者协同发展，促进资源高效配置，推动旅游业繁荣发展。

坚持创新引领。深化在线旅游行业数字化、网络化、智能化发展，推动新技术应用，鼓励行业创新，充分发挥在线旅游经营者数据和信息能力优势，提升行业数字化水平，为旅游者提供智慧化的服务。

（三）主要目标

积极发挥在线旅游的枢纽和引领作用，加快推进智慧旅游发展，推动旅游业创新发展，促进新技术应用和迭代创新，创造更多新就业形态和新就业岗位，成为旅游产业升级和旅游消费激发的新引擎，提升行业管理的数字化水平，推动中国在线旅游行业发展处于国际领先地位。

二、突出工作重点，营造良好的市场环境

（一）加强内容安全审核

指导在线旅游平台经营者强化平台内经营者资质审核，对市场主体、行政许可资质等信息进行真实性核验，记录并保存旅游合同履行情况、投诉处理情况。督促在线旅游平台经营者及平台内经营者加强审核人员培训、网络安全等级保护建设和文字、图片、音视频等信息内容审核，确保平台信息内容安全。

（二）筑牢生产安全底线

要求在线旅游经营者完善安全生产管理制度和应急预案，对上架的旅游产品或者服务做好风险监测和安全评估，从预警识别、算法推荐、举报处理、内容审核、风险提示等多环节加强产品安全保障，对涉及旅游者数

量多、容易造成人群聚集、可能存在安全风险隐患或旅游者投诉集中的产品提前进行核验。发生突发事件或旅游安全事故，应立即采取必要措施，并配合有关部门做好救助、调查和善后处置工作。

（三）保障旅游者合法权益

贯彻落实《中华人民共和国旅游法》《中华人民共和国消费者权益保护法》《中华人民共和国电子商务法》《旅行社条例》《在线旅游经营服务管理暂行规定》等法律法规和政策要求，引导在线旅游经营者诚信经营、公平竞争，提高旅游产品和服务质量。加强旅游者个人敏感信息保护，防止超出合理经营需要收集旅游者个人信息，采取切实措施避免大数据杀熟、虚假宣传、虚假预订等侵害旅游者权益行为。强化对未经许可从事旅行社业务经营活动、"不合理低价游"等违法违规产品的监测、发现、判定和处置，维护正常的行业秩序，切实保障旅游者合法权益。

（四）促进行业协调发展

规范在线旅游平台经营者与平台内经营者合作模式，实现协同良性发展。引导在线旅游平台经营者合理确定支付结算、平台佣金等服务费用，与平台内经营者平等协商、充分沟通，带动支持平台内经营者发展，降低平台内经营者经营成本，对星级旅游饭店、A 级旅游景区、等级旅游民宿、国家级旅游休闲城市和街区、国家级旅游度假区、国家级夜间文化和旅游消费集聚区、国家级滑雪旅游度假地、全国乡村旅游重点村镇及优质小微商户给予一定的标签展示和推荐，推动旅游经营者数字化转型升级。发挥在线旅游经营者要素资源整合和产品开发优势，参与开发精品旅游线路和非遗、体育、文化等主题旅游线路，参与宣传推介红色旅游、乡村旅游、研学旅游、生态旅游、冰雪旅游、海洋旅游、康养旅游、老年旅游、露营旅游等。引导在线旅游经营者积极参与旅游市场宣传推广活动和旅游公益广告作品展播，开展旅游新理念宣传引导。

三、完善监管手段，依法规范市场秩序

（一）加强市场监管巡查

建立健全以在线旅游平台经营者为核心的产业链监管机制，完善网络巡查、动态监测、情况通报、行政指导、行政约谈、问题移交等闭环监管机制，推进在线旅游产品和服务标准建设，规范在线旅游市场秩序。重点巡查在线旅游经营服务信息内容安全，未经许可从事旅行社业务经营活

动，售卖"不合理低价游"产品，违规收集、利用用户个人信息等问题，对存在问题的在线旅游经营者通过行政约谈、行政指导等方式予以提醒、警示、制止，发现违法行为线索及时移交执法部门依法查处。

（二）强化执法监督检查

各级文化和旅游行政部门应当按照线上线下一体化监管原则，建立日常检查、定期检查以及与相关部门联合检查的监督管理制度，依法对在线旅游经营服务实施监督检查，查处违法违规行为。加强在线旅游市场"双随机、一公开"执法监管，及时、准确、规范公开抽查事项、抽查计划、抽查结果。探索建立案件会商和联合执法、联合惩戒机制，实现事前事中事后全链条监管。加强社会监督，探索公众和第三方专业机构共同参与的监督机制，推动提升在线旅游经营者合规经营情况的公开度和透明度。

（三）提升信用监管效能

加强和改进信用监管，依法依规对失信主体实施管理措施，强化信用监管的震慑作用。组织开展企业信用评价，推进分级分类监管。鼓励在线旅游经营者主动向社会作出信用承诺，将守信情况纳入质量等级评定。加强在线旅游行业诚信文化建设，树立一批诚信典型企业。支持在线旅游经营者参与"信用经济"发展试点工作，发挥在线旅游平台的数据优势。

（四）提高数字监管效能

完善文化和旅游市场政务服务"好差评"系统，健全好评激励机制和差评处理督导机制，推动涉企事项"一网通办"。依托全国旅游监管服务平台构建业务全量覆盖、信息全程跟踪、手段动态调整的在线旅游信息化监管机制，建立违法线索线上发现、流转等非接触式监管机制。通过全国文化市场技术监管与服务平台，对举报投诉线索进行分类处置，依法督促市场主体及时整改，并将违法违规线索交属地执法部门进行查处。开展在线旅游市场风险监测、识别、分析、响应、处置，及时发布风险提示信息，推动在线旅游经营者使用标准化旅游电子合同，推广实施《旅游电子合同管理与服务规范》标准，加强监管信息归集共享。

四、加强扶持引导，促进行业高质量发展

（一）用好纾困扶持政策

指导在线旅游经营者用好文化和旅游业恢复发展纾困扶持政策。做好普惠性减税降费政策在旅游业领域的落地实施，鼓励银行业金融机构合理

增加在线旅游经营者有效信贷供给。加大政策宣传解读力度，指导在线旅游平台经营者运用网络技术手段，向平台内经营者推送涉企优惠政策。用好财政奖补、项目投资、消费促进、政务服务等措施手段，支持在线旅游经营者参与文化和旅游消费惠民活动，增强发展信心。

（二）创新旅游金融服务方式

落实《关于金融支持文化和旅游行业恢复发展的通知》相关政策，推进银行等金融机构与在线旅游平台经营者合作，综合考虑在线旅游平台的数字管控能力以及平台内小微经营者的经营和信用等情况，为平台内小微经营者提供综合授信、业务贷款、装备赊销、信用贷款、融资租赁和保理等产业链金融服务；加强旅游消费类金融产品创新，为旅游者提供便利的产品分期贷款、小额消费信贷、先游后付等消费金融服务，加大旅游消费金融产品的宣传和合规教育，激发在线旅游平台的金融支撑能力和消费拉动能力。

（三）探索平台经营旅游预售业务

探索具备业务流程数字化和供应商信用评估能力的在线旅游平台经营者依法经营旅游产品预售业务，规范平台内经营者的旅游产品预售业务，进一步强化产业链的数字化管理水平。督促在线旅游经营者切实履行优先退赔承诺、供应商和产品审核义务、旅游产品的退改义务，加强预售资金监管，防控过度销售、履约困难和集资诈骗等潜在风险。

（四）引领行业创新发展

推动在线旅游经营者深度应用 5G、人工智能、大数据、云计算、区块链等新技术，以科技引领行业创新发展。支持在线旅游平台经营者承担旅游服务新基建功能，引导旅游资源优化配置，以产品和内容为载体开展业态创新融合，赋能中小旅游经营者创新发展，推动旅游经营者数字化转型升级。推动在线旅游数字化营销，支持在线旅游经营者利用网络直播、短视频平台开展线上旅游展示活动，发展线上数字化体验产品，打造沉浸式旅游体验新场景，培育智慧旅游沉浸式体验新空间，推动乡村振兴、文旅融合、文明旅游、旅游公共服务取得新进展。支持在线旅游经营者与国家级夜间文化和旅游消费集聚区、国家对外文化贸易基地加强协同协作。

（五）加强行业组织建设

支持在线旅游经营者成立行业协会，推动行业自律，督促相关经营者依法合规经营。发挥行业协会在权益保护、纠纷处理、信用建设等方面的作用。鼓励行业协会参与制定国家标准、行业标准、自律公约，开展人才培养培训、市场发展研究、组织交流等工作。推动出台在线旅游行业和产品规范等相关标准。支持在线旅游经营者制定有利于提高产品和服务质量的企业标准。围绕内容安全、生产安全、疫情防控等工作，加强在线旅游经营者管理人员培训。引导在线旅游经营者在旅游标准化、国际化过程中发挥作用。

文化和旅游部

2023 年 3 月 24 日

后　记

随着教育水平的提高和人们视野的不断开阔，人们越来越重视文化和旅游体验，更加懂得欣赏和理解不同地域文化所蕴含的价值。旅游作为一种独特的文化生产和体验活动，不仅是人们探索世界、感知不同文化的重要方式，还是增强文化自豪感和认同感的重要途径。从旅游经济效应上讲，文化和旅游高质量发展就是要推动传统文化和旅游产业转型升级，发展和壮大文化与旅游新兴产业、未来产业，扩展价值、产业链和创新链，释放消费潜力，带动更多就业，使民生保障更加健全完善、国民经济贡献度得以彰显。从社会效应上讲，文化和旅游高质量发展就是要增强文化自信，促进中华优秀传统文化的保护传承与创新发展，促进不同文明之间的交流与互鉴，增进互信互利，推动合作共赢。从生态效应上讲，文化和旅游高质量发展就是要走生态优先、绿色低碳发展的道路，积极发挥自然与文化资源优势，推动文化和旅游高质量发展，促进经济社会发展全面绿色转型。

文化和旅游是一种生活方式，文化和旅游高质量发展既要满足人们对美好生活的向往，也要满足人们对未来文化和旅游产业的期待。放眼未来，文化和旅游产业表现出三大趋势：从产业端来看，文化和旅游作为新兴产业，新业态、新场景、新产品层出不穷，领跑文化和旅游新赛道；从运营端来看，科技创新赋能产业联动，突破文化和旅游产业边界，精细化运营、个性化定制旅游成为行业主流；从消费端来看，“小城热”异军突起，“反向旅游”更加关注情绪价值，文化和旅游消费更加理性，品质体验消费水涨船高。这些将成为文化和旅游高质量发展的重要内容和竞争热点，也为新时代新征程文化和旅游高质量发展研究提供了广阔的空间。

文化和旅游高质量发展是一个系统工程，包罗了众多的子系统，这也为研究的整体把握提出了挑战。本书是作者长期观察及参与文化和旅游高质量发展实践的一点心得，限于写作时间与水平，书中难免有不足之处，还请各位专家读者批评指正。最后，诚挚感谢四川大学程励教授、四川省旅游学会陈加林会长、成都师范学院刘平中教授对本书写作的指导和帮助！感谢四川省社会科学院研究生钟成龙、何婧昕、唐培媛、刘巨基等同学在调研、写作过程中给予的帮助！

李军

2025 年 3 月